KB201306

미야자키 하야오와
일상의
애니미즘

미야자키 하야오와 일상의 애니미즘

발행일
초판 1쇄 2024년 11월 7일

지은이
오선민

펴낸이
김현경

펴낸곳
북드라망
주소. 서울시 종로구 사직로8길 34 307호(경희궁의아침 3단지)
전화. 02-739-9918
팩스. 070-4850-8883
이메일. bookdramang@gmail.com

ISBN
979-11-92128-58-0 03680

책으로 여는 지혜의 인드라망, 북드라망 bookdramang.com

MIYAZAKI HAYAO

미야자키 하야오와
일상의
애니미즘

오선민 지음

티
BookDramang
북드라망

차례

머리말

이 책은 미야자키 하야오(宮崎駿, 1941~)의 애니메이션을 통해 애니미즘적 사고를 탐구한다. 애니미즘(animism)이란 19세기 인류학자 에드워드 타일러(Edward Burnett Tylor, 1832~1917)가 무문자(無文字) 사회의 여러 부족의 관습을 연구하며 만든 개념으로, 인간 이외의 존재에게도 혼이 들어 있음을 인정하는 사고다. 지금도 세계 곳곳의 야생 부족들은 혼 또는 정령이라 불리는 어떤 힘들이 동식물을 포함한 만물을 자기의 옷으로 여기며 입고 벗는다고 생각한다. 이런 애니미즘에서는 인간과 동식물, 심지어 광물이나 바람 등이 영혼의 일시적 처소라는 점에서 존재론적으로 동등하다. 곰이나 버섯이 창발하는 영들의 거대한 생태계 안에서 사람과 다투고 화해하며 때로 결혼을 한다. 애니미즘은 살아가는 저마다가 자기 조건과 능력에 따라 일하고 서로의 필요에 따라 나누는 공생의 삶에 주목한다.

내가 애니미즘에 관심을 두게 된 까닭을 설명하자면 십 년 전으로 돌아가야 한다. 나는 아이들과 초여름 바닷가에 앉아 있었다. 해변으로 파도가 끊임없이 밀려왔다. 따가운 햇빛이 아이들을 간질이고 시원한 바람이 둘을 안았다가 놓아 주었다. 하늘과 바람과 파도가 쉬지 않고 아이들을 돌보았다. 해 질 무렵 바닷가를 떠날 때 우리 손에는 조개껍데기가 들려 있었다. 우리는 주변을 돌아보았다. 낙조의 붉은 하늘, 차가워지는 파도, 어둠 속으로 걸어 들어가는 해변의 소나무, 낮게 나는 갈매기, 모래사장을 뒹구는 페트병과 찢어진 그물까지 남처럼 느껴지지 않았다. 대체 누가 우리에게 이것을 허락했을까? 이토록 귀한 인연의 선물을. 러시아 전통 인형 중에 마트료시카라는 것이 있다. 사람 모양의 그 인형을 열면 그 안에 똑같은 모습의 크기가 더 작은 인형이 들어 있고, 그 안에는 다시 똑같은 모습의 크기가 더 작은 인형이 들어 있다. 그날 바닷가에서, 국가와 사회, 이웃과 가족이라고 하는 나의 마트료시카가 부서졌다. 나는 생각보다 훨씬 더 다양한 존재들과 함께 살아가고 있었다.

인간 너머의 세계에 대한 관심은 그 이후로 더욱 커졌다. 아이들과 함께 동물이나 식물과 소꿉놀이도 많이 했다. 뿐만 아니다. 악마와 천사, 귀신과 좀비도 현실에서나 꿈에서나 낯설지 않게 되었다. 특히 아이들이 인간 너머를 포착하는 뛰어난 레이더를 갖고 있다는 것을 발견해서 기뻤다. 물건과의 관계에도 변화가 일어났다. 아이들이 크면서 놀던 장난감과 입던 옷이 맞지 않을 때마다 또래 엄마들과 나누었다. 그럴 때마다 집에서 이별식을 했다. 쓰다 넘기는 물건인데 왜 함부로 할 수가 없는가? 인형들이 몇 년을 함께 사는 동안 인격을 갖게 된 모양이다.

그런데 한편으로 생각하면 물건과의 관계가 나빠진 일도 많았다. 나는 엄마가 되면서 상상을 초월할 정도로 다양한 생필품을 사고 버렸다. 매일같이 10리터짜리 종량제 봉투를 꽉꽉 채워 버렸던 시절도 있다. 음식물 쓰레기 이야기는 차마 할 수 없다. 유통기한을 넘기고 버린 냉동식품의 정령이 원한에 차 꿈에 나타난다고 해도 전혀 이상하지 않다. 나는 물건의 소중함을 전혀 생각하지 않고 함부로 쓰고 마구 버리기를 일삼았다. 영이 깃드는 물건과 그렇지 않은 물건이 따로 있는 것일까? 영혼이 발 뺄을 자리는 따로 있는 것일까? 더듬어 보자면, 물건이라 해도 연구하고 배려해서 특별한 방식으로 정성을 다하지 않으면 관계는 만들어지지 않는 것 같다.

관계란 시간이 지난다고 해서 쌓아지는 것이 아니다. 애써 의미를 부여하고 소중히 생각하는 마음을 매일 쏟아붓지 않으면 관계는 이루어지지 않는다. 냉동실 만두와의 관계도 이럴진대 숨을 쉬고 움직이는 식물이나 동물과는 어떨 것인가? 그렇게 나는 조금씩 인간 아닌 것들과 나의 '관계'에 대해서도 관심을 갖게 되었다. '관계'란 무엇인가? 누구와 무엇을 어떻게 하는 것이 관계인가?

인류학은 야생의 존재론에 관심을 둔다. 만물의 영에 관심을 가졌던 인류학자로 마르셀 모스(Marcel Mauss, 1872~1950)가 있다. 그는 태평양과 북서아메리카 사람들이 만물의 영력을 높이기 위해 발명한 여러 의례들을 연구했다. 모스의 연구에 따르면 이들은 도처에서 영을 본다(마르셀 모스, 『증여론』). 공장이나 시장이 없는 수렵채집 사회에서라면 이는 당연해 보인다. 밥그릇이든 옷이든 심지어 집까지도 친구와 가족이 다듬고 꼬아 만들었을 것이기 때문이다. 물건이 만들어지고 사용되는 전 과정에 부모와 자식, 이웃에 대한 감정이 들어갈 수밖에 없다. 더 나아가 베어 온 나무, 의복 무늬에 영감을 준 자연에 대한 감사까지도 물건에 깃들 것이다. 그저 그 자체로 존재하는 것은 없다. 몸을 가진 모든 것은 다양한 존재들과의 관계 속에서 힘을 받고 나누며 자기 생명력을 키운다. 이런 조건에서 하나의 사람, 하나의 물건을 '갖는다'는 것은 가족, 이웃, 더 나아가 풍경 전체와 독특한 인연을 맺는 일이 된다.

영력의 증식을 도모하는 야생의 사고, 즉 인간 너머까지 확장되는 생명의 관계론을 상품 경제 안에서 만들어 볼 수는 없을까? 최근 기후 위기와 인수공통 감염병의 확산으로 인간적 삶을 기후라는 거시적 차원에서, 미생물이라는 미시적 차원에서 진단해 보는 시도가 많다. 덕분에 우리 일상이 결코 인간의 의지나 능력에 따라 결정되지 않는다는 점은 널리 공감을 얻고 있다. 그런데 '대기와 인류', '바이러스와 인류'와 같이, 너무 크거나 작은 렌즈로 사태를 보게 될 때마다 소외감이 든다. 지구적

위기에 대한 수치적 경고(기후시계)는 마치 그날이 오면 지구가 멈출 것 같은 공포심을 갖게 한다. 반성장(反成長)이라고 하는 해결 방안은 금욕만이 답이라며 자꾸 반성만 하게 한다. 무엇보다, 지금 이 순간에도 사육되고 있는 그 고기와 이미 쓰레기통을 다 채운 이 쓰레기를 단지 없애야 할 무엇으로 바라보는 시선은 불편하다. 다가올 파국 앞에서 전전긍긍하며 뭘 안 할 것인지를 고민하기보다 병든 가로수와 나뒹구는 비닐봉지와 함께 살 수 있는 다른 길을 찾을 수는 없을까?

2023년 봄, 미야자키 하야오가 신작 발표를 앞두고 있다는 소식을 들었다. 미야자키 하야오야말로 애니미스트가 아닌가! 〈바람 계곡의 나우시카〉부터 〈센과 치히로의 행방불명〉이나 〈벼랑 위의 포뇨〉 등 그의 작품에는 언제나 '인간 너머', '생명력'(혼), '관계'의 문제가 들어 있기 때문이다. 미야자키의 세계관에서 오염된 대기는 화를 내고, 과로한 신들은 온천장으로 휴가를 떠나고, 바다 거품은 달리고 싶어 마음을 졸인다. 모든 존재들이 마음을 갖고 있다. 그러면서도 이들은 서로 우정과 사랑을 나눈다. 무엇보다 미야자키는 멸망을 두려워하지 않고 쓰레기도 존중한다. 〈벼랑 위의 포뇨〉에 나오는 해양쓰레기들은 추하지 않다. 빈 병 안에 갇힌 인어공주를 소년이 구해 주다 손을 베여 피가 나는 설정에서는, 쓰레기가 큐피드로 활약한다. 나는 미야자키 하야오의 애니미즘을 공부해 볼 필요를 느꼈다. 그래서 작품을 다시 보면서 '다양한 것들과의 관계'에 대한 그의 관점을 정리해 보기로 했다.

미야자키의 애니미즘은 배경, 사건, 캐릭터라고 하는 세 가지 차원에서 분석할 수 있다. 먼저, 왜 배경이 중요한가? 미야자키는 주인공들이 뛰노는 시공간 디테일에 엄청나게 공을 들인다. 덕분에 영화를 보고 있으면 세상 구석구석으로 우리 시야가 확대된다. 미야자키는 썩은 바다, 하늘 정원, 마녀의 온천장, 기술자의 연구실 등의 다양한 장소를 많은 것들로 채운다.

〈마녀 배달부 키키〉를 예로 들어 보자. 도입부에서 키키는 고향 마을, 멀리 호수가 보이는 언덕에 드러누워 라디오를 듣는다. 이때 바람이 분다. 하늘에는 구름이 둥실둥실 오른쪽에서 왼쪽으로 떠 가고, 호수 위에는 잔물결이 인다. 키키 주위로 작은 풀들과 들꽃이 각자의 무게로 바람에 따라 흔들리고 키키의 치마와 머리카락도 제멋대로 움직인다. 주의를 끄는 것은 사운드다. 미야자키 하야오는 풀들이 서로 부딪치는 소리만이 아니라 작은 풀벌레 날갯짓 소리까지 한데 섞이는 그 생생한 순간을 표현한다. 덕분에 우리는 이 언덕 위에 키키만 있지 않다는 것을 알 수 있다.

작품의 줄거리는 간단하다. '마녀, 배달 수련을 마치다!' 그런데 이 단순한 줄거리를 지탱하는 것은 셀 수 없이 많은 생명들이다. 키키는 들판 위에서 바람을 맞으며 이 모두와 함께 꿈을 꾼다. 미야자키는 이런 방식으로, 모든 것들이 모든 방식으로 서로 의존한다는 것을 놓치지 않는다. 그래서 나는 미야자키 배경의 디테일들을 분석하고 만물이 동등하게 공존하는 풍경의 의미를 하나씩 풀어 보았다. 활기(animacy) 있는 삶이란 목적과 위계로만 가득 찬 마음을 열어 그 안으로 이런저런 존재들을 들어갔다 나오게 하는 데에 있다. 미야자키의 작품은 그런 관점으로 영화 밖 세계를 보는 훈련을 시켜 준다.

분석의 둘째는 영화의 사건적 측면이다. 미야자키는 타자와의 관계에 초점을 맞춘다. 작품 속 캐릭터들은 누군가의 친구나 적, 이웃이 되기 위해 분투한다. 절대 자기의 재주나 욕망을 보고 달리지 않는다. 그들에게 살아가기란 언제나 누군가의 무엇이 되는 문제이기 때문이다. 그래서 미야자키는 인물들이 이름 때문에 고생을 하는 사건을 재미있게 그리기도 한다(〈센과 치히로의 행방불명〉). 누가 불러 주기 전까지 우리는 정말 아무것도 아니기 때문이다. 생명은 오직 관계 속에서만 있다.

미야자키 사건의 특징으로 관계성 외에 하나 더 지적해야 할 것이 있다. 모든 사건들이 일상이라고 하는 삶의 현장을 초월해서 벌어지지 않는다는 점이다. 즉 다친 벌레를 안아 주고, 첫 옥수수를 드리고, 청소를 하는 것 이외에 지구를 구하거나 아픈 엄마를 걱정하거나 친구의 저주를 벗기는 방법은 없다. 미야자키 하야오는 주인공들에게 우주적 차원의 미션을 부여할 때에도(〈천공의 성 라퓨타〉) 새알을 돌보고 꽃을 키우는 방식 이상을 보여 주지 않는다.

미야자키 하야오에게 일상이란 무엇인가? 먹고 자고 일하고 쉬는 지금 여기의 일, 그 누구도 피해 갈 수 없는 삶의 기본을 의미한다. 그래서 작품 속 메시아는 멸망을 바라보면서도 지금 부는 이 바람을 노래한다(〈바람 계곡의 나우시카〉). 800만 신들을 치유해야 한다지만 방법은 목욕이다(〈센과 치히로의 행방불명〉). 미야자키는 어제의 업적이나 내일의 영광이 아니라 오늘을 씩씩하게 살아 내는 일에 주목한다. 어떤 영웅도, 어떤 악마도 밥 먹고 씻고 선물을 주고 약속을 지키며 살아야 한다.

2023년 나고야에 있는 지브리파크에서는 그곳에서만 볼 수 있는 기획전시 「음식을 그리다」(食べるを描く)가 열렸다. 직접 가 보지는 못했다. 하지만 다녀온 친구가 선물해 준 도록을 보니 미야자키가 얼마나 먹는 장면을 많이 그렸는지를 알 수 있었다. 잼을 바른 식빵이든, 한 그릇 라면이든 참 맛있게들 먹고 있다. 미야자키는 누군가의 주방과 식재료들, 그것을 조리하는 장면과 먹고 씻는 전 과정을 철저하게 그렸다. 한 끼를 먹는 데 그토록 많은 것들이 필요하다는 점이 새롭게 다가왔다.

그 한 끼를 위한 노고 이상으로 숭고한 일이란 없다. 귀신도 먹어야 살고, 악마도 먹어야 산다. 그건 우리도 마찬가지다. 먹고 일하고 쉬고 자는, 이 근본 활동을 넘어선 무언가는, 이미 살아 있는 존재의 일이 아니다. 지금 여기에서 밥을 먹고 잠을 자는 일상을 살아 내는 것보다 생명에게 중요한 일은 없다. 이 점을 확실하게 보고 가기에 미야자키의 만물 동등성은 작품마다 선명하다.

마지막으로 나는 작품 속 캐릭터의 활동에 주목해 보았다. 미야자키의 주인공들은 넓고 깊게 자기 주변의 다른 존재들에게 시선을 둔다. 그렇지만 근본적으로 이들은 자신이 어떤 존재가 되어야 하는지에 대해 질문하는 사람들이다. 그래서 약한 것은 돌보고 악한 것은 달래며, 잠재해 있던 자기 능력을 깨달아 간다. 그들에게는 자의식에 빠져 허우적거릴 겨를이 없다.

미야자키는 주변의 모든 것과 다양한 관계를 맺으며 일상을 충실하게 살아가려면 그냥은 안 된다고 말한다. 내가 어떤 사람이 될 것인지, 어떤 방식으로 살아갈 것인지에 대한 탐구 없이는 누군가의 친구도 적도 될 수 없다. 만물이 동등하다고 해서 남들과 똑같이 살라는 말은 아닌 것이다. 누군가의 친구나 적이 된다는 관계성은 내가 어떤 삶을 살고 싶은지에 대한 비전 탐구를 통해서만 나온다. 각자가 자기 비전을 갖고 만났다 헤어지기에 미야자키의 세계에서는 부족한 것도 넘치는 것도 없이 모두가 서로에게 꼭 필요한 존재가 된다. 나는 미야자키 하야오 애니미즘의 가장 큰 특징이 이와 같은 비전 탐구에 있다고 생각하게 되었다.

미야자키 하야오를 연구하기 위해 그를 찍은 다큐멘터리를 보았다. 거기에는 종종 미야자키의 독특한 습관 같은 것이 나오는데 나의 눈길을 끄는 것은 그의 인사였다. 그는 아침에, 밤새 비어 있던 아틀리에의 현관문과 창문을 차례로 열면서 꼭 이렇게 인사를 했다. "다녀왔습니다." 밤사이 잘 지냈을 물건들에게 또는 그 무엇에게 인사를 건네는 거장의 모습은 감동적이다. 그의 세계에는 정말 가족이나 동료 같은 '사람'만 있지 않았다.

비어 있는 것 같지만 그건 내가 둔해서다. 의미 없는 것 같지만 그건 내가 관계를 맺지 못해서다. 머물고, 떠나고, 돌아올 수 있는 '여기'는 참으로 많은 것들이 저 나름대로 살아가는 장소이다. 이렇게 생각할 수 있을 때 만물은 빛난다. 그래서 나는 지금 여기의 일상성, 그 무궁무진한 관계의 가능성을 강조하면서 책의 제목을 '미야자키 하야오와 일상의 애니미즘'이라고 붙였다.

미야자키 하야오와 함께 애니미즘적 사고를 훈련하자. 닮은꼴 상자들 안에 갇히지 말자. 미야자키 하야오의 넓고 깊은 시선이 세상을 어떻게 포착해 내는지를 따라가면서 주변으로 시선을 확장하는 방법을 배우자. 그리고 낯선 존재들과 우정과 사랑을 나누는 기술을 익히자. 귀한 인연의 실을 인간과만 짤 수는 없지 않은가? 밥하고 청소하는 마음, 돌보고 헌신하는 마음을 통해 관계를 잘 맺고 푸는 사람이 되자. 파국으로 향해 가는 그 한 발자국 주변에도 흙이 날리고 풀이 돋는다. 우리는 더 좋은 삶의 길, 관계의 길을 찾을 수 있다. 사고방법으로서의 애니미즘은 우리의 활기 있는 일상을 돕는다. 미야자키 하야오의 작품을 따라가면서 나는 어떤 사람이 되고 싶은지 다시 한번 물어보자.

* * *

한 편의 애니메이션, 한 권의 책, 모두 한 사람의 손에서 나오지 않는다. 이 책은 태풍에 휩쓸리다시피 해서 썼다고 해도 과언이 아니다. 많이 먹고 크게 웃는 인류학 답사 밴드 〈인문공간 세종〉의 친구들, 북드라망의 꼼꼼한 독자들, 무서운 격려자 김현경 사장님은 작품 여기저기를 더 고민해 보라고 끊임없이 독려하셨다. 그때마다 미야자키 하야오 감독님과 지브리 스튜디오의 스태프들께 마음으로 물었다. 그런데 많은 경우, 그날의 인상적인 물건이나 분위기로부터 답을 얻었다. 사실 나의 임무는 작품과 친구들과 날씨를 오가며 활력의 바람을 충분히 타는 것이었다. '일상의 애니미즘'이라는 이 멋진 비행을 완수하게 해주신 모든 분들께 진심으로 깊은 감사를 드린다.

2024년 10월

오선민

<바람 계곡의 나우시카>

: 폐허 한가운데서 살아남기

바람 계곡의 나우시카(風の谷のナウシカ, 1984)

ㅇ줄거리

압도적이었던 산업 문명이 7일 동안의 전 지구적 대화재로 붕괴한 뒤 모든 대지
가 황폐해졌다. 부해(腐海)라 불리는 균류의 숲이 모든 것을 썩히면서 확장하고 있다.
그러던 중 나우시카가 있는 바람 계곡에 군사 국가 토르메키아의 대형 비행선이 추
락한다. 비행선에는 과거 모든 생명체를 불태웠던 최종 병기 '거신병'이 실려 있었다.
나우시카는 부해와 함께 살길을 모색하던 중 썩은 바다가 지구를 정화하고 있다는
것을 발견한다. 인간도 썩히는 부해지만 덕분에 지구의 생명력은 더 커지리라. 나우
시카는 거신병의 부활을 막고 부해의 거대 생명체인 '오무'를 살리기 위해 바람 계곡
에서 자신의 목숨을 걸고 싸운다.

ㅇ주요 캐릭터

• 나우시카 : 바람 계곡의 공주. 바람을 읽을 줄 알고 각종 동식물 및 곤충과도 대
화할 수 있다. 비행사·포자 연구가·풍차 수리공이며, 모든 반생명적 전쟁에 맞서는
인류 최후의 전사. 생명의 끝없는 길을 위해 헌신하는 구도자로 모두의 사랑과 존
경을 받는다.

• 크샤나 : 토르메키아의 황녀로 거신병을 부활시켜 지구의 권력자가 되려 한다.
하지만 점차 나우시카에 감화된다.

• 오무 : 대지를 썩히는 거대 벌레. 열네 개의 눈과 수많은 촉수를 지닌 곤충의 왕
으로 나우시카와 교감한다. 무리 생활을 하고 집단 지성을 사용해서 개체 간 소통을
한다. 생명의 장엄함을 상징한다.

• 거신병 : 고대 문명의 최고 병기로 결국 지구 전체를 불태울 수 있는 능력이 있
다. 전멸할 줄 알았는데 그중 하나가 바람 계곡에서 부활한다. 부모를 따르듯 인간
주인의 말을 듣는다.

1.
오무의 부해
― 변하고 썩는 원더풀 라이프

생명을 부르는 썩은 바다

이제부터 우리는 지상의 모든 것들이 사랑스럽게 떠드는 미야 자키의 애니미즘적 세계로 들어간다. 〈바람 계곡의 나우시카〉 는 썩어 가는 바다 한가운데에서도 생명이 힘차게 약동한다는 것을 보여 준다. 덕분에 인간의 눈으로 재단된 세계관을 내려놓 고 생명의 풍요로움에 대해 냉철하게 주시할 수 있다.

〈바람 계곡의 나우시카〉가 존재하는 모든 것의 생명력을 논하기 위해 펼쳐 놓는 무대들에 주목해 보자. 공간은 크게 셋 으로 나눌 수 있다. 압도적으로 크고, 신비롭고, 아름답게 그려 지는 부해(腐海)가 첫번째다. 뒤로는 부해를, 앞으로는 염산 호 수를 바라보는 바람 계곡이 그 두번째이다. 마지막으로 부해의 진행에 따라 소멸하거나 그에 맞서려고 하는 두 개의 왕국 토르 메키아와 페지테가 있다. 미야자키는 불의 문명을 상징하는 이들 강대국을 망가진 잔해만으로 보여 준다. 문명의 실상은 다음 작품 〈천공의 성 라퓨타〉에서 위태롭게 하늘 위에 떠 있는 성으로 그려 보일 것이다.

먼저 부해와 바람 계곡을 살펴보자. 작품에서 제일 문제가 되는 공간은 부해다. 미야자키는 크림반도(Crimean Pen) 부근의 썩은 바다, 소금 호수의 바다에서 부해의 영감을 받았다고 한다. 부해는 사막화가 진행 중인 바다를 뜻한다. 만화판 『바람 계곡의 나우시카』(전 7권, 학산문화사)에 따르면, 부해는 천 년 전에 인간이 환경을 정화하려고 만든 인공물이었는데 결국 사람을 잡아먹는 곳으로 변해 버렸다고 한다. 정화가 목적인 부해는 진화를 거듭하던 중 인간이야말로 정화되어야 할 존재라고 결론을 내게 된다. 상황이 이렇게 되니 인간과 부해는 서로 적대할 수밖에 없다. 그런데 이런 불화의 한가운데에서 나우시카는 공존을 모색할 길을 찾는다.

작품 속에서 나우시카를 제외한 모든 이들은 부해를 없애야 할 대상으로 본다. 하지만 미야자키가 부해를 통해 말하고 싶은 바는 '악'이 아니다. 미야자키는 부해에서 날리는 미세한 포자들을 하나하나 그리면서, 이 지구 종말의 상징과도 같은 자리에 얼마나 많은 것들이 다양한 모습으로 존재하는지를 보인다. 삶은 종말 앞에서도 무궁무진이다.

그리고 그는 이런 다채로움을 아름답다고 한다. 이 점은 부해가 처음 모습을 드러낼 때부터 잘 나타난다. 나우시카가 부해의 주인공인 거대벌레 오무의 껍질을 발견하고 감탄하기 때문이다. 나우시카는 자신의 칼로 허물을 찔러 보면서 '징~' 하고 맑게 울리는 그 음색에 반하고, 오무 눈 껍데기를 이리저리 둘러보며 그 깨끗함에 감탄한다. 그리고 투명한 그 껍데기를 쓰고 앉아서 흰 눈송이처럼 떨어지는 부해의 포자들을 감상한다. 완벽하게 고요하고 아름다운 장면이다. 마스크 없이는 몇 분도 버틸 수가 없는 오염된 공기라지만 오무의 허물은 멋지고, 날아다니는 포자들은 숭고하다.

미야자키가 부해의 특징으로 더 부각시키는 점은 신비함이다. 나우시카는 오직 부해의 비밀을 풀고 싶어 한다. 부해가 신비로운 이유는 다음 세 가지 때문이다. 첫째, 부해가 썩어 가는 바다라지만 실은 균사의 숲이다. 균류는 균사를 늘려서 영양을 취한다. "균류는 포자의 발아에서 시작되며 발아관은 서서히 길게 자라서 실 모양의 균사가 되고 다수는 더 분지하여 균사의 망상(網狀) 집합, 즉 균사체"(물백과사전, 네이버)가 된다. 보통 이런 균사체는 인간의 눈에는 잘 들어오지 않기에 미생물(微生物)이라고 불린다. 미야자키는 인간 지각의 최저 임계에 있는 이 존재를 엄청나게 얽힌 망상(網狀)으로 표현함으로써 인간 지각의 최고 임계를 건드리는 모습으로 그린다. 부해는 작은 것들의 거대함, 거대함의 본질적 작음을 의미한다. 이 역설이 표현되기에 부해는 신비롭다.

둘째, 부해에서 균사들은 숨쉰다. 커다란 포자들이 푸푸 부풀어 오르며 터지는 것이 폐가 있는 동물을 닮았다. 아가미 호흡을 하는 수중생물 같기도 하다. 미야자키는 이 균사체 속을 돌아다니는 벌레를 물속을 유영하는 이미지로 표현한다. 부해 안에서 자유롭고 편안할 때, 벌레들은 공기의 저항을 거의 받지 않는 듯 느긋하다. 부해가 처음 등장할 때에는 해파리 같은 것이 날아다니기도 한다. 썩었다는데 부해 안의 생물들은 쾌적해 보인다. 생각해 보자. 인간은 숨 쉴 수 없어 바다가 두렵지만, 어떤 생물에게는 청정한 하늘이야말로 공포스러울 것이다. 인간을 숨 막히게 하는 독기라지만 어떤 벌레에게는 문제없이 상쾌한 대기일 수 있다.

셋째, 부해는 생명과 물질의 경계를 따지지 않는다. 거대한 부해의 호흡에 동참하는 것 중에는 녹과 철도 있다. 영화 도입부에 거신병 해골이 썩어 문드러지는 장면이 나온다. 죽는 것은 생명만이 아니다. 철과 플라스틱도 언젠가는 녹고 스러진다. 인간의 피에 녹아 있는 철이나 거대한 병기에 들어가 있는 철이나 모두 자연의 산물이다. 인간의 수준에서 보면 기계는 활기 없는 사물이지만, 부해의 수준에서 보면 인간도 기계도 모두 다 썩어 문드러질 부해의 자식들이다.

미야자키가 신비한 부해로 말하고 싶은 바는 무엇일까? 부해의 밑바닥에는 생명을 정화시켜 주는 물이 흐른다. 나우시카는 이웃 왕국 '페지테'의 왕자를 구해 주다가 거대벌레의 꼬리에 부딪혀 부해 밑바닥으로 떨어지게 되는데 여기에서 꿈을 꾼다. 어린 나우시카는 오무 유충을 숨긴 것이 발각되어 혼이 나고, 아버지에게 오무를 빼앗긴다. 오무를 죽이고 싶지 않은 어린이의 마음이 벌레와 인간을 구별해서 생각하려는 왕에 의해 억압당한다. 나우시카는 오무를 살리려고 마지막까지 울면서 외친다. "오무를 죽이지 말아 주세요."

부해의 밑바닥에서 나우시카는 왜 이런 꿈을 꿀까? 부해는 만물을 죽여 없애는 장소가 아니다. 나우시카가 울며불며 저항하는 것은 '벌레이기 때문에 죽어도 된다'는 명령이다. 죽어도 되는 생명은 없다. 살기 위해 어떤 이유가 필요한 것이 아니다. 인간이기 때문에 살아남아야 하는 것이 아니다. 벌레여서 죽어야 하는 것이 아닌 것처럼! 나우시카는 어떤 대의와 명분도 넘어서는, 삶 자체를 긍정하는 마음을 갖고 있다.

나우시카가 이런 꿈을 꾼 까닭은 부해가 생명을 지탱하기 때문이다. 모든 썩어 없어지는 것은 죽음을 지향하지 않고 그 너머의 삶을 꿈꾼다. 부서지고 문드러지면서 온갖 풍파에 시달리는 우리는 개체적 종말을 피할 수 없다. 그런데 나의 죽음이 생명 자체의 죽음은 아니다. 나는 죽어 또 다른 삶을 낳는 자양분이 된다. 그래서 부해의 가장 밑바닥에서는 물이 흐른다. 나우시카가 이 점을 깨달았을 때, 많은 것을 분해시키고 생명의 물로 돌아가기 위해 부해의 늪 아래로 모래가 떨어져 내린다. 나우시카는 기뻐 눈물을 흘린다.

민주주의 풍차 왕국

미야자키의 생명관과 관련해서 중요한 두번째 장소는 바람 계곡이다. 바람 계곡은 부해로부터 불어오는 썩은 바람을 쉼 없이 맞으며 살아야 하는 사람들의 나라다. 바람 계곡도 늙은 왕이 지배하지만 토르메키아라든가 페지테와는 조금 다른데, 이들이 불을 최소한으로 쓰기 때문이다. 사람들은 자연적으로 부는 바람을 이용해 산다. 그 힘으로 지하의 물을 끌어 올리고, 바람을 타고 날아오르면서 결국 부해와의 공존을 모색하기로 한다.

바람 계곡의 가장 큰 특징은 농지(農地)에 울타리가 없다는 점이다. 바람 계곡 사람들이 움직이는 것을 잘 보면 알 수 있는데, 이들은 포도밭을 비롯해 다른 농작물이 자라는 곳 아래로 길을 만들어 놓고 다닌다. 농지가 구획되어 있기는 하지만 사유지로서 구별하지 않고 모두가 함께 쓰는 '길'을 놓아 같이 쓰는 땅으로 삼는다. 왜 농지 밑으로 사람 다니는 길이 있을까? 인간이 대지보다 아래에 있다는 말이다. 그러니 바람 계곡의 왕은 군림하는 군주는 될 수 없다. 나중에 미야자키는 〈모노노케 히메〉에서 남자 주인공 아시타카의 고향 마을 '에미시'로 울타리가 없는 땅을 다시 한번 강조할 것이다. 여기 사람들도 농지 아래 깊이 파인 길로 다닌다. 에미시도 동물과 인간이 함께 살아야 한다는 것을 깊이 의식하는 사람들의 나라다.

성 모양이 풍차인 점도 바람 계곡의 정체성을 이해하는 데에 도움을 준다. 미야자키는 거대한 건축물 그리기를 좋아하는데, 이후로도 몇 번이나 '성'(城)을 그린다. 라퓨타는 천공의 성이었고(〈천공의 성 라퓨타〉), 치히로가 행방불명되는 온천 역시 마녀를 왕으로 모시는 성이다(〈센과 치히로의 행방불명〉). 마법사 하울은 움직이는 성을 갖고 있다(〈하울의 움직이는 성〉). 이들 성은 정원도 있고 여러 목적을 위한 집무실도 있어 멋지고 번듯하다. 그런데 바람 계곡의 성은 큰 바람개비를 돌리기 위한 기둥에 지나지 않는다. 나우시카는 공주인데 방에서 멀리 바다를 볼 수도 없다. 창밖으로 계속 바람개비가 돌아 시야를 막곤 하기 때문이다. 나우시카의 방이 높은 곳에 있는 이유는 백성들을 내려다보기 위해서가 아니라 위아래에서 부는 여러 바람의 기운을 읽기 위해서다.

이 공동체는 함께 바람을 잘 타면서 살기를 원한다. 이들은 함께 있을 때 더욱더 지혜로워질 수 있다고 생각한다. 부해의 공격을 받았을 때, 어린아이들도 썩은 균사가 어느 나무뿌리에 붙었는지 찾아내는 일을 능숙하게 해냈다. 바람 계곡에서는 서로가 능력에 따라 일하고 필요에 따라 나누며 사는 듯하다. 여기는 처지야 다르지만 마을을 생각하는 마음이 같은, 동등한 자들의 공동체인 것이다.

바람 계곡은 미야자키가 생각하는 자율적 공동체다. 풍차는 물과 땅의 균형을 맞추어 사람의 생존을 돕도록 설계된다. 풍차는 전통적으로 바다 범람의 위험에 노출되어 있던 북해의 어부와 농부들이 적극적으로 활용한 동력장치였다. 16세기가 되면 해수면보다 지표가 낮은 네덜란드 등에서 이것을 활용하게 된다. 네덜란드에서는 풍차 덕분에 해안 간척지의 비옥한 땅에서 경작이 가능하게 되었고, 덕분에 무분별한 삼림벌채와 대책 없는 토양 황폐화를 막을 수 있었다(루이스 멈포드, 『기술과 문명』, 문종만 옮김, 책세상, 2013, 181~183쪽 참고).

풍차는 자연 발생적인 대기의 힘, 기압 차에 따른 바람을 이용하기 때문에, 풍력에는 소유권이 있을 수 없다. 바람의 방향과 세기를 무슨 수로 나누나? 울타리가 없고 풍차에 의존한다는 점에서 바람 계곡은 여타 왕국과 달리 자타를 구별하지 않고, 이방인을 환대하고, 적군이라도 사자(死者)는 묻어 주면서 기린다. 이 점은 에미시 마을에서도 확인된다. 〈모노노케 히메〉에서 샤먼 할머니는, 재앙신으로 변한 뒤 부족의 젊은이를 해친 멧돼지도 묻어 주었다. 바람 계곡 사람들은 만물의 생멸이 자연의 힘, 즉 바람에 달려 있다는 것을 이해하기에 부해를 거부하지 않는다. 부해를 거부하지 않으니 토르메키아라든가 페지테가 벌이는 전쟁도 부정하지 않는다. 일어나는 일에 대해 '일어나서는 안 돼!' 하기보다는 '그렇다면 지금부터 무엇을 해야 하지?'라고 묻고 새롭게 길을 찾는다.

왕궁인 풍차 밑바닥에 나우시카의 연구실이 있다는 것은 바람 계곡 사람들이 배우고 이해하려는 존재들임을 말해 준다. 나우시카의 연구 방법은 실험과 관찰이다. 부해의 생태학이 연구 주제이니 나우시카도 '인류의 행복'이라든가 '인간의 왕국' 같은 추상적인 주제는 관심 밖이다. 바람이 어디 방향을 정해 놓고 부는가? 바람 계곡 사람들은 어디서 어떤 바람이 불어오는 지에 따라 어떤 일이 벌어지는지를 넓게 바라보려 한다. 경외심을 갖고 말이다.

생명은 끝이 없는 길을 간다

바람 계곡을 상징하는 이들은 노인이다. 그것도 썩어 가는 손과 발을 가졌고 언제든지 죽을 준비가 된 할아버지들이다. 노인들은 웬만해서는 놀라지도 않고, 시시각각 변하는 상황 속에서 능동적으로 판단하고 움직인다. 전투 중에 누군가가 물었다. '왜 토르메키아 비행선은 무리 지어서 날아오르는 거지?', 할아버지들은 즉각 답한다. '그들이 습격을 두려워하기 때문이다!' 할아버지들은 오랜 세월 바람을 타며 식물을 키우고 동물을 돌보다 보니 공포에 질린 것들이 몸집을 키운다는 것을 아는 것이다. 이후로도 이들은 쭈글쭈글한 맨주먹으로 조명탄을 던져 적군을 교란시키는 등 젊은이 못지않은 전투 실력을 뽐내었다. 이 모두가 풍차를 돌리면서 깨친 생명력 때문에 가능했다.

그들은 죽음도 삶도 두려워하지 않는다. 유머도 넘친다. 전투 중에 오염된 부해로 추락하게 되자 왁자지껄 그냥 죽자 죽자 하다가, 바지선의 짐을 버리면 살 수 있다고 하는 나우시카의 말에 금방 살려는 의지를 불태우기도 한다. 죽을 만하면 죽으면 되고, 살만 하면 살면 된다. 그렇게 유연하게 삶을 받아들이는 바람 같은 노인들은 작품 속에서 끝까지 살아남는다. 공주를 돕고, 마을을 구하고, 숲을 지키고, 바람을 맞아야 하는 임무가 항상 닥쳐오며 그들을 계속 움직이게 했다. 할아버지들은 알고 있다. 생명의 목적을, 그것은 함께 살고 죽으며 전진하는 것이다.

멸망이라지만 그 한가운데에서도 해야 할 일은 넘쳐난다. 몇백 년 동안 자라 온 숲을 한번에 파괴시키는 불과 달리, 물과 바람은 천천히 오래오래 생명을 키운다. 물과 바람이 만드는 세월은 살고 죽고의 연속이기 때문에 버릴 것도 구할 것도 따로 없다. 굳어 가는 몸을 갖고도 충분히 서로에게 실질적인 힘과 용기를 주는 존재들로서 할아버지 특공대들은 멋지다. 논점에서 빗나가는 이야기이기는 한데, 이후로 미야자키는 할아버지를 거의 그리지 않는다. 최신작 〈그대들은 어떻게 살 것인가〉에 탑을 쌓는 할아버지가 나오지만 주인공 마히토는 그를 계승할 생각이 없다. 미야자키의 세계관에서는 드문, '꽃보다 할배'를 만나고 싶은 분께 〈바람 계곡의 나우시카〉를 추천한다.

작품은 나우시카가 아기 오무를 구하면서 대지에 평화가 찾아오는 것으로 끝난다. 그런데 오무들이 강물처럼 어디론가 함께 흘러가는 마지막에서 암시되듯 부해는 사라지지 않는다. 부해는 더 멀리 더 깊이 썩기 위해 계속 움직이며 나아간다. 만화판에서 나우시카는 바람 계곡으로 돌아오지 않는다. 그녀는 다치고 쓰러진 사람들 하나하나를 돌보기 위한 먼 여행을 계속한다. 오무가 마음을 활짝 열고 나우시카를 받아들였다는 점에서 해피엔딩 같지만 바람이 부는 한 '해피'도 '엔딩'도 없다. 종말 이후란 없다. 종말 이전도 없다. 나우시카에게는 문제가 있고, 친구가 있고, 바람이 있는 지금뿐이다. 영화는 마지막에 나우시카의 비행 마스크가 떨어진 부해 밑바닥에서 새싹이 돋아난 것을 그린다. 나우시카의 비행은 계속될 것이다.

2.
바람의 전쟁
―다정함으로 끄는 나르시시즘의 불

전쟁, 욕망을 가진 자의 숙명

미야자키 하야오가 영화에서 제일 많이 다루는 사건은 전쟁이다. 미야자키 하야오는 전쟁광인가? 미야자키는 전투기나 탱크와 같은 다양한 무기를 연구하고, 인류의 전쟁사를 공부하는 데에서 큰 즐거움을 느낀다고 한다. 『미야자키 하야오의 감상노트』(『宮崎駿の雜想ノート』, 大日本繪畵, 1997)라고 미야자키가 가끔씩 연재하는 만화를 묶은 책이 있는데, 내용은 전부 전쟁을 준비하는 군인들이 무기를 다루는 에피소드이다. 이 중 일부는 나중에 〈붉은 돼지〉로 발전한다. 그런데, 한편으로 미야자키의 대주제는 애니미즘, 만물 생명력이다. 그럼 미야자키의 세계에서 전쟁 묘사와 생명 찬미는 어떻게 연결되는 것일까?

미야자키는 인간 한 사람 한 사람이 자기 욕망을 거침없이 추구할 때 전쟁이 일어난다고 생각한다. 클라우제비츠(Carl von

Clausewitz, 1780~1831)는 고전 『전쟁론』에서 전쟁을 한다면 두 나라가 서로 대등하다는 증거라고 했다. 똑같은 크기와 역량, 욕망을 가진 두 개의 국가가 희소한 자원을 놓고 경쟁하는 것이 전쟁이라는 것이다. 이런 상식과 달리 미야자키가 그리는 싸움에서는 모습도 능력도 다른 이들이 각자 다른 욕망 때문에 다툰다. 그래서 클라우제비츠가 논한 것과 달리, 미야자키의 전쟁은 같은 링 위에 체급이 같은 권투 선수 두 명이 올라가는 경기 같지가 않다. 각자 자기 욕망을 보고 가기에, 저마다 다른 이유와 다른 방식으로 싸운다. 따라서 승패를 따질 자리가 없다.

〈붉은 돼지〉는 어떠한가? 여기서는 파시스트이기보다는 돼지가 되는 것이 낫다고 결단한 한 인간이 전투기로 사람을 웃긴다. 붉은 돼지는 전쟁이란 인간들이나 하는 것이라며, 돼지는 다른 목적 때문에 하늘을 난다고 자랑스러워한다. 붉은 돼지가 기술에 관심을 갖는 이유는 싸우거나 경쟁하기 위해서가 아니다. 그는 멋진 비행기로 아이들이나 여성을 태워 큰 즐거움을 주고 싶다. 돼지의 붉은 비행기는 나무로 되어 있는데, 미야자키는 이 비행기를 지상에 뿌리내리고 살 수밖에 없는 나무의 꿈처럼 그린다. 미야자키는 말한다. 자기 삶의 조건을 다른 높이에서 한 번 조망해 보고 싶은 비행, 자기가 아니라 남을 기쁘게 하기 위한 방법으로서의 비행만이 참되다고. 붉은 돼지는 자기밖에 모르는 어리석은 나르시시스트들이나 전쟁을 하는 거라고 가볍게 비웃는다.

〈모노노케 히메〉는 마지막 순간 두 주인공이 서로를 향해 미소 짓는 것을 제외하고는, 정말 웃는 장면 하나 없이 엄숙하게 전쟁을 묘사한다. 그런데 이 전쟁도 많은 동식물종(種)이 각자 살기 위해 어쩔 수 없이 벌이는 투쟁이다. 작품 대강의 줄거리를 떠올려 보자. 인간의 왕이 영물인 사슴신을 구해 오라 명했다. 왕권의 비호나 좀 얻어 살아 보려 한 불쌍한 제철소 사람들이 숲에 불을 놓게 된다. 그러자 그들 때문에 터전을 잃은 멧돼지가 화가 나 인간을 향해 내달린다. 살기 위한 전쟁이라지만 인간의 고기로 전락해서까지 살아남을 필요는 없기에, 멧돼지들은 죽기를 각오하고 인간의 총구 앞으로 뛰어든다. 철을 녹여 살아야 하는 불가촉천민들과 나무 없이는 살길 없는 동물들이 각자 자기 이유의 절박함 때문에 목숨을 건다. 여기까지만 봐도 단순히 2자 대립이라고 하기 어렵다. 이런 조건에서 메인 줄거리가 끼어든다. 숲과 인간의 이 비극적 싸움 속에, 누구에게도 잘못한 일 없는 소년이 사랑하는 소녀를 구하기 위해 뛰어든다. 〈모노노케 히메〉가 그리는 전쟁도 인간들끼리의 어떤 이념 대립은 아닌 것이다. 전쟁이란, 살기 위해서는 누군가를 해칠 수밖에 없는 가련한 이들의 몸부림이다. 미야자키는 이 비참을 직시하며 인류에게 전쟁은 피할 수 없는 일이라고 한다.

인류의 다양한 문화를 관찰하고 탐구하는 인류학의 보고에 따르면 그 어떤 민족도 전쟁으로부터 자유로울 수 없다고 한다. 예를 들면 오세아니아 주의 한 원시사회에서는 중요한 결정이 이루어질 때 그 전날 또는 그 전전날 일종의 의례로 부족민 사이에서 전투가 열린다고 한다. 모의 전투인데 이때 구성원 각자의 해묵은 갈등과 분쟁을 물리적 차원에서 부딪치며 다 떨쳐 낸다고 한다. 목표가 의사결정에 있기 때문에 불미스러운 선을 넘지는 않지만 종종 부상자가 생기는 것은 피할 수 없다. 그런데 이렇게 사전에 분쟁을 모두 정화한 뒤에 어떤 결정을 하게 되면 대부분 만장일치에 이른다(클로드 레비-스트로스·조르주 샤르보니에, 『레비-스트로스의 말』, 류재화 옮김, 마음산책, 2016, 50쪽 참고). 이때의 전쟁은 개인적 원한을 육체로 풀어내는 공동체 조직 원리가 된다. 부족 사람들은 사적으로 억눌리고 뭉쳤던 마음을 풀고, 자기 고집을 내려놓고 보다 넓은 마음으로 공동체 전체를 생각하게 된다고 한다. '전쟁은 필요 없어!'라는 일면적 주장은 누군가를 먹지 않으면 살 수가 없는 생명의 근본적 조건에 대한 무지에서 나온다. 보다 넓게 적대가 일어나는 인과의 장을 파악하려고 해야 한다.

헌신, 자기애의 광기를 넘어서는 힘

미야자키 전쟁론의 발단이 되는 〈바람 계곡의 나우시카〉로 들어가 보자. 영화에는 세 개의 국가가 등장한다. 모두에게 위협을 가하는 토르메키아 왕국의 황녀가, 페지테라는 왕국 지하에서 천 년 전부터 잠들어 있는 거신병을 훔쳐 오면서 이야기는 시작된다. 거신병을 싣고 날기 너무 힘들어 토르메키아 군함이 땅에 추락하게 되는데 그곳이 바람 계곡이다. 황녀 크샤나는 거신병을 나르기를 포기하고 바람 계곡을 정복해서 새 왕국 세우기를 꿈꾼다. 왜냐하면 자기야말로 가장 똑똑하고 가장 유능해서 토르메키아의 황제보다 더 잘 거신병을 사용할 수 있기 때문이다.

한편, 거신병을 빼앗긴 페지테는 토르메키아로부터 거신병을 되찾기 위해 자기 왕국에 불을 질러 오무를 불러들인다. 이때 아기 오무를 꾀어 크샤나 뒤를 쫓게 함으로써 새끼를 되찾으려는 오무 무리를 바람 계곡으로 유인한다. 이들이 자기 나라까지 태워야 하는 이유가 무엇인가? 페지테야말로 거신병을 제대로 쓸 수 있고 부해를 없애야 하는 선민(選民)들이기 때문이다. '나야말로 옳다! 나야말로 인간의 왕국을 건설할 수 있는 적자(適者)다! 그러니 나 아닌 자들이여 사라져라!' 토르메키아와 페지테는 똑같이 자기만 옳고 남은 틀리니 없어져야 한다고 주장하고 있었다. 똑같은 것들만 똑같이 싸운다. 그래서 미야자키 하야오는 자기가 최고라고 생각하는, 똑같은 것들의 전쟁은 나르시시즘에 불과하다고 한다.

미야자키의 대안은 무엇인가? 〈모노노케 히메〉에 따르면 전쟁은 막을 수도 없고 막아서도 안 된다. 멧돼지는 인간을 향해 달려든 것이 아니다. 그들은 인간의 먹이로 전락해서 살 수는 없기 때문에, 자존의 반생명성에 저항하기 위해 인간에게 달려드는 방법을 택했다. 자기 존엄을 수호하기 위한 전쟁은 감행

해야만 한다. 〈바람 계곡의 나우시카〉도 전쟁 자체를 부정하지는 않는다. 아마도 전쟁은 사라지지 않을 것이다. 어리석게도 자기밖에 모르는 것이 생명의 한 모습이기도 하기 때문이다.

그래서 나우시카는 나르시시즘과 싸우기 위해 자기를 버린다. 나우시카는 눈앞의 존재를 살리기 위해 자기를 다 던지기로 한다. 자기 욕망과 능력은 아예 계산 밖이다. 나우시카의 적은 크샤나와 지로-왕이다. 두 사람은 '자기만 옳다'라는 자기 중심주의자들이고 그래서 쓸모없는 계곡이나 벌레 따위는 태워 없애도 괜찮다고 여긴다. 아찔할 정도로 번뜩이는 이들의 눈은 미친 자의 그것이다. 이들은 자기 욕망을 절대화했다.

자기 욕망을 고집하는 자의 행보가 이렇기에 나우시카는 관심을 타인에게로 돌린다. 나우시카는 상냥함을 최고의 미덕으로 친다. 미야자키가 상냥함의 아이콘으로 다시 그리게 되는 것은 〈하울의 움직이는 성〉에 나오는 '무대가리' 허수아비다. 여주인공 소피의 숄이 바람에 날려 갈 때, 추운데 소피가 잘 곳이 없을 때, 비 오는데 그녀가 하염없이 울고 있을 때, 무대가리는 어떤 조건에서도 자기 다리가 다 닳도록 돕는다. 상대의 처지를 가리지 않고, 자기 상황을 보지 않고, 마음을 다 내어 돕는 것이 그의 상냥함이다. 나우시카도 토르메키아인이건 페지테인이건 거신병이건 오무이건 가리지 않고 살리려고 한다. 나의 삶보다 중요한 것은 너의 삶이기 때문이다. 나우시카는 고통으로 정신 없이 염산 호수로 뛰어들려는 오무의 새끼를 막으려 자기 발을 대신 빠트리기도 했다. 이처럼 전쟁을 막으려는 자는 반드시 자기 욕망의 불을 꺼야 한다. 아군과 적군을 가리지 않고 자기 눈에 남들을 넣을 수 있을 때 겨우 어리석은 전쟁을 막을 길이 열린다. 헌신이야말로 자기밖에 모르는 자들의 전쟁에 말려들지 않고 생명을 살리는 길인 것이다. 이런 나우시카에 의해 멸망의 전주곡이 멈춘다.

나우시카는 부해의 독기로 몸은 굳고, 늙어 가는 마을 노인들을 자랑스럽게 생각한다. 죽을 수밖에 없는 것, 분해되고 정화되어 거대한 생명의 바람을 다시 타는 것은 우리의 운명이다. 다만 인간만의 삶, 나만의 생을 고집하는 가운데 일어나는 죽음의 불길은 잡아야 한다. 그래서 나우시카는 죽음을 긍정한다. 부해의 힘으로 세계가 더욱 맑고 깨끗해질 것이기 때문이다. 물론 그 과정에서 '나'는 스러진다. 하지만 세계가 스러지는 것은 아니다. 영원을 목적으로 삼는 이는 죽음을 낳고, 죽어 가는 온 과정을 긍정하는 이는 생명을 낳는다. 나우시카는 이 역설을 두 팔 벌려 수긍함으로써 '내가 최고야'라는 모두의 생각을 내려놓게 한다.

미야자키는 만화 『바람 계곡의 나우시카』를 거의 13년 가까이 연재했다. 1994년, 중간에 〈천공의 성 라퓨타〉, 〈이웃집 토토로〉, 〈마녀 배달부 키키〉에서 〈붉은 돼지〉, 〈모노노케 히메〉까지 만들면서 몇 번이나 중단되었지만 계속해서 만화로 돌아왔고 결국 작품을 완성했다. 『바람 계곡의 나우시카』는 이 13년 동안 미야자키의 인간관, 전쟁관, 세계관이 변해 가는 과정을 고스란히 담아내는 대작이 된다. 미야자키는 이 결말에서도 전쟁 자체는 없어지지 않을 것임을 암시했다.

뉴스를 틀면 금방 알 수 있다. 한심한 전쟁이 끝도 없이 이어진다는 것을. 인간은 누구의 정의가 참된 정의인지를 판단할 수 있는 저울을 갖고 있지 않다. 그래서 미야자키는 전쟁을 국가 혹은 이념의 차원에서 분석하기보다는 그 국면 속에서 인간이 무엇을 생각하고 어떻게 행동하는가에 초점을 맞추었다. 나우시카는 선악이 아니라 친절함과 다정함에 따라 상대를 판단했다. 전쟁을 막을 수 있는 길은 따뜻한 마음, 타인을 존중하고 그에 헌신하는 일에 있기 때문이다.

미야자키는 〈바람 계곡의 나우시카〉를 그리면서 마르크스주의라는 굴레로부터도 자유로워졌다고 한다. 나우시카를 공주로 그렸다 해서, 개봉 이후에 계급 의식이 부족하다는 평도 받았다. 하지만 시시한 사람은 어느 계급에서 태어나도 시시하고, 좋은 사람은 어느 계급에서 태어나도 좋은 사람이다. 노동자라서 올바르다는 것은 거짓말이다. 사람들은 얼마든지 바보짓을 한다. 나우시카가 공주라서 승리한 것이 아니다. 전쟁 자체를 평가하지 말고, 전쟁을 욕망하는 인간 한 사람 한 사람의 마음을 들여다보라. 나의 옳음을 고집하며 누군가를 향해 화내고 있다면, 거기가 바로 반생명적 전쟁의 불길이 번져 오르는 지점이다. 자기를 내려놓고, 이해하고, 헌신하라.

3.
나우시카
—메시아가 아니라 샤먼으로

캐릭터의 주변성과 괴물성

미야자키의 독창성이 최고도로 빛나는 부분은 상식을 뛰어넘는 캐릭터 창조에 있다. 인간과 소통할 수 있는 거대 벌레와 뼈와 살을 가진 거신병(《바람 계곡의 나우시카》), 아시시의 성 프란체스코를 닮은 또 다른 거신병(《천공의 성 라퓨타》), 나무의 신이지만 푹신하게 생명을 기르는 토토로(《이웃집 토토로》)를 떠올려 보자. 마녀이기보다는 패션 리더가 되고 싶은 고독한 사춘기의 초보 마녀(《마녀 배달부 키키》)가 있고, 파시스트가 되느니 차라리 돼지가 되겠다고 선언하는 전직 파일럿(《붉은 돼지》)이 있다. 어디 그뿐인가? 캐릭터로서는 토토로와 쌍벽을 이루는 얼굴 없는 정령 가오나시(《센과 치히로의 행방불명》)도 있다. 나이가 고무줄도 아닌데 늙어졌다가 젊어졌다가 하는 소피의 청소 이야기(《하울의 움직이는 성》)는 또 어떤가? 마법을 포기하고 그저 평범하게 인간이 되어 늙어 죽기를 선택한 물고기(《벼랑 위의 포뇨》)도 있다. 기계도, 괴물도, 모든 존재가 자기 욕망에 따라 말하고 듣는다. 캐릭터의 애니미즘이다.

전 세계 민담을 분석한 러시아의 신화학자 V. Y. 프로프(Vladimir Yakovlevich Propp, 1895~1970)는 캐릭터란 이야기를 유형화시키는 장치라고 정리한 바 있다. 주인공과 적대자, 증여자, 조력자, 공주, 파견자, 가짜 주인공 등에 어떤 전형이 있어 나이, 성별, 지위, 겉모습을 통해 변화무쌍한 사건의 리듬을 중재하며 주제를 향해 이야기를 끌고 간다는 것이다(블라디미르 프로프, 『민담 형태론』, 어건주 옮김, 지만지, 2013, 제6장~8장 참고). 이야기 분석가인 오쓰카 에이지 역시 비슷한 방식으로 이야기한 적이 있는데, 그에 따르면 주인공의 간난신고(艱難辛苦)는 이런 주변 캐릭터들의 능숙한 조합에 의해 빛을 발하게 된다고 한다(오쓰카 에이지, 『캐릭터 메이커』, 선정우 옮김, 북바이북, 2014).

그런데 미야자키의 캐릭터는 다르다. 미야자키의 주인공은 특정한 서사 유형을 따르지 않는다. 적대자가 악인도 아닐뿐더러, 조력자 역시 주인공 발목 잡기 일쑤다. 선악을 할당받은 이들이 따로 있지 않기 때문에 주인공도 착하지 않다. 미야자키의 활력 넘치는 주인공은 다음과 같은 표현으로 정의할 수 있다. '자기 안에 내재한 무궁무진한 능력을 힘껏 꺼내어 쓰는 자'라고 말이다. 그것은 자신도 잘 모를 그런 능력들이다. 미야자키는 자기 안에 무엇이 들어 있는지는 모르지만 용감히 운명을 향해 돌진하는 모험가의 생명력을 사랑한다.

전형이 아닌 활약 방식에 따라 미야자키 캐릭터의 특징을 정리해 보자. 그것은 주변성과 괴물성이다. 주변적이라는 것은 캐릭터들이 세상의 주류가 아니기 때문이다. 줄거리야 주인공을 중심으로 펼쳐지지만, 따지고 보면 나우시카도 자기 전쟁을 하는 것이 아니라 강대국 사이의 전쟁에 자기 철학 때문에 말려들어 가는 모습이다. 부해의 역사적 차원에서 보면 주변적이라 할 수 있다. 〈천공의 성 라퓨타〉의 공주라지만 시타는 멸망한 왕국의 후계자이자, 그것도 모자라 파괴자가 된다. 〈이웃집 토토로〉의 메이와 사쓰키는 시골로 이사 간 어린 아이들, 〈마녀 배달부 키키〉의 주인공은 비행 능력이 오락가락하는 실력 없는 마녀다. 〈붉은 돼지〉는 은퇴한 비행사이고, 〈모노노케 히메〉의 아시타카는 자기 마을에서는 쫓겨나고 남의 마을에서는 배척받는 이방인이다. 〈센과 치히로의 행방불명〉의 치히로는 신들의 온천장에서 일하는 하급 여직원이고, 〈하울의 움직이는 성〉의 소피는 고작 청소부다. 〈벼랑 위의 포뇨〉의 인어공주는 사람이 되지만 그래 봐야 다섯 살 유치원생이다. 〈바람이 분다〉의 지로가 좀 성공한 경우인데, 2차 세계대전을 패망으로 이끈 실패자가 된다. 미야자키는 확실히 대문자 역사의 곁가지에, 인생에서는 가장 별 볼 일 없다는 시기에, 관심을 둔다.

괴물성은 〈모노노케 히메〉에서 원한을 품고 죽어 가는 멧돼지로부터 저주를 받아 통제 불능의 괴력을 갖게 된 아시타카를 떠올리면서 만든 분류다. 아시타카는 숲의 저주를 받아 온갖 생명들의 에너지가 증폭하는 몸이 된다. 엄청나게 빠르고 강력한 힘으로 자기 앞을 가로막는 모두에게 필요 이상의 힘을 쓸 수 있게 된 결과, 모두를 죽이는 자가 될 처지에 놓인다. 아시타카의 몸에는 그런 힘을 쓸 때마다 붉은 화상이 번져 간다. 미야자키에게 괴물이란 통제 불가능한 힘을 소유한 존재이다. 자기 죽음에 원통해하며 타인을 원망하는 자, 자기의 생은 마땅하고 타인의 죽음은 어쩔 수 없다고 생각하는 이기적인 자, 그들은 괴물이 된다. 나중에 〈모노노케 히메〉에서 조금 더 다루게 되겠지만, 이런 괴물의 모습은 기계 문명에 도취된 우리를 떠올리게도 한다.

미야자키는 통제할 수 없는 자기에게 휘둘리는 괴물로 전체주의적 파시즘의 망령에 시달리는 붉은 돼지, 타인의 인정 욕망에 집착하는 가오나시, 미모 지상주의 마법사 하울, 인간이 되고 싶어 해일을 일으키는 물고기, 광적으로 아름다운 비행기 설계에 집착하는 지로를 그린다. 앞에서 타인을 바라보는 자가 나르시시즘의 불을 끄고 평화를 이끈다고 했다. 미야자키의 괴물들은 자기를 감당 못하는 존재들이다. 자신을 통제하지 못하는 이들이 남을 괴롭힌다. 자기를 더 크게 확장하기 위해 타인의 세계를 파괴한다. 이런 이들이 '우리를 위해', '인류를 위해'와 같은 슬로건을 내걸지만 그것이 의미하는 바는 결국 '나를 위해'이다.

오무는 고뇌한다

미야자키가 〈바람 계곡의 나우시카〉를 통해 말하고 싶은 바는 '헌신하라!'이다. 이 작품에서는 타인을 구하고 생명을 낳는 애니미즘의 화신으로 오무와 거신병, 그리고 나우시카가 나온다. 차례대로 살펴보자.

만화판 『바람 계곡의 나우시카』에 따르면 오무는 오염된 세상을 치료하기 위해 옛 인간들이 만든, 인공적인 종(種)이다. 거신병과 기원이 같다. 미야자키는 초반에 나우시카가 오무의 허물을 발견하는 장면을 길게 그린다. 오무는 길이가 70~80미터나 돼 보이는 압도적으로 큰 몸체에 수많은 눈을 가지고 있고, 흡사 공벌레처럼 껍데기를 겹쳐 오므렸다 펼 수 있는 듯이 보인다. 단단한 철갑이 오므라들었다가 펴지고 하는 등의 움직임은 거신병보다도 더 기계적이다. 철갑의 이런 꿈틀거림은 나중에 〈하울의 움직이는 성〉에서 성의 외관으로 활용된다.

그런데 오무는 굼떠 보이지만 엄청나게 빠른 속도를 낼 수 있다. 오무의 허물이 묘사될 때, 얼굴 앞쪽으로 나 있는 발들 역시 날렵하면서도 우아하다. 마치 잘 달리는 육상선수의 다리를 세라믹 본으로 뜬 것 같다. 큰 몸집과 달리 민첩하다. 처음에 나우시카는 오무의 허물을 찔러 보기도 하고, 그 눈 껍데기 하나를 떼서 유리 우산처럼 덮어쓰고 부해를 관찰도 하며 천천히 명상한다. 살아서 움직인다면 도대체 어떤 분위기일지 상상조차

되지 않지만, 이 기괴한 생물과 나우시카의 첫 만남은 평온하고 아름답다.

오무는 신체적으로도 관객을 압도하지만 정신적으로도 충격을 준다. 왜냐하면 그 누구보다 감정적이면서도 이해력이 뛰어나기 때문이다. 오무는 철갑을 두른 듯한 거대 괴물처럼 보이지만 매우 예민해서 금방 긴장을 하거나 화를 낸다. 신속하게 사태를 판단하고 기민하게 상황에 적응할 수도 있다. 오무는 인간과 같은 표정은 없지만 많은 눈으로 자신의 상태를 보이기도 하고, 그 창을 통해 세상의 복잡함을 받아들이기도 한다. 무엇보다 오무는 교감 능력이 대단해서 풍요로운 정서를 가진 나우시카와 즉시 대화를 나눌 수 있다. 나우시카는 벌레 피리로도, 인간의 언어로도, 그저 바라보는 것으로도 오무의 이야기를 들을 수 있었다. 오무끼리는 즉각적이고 전체적인 방식으로 대화가 이루어지는데, 이들의 무리 생활은 감각적이면서도 총체적이라는 것을 알 수 있다. 나우시카의 능력도 특별하지만 오무 쪽의 지능은 더욱 대단하다. 오무는 고등 생명이다.

분해의 상징이자 자연의 압도적인 파괴력을 상징하는 오무는 섬세한 지성과 풍부한 감성의 소유자다. 겉으로는 생명의 상징인 것처럼 보여도, 기원을 따라가 보면 그는 인공배양된 하이브리드로서 순수한 존재는 아니다. 미야자키는 생명의 순수성 같은 것을 고집하지 않는다. 자연과 인공물을 대비시키지도 않는다. 미야자키가 보기에 생명 그 자체라는 것은 없다. 만물이 서로 관계하면서 살고 죽는 장이 있을 뿐이다.

미야자키의 이런 생명관이 대양(大洋) 수준에서 그려지는 것은 〈벼랑 위의 포뇨〉인데, 여기에는 곳곳에 쓰레기가 배경으로 그려져 있다. 물고기 포뇨가 인간이 되는 기본 줄거리와는 직접 관련이 없어 보임에도 말이다. '물고기에서 인간으로의 진화'를 떠받치는 것이 온갖 플라스틱과 비닐 쓰레기라는 것은 미야자키의 생명관을 잘 보여 준다. 쓰레기라지만 도대체 누구의 쓰레기인가? 모든 것을 썩게 만들어서 무용한 것으로 돌리는 오무의 정화 능력이 과연 모두에게 나쁜 일인가? 만물을 생하게 하고 멸하게 하는 자연은 부정(不正)을 모른다. 자연은 모든 것을 원료로 삼아 변용을 일으킨다. 흔히들 〈바람 계곡의 나우시카〉를 포스트 아포칼립스 이야기라고 한다. 아포칼립스란 종말, 대재앙을 말한다. 오무는 마지막까지 정화를 멈추지 않을 것이다. 결말에서 오무는 바람 계곡으로 향하는 방향을 틀긴 했지만 다시 먼 곳으로 계속해서 움직인다. 이런 오무 덕분에 만물은 다시 태어날 것이며, 그 와중에 인간은 죽어 없어진다.

〈바람 계곡의 나우시카〉를 필두로 해서 미야자키는 멸망의 이미지를 즐겨 그렸다. 바로 다음 작품 〈천공의 성 라퓨타〉에서는 아예 멸망을 외치는 주문까지 나온다. 바루스! 하지만 뭐가 순식간에 다 사라지는 일은 일어나지 않는다. 〈바람이 분다〉에서 비행기 설계사 지로는 자신의 비행기가 살육 무기로 쓰이고 그 어떤 조종사도 돌아오지 못했다는 사실에 절망한다. 하지만 지로의 멘토 카프로니는 그것이 꿈꾸기를 포기할 이유는 되지 않는다고 한다. 한 인간의 실패, 한 집단의 과오, 이 모든 것과 함께 생명은 다시 또 거듭날 것이기 때문이다.

미야자키의 이런 생명관에 영향을 준 것은 미나마타천이다 (미야자키 하야오, 『미야자키 하야오 출발점 1979~1996』, 황의웅 옮김, 대원씨아이, 2013, 303쪽). 1956년 일본의 구마모토현 미나마타시에서 유기수은의 한 종류인 메틸수은이 포함된 조개 및 어류를 먹은 주민들에게서 미나마타병이 집단적으로 발생하면서 사회적으로 큰 문제가 되었다. 문제가 되었던 메틸수은은 인근의 화학 공장에서 바다에 방류한 것이었다. 유기수은에 중독되면 온갖 기형이 일어나는데 혀와 입술의 떨림, 혼돈, 그리고 진행성 보행 실조, 발음 장애 등이 나타난다고 한다. 사지 말단부에서 곰지락운동(chorea, 근육의 불수의적 운동장애)이 나타날 수 있고 감정의 변화 및 행동 장애도 일어난다. 초기에 무기력, 피로 등으로 시작하지만 이후 심한 우울증으로 진행될 수도 있다 (서울대학교병원 의학 정보). 이런 위험이 세상에 알려지자 정부는 미나마타천을 보호구역으로 지정했다. 그렇게 인간의 손길이 닿지 않고 버려진 채 몇십 년이 지난 뒤 어떤 일이 벌어졌을까?

수은으로 오염된 미나마타만에서 어업이 금지되자 일본의 다른 바다에서는 볼 수 없을 정도의 물고기 떼가 몰려오고 바위에 굴도 엄청 붙게 되었다. 모두 오염된 생명이었다. 미야자키는 인간이 뿌려 놓은 죄악을 한몸에 견디고 있는 생명체들을 보고 경악과 감동을 동시에 느꼈다. 수은으로 오염된 생명도 제 힘껏 살기 위해 분투한다는 점에서 깨끗한 바다를 위해 '제거되어야 할' 존재는 아닌 것이다.

몇 년 전에 플라스틱을 분해하는 세균이 발견되었다는 뉴스를 보았다. 왜 아니겠는가? 자연이 왜 플라스틱만 내버려 두겠는가 말이다. 2023년 일본의 해양오염수 방류가 확정되었다. 아무 걱정할 것이 없다. 생명은 오염수와 함께 진화를 거듭할 것이기 때문이다. 비틀어지고 말라 죽어 갈 내가 문제이지 생명 그 엄청난 힘에는 아무런 해될 것이 없다. 나우시카가 사랑한 거대한 오무는 바로 그런 생명의 장엄함을 상징한다. 그러나 무자비해 보이는 오무도 자식을 잃으면 슬퍼하고 나우시카가 새끼를 위해 몸 바치자 고마워한다. 오무의 분해력은 모두가 망하는 길을 닦는 것이 아니다. 그것은 죽음의 고통을 슬퍼하면서도 웅장한 생명의 운동에 자신을 내맡기는 담대한 운명애를 표현한다.

나우시카는 생명이 모두 고뇌한다는 것을 깨닫고 이 거대한 번뇌의 장 앞에서 무력감을 느끼기도 한다. 하지만 그녀는 살기로 결심한다. 나우시카가 말하는 '살아라'는 이기적인 자기 생명력의 확장이 아니다. 최선을 다해 죽음을 향해 가면서도 생명의 무궁무진함을 긍정하기이다. 분해되고 썩어 가는 존재는 어떤 식으로든 누군가를 살린다. 이 점을 잊지 말고, 살아라!

〈모노노케 히메〉에는 한센병 환자들이 나온다. 그들은 몹쓸 병에 걸려 차라리 죽는 것이 낫겠다며 신음한다. 그렇지만 미야자키는 그들의 입을 빌려 다음과 같이 말한다. 이런 운명에 처해 있지만 살아가야 할 이유란 적지 않다고. 그런 이유들은 모두 타인들, 나 바깥의 풀과 곤충이 준다. 모든 것과 내 삶이 함께 이기에 나는 죽을 수 없고 죽지 않는다.

거신병은 베푼다

미야자키가 〈바람 계곡의 나우시카〉에서 탄생시킨 또 하나의 무시무시한 생명은 거신병(巨神兵, giant god warrior)이다. 거신병은 특히 기계의 애니미즘을 살펴볼 수 있어서 좋다. 만화본에 따르면 거신병은 고대의 기계문명이 인류를 통제하려고 만들었지만, 7일간 불로 모든 문명을 불태운 뒤 그 자체도 무참히 부서져 오무에 의해 분해의 긴 과정을 밟게 된 존재다. 영화에서는 과거 거신병 중 하나가 페지테 왕국 아래에 잠들어 있다가 깨어난 탓에, 오염 없는 대지를 꿈꾸는 인간들이 부해를 불태우는 무기로서 서로 가지려고 애쓴다 한다. 영화 끝에서 거신병은 충분히 성숙하지 못한 채로 부활하는데 인간에게 마구 부림을 받아 육신이 흘러 무너지는 비참한 최후를 맞는다.

온전히 그려지지는 않지만 이 거신병도 잘 자랄 수 있었다면 튼튼한 뼈와 함께 부드러운 피부를 가졌을 것이다. 사악한 황녀 크샤나의 명령에도 그토록 순종적인 것으로 보아, 본디 친절하고 착한 존재이리라. 실제로 만화『바람 계곡의 나우시카』

에서 오무는 부화된 뒤 처음 만난 나우시카를 엄마로 생각하며 따르기도 한다. '보호'받고 싶어 하고 '헌신'하려고 한다는 점에서 거신병과 오무, 나우시카는 그 본성이 닮았다.

거신병의 본성에 대해 조금 더 알아보자. 거신병은 화염을 쏘는 능력을 지녔다. 너무 일찍 태어나 몸이 덜 굳은 채 화염을 쏜 까닭에 두 번 정도 크게 발포한 뒤 덜 뭉쳐진 진흙처럼 쏟아져 버린다. 이 이미지를 만든 것은 안노 히데아키(庵野秀明)로 저 유명한 〈신세기 에반게리온〉의 감독이다. 당시 막 영화계에 입문한 안노의 능력을 눈여겨본 미야자키의 전폭적인 지지로 그는 거신병의 최후를 그릴 수 있었다. 미야자키도 크게 만족했다고 한다. 토르메키아의 황녀 크샤나의 말에 따르면 거신병에게는 불도 물도 소용없고 부활한 이상 그 무엇도 막을 수 없다고 한다. 이런 거신병이 상징하는 것은 불의 문명이다. 이는 도입부에 거신병 여럿이 화염에 싸인 건물들을 뒤로 하고 나란히 걷고 있는 장면을 통해서도 알 수 있다. 도대체 거신병을 필요로 하는 사람들은 누구인가? 불의 문명을 움직이는 동기는 무엇인가? 황녀 크샤나를 비롯해 페지테 왕국의 사람들은 모두 두려워하고 있었다. 크샤나는 오무의 집 한가운데에 들어와 마구 총을 쏠 생각을 했다. 페지테 군인들은 제 나라 공주 옷을 입고 그들을 향해 무기 없이 날아오는 나우시카를 보고도 총을 쏘았다. 이들은 모두 죽을지도 모르는 상황 속에서 어쩔 줄 몰라 하며 그저 총을 휘두른다. 이들이 거신병을 원한 것은 자기 죽음이 두렵기 때문이다.

주어진 상황에 대한 이런 판단 능력의 미숙함은 무엇 때문인가? 이들은 모두 자기, 즉 인간만의 나라를 꿈꾼다. 그 단순한 사고가 상황의 구체성을 못 보게 하는 것이다. 총을 쏘며 그저 자기방어에 급급한 것이 인간 중심주의자들의 행태다. 거신병은 그 자신의 판단으로 사태를 분석하고 해결할 능력을 잃은 자들이 일단 목적에 방해되는 것을 없애는 것이 최선이라고밖에 생각할 줄 몰라 발명하고야 만 괴물이다.

데우스 엑스 마키나(deus ex machina)라는 말이 있다. 고대 그리스에서 쓰인 연극 기법의 하나로 만사의 해결책을 뜻한다. 스스로 생각하고 판단하지 못하는 자들이 즐겨 찾는 만능열쇠를 가리키는 말이다. '부활한 거신병은 막을 길이 없다, 이미 일어난 전쟁은 돌이킬 수가 없다.' 이것이 크샤나가 계속 했던 말이다. 일어난 일과 벌어질 일에 대해 자신이 뭘 할지 알지 못하는 이들이 거신병을 원한다. 토르메키아와 페지테의 군인들 모두 자기 선택과 책임을 방기하기에 초조했다. 답을 찾기만 하면 된다고 생각하는 이들은 서두르기 마련이다. 그러나 거신병은 어머니의 자식, 인간의 새끼, 자연의 산물로서, 자기 죽음을 통해 생명 자체에 헌신한다. 주인의 말을 듣기에 수동적으로 보이지만 거신병이야말로 우주의 명령 자체에 귀 기울이며 초조함 없이 제 할 일을 하는 자다. 미야자키는 이렇게 질서에 순응하는 자의 큰마음에서 기계의 애니미즘을 읽는다.

미야자키는 어떤 기계관을 가졌는가? 그것을 기계-생명의 출생을 통해 알아보자. 하나는 탄생설, 다른 하나는 조립설이다. 먼저 탄생설에 대해서 알아보자. 〈바람 계곡의 나우시카〉의 거신병은 천 년 동안 지하에 잠들어 있었다. 그 부활의 과정을 보면 마치 생명체처럼 태 안에서 꿈틀꿈틀 숨을 쉬는 듯하고 실제로 전사 유파는 그것을 '살아 있다'고 표현한다. 바람 계곡에서 토르메키아의 군인들은 탄생을 준비하는 거신병을 인큐베이터에서 돌보듯이 키운다. 라퓨타의 거신병들도 알처럼 생긴 인큐베이터 안에 들어가 있다. 이들 로봇은 기계이지만 동물들처럼 태(胎) 안에서 태어난다. 이러한 점은 〈붉은 돼지〉에서 붉은 비행기가 여성들로만 이루어진 나폴리의 피콜로-비행공장에서 다시 태어나는 것과도 닮았다. 그 공장은 어머니들이 정성을 다해서 뭔가를 태어나게 하는 듯이 보이고, 덕분에 공장 한구석에서 보모처럼 흔들 침대 속 아이를 재우는 붉은 돼지는 자연스럽다. 돼지의 비행기가 파시스트들 몰래 공장에서 날아오르는 장면, 제 힘을 주체하지 못하다가 서서히 바람을 타게 되는 비행기의 꿈틀거림은 아기 비행기의 출산 장면처럼 보인다.

그런데 〈하울의 움직이는 성〉에 나오는 거대한 기계 인간-집인 성은 '태어나지는' 않았다. 불의 악마인 캘시퍼가 이리저리 필요한 물건들을 아무렇게나 붙인 것처럼 되어 있는데, 캘시퍼가 마법사 하울의 심장이고 하울의 마음에는 온갖 욕망이 가득했기에, 이 기계-집은 정신없이 자기 욕망들을 조립한 것이라고 할 수 있다. 즉 하울의 성은 태어나지 않고 조립되었다. 기계의 탄생을 조립으로 바라보는 관점은 〈센과 치히로의 행방불명〉에서도 확인할 수 있다. 여기서 거대한 기계-공장인 온천장은 생물처럼 화력을 받아 움직이면서 쉴 때는 쉬곤 한다. 거대한 온천장은 일꾼들의 숙소와 이발소까지 갖추고 있고, 손님들을 위한 식당과 다양한 욕장 등을 구비했을 뿐만 아니라, 마녀의 사무실까지 갖춰져 있으니 역시 다양한 이해가 얽혀 조립된 것이라고 할 수 있다. 기계의 조립에 관해 가장 확실하게 설명하고 있는 작품은 〈바람이 분다〉이다. 여기서 지로는 비행기를 낳지 않는다. 설계한다.

그럼 기계 발생의 차원에서 탄생과 조립(설계)이라는 관점은 각각 어떤 메시지를 만드는가? 〈바람 계곡의 나우시카〉를 통해서도 알 수 있지만 '탄생설'에서 미야자키가 강조한 것은 기계의 심성이다. 거신병이 워낙 강력하게 불을 내뿜어서 잘 알아차리기 어렵지만 태어난 거신병은 주인인 크샤나의 명령에 무조건으로 복종한다고 할 수 있다. 명령을 잘 듣고 주인을 기쁘게 하려 한다는 점에서 순하고 헌신적이다. 만화판에서는 거신병이 나우시카를 엄마라고 부르며 나우시카를 만족시키기 위해 불을 사용한다. 미야자키는, 생물이든 무생물이든 인공물이든 일단 태어났다면 거기에는 마음이 들어가 있다는 점을 강조한다. 태어난 기계들은 미야자키의 애니미즘을 잘 보여 준다.

조립된 기계들을 통해서 알 수 있는 바는 무엇인가? 기계의 조립에 여러 가지 욕망이 함께 말려들어 가 있다는 점이다. 설계사인 지로가 집중하는 것은 '회전 나사'이다. 비행기 전체의 틀, 공기 역학적 장점 이런 것들이 아니라 바람의 저항을 줄이고 동체의 무게를 잘 잡아 지탱할 수 있는 작은 나사가 지로의 고민 핵심에 있다. 나사란 비행기에 들어가는 온갖 부품들을 연결시키고 지탱시키는, 그저 부분이지만 없어서는 안 될 결정적 요소다. 지로는 나사의 표면을 매끄럽게 하기 위해 몇 번이나 실패를 거듭했다. 미야자키는 조립된 기계를 통해 조합을 위해 필요한 것은 부분들이 가진 욕망과 물체적 조건을 조율하는 능력임을 강조한다.

〈바람이 분다〉 초반에 지로는 자신의 꿈에서 비행을 하며 마을 사람들을 기쁘게 한다. 지로도 카프로니와 마찬가지로 가족과 친구를 즐겁게 해주는 집 같은 것을 띄울 꿈을 꾼다. 가족과 친구라 해도 모두 다른 표정과 모습을 한, 저마다 제각각인 사람들이다. 설계된 비행기, 조립된 기계는 이런 다양한 입장과 처지를 연결하기 위해 만들어진다. 이 비행에 필요한 것은 오직 모든 것을 매끄럽게 연결할 수 있는 회전 나사이다.

미야자키는 이 거신병을 시작으로 이후로도 거대한 기계 이미지를 충실히 연구, 표현했다. 미야자키가 좋아하는 기계의 계열은 크게 두 가지인데 하나는 거대 로봇형이고 다른 하나는 비행기이다. 거대 로봇형은 거신병에서 라퓨타의 정원사 거신병에 이어 하울의 움직이는 성까지 다양한 표정을 갖고서 사지도 자유롭게 움직이는 형으로 발전한다. 거인에서 시작해서 거인의 형상을 한 집으로까지 이어진다고 할 수 있다. 비행기형은 역시 라퓨타에 등장하는 해적들의 다양한 탈것에서부터 시작해서, 붉게 날아오르는 〈붉은 돼지〉의 비행기를 거쳐, 마지막으로 〈바람이 분다〉의 제로센까지 이른다. 중간에 거대한 나무 정령이 팽이를 타고 아이들을 태워 날아오르는 〈이웃집 토토로〉도 있는데, 오무가 그렇듯이 토토로는 거신병과(科)+비행기과에 속해 전부를 종합하는 캐릭터가 된다.

미야자키가 큰 것에 집착하는 것이 아니다. 벌레를 크게 만든 오무의 형상을 보라. 세상 작은 것이 벌레라지만 도대체 누구의 입장에서 작은가? 오무는 생명 그 자체에 대해서 크고 작음을 따로 논할 수 없음을 보여 준다. 〈바람이 분다〉에서도 설계사인 지로가 꿈꾸는 것은 절대 큰 비행기가 아니다. 지로는 고등어를 닮은 날렵하고 작은 비행기를 설계하고 싶어 한다. 작중 이탈리아 설계사 카프로니의 말에 따르면, 비행기는 오직 가족과 친구를 한꺼번에 날아오르게 하기 위해서만 커야 한다. 토토로가 그토록 빵빵하고 폭신해야 하는 이유도 인간을 제압하기 위해서가 아니다. 토토로는 포근하게 어린 것들을 품어 주기 위해 그토록 큰 몸이 필요했다.

살펴본 것처럼 〈바람 계곡의 나우시카〉는 실로 인간과 자연, 생명과 종말이라고 하는 묵직한 주제를 다룬 거대한 스케일의 작품이다. 그런데 작품 제작의 동기로 미야자키는 다음과 같은 설명을 남기고 있다.

> 아마 옛날 이야기에 나와 있었던 것 같다. 벌레를 사랑하는 아씨
> 라 불렸던 소녀가 있었다. 어느 귀족의 딸이었던 그 소녀는 혼기
> 가 차도록 뛰어다니고, 애벌레가 나비로 탈바꿈하는 모습에 감동
> 하기도 해서 주위에서는 괴짜 취급을 받았다. (……) 10세기 후반
> 부터 11세기 초, 세이 쇼나곤의 시대에 벌레를 사랑하고 눈썹도
> 밀지 않은 귀족 처녀의 존재는 용납될 수 없는 것이었다. 나는 어
> 린 마음에도 그 소녀의 운명이 걱정되어 견딜 수 없었다.(『바람 계
> 곡의 나우시카』 1권의 책날개)

이토록 방대한 대작도 벌레 아가씨에 대한 미야자키의 작
은 사랑에서 출발했다. 그는 그리스 신화집이 아니라 그리스 신
화 '소사전'을 보고 나우시카를 발견했다고 한다. 호메로스의
『오디세이아』에 나오는 나우시카는 오디세우스를 유혹하는 섬
나라 아가씨에 지나지 않는다. 미야자키는 원전 자체에 구애받
지 않고, 그녀의 담대한 성격을 자신이 알고 있던 사랑스러운
벌레 공주에 오버랩시켰고, 어떤 이분법에도 갇히지 않는 소녀
를 그렸다. 그 결과 〈바람 계곡의 나우시카〉는 실로 인간과 자연
을 대비시키는 종말론을 겨냥하는 대서사시가 되었다. 자신의
작은 애호로부터, 대상에 대한 사소한 사랑으로부터, 문명의 조
건을 통찰해 내는 미야자키의 안목과 손기술이 놀랍다.

나우시카는 치유한다

오무이기도 하고 거신병이기도 한 존재가 나우시카다. 나우시카 주변 캐릭터는 세 계열로 정리된다. 먼저 대립자로, 토르메키아 왕국의 황녀 크샤나가 있다. 두번째는 조력자로, 나우시카를 돕는 전설의 전사 유파, 그리고 계곡의 할아버지들, 페지테의 왕자 등이 있다. 바람 계곡 이야기 이후 조력자는 주로 할머니들만 나오게 된다. 마지막으로 거대한 분해자 갑충—오무와 역시 거대한 발사자 거신병이 있다. 이야기 안에서는 오무와 거신병이 대립하지만, 캐릭터의 외관만 보면 둘 모두 인간보다 압도적으로 크고 통제 불가능한 힘을 지녔다는 점에서 괴물성의 상징들이다.

먼저 주인공 나우시카에 대해 이야기해 보자. 나우시카에 대해서는 영화 포스터에서부터 시작하고 싶다. 미야자키는 보통 몇 개의 포스터를 만드는데 지브리가 〈바람 계곡의 나우시카〉 공식 포스터로 내건 것은 '바람 계곡으로부터 날아오르는 나우시카'와 '거센 바람을 맞으며 오무와 함께 먼 곳을 응시하는 나우시카'가 있다. 우노 쓰네히로는 미야자키의 서사가 '소년이 소녀를 만나다'(Boy meet girl) 스타일이며, 소년이 소녀를 만나 각성하는 줄거리에 기반한다고 지적한다(우노 쓰네히로, 『모성의 디스토피아』, 주재명·김현아 옮김, 워크라이프, 2022). 하지만 〈바람 계곡의 나우시카〉부터 〈벼랑 위의 포뇨〉에 이르기까지 미야자키의 관심은 인간의 사랑이 아니라 다른 존재들의 상호 헌신이다. 나우시카가 사랑을 나누는 이는 페지테의 왕자가 아니라 벌레다.

나우시카는 바람 계곡의 공주다. 미야자키의 다른 캐릭터들과 비교했을 때 나우시카의 가장 큰 특징은 능력이 엄청나다는 점이다. 맨 처음 등장할 때 그녀는 날렵하고 작은 비행기를 타고 멋지게 부해로 날아간다. 그러니까 그녀는 비행사다. 그런데 나우시카는 풍차를 고치는 기술자이기도 하고, 왕국의 지하에 실험실을 차려 놓고 부해를 연구하는 과학자이기도 하다. 무엇보다 그녀는 언어의 달인인데 작은 피리 하나로 화가 난 벌레를 진정시키기도 하고 오무와는 촉수와 피부를 맞대어 직접 대화하기도 한다. 그녀가 전쟁을 막는 방법도 말로써이다. '피해!' '멈춰!' '너를 다치게 해서 미안해!' 미야자키는 다양한 캐릭터를 그리며 존재의 여러 능력을 성찰했는데 특히 언어야말로 모든 존재가 지닌 능력 중에 최고라고 한다.

나우시카 능력이 다양하다는 점은 그녀가 무기를 어떻게 다루는지를 통해서도 알 수 있다. 나우시카는 칼을 오무 껍데기 재질을 파악하는 도구로 쓰고, 총은 오무 허물에서 눈 부분을 떼어 내는 폭발장치로 쓴다. 그녀에게 무기는 관찰하고 분해하는 도구이다. 나우시카는 나중에 이마저도 쓰지 않고 맨몸으로 전장을 돌아다닌다. 전사이지만 그녀가 싸우는 대상은 토르메키아의 적군이 아니기 때문이다. 생명을 살리는 싸움이기에 살생 무기는 필요치 않다.

나우시카가 이토록 많은 역할을 담당할 수 있는 까닭은 무엇일까? 그녀가 아버지를 계승하지 않아서다. 나우시카의 아버지는 왕이었다. 그가 왕의 자리에 있으려 했던 이유는 '벌레와 인간은 함께 살 수 없다'고 분명히 선을 그어서다. 왕국의 경계를 확정하는 자, 관계의 척도를 만드는 자이기에 그는 왕이다. 그런데 나우시카는 아버지를 존경하지만 오무도 사랑한다. 그녀는 아버지 몰래 벌레의 땅 부해를 연구한다. 부해를 연구한다는 것은 세계 전체를 이해하겠다는 것이고, 그 안에는 인간과 동식물, 기계를 포함해 모든 것이 연구 대상으로 들어간다. 다양한 것들이 함께 맞물리며 살고 죽는 이치를 탐구하려고 하기에 나우시카는 바람과 인간이 만나는 풍차의 역학에 대해서나 분해자의 필요와 불필요가 무엇인지를 능숙하게 알아 간다. 나우시카는 만물의 척도가 아니라 만물의 작용에 관심이 있으므로 아버지 같은 왕은 될 수 없다.

나우시카의 능력을 한마디로 하면 '치유'다. 계곡의 샤먼은 오무를 살리기 위해 목숨을 던진 나우시카의 행동을 진정한 사랑이라고 말한다. 나우시카는 자기 사람들을 복된 낙원으로 '이끄는' 지도자가 아니다. 그는 친구와 적을 가리지 않고 구하며 산다. 게다가 다른 이들에게 자신처럼 헌신하라고 종용하지도 않는다. 그녀는 이토록 강력하게 헌신하면서도 자의식이 없다. 눈앞에 있는 것을 살리는 것이 모두를 살리는 길이라는 점을 깊이 의식할 뿐이다.

그래서 나우시카의 사랑은 남녀 간의 사랑이 아니라 어머니와 같은 사랑이다. 나우시카는 또래 남자아이들과 같은 꿈을 꾸지 않는다. 나우시카는 자신을 이해하지 못하는 페지테의 왕자 아스날과 긴 이야기를 이어 가지 않는다. 어차피 그가 나우시카를 이해할 수는 없을 것이기 때문이다. 새끼 오무를 감추어 보호하려던 나우시카의 어린 시절을 보면, 무릎 밑에서 아기 벌레가 꿈틀거리고 있다. 어린 나우시카는 품고 지키려고 애쓴다. 생명을 향한 이해와 헌신이 나우시카 사랑의 본령이다. 이는 만화 『바람 계곡의 나우시카』에서도 마찬가지로 그려진다. 인류학에서는 보통 이해하고 돌보며 치유하는 공동체의 리더를 샤먼이라고 한다. 그러니 나우시카는 샤먼이다.

미야자키의 사랑꾼들은 자기 욕망을 따르지 않는다. 나우시카가 분해자로 살아야 하는 오무를 존중하는 것처럼, 그들은 타인의 삶을 존중하며 그들의 운명을 품는다. 지브리의 러브스토리가 늘 인간과 다른 존재들의 만남을 다루는 것은 사랑해야 하는 존재들의 범위가 대단히 넓기 때문이다. 인간끼리더라도 거인과 소인(《마루 밑 아리에티》)이, 청년과 노인(《하울의 움직이는 성》)이 사랑한다. 작은 시내의 신과 소녀(《센과 치히로의 행방불명》), 돼지-인간과 인간-여인(《붉은 돼지》), 고양이와 인간(《고양이의 보은》)이 사랑한다. 이와 같이 광범위한 스케일의 러브스토리의 포문을 연 것이 바로 '나우시카'다.

<천공의 성 라퓨타>

: 하늘을 향한 나무의 꿈

천공의 성 라퓨타(天空の城ラピュタ, 1986)

○줄거리
먼 옛날 고도의 물질 문명을 구축했던 라퓨타인들이 하늘에 성을 띄우고 지상 위에서 군림했었다는 전설이 있다. 천공의 성에 잠자고 있을 막대한 부를 얻기 위해 정부 관료와 공중 해적들이 다투어 성을 찾아 나선다. 그 사이를, 호기심 많은 소년 파즈와 라퓨타의 진짜 계승자인 시타가 천공의 성의 참된 모습을 확인하기 위해 가로지른다.

○주요 캐릭터
• 시타 : 라퓨타의 정통 계승자로 가문에서 내려오는 비행석(飛行石) 목걸이를 이용해 사라졌던 천공의 성을 찾는다. 문명의 폭력성에 대해 책임을 지고 온몸으로 라퓨타의 재건을 막는다.

• 파즈 : 광산의 견습공으로, 하늘에서 비행석 목걸이를 걸고 내려온 시타를 만나 라퓨타로 모험을 떠난다. 모험에는 돈이 필요하고 움직이려면 일단 먹어야 한다는 것을 놓치지 않는 현실주의자이지만 시타의 행복을 위해 목숨도 아까워하지 않는다.

• 도라 : 비행선 타이거 모스의 선장으로 공적(空賊) 두목이다. 각기 다른 피부색과 성정을 가진 열 명의 아들을 데리고 하늘을 누비며 즐기고 싶은 자기 욕망을 채운다. 노련한 전략가에 뛰어난 비행사이면서, 파즈와 시타를 가르치고 격려해 라퓨타에 함께 도착한다.

• 무스카 : 나우시카를 괴롭혔던 크샤나처럼 부와 권력을 탐하는 라퓨타 일족 중 한 사람이다. 라퓨타를 재건하기 위해 모두를 속이고 무엇이나 훔치다, 결국 그 맹목(盲目)의 벌을 받는다.

• 로봇 거인 : 바람 계곡에 나타났던 거신병을 닮은 거대 병기다. 하지만 장기는 새알 돌보기와 정원 가꾸기로, 긴 팔과 다리로 생명을 품는 모성의 화신이다. 이후 미야자키가 모성을 이미지화할 때마다 모델이 되는데, <벼랑 위의 포뇨>의 그란만마레의 거대함이 그 대표적인 예가 된다.

1.
천공의 성
—기계의 정원, 인간의 무덤

자율의 광산 골짜기

〈천공의 성 라퓨타〉는 기계-생명의 뿌리를 나무와 연결시키고, 그 과정에서 인간의 위치를 생각해 보는 작품이다. 숨을 쉬고 움직이는 것만 생명이 아니다. 이 작품에서 미야자키는 대지를 뚫고 하늘로 높이 오르려는 나무의 욕망에서 생명의 본성을 본다. 여기서 핵심은 하늘을 향하려는 노력이다. 이것은 하늘 자체를 소유하려는 것과는 아무 상관이 없다. 미야자키는 높고 푸른 하늘을 꿈꾸는 존재는 넉넉한 빛으로 모두를 행복하게 할 수 있다는 것을 보인다. 미야자키의 애니미즘은 하늘을 향한다.

〈바람 계곡의 나우시카〉는 오무가 거대한 두 줄기 강물처럼 함께 어디론가 흘러가는 수평적 이미지로 끝난다. 미야자키가 〈천공의 성 라퓨타〉에서 시도하는 것은 수직 공간이다. 땅속 깊이 내려가는 광산 마을과 하늘에 떠 있는 성과 비행기들로 그렇게 한다. 이 사이로 소년 소녀가 떨어져 내리기도 하고 날아 오르기도 한다.

먼저 광산에서 시작하자. 미야자키가 공간을 수직 배열하고 있음을 가장 잘 보여 주는 것은, 소년이 비행석을 달고 하늘에서 떨어지는 공주를 광산 아래에서 가볍게 받아 올리는 장면이다. 소년은 아름다운 소녀가 목걸이를 반짝이며 하늘에서 내려오는 것에 감탄한다. '뭔가 신비하고 즐거운 일이 벌어질 거야!' 파즈에게 하늘이란 무궁무진한 모험과 즐거움이 가득한 시공간이다. 그렇다면 소년이 들어가 있던 땅속은 어떤 공간인가? 광부가 파고 내려가는 지구의 심층부에는 밤하늘 별처럼 반짝이는 푸른 광석(비행석)들이 있고, 하늘에는 하늘대로 빛나는 별이 있다. 그러므로 〈천공의 성 라퓨타〉에서는 깊이와 높이가 같이 공명한다. 높이와 깊이를 채우는 물질들은 모두 빛난다.

그런데 미야자키는 높이가 아니라 깊이 쪽에 훨씬 더 가치를 부여한다. 그것을 광산 마을의 세부가 말해 준다. 광산 마을은 브리콜라주적으로 지어졌다. 갱도가 필요에 따라 뚫렸다가 막혔다가 했던 듯하고, 작업장도 그에 맞춰 여기서 꾸려졌다 저기서 풀어졌다 한 것 같다. 누군가가 전체를 한꺼번에 기획해서 설계한 광산이 아니다. 광부들이 사는 마을은 광산으로 떨어지는 벼랑을 끝으로 하는 평지에 다닥다닥 붙어 있다. 멀리서 보면 십자형으로 계획을 세워 지은 듯 보이지만, 세부를 들여다보면 가게와 집이 임시로 붙어 있음을 알 수 있다. 파즈의 집은 어떤가? 천공의 성을 꿈꾸는 소년의 집인 만큼 마을 외곽의 버려진 봉화대 같은 곳에 벽돌 등을 올려 대충 만든 집이다. 판자로 군데군데 덧댄 집 내부에는 버려진 광산의 집기나 건물 자재가 있다. 그 안에서 고아 소년은 비행기를 연구하는 작업실과 식사 자리, 잠자리 등을 마련해 놓는다. 지붕으로 쓰는 옥상 기둥에는 비둘기 집까지도 마련해 두고 있다.

브리콜라주라는 것은 우발적 필요와 우연적 조건에 따라 주변에 놓인 것들을 갖고 즉흥적으로 물건 등을 만드는 기법을 뜻한다. 레비-스트로스는 인류의 이야기 만들기 기술이 기본적으로 브리콜라주라고 한다(레비 스트로스, 『야생의 사고』, 안정남 옮김, 한길사, 1996). 사람들이 수다로 이것저것 말하기를 좋아하는 까닭은 어떤 특별한 목적이 있어서가 아니라 마음에서 즉흥적으로 떠오르는 심상을 이리저리 조합하기 좋아해서라는 것이다. 브리콜라주 기법의 핵심은 다양한 필요들을 긍정하고, 주어진 조건을 참신하게 바라본다는 점에 있다.

그런 의미에서 광산 마을은 브리콜라주적이다. 사람들은 그때그때 필요한 공간을 적절하게 붙이고 떼면서 산다. 누군가의 지휘 없이 서로 지혜와 힘을 모으면서 말이다. 이것은 저마다 자기 판단에 따라 시타와 파즈를 보호하고 있다는 데에서도 잘 드러난다. 광산의 관리자이자 마을 대장은 해적이 아이들을 잡으러 온다는 소식에 바로 팔을 걷어붙이고, 석탄 트레일을 조종하는 아저씨는 군대가 쫓아오는 것을 보고 자기 일을 내려놓고 기차를 몰아 아이들 도망을 돕는다. 각자 자신이 그때그때 무엇을 해야 할지 잘 알고 있는 광부들은 명령을 기다리지 않는다. 복종하기보다는 자율적으로 서로 돕는다. 이 마을 사람들은 자기 판단력과 실행력을 잘 알고 있고, 그것에 자부심도 갖고 있다. 그래서 부모가 없지만 어린 파즈도 광산의 일원으로서 당당하다. 동료 아저씨와 함께 먹을 야식을 사는 소년의 표정은 어른스럽다.

마을의 두번째 특징은 광산의 여기저기를 복잡하고 불안한 철로가 연결한다는 점에서 드러난다. 선로는 침목(枕木)이기에 위태롭다. 하지만 부서지기 쉬운 만큼 만들기도 쉬워 보인다. 이 침목들은 사람이 하나씩 만들었다. 그런데 여러 계획이 있었다가 없어진 것인지 철길이 복잡하다. 침목으로 연결된 철로 자체가 어지러이 얽혀 있다. 방향이 따로 없는 그 철로에 주목하자. 파즈와 해적들, 탱크가 벌이는 추격 장면에서 철로가 이리저리 연결되었다 떨어졌다 하는 것을 떠올려 보자. 선로의 방향은 누가 무엇을 나르느냐에 따라 자유자재이다. 게다가 이 선로 위에서는 장갑차부터 자동차까지 무엇이든 달릴 수 있다. 또, 잘 부서지는 것으로 보아 미야자키가 선로의 유연함을 강조했다는 것을 알 수 있다. 선로의 불안정함과 연약함이 역동적인 활력을 선사한다.

철로가 만들어 주는 긴장감과 에너지는 광산 마을 사람들이 곤궁하지만 건강하다는 것을 말해 준다. 도입부에 야근을 해야 하는 파즈가 고기 완자를 사러 가는 식료품 가게가 나온다. 빵을 굽는 커다란 화덕 밖으로 오른쪽에 술에 취한 노인이 쭈그리고 앉아 있는 장면이 나온다. 그들 삶의 고단함이 고스란히 느껴진다. 그렇지만 가게 안은 하루 동안 있었던 일을 나누고 수다를 떠는 사람들의 밝은 표정으로 따뜻하다. 이들이 소박한 음식을 맛있게 나누며 사는 모습은 천상의 부를 얻으려는 악당 무스카의 화려하지만 맛없어 보이는 혼밥과 대비된다.

광산 마을의 건강함은 궁핍함에도 불구하고 파즈가 비둘기를 돌보고 채소를 키운다는 점에서도 확인할 수 있다. 도망가는 도라 일당에게 누군가 화분을 던진다는 것도 재미있다. 살기 어렵지만 사람들은 꽃을 키운다. 저마다 자기 취향대로 삶을 가꾸고 있다. 그래서 세번째 특징이 나온다. 이곳은 일상을 가꾸는 저마다의 지혜가 살아 있는 마을이다. 파즈의 아버지는 어떤 마을에서 사기꾼이라는 말을 들으며 죽었다. 아마 파즈는 그 동네에서 쫓겨나 일자리를 찾기 위해 이 마을로 흘러들었을 것이다. 파즈가 이방인이라는 점은 그의 집이 마을 외곽에 있다는 것으로도 알 수 있다. 광산 마을은 이런 이방인 고아 소년도 받아들일 수 있을 정도로 품이 넓다. 이런 마을 사람들을 떠올려 보면 〈천공의 성 라퓨타〉에서 미야자키가 어른의 품격과 여유를 다각도로 그려 보려 했다는 것을 알 수 있다.

〈바람 계곡의 나우시카〉는 바람을 동력으로 하는 왕국 이야기다. 〈천공의 성 라퓨타〉에는 석탄을 동력으로 하는 마을이 나온다. 바람 계곡은 자연력에 의존하기에 '순응적'인 사람들이 왕이나 공주의 지도를 따라 협력한다. 석탄을 캐서 먹고살아야 하는 공동체는 훨씬 더 환경 '적응적'이다. 미야자키는 광부들의 브리콜라주식 광산 마을을 보여 주면서 이들을 겨우 석탄을 캐 먹고사는 불쌍한 사람들이 아니라, 철로를 깔고 부수며 다시 잇 는 연결의 기술자들로 묘사한다.

미야자키 하야오가 광산 마을에 좀 더 정성을 쏟게 된 계기 는 영국으로 로케이션 헌팅을 가면서였다고 한다. '라퓨타'가 거 대한 기계 문명의 최후를 상징하니 산업혁명의 발상지인 영국 으로의 연구 여행은 필수였다. 미야자키는 배경이 되는 이미지 를 찾아서 영국 웨일스 지방의 광산촌을 방문했다. 그는 거기서 폐허가 된 광산의 흔적들을 보고 문명의 무상함도 느꼈다. 하지 만 여전히 남아 있는 광산노동자들의 끈끈한 연대 의식에 큰 감 동을 받았다고 한다(마이클 리더·제이크 커닝햄, 『지브리 스튜디오 에선 무슨 일이?』, 송보라 옮김, 애플트리태일즈, 2022, 24쪽). 그들이 자기 땀으로 일하면서 가족과 친구를 먹여 살리는 자부심 가득 한 노동자들이었기 때문이다. 폭력을 동반한 권력은 탐하지 않 고, 탐욕에 절어 있는 테크놀로지는 바라지도 않는다. 광부는 자 율적으로 함께 살길을 찾는 공동체를 만든다. 미야자키는 이런 광산 마을을 알뜰하게 그림으로써 '라퓨타'라고 하는 망상(妄 想)의 성을 비판한다.

하늘 문명의 무덤

'라퓨타'는『걸리버 여행기』(조너선 스위프트, 1726)에 나오는 하늘 성이다. 물론 미야자키 하야오는『걸리버 여행기』와는 아무 상관 없이 작품을 만들었다. 미야자키는 전작〈바람 계곡의 나우시카〉의 오프닝에서 천공의 움직이는 성을 예고했다. 도입부에 전사-유파가 폐허가 된 어느 나라를 둘러보고 나오면 곧바로 장엄한 서사시적 분위기의 태피스트리가 나오는데 두번째 것에 하늘을 나는 배가 나온다. 단순한 배가 아니라 2층 집을 얹은 듯이 되어 있는데〈바람 계곡의 나우시카〉가 거대한 산업 문명이 붕괴하고 천 년이 지난 뒤의 이야기이니까〈천공의 성 라퓨타〉는 바로 그 붕괴되어 버린 문명의 한 모습을 보여 준다고 할 수 있다.

　　그럼 오프닝신을 통해 라퓨타가 어떻게 그려졌는지 알아보자. 먼저 하늘의 성을 상징하는, 더 멀리 날아가기 전의 원-라퓨타는 계단식으로 쌓아 올려진 성으로서 계층적이다. 모습은 고대 메소포타미아의 신전인 지구라트를 연상시키는데, 성 자체가 방어적 해자(垓字)에 둘러싸여 있다. 성을 하늘에 띄우는 중심에 비행석의 힘이 있고, 비행석을 둘러싼 비행체 돌들이 있으며, 이 전체를 수조처럼 감싸는 물이 있고, 그 위에 거대한 나무가 자란다. 기능적으로 배치된 모습이다. 꼭대기에 잘 깎아 놓은 정원은 인공적 아름다움을 강조한다. 이로써 이 성이 수직적 위계질서를 강조한다는 것을 알 수 있다.

그래서 왕국으로서의 라퓨타의 성격을 다음과 같이 정리할
수 있다. 첫째, 계급적이다. 이렇게 잘 조직된 설계는 광산 마을
의 브리콜라주식 스타일과 대비된다. 무스카는 라퓨타 왕실의
후손으로 폐허가 된 왕국이라도 그곳의 왕이 되고 싶어 한다.
계급사회에서 출세를 못하는 남자의 억울한 눈빛이 무스카의
그것인데, 라퓨타 사람들이 기본적으로 계층적 삶에 짓눌려 있
다는 것을 말해 준다. 무스카는 불쌍한 로봇을 마구 부리고 필
요에 따라 사람을 죽이고 비행석을 비롯해서 닥치는 대로 훔친
다. 자기가 옳고, 자기만 마땅하기에, 함부로 뺏고 다치게 하며
제 마음대로 살면 그만이라고 생각한다. 과거 그의 가문은 류시
타 계열보다는 서열이 낮았기에 비행석을 가질 수 없었고 그는
열등감으로 복수를 기획했다. 계층적 사회에서는 옳은 것이 높
지 않고 높아야 옳은 것이 된다. 그런 계층성의 압박 아래에 놓
이게 되면 시선을 늘 위로만 두어야 하니 사람은 한도 없이 열
등감에 시달리게 된다. 라퓨타는 아마 무스카 같은 사람들을 동
원해 성을 높이 높이 쌓아 올렸을 것이다.

둘째, 이 계급성은 군사적이다. 중간에 나오는 지상군의 티
디스 요새와 라퓨타가 닮았기 때문이다. 둘 모두 성벽을 갖고
있고 계단식으로 쌓아 올렸다. 오프닝 장면에는 라퓨타의 과거
가 소개되는데, 위용을 자랑하던 그 시절 하늘에는 각각의 성들
이 떠 있었으며 모두 무기고를 갖고 있다. 무스카도 분명히 말

한다. 라퓨타란 하늘에서 군사력으로 군림하던 성이었다고.

생각해 보면 끔찍하다. 시타와 파즈가 처음 발 디딘 라퓨타의 아름다운 정원, 새들이 알을 까고 거신병이 꽃을 키우는 그 평화로운 정원, 건조한 하늘임에도 불구하고 물이 가득하고 수목이 우거진 생명력의 정원을 떠받치는 것이 막강한 군사력이라니 말이다. 말끔하고 깨끗하고 정돈된 이 자연은 수많은 전쟁과 광폭한 약탈의 결과이다. 자연이란 뭘까? 자연은 정돈을 모른다. 사실 라퓨타가 망한 뒤로도 풀은 계속 자라고 물고기는 진화하고 새는 날아오르지 않던가. 미야자키는 깨끗하게 정돈된 자연에 대해 불쾌하게 생각한다. 어딘가 화약 냄새가 나기 때문이다.

미야자키는 평등한 공동체 같은 것을 꿈꾸며 라퓨타를 비판하지 않는다. 광산 마을에는 대장이 있고, 어머니들이 있고, 다양한 직종의 사람들이 자기가 주인공이 될 때를 찾아 할 일을 하며 산다. 그렇게 함께다. 라퓨타의 계급성이 문제가 되는 것은 무스카처럼 모두가 같은 욕망만 키우고 살기 때문이다. 무스카는 일인자인 시타를 질투하며 그 자리를 자기가 차지하기 위해 무슨 일이든 저지른다. 그러면서 왕이 되지 않으려는 시타를 경멸한다. 그래서 셋째로, 라퓨타에서 그려지는 계급은 다층적인 위계가 생기롭게 조직되는 사회가 아니라 실은 모두가 똑같은 능력과 욕망을 갖길 원하는 일원적 세계임을 알 수 있다.

라퓨타는 멸망한다. 그런데 멸망하지 않는다. 무슨 말인가?

무스카의 어리석음으로부터 라퓨타를 구하기 위해 파즈와 시타는 멸망의 주문을 외운다. 하지만 천공의 성이 모두 무너지지는 않았고 성 외벽의 계층적 껍데기만 부서져 내린다. 그러자 라퓨타의 거대한 뿌리가 드러난다. 멸망이라지만 인간의 종말일 뿐 비행석과 나무의 끝은 아니다. 갑갑한 철갑과 성곽이 사라지자 라퓨타는 더 높이 날아오른다. 허공으로 멀리멀리 날아간 라퓨타는 거대한 뿌리를 좌악 펴고 바닷속을 자유롭게 유영하는 해파리처럼 천공에 둥실둥실 떠 있다.

시타가 멸망의 주문을 외우기로 결심한 것은, 천공의 성이 인간에게는 불필요할 뿐만 아니라 불가능한 것이기 때문이다. 시타의 고향 곤도아에서 전해지는 노래에 따르면 인간은 땅에 뿌리 내리지 않고서 살지 못한다. 땅과 함께 바람과 더불어 살아야 하는 것이 인간이다. 천공의 성이란 지상에 붙들린 운명에 대한 자각과, 그 한계를 벗어나고 싶은 꿈을 동시에 구현한다. 땅을 떠날 수는 없지만 하늘을 꿈꾸지 않을 수도 없는 것이 인간의 운명이다. 그러한 조건(한계)과 꿈은 결코 사라지지 않는다. 미야자키는 이러한 지상(인간의 조건)과 천공(인간의 꿈)을 함께 구현한 존재를 라퓨타라는 천공의 성으로 그렸다.

욕망의 풍선 비행기

천공의 성 라퓨타가 멸망과 탄생의 역설을 품은 성배이고 인간에게는 허락되지 않는 곳이라면, 하늘을 나는 자의 꿈을 다르게 현실화시킨 것이 해적단의 비행선 타이거모스이다. 모스 (Moth)? 그러니까 나방이다. 그것도 거대한 나방이다. 마마와 그의 많은 아들들로 조직된 이 해적단은 나중에 〈붉은 돼지〉에도 나오는데, 그땐 아들들이 엄마 이상으로 화려한 외모를 자랑하며 약탈에 나선다. 외모가 화려하다는 점, 다양한 크기와 빛깔로 반짝이는 보물을 원한다는 점은 이들이 자기 욕망에 충실하다는 것을 말해 준다. 하지만 그들의 욕망은 무스카의 것처럼 허황되거나 억지스럽지 않다.

해적단의 비행선이 천공의 성과 어떻게 다른지를 보자. 우선 라퓨타가 돌과 금속을 주재료로 하는 것과 달리 해적선은 천으로 만들어졌다. 소년 파즈가 처음 승선했을 때 바람에 부풀어 오른 비행선의 바닥을 디디며 즐거워했던 점을 떠올려 보자. 타이거모스는 함선 골리앗보다 약하지만 바람을 이용하기 때문에 더 높은 고도에서 무역풍을 타며 다양한 전술을 쓸 수도 있다. 맘마의 비행선이 바람을 좋아하는 점은 비행선의 조종실이라든가 주방이 외벽으로 감싸져 있지 않고 바람을 고스란히 맞는 방식으로 뚫려 있다는 점에서도 드러난다. 이처럼 미야자키는 날고자 하는 이는 다양한 높이에서 온갖 바람을 겪어야 한다고 본다. 두꺼운 철갑 안에서 안전하기를 바란다면 비행이 아니다.

두번째 특징은 타이거모스가 성이 아니라 이름 그대로 곤충을 흉내 낸다는 점에 있다. 그래서 조종실인 머리가 위에 있

지 않고 앞에 있다. 타이거모스의 머리는 군림하지 않는다. 머리
는 제일 먼저 바람을 맞으며 흔들리는 가운데 중심을 잡으며 방
향을 전망한다. 실제 해적단의 머리라 할 수 있는 도라 할머니
를 생각해 보자. 해적선에서 제일 배짱 좋고 모험심 강한 사람
이 할머니 선장 도라다. 도라는 시타를 구하기 위해 화염에 싸
인 성으로 돌진하면서 장성한 아들들에게 "너희는 엄호나 해!"
라고 씩씩하게 명령한다. 제일 열심히 뛰고 달리고 날며, 가장
많이 먹는 이가 대장 도라다.

　세번째 특징은 타이거모스에서 가장 부각되는 공간이 모두
살림과 관련된다는 점에서 찾을 수 있다. 조종실에서 도라의 집
무실 겸 침실을 지나 주방으로 가는 길에는 빨래도 걸려 있다.
이후 미야자키의 영화에서 빨래를 말리는 장면은 하나도 빠짐
없이 등장한다. 빨래란 무엇인가? 입었다 벗는 것. 입은 채로 일
한 덕분에 더러워졌지만 다시 새로워져서 입을 사람을 또 일터
로 보내는 물건이다. 빨래가 하늘에서 말려짐은 이 해적단이 나
날을 새롭게 보낸다는 것을 의미한다. 게다가 빨랫줄에 걸린 옷
들을 보자. 빨래는 일단 남자의 것과 여자의 것이 구별되어 걸
려 있다. 그런데 같은 줄에서 대장인 도라와 신입인 시타의 옷
은 동등하다. 해적들의 빨랫줄에 걸린 커다란 팬츠와 러닝셔츠
를 보자. 누구의 것인지 모르겠으니 모두의 옷일 수 있겠다. 속
옷과 겉옷이 나란히 걸려 있고, 다양한 위치에서 일하는 각자는
옷을 바꿔 입는 사이다. 해적들은 선장님을 모시지만, 모두가 서

로를 다르게 동등하게 대한다는 것을 알 수 있다.

살림과 관련된 두번째 공간은 주방이고 밥하기는 빨래 이상으로 중요하다. 나우시카는 워낙 바쁘고 매일 하늘에서 쉬지 않고 날아야 했기에 앉아서 뭘 먹을 시간이 없었다. 나우시카의 주식은 치코 열매인데 쓰지만 영양이 엄청났다. 나우시카는 에너지바 같은 것을 몇 개 먹고 그렇게 일을 많이 했던 것이다. 그런 주인공의 운명에 미야자키가 안타까움을 느낀 것일까? 〈천공의 성 라퓨타〉의 타이거모스에서는 음식을 만드는 것부터 나눠 먹는 것까지가 자세히 나온다.

주방의 세부 특징을 보자. 해적선에서는 하루에 다섯 끼를 먹는다고 하니 당연하게도 엄청나게 많은 식재료가 쌓여 있다. 감자도 엄청 많아서 해적들은 '감자 깎을 사람이 새로 들어왔다'며 시타와 파즈를 반기기까지 했다. 다섯 번의 식사 리듬이 워낙 숨가쁘다 보니 설거지나 재료 정리가 잘 안 되어 있었는데 시타가 주방장이 되고부터는 예쁜 시타를 보기 위해 해적들이 몰려들어 함께 일하게 된다. 미야자키는 모두 엄청나게 많이 먹는다는 것을 강조한다. 사실 도라 일당은 해적선에서뿐만 아니라 파즈의 집을 점령해서도 자기들의 식재료를 이용해 엄청나게 먹어 댔다. 이들이 파즈의 식재료를 쓴 것은 확실히 아니다. 왜냐하면 파즈는 시타에게 딱딱한 식빵과 계란프라이 하나를 겨우 대접할 수 있었기 때문이다. 도라 일당은 해적들이지만 누구나의 아무것이나 훔치지 않는다. 이런 점도 막무가내로 제 욕심을 채웠던 무스카와 대비된다. 많은 욕망을 모두 긍정하지만 어떤 영토에도 그것을 허락받을 필요를 못 느끼는 이들을 두고 우리는 아나키스트라고 한다. 아나키즘에 흠뻑 젖은 해적들은 자기 만족을 위해 우선 먹는다.

그런데 도라 일당과 무스카는 공통점이 있다. 둘 모두 하늘에서 잘 내려오지 않는다. 이들에게 하늘이란 자신들의 무한한 욕망을 충족시켜주는 곳이다. 무스카는 혼자이고 도라는 아들들과 살지만, 둘 모두에게 광산에서와 같은 공동체는 없다.

미야자키가 〈천공의 성 라퓨타〉에서 그리는 세 개의 공간은 대지에 발붙이고 함께 살아야 하는 인간의 조건과, 천상의 보물에 대한 인간의 환상을 보여 준다. 시타와 파즈는 이 세 개의 공간을 통과하면서 '높이 생각하고 낮게 살아가라'고 하는 비전을 갖게 된다. 작품 마지막에 파즈와 시타는 곤도아로 방향을 튼다. 파즈는 시타를 고향으로 데려다줄 것이다. 물론 곤도아에서 둘이 결혼한다거나 하지는 않을 것이다. 아마도 파즈는 더 많은 곳을 경험하고, 보다 새로운 삶을 찾아보기 위해 이 땅에서 저 땅으로 비행을 계속할 것이다.

2.
고공비행
―탐욕의 대지로부터 이륙하기

낮게 나는 비행기의 높은 꿈

미야자키의 탈것 사랑은 유명하다. 작품마다 독특한 탈것이 등장해서 관객들을 즐겁게 한다. 그중 비행기 종류 몇 가지를 떠올려 보자. 〈바람 계곡의 나우시카〉에서는 1년 내내 바람이 그치지 않는 덕에 주민들 전부가 작은 비행기를 타고 다니는데 그 이름이 독일어로 갈매기란 뜻의 '메베'(Möwe)이다. 메베는 이륙과 가속에는 소형 제트엔진을 쓰지만 일단 날기 시작하면 바람에만 의지한다. 또 언제든지 날아오를 수 있도록 평소 바람을 잘 관찰할 수 있는 '풍향탑'에 주차되어 있다. 기본적으로 일인용인데 둘까지는 탈 수 있어서 나우시카는 페지테의 왕자 아스벨을 태웠다. 이 작고 매끈한 선체는 후에 〈바람이 분다〉의 도입부에 지로의 꿈을 통해 잠깐 작은 새의 모형으로 변형되어 나온다.

〈마녀 배달부 키키〉에는 프로펠러 자전거가 나오는데 인력

(人力)으로 날게 되어 있다. 톰보가 허벅지가 찢어지도록 페달을 돌리면 약간 붕 날아오르게 되는데 당연히 발을 멈추면 추락한다. 미야자키 하야오는 날기 위해서는 먼저 달릴 수 있어야 한다고 생각한다. 물론 〈마녀 배달부 키키〉의 최고 탈것은 키키의 빗자루이다. 마법을 동력으로 하기 때문에 톰보의 인력 비행기와는 수준이 다르다. 타고난 비행 능력의 키키와 계발된 재주의 톰보는 경쟁자가 된다.

미야자키의 비행기로 가장 유명한 것은 〈붉은 돼지〉의 빨간 비행기이다. 사보이아 S-21이라는 기종으로 전 세계에서 딱한 대, 시험 삼아 만들었다는 설정이다. 엔진이 조종석 앞날개 위에 있어 시야를 확보하기가 어렵다. 나무로 되어 있기 때문에 일단 날아오르면 대단히 가볍고 빠르게 움직이지만 딱 그 이유로 이륙이 힘들다. 엔진을 바꾸고 공장에서 이륙할 때 비행사 포르코와 정비사 피오가 엄청 고생한다. 나무가 땅을 벗어나기 어렵다는 점을 환기시켜 주기도 한다. 나무가 날아오른다는 이 모티프는 〈이웃집 토토로〉에서도 나온다. 토토로는 푹신한 식물의 정령인데 장난감 팽이를 돌려 타고 하늘을 난다.

〈하울의 움직이는 성〉에는 전쟁광인 마법사가 띄우는 군함이 많이 나온다. 하지만 최고는 늘 피곤에 절어 뒤뚱뒤뚱 걷기만 하다가 저주가 풀린 덕분에 가볍게 날개 팔로 붕 나는 '움직이는 성'이다. 저주받은 이들이 서로에 대한 헌신을 통해 마음을 활짝 열자, 성도 그 안에 사는 인물들도 모두 가벼워진다. 〈바람이 분다〉에서는 13세의 지로가 꿈에서 새 날개 비행기를 떠올리기도 하고, 26세의 지로가 역시 꿈에서 메베처럼 가볍고 하얀 비행기를 상상한다. 〈바람이 분다〉가 그리는 최고의 비행기는 아마 지로가 손으로 접은 하얀 종이비행기일 것이다.

이처럼 비행기 종류만 대강 떠올려 보았을 뿐인데도 기계에 대한, 비행에 대한 미야자키의 몇 가지 관점을 얻을 수 있다. 우선 미야자키는 소형 비행기를 좋아한다. 이 작은 비행기들은 주로 군함과 대적한다. 재질은 주로 나무다. 종이비행기까지 나오는 점에서 이는 분명해진다. 그다음으로 엔진의 출력 문제가 중요하다. 기본적으로 미야자키가 좋아하는 동력원은 인력이다. 자기 발로 페달을 돌리든지 자기 몸으로 남을 실어야 좋다. 미야자키의 주인공들은 이런 산뜻한 비행기들로 엄마 잃은 오무를 구하고(〈바람 계곡의 나우시카〉), 선물을 배달하고(〈마녀 배달부 키키〉), 외로운 아이들을 기쁘게 하며(〈이웃집 토토로〉, 〈붉은 돼지〉), 지극한 사랑을 꿈꾼다(〈하울의 움직이는 성〉, 〈바람이 분다〉). 미야자키의 비행기는 섬처럼 떨어져 사는 사람들을 연결하면서, 생김도 운명도 다르지만 함께 살길이 있음을 하늘에서 시험하는 도구이다.

하늘의 희비극

미야자키의 비행 철학, 즉 만물 연결의 문제를 집대성한 작품은

〈천공의 성 라퓨타〉다. 공개된 포스터 중 하나에는 아래 광산촌을 배경으로 씩씩한 얼굴의 소년 소녀가 함께 날고 있다. 〈천공의 성 라퓨타〉의 하늘은 어딘가에 천공의 성이 숨어 있는 신비로운 곳, 가끔은 사랑스러운 소녀가 두근두근한 모험을 안고 떨어지기도 하는 낭만적인 곳이다. 모든 것이 가능할 것만 같은 천공을 보며 사람들은 각기 다른 꿈을 꾼다.

영화는 하늘에서 여주인공 시타가 비행석을 목에 걸고 떨어지는 장면을 따라 시작된다. 판화풍의 그림체로 장엄하게 과거가 회상되는데 먼저 언덕에서 바람개비를 돌려 불을 피우는 사람들이 나온다. 한 사람은 고개를 푹 숙이고 불빛을 보는 듯하고, 다른 사람은 불쏘시개로 바람이 가져다준 선물을 조심스레 파헤친다. 그다음, 바람으로 돌아가는 풍차가 바람 없이도 돌아가는 풍차로 바뀐다. 이때 풍차는 다른 톱니들과 함께 서로 맞물리며 거대한 기계의 부속품 역할을 한다. 그런 다음 풍차의 힘으로 채굴이 가능해지고, 아마 비행석을 캔 것인지 그 힘을 받아 엄청나게 많은 연기가 올라오는 공장이 가동된다.

다음 장면에서는 갑자기 하늘로 떠오른 다양한 비행기의 모습이 나온다. 미야자키의 어떤 영화에서보다도 모습이 다양한 비행기들이 나오는데, 그럼에도 같은 방향을 보고 날아간다. 노아의 방주 같은 모습이지만 옆으로는 지느러미 같은 날개를 달고 위로는 수직의 프로펠러를 기둥처럼 가득 세운 비행기도 있고, 독수리처럼 커다란 두 날개로 나는 것들, 혹은 날렵한 물총새처럼 보이는 것들 등 아주 다양한 종류의 비행기가 등장한다. 그 모든 비행기가 한꺼번에 날아드는 곳으로 커다란 하늘성이 하나 나타나더니 그 뒤로 이런저런 모습으로 하늘을 나는 궁성들이 나온다. 바로 다음, 갑자기 거대한 군함이 줄줄이 나오더니 결국 모두 부서져 내린다. 마지막은 다시 바람개비를 옆에 두고 목동인 듯한 소녀가 소와 함께 바람을 맞는 장면이다. 바람개비의 기술사적 전개를 간단히 요약하는 듯한 오프닝은 대지를 떠난 프로펠러의 비극적인 운명을 소개한다.

비행기의 운명은 왜 비극적인가? 사고로 하늘에서 떨어질 수 있어서가 아니다. 미야자키 하야오는 비행을 꿈꾸는 이들의 욕망을 하나하나 조사한다. 먼저 광산 마을 사람들을 보자. 더이상 캐 낼 것이 없는 대지, 일굴 것이 남아 있지 않은 메마른 대지 위에 사는 사람들은 조금이라도 나은 내일을 꿈꾸는데 답은 없다. 이들에게 광산은 현실을 벗어나게 해줄 마지막 보루다. 파즈와 시타가 갱도 안으로 떨어져 헤맬 때 오랫동안 굴속에서 생활한 할아버지 한 분을 만나는데, 그는 완전한 결정체인 비행석을 쥐고 싶어 손을 부들부들 떤다. 하지만 그는 자신이 쥐기에는 너무도 밝은 빛이라며 두려워하고 비행석 만지기를 거절한다. 강력한 힘을 가진 돌은 행운도 주지만 그것에 때론 불행도 따라오기 때문이다. 지금 자신이 발 딛고 있는 조건을 단숨에 초월하게 하는 힘은 제대로 이용하기가 어렵고, 그 과정에서 불행한 일을 겪을 수 있기 때문에 할아버지는 거리를 둔다. 광부들의 심리란 척박한 자신의 땅을 안타까워하지만 그렇다고 행운을 바라지는 않는 것이다. 광부들은 자기 조건에 충실하며 가능한 것에 집중하는 데에서 자기 윤리를 찾는다.

비행의 비극은 무스카의 운명에서 노골적으로 드러난다. 그는 라퓨타의 왕족이었지만 멸망 이후 지상에 숨어든 가문의 후손이다. 그가 하늘로 날아오르고 싶은 이유는 자기 발아래 사람들을 두기 위해서다. 기술과 부를 과시하며 타인 위에 군림하려고 하는 이가 천상을 꿈꾼다. 이렇게 상공에서 군림하려면 무엇을 해야 하는가? 무스카처럼 자기 과거를 속이고, 권력자에 아첨하며, 타인의 보석을 훔쳐야 한다. 마지막에 무스카는 라퓨타의 비행석이 폭발하며 내는 빛에 시력을 잃는다. 권좌를 향한 이기적 맹목 때문에 눈을 잃는 것이다.

그렇게 보면 〈천공의 성 라퓨타〉의 해적들은 진짜 이상하다. 여기서부터 비행은 희극이 된다. 화려한 복장이 암시하듯 이들은 단지 많은 보석을 원한다. 그런데 이 알록달록한 돌들로 도적들이 부자가 되려는 것은 아니다. 해적단의 수장인 도라가 풍성하게 땋은 머리카락을 자랑하며 부들부들한 레이스가 달린 옷을 입고 해적질을 하는 것을 보면 알 수 있다. 해적단은 각자 자기 욕망에 충실하기 위해 돈이 조금 필요할 뿐이다. 그들에게 보석은 자기에게 잘 어울리는 액세서리를 고르는 것 이상의 의미를 갖지 않는다. 해적들은 그런 사소한 일에 목숨을 건다.

이들은 무스카와는 완전히 다르다. 무스카가 타인에게 군림할 목적으로 속이고 죽이는 일을 일삼는 반면, 도라 일당은 그 누구도 죽이지 않고 속이지 않는다. 대놓고 '내가 원하는 것은 바로 이것이다!' 하고 소리치며 달려들고 가볍게 가지고 온다. 이를 두고 뺏는다고도 할 수 없다. 왜냐하면 지상의 모든 것은 원래 대지 어머니의 것이기 때문이다. 대지의 자식인 우리는 어머니로부터 잠깐 받아 쓴 모든 것을 정중히 돌려 드려야 한다. 이들이 군대와 대립하는 것은 자기 욕망을 소중히 해서다. 그런 까닭에 해적들은 타인의 삶에 개입하지 않는다. 다만 응원한다. 그래서 파즈와 시타가 해적이 되지 않고 자기들의 길을 가겠다고 할 때 활짝 웃으며 보내 준다.

마지막으로 하늘을 꿈꾸는 자들을 보자. 파즈와 시타다. 파즈는 거짓말쟁이 취급을 받은 아버지의 명예를 되찾기 위해 라퓨타로 향한다. 파즈에게 라퓨타는 삶의 목적이 아니다. 그는 사랑하는 아버지가 동경하던 하늘을 날아 보고, 아버지가 본 것을 다시 바라보며, 천공의 성을 만든 인간의 상상력과 기술력을 찬미하려 한다. 그리고 라퓨타를 보았기 때문에 죽게 될지도 모를 자기 운명을 받아들인다. 즉 파즈에게 라퓨타란 삶의 목적이 아니라 삶을 더 풍요롭게 해주는 하나의 수단이다. 파즈의 동반자 시타가 라퓨타를 보고 싶어 하는 이유는 호기심이다. 자기의 뿌리를 제대로 보고 새롭게 살길을 찾아보기 위해서다. 파즈와 시타에게 하늘은 욕망의 대상이 아니라 이해의 영역이다.

미야자키는 하늘을 향한 희비극을 통해 무엇을 말하려 했을까? 광산 마을 출신인 파즈를 통해 생각해 볼 수 있다. 그것은 '높이 생각하고 낮게 난다'이다. 하늘을 향해 눈을 높이 두는 것은 좋다. 하지만 발은 땅을 딛고 있어야 한다. 발을 땅에 붙인다는 것은 자기 자리를 본다는 것이고, 그 상황에서 구체적으로 할 일을 찾는다는 것이다. 광산 마을 사람들처럼 자기 조건을 사랑하는 자에게만 더 나은 내일이 허락된다.

파즈는 그리운 아버지와 사랑하는 시타를 위해 라퓨타에 간다고 하는, 그 조건을 깊이 이해했기에 천공의 비극에 떨어지지 않을 수 있었다. 글라이더를 타고 라퓨타에 무사히 도착한 파즈와 시타가 한참을 기뻐 웃은 것을 떠올려 보자. 라퓨타는 가져야 하는 보물도 아니고 도달해야만 하는 목적지도 아니다. 이르렀을 때 느껴야 할 것은 성취감(무스카)이나 허무감(도라)이 아니다. 소년 소녀는 라퓨타가 무엇의 상징이건 간에 그 실체가 어떠하든 간에, 세상에 존재하는 멋지고 빛나는 것에 대한 현실적 동경이 둘을 만나게 해주었음에 감사한다.

인간을 잇는 날갯짓

하늘을 꿈꾸려면 먼저 날 수 있어야 한다. 이제 이 말의 의미를 정리해 보자. 일단 미야자키가 날아오르는 것들을 어떻게 그리는지 살펴보자. 미야자키는 〈천공의 성 라퓨타〉에서 다양한 기종을 선보이는데, 그 특징을 알아보자.

첫번째는 주목할 점은 동체(動體)의 형태적 다양성이다. 〈천공의 성 라퓨타〉 오프닝 장면에는 비행석 덕분에 자유롭게 하늘로 뭔가를 띄워 올릴 수 있게 된 다양한 비행기들이 나온다. 무스카의 군함에서부터 파즈가 고무줄로 감아 돌려 날리는 장난감 비행기까지. 이렇게 다양한 종류의 비행기를 보면 지금 우리 하늘을 나는 비행기들이 너무 단순하다는 생각이 든다. 스마트폰이 본격적으로 사용되기 전 2D폰이 한참 인기일 때에는 전화기 모양이 다양했다. 그런데 요즘 스마트폰은 외관상으로는 큰 차이가 없다. 기술에 형태적 다양성이 줄어든다는 것이 무슨 말일까? 문득 야생의 도구관이 떠오른다.

박물관에 전시된 무문자 사회의 화살이나 칼 등에는 정교한 무늬가 새겨져 있곤 한데, 단지 사냥감을 잡을 목적이라면 도구에 이렇게까지 장식을 할 필요는 없었을 것이다. 인디언 사냥꾼에게 화살은 평생 자기가 갈고 닦고 써야 하는 도구였다. 그 자신이 잡고자 하는 것을 대신 잡아 주는 자기 신체의 연장이었다. 보통 인디언들은 평생 하나의 활, 하나의 망치, 하나의 바구니만을 갖는다고 한다. 가난해서가 아니다. 한 개의 도구를 다목적으로 이용하며 그것을 자기 신체 상황이나 문제 정황에 맞게 바꾸고 다듬어 쓴다. 사냥감을 잡는다는 똑같은 목표를 갖지만 각자는 그 자신의 도구를 만들어 들고 숲으로 간다. 가장 자기답게 쏘고 찌르며 숲의 전사가 되어야 하기에 저마다 독특한 도구를 갖는다.

우리는 어떤가? 공장에서 찍어 나온 도구를 돈으로 산다. 그 와중에 도구의 외관이 점점 같은 모습으로 바뀌어 간다. 그 기계를 사용하는 각자의 능력과 취향이 '모두의 능력과 취향'으로 바뀌고 있는 것은 아닐까? 미야자키는 도구란 그것을 쓰는 인간 각자에게 고유한 것이어야 한다고 〈천공의 성 라퓨타〉의 많은 비행기들을 통해 말한다. 하늘을 꿈꾸는 자는 자기만의 방식으로 그 꿈을 실현해야 하는 것이다. 파즈도 자기 방에서 꾸준히 비행기를 만들고 있었다는 점, 키키의 친구 톰보 역시 자전거 비행기를 완성하기 위해 실험을 거듭했다는 점을 다시 떠올려 보자.

두번째로, 비행기들 중에서 오프닝 장면에 등장하는 플랩터(Flapter)에 주목하자. 플랩터는 해적 도라가 시타의 비행석을 훔치기 위해 몰고 나왔었다. 플랩터는 네 개의 날개가 잠자리처럼 뷩뷩 거리면서 날아가는 2인용 비행기로 동체를 바람으로부터 보호해 주는 전체 껍데기가 없다. 조종사가 플랩터를 몰 동안 조수가 총을 쏘거나 다른 일을 할 수 있다. 창문을 여닫을 필요가 없기 때문에, 애니메이션 안에서는 비행사와 조수의 행동과 대화가 적극적으로 표현되기도 한다. 도라의 타이거모스도 비슷하게 전체 외부 보호장치가 없었는데 플랩터도 마찬가지다. 플랩터가 만든 최고의 명장면은 도라가 조종을 할 동안 조수석의 파즈가 하늘에서 거꾸로 떨어지는 시타를 받아 안는 장면일 것이다.

플랩터는 도라의 죽은 남편이 발명한 비행기인데 기원은 레오나르도 다빈치가 그린 오니숍터에 이른다. 여담이지만 2021년에 개봉한 영화 〈듄〉에 이 플랩터 같은 비행기가 나온다. 주인공 모자(母子)가 아라카스라는 사막 행성을 비행할 때 쓴다. 오니숍터는 새 모양이라는 뜻의 '오니소'와 날갯짓이라는 뜻의 '프터'가 결합된 말이다. 미야자키 하야오는 레오나르도 다빈치의 오니숍터를 곤충형으로 바꾸어서 플랩터를 만들었다. 결과적으로는 작게 윙윙거리는 풍뎅이를 연상시키는 모양이 되었다. 실제 역학적으로는 날 수 없다고 하는데 미야자키는 수없이 다양한 방식으로 그림을 그려 보면서 플랩터의 비행을 그럴 듯하게 구현했다.

플랩터의 핵심은 작다는 데에 있다. 미야자키는 하늘을 나는 자의 도구는 작아야 한다고 계속 주장한다. 그런 관점에서 보면 〈천공의 성 라퓨타〉에 작은 비행기가 하나 더 있었다는 점도 떠오른다. 바로 타이거모스의 상부 파수대이다. 이 파수대는 날개를 펼치고 와이어를 뻗으면 정찰용 글라이더가 되는데 파즈와 시타는 이 글라이더를 타고 라퓨타로 들어간다. 미야자키는 날아오르려는 자는 가벼워야 한다고도 말한다. 왜인가?

미야자키의 비행관에 큰 영향을 준 비행사는 많지만 결정적인 영감을 제공한 인물은 생텍쥐페리(Antoine de Saint-Exupéry, 1900~1944), 작품은 『인간의 대지』이다. 중년의 미야자키는 생텍쥐페리의 남방 우편 경로를 따라 비행을 하기도 했다

(https://www.youtube.com/watch?v=1REFashZkr8). 생텍쥐페리
는 21세에 조종사 자격증을 취득한 뒤 라테고에르 항공사에 취
직해 정기 우편 비행을 담당했다. 그 시대 비행사들은 우편기를
몰았지만 실제로는 태평양·대서양·인도양을 비롯, 5대양 6대
주를 가르는 항공로 개척에 힘을 쏟았다. 『인간의 대지』는 1939
년, 생텍쥐페리가 남아프리카의 사막에서 겪은 조난 체험을 바
탕으로 말 그대로 '인간의 대지'를 이해하게 되는 과정을 쓴 작
품이다. 비행사가 쓴 '대지' 이야기인 것이다. 생텍쥐페리에게는
하늘과 대지가 과연 무슨 관계였던 것일까?

생텍쥐페리는 『인간의 대지』 서문에서부터 비행의 어려움
을 쓴다. 비행은 대지가 우리에게 저항한다는 것을 알려 주고,
그 저항을 통해 자신을 알도록 해주기에 어렵다.

> 대지는 우리 자신에 대해 세상의 모든 책들보다 더 많은 것을 가
> 르쳐 준다. 이는 대지가 우리에게 저항하기 때문이다. 인간은 장
> 애물과 겨룰 때 비로소 자신을 발견한다. 하지만 이를 이루기 위
> 해서는 연장이 필요하다. 대패나 쟁기가 필요한 것이다. 농부는
> 땅을 갈면서 자연의 비밀을 조금씩 캐 낸다. 그가 캐 내는 진리야
> 말로 보편적이다. 이와 마찬가지로 인간은 항공로의 연장인 비행
> 기를 통해 모든 오래된 문제와 직면하게 된다.(앙투안 드 생텍쥐
> 페리, 「서문」, 『인간의 대지』, 허희정 옮김, 펭귄클래식코리아, 2009, 9
> 쪽)

비행의 가장 큰 위험은 죽을 수도 있다는 데에 있다.『인간의 대지』의 핵심 사건도 생텍쥐페리 자신의 조난이다. 하늘을 날던 비행사는 영문도 모른 채 사막 한가운데에 처박혀, 마실 물도 없이 방향도 모른 채 장장 200킬로미터나 되는 모래 언덕들을 헤맨다. 작품의 전반부가 비행 시 겪게 되는 온갖 위험들을 다룬다면, 후반부에서는 대지에 붙들린 인간의 가련한 조건을 천착한다. 구조되기 직전, 생텍쥐페리는 지상에서 가장 고매한 존재라는 인간의 우월감을 다 내려놓는다.

인간이란 뭘까? 그것은 생명이다. 사막의 설치류들과 인간의 근본적 차이는 어디에 있는가? 어디에도 없다. 생텍쥐페리는 산다는 것 외에 존재의 다른 목적이 없음을 깨닫는다. 가련한 인간이 조금 더 잘 살기 위해 참으로 필요한 것은 그래도 설치류보다는 인간이다. 오직 이 이유에서 인간은 서로 연결되기를 욕망한다. 우리는 그래도 많이 닮았으니까, 더 이해할 수 있고, 더 많은 일을 도모할 수 있다.

하늘의 관점에서 보면 대지의 모든 것들은 똑같이 자기 운명에 묶여 있다. 그런데 또 하늘의 관점에서 보면, 그 각자의 발버둥은 비행사의 이착륙을 통해 연결될 수 있는 무엇이기도 하다. 이 연결을 위해 비행사는 자기 동체에 많은 짐을 싣고 다닐수가 없다. 자기 땅을 넓히는 비행이 아니기에 기체에는 자기 물건을 별로 두지 않아야 한다. 점과 점을 잇기, 대지의 여기에서 저기로 잠깐씩 이야기를 실어 나르는 것이 비행의 임무 전부여야 한다. 그런 생텍쥐페리의 생각에 공감하기에 미야자키의 비행기는 모두 작고 가볍다. 미야자키는 작은 비행기들로 지상의 많은 운명들이 연결되는 꿈을 꾸었던 것이다.

3.
거신병
—정원을 가꾸는 현실주의자

너의 능력을 껴안아라

〈천공의 성 라퓨타〉에는 반생명에 저항하는 생명의 화신들이 많이 나온다. 미야자키 하야오는 특히 생명력의 핵심에 놓인 일상성에 주목한다. 일단 돋보이는 것은 반생명적 탐욕을 단호히 거절하는 소녀의 결단이다. 예쁜 얼굴로 작품 내내 별로 하는 일도 없어 보이는 시타가 어떻게 그토록 강한 모습으로 라퓨타의 위협으로부터 지구를 구하는 것일까? 시타는 죽음을 겁내지 않고 멸망의 주문을 부른다. 어리석은 무스카에게 고귀한 힘을 넘겨주지 않겠다는 각오 하나로 파즈와 손을 맞잡고 '바루스!'를 외친다.

　　시타가 갑자기 이렇게 괴력을 지닌 영웅이 된 것은 아니다. 가장 먼저 언급되어야 할 것은 시타가 도착한 광산 마을의 건강함이다. 광부들은 해적도 국가도 두려워하지 않고, 쫓기는 여자

아이를 도왔다. 지하 갱도의 늙은 광부는 '보물에는 저주가, 재능에는 책임이 따른다'는 가르침도 주었다. 광부들은 어려운 환경에서도 서로를 돌보며 함께 웃을 수 있음을 알게 해주었다. 시타는 이런 어른들로부터 좋은 삶의 윤리를 배웠다.

특히 시타 곁에는 훌륭한 세 사람이 있었다. 해적 대장 도라, 현실주의자 파즈, 그리고 아시시의 프란체스코 거신병이 바로 그들이다. 이들은 모두 작은 시타에게는 큰 선배요, 위대한 스승이다. 반면 미야자키 하야오 영화의 유일한 악당이기도 한 무스카는, 그 탐욕과 비겁함이 대단함에도 불구하고 시타의 성장에는 거의 도움을 주지 못하는 미미한 존재다. 이제 시타를 성장시킨 세 사람, 그들에게서 소녀가 받은 세 가지 교훈에 대해 알아보자.

가장 중요한 캐릭터는 하늘의 해적(공적空賊) 두목 도라다. 도라는 이후 미야자키 영화에서 계속 변주되어 출연하는 중요한 할머니 캐릭터다. 그녀의 아들들은 나중에 〈붉은 돼지〉에서 중요한 해적단으로 다시 나온다. 도라가 어떤 존재인지 알아보자. 우선 그녀는 타의 추종을 불허하는 욕망 대장군이다. 도라는 할머니인 데다 이도 많이 빠졌는데, 결코 식지 않는 열정의 소유자다. 풍성하게 양 갈래로 땋은 붉은색 머리, 해적질할 때에 꼭 차려입는 레이스 달린 정복, 발목 위까지 날렵하게 올라오는 카우보이 구두 등은 도라가 외모에 관심이 많다는 것을 말해준다. 도라의 방에는 칼이나 총 같은 무기가 단정하고 우아하게 진열되어 있기도 했다. 이런 도라는 살면서 많은 애인을 두었다. 그것은 도라가 피부색이 다양한 아들들을 두었다는 설정에서 알 수 있다. 도라는 자기 욕망을 추구하며 새로운 관계 속에서 많은 자식들을 낳는, 치명적 매력의 여신 같은 존재다.

둘째, 도라는 독립적이다. 미야자키 하야오의 초기 스토리보드에는 해적선을 지상에 정박해 두는 격납고 같은 것이 그려져 있다. 하지만 상영된 영화를 보면 해적들은 하늘에서만 산다. 지상에 뿌리내리지 않는다는 점에서 도라의 욕망은 그 어떤 척도에도 구애받음이 없다고 할 수 있다. 도라는 비행선이 비좁아 보물을 신기가 어렵다며 아들들더러 하늘에서 뛰어내리라는 명령도 한다. 자식이고 뭐고 자기 욕망에 비하면 다 부차적이다. 미야자키식 유머가 잘 나타나는 부분이지만, 공적이란 기본적으로 독립적이라는 점도 잘 보여 준다.

그래서 아들들도 엄마를 마찬가지로 대한다. 아들들이 도라 밑에서 일하는 까닭은 늙은 부모를 모시려 해서가 아니다. 그들은 엄마에게 실력으로써 인정받고 싶어 한다. 배울 것이 있어서 그 밑에서 시키는 일을 한다. 부모 자식 사이지만 각자 가르칠 것이 있고 배울 것이 있어 함께 살 뿐이다. 중요한 것은 가족이더라 해도 자신이 무엇을 원하는가를 분명히 하는 일이다. 그래야 해적들의 세계에서는 같이 하늘을 날 수 있다. 독립적이어야 함께일 수 있는 것이다.

마지막으로, 도라는 실력이 있다. 도라는 수염 숭숭 난 아들들보다 잘 뛰고(모노노케 히메처럼), 잘 쏘고(나우시카처럼), 잘 먹고(소피처럼), 비행기를 잘 몬다(나우시카처럼). 미야자키의 영화에서는 언제나 노인들이 최고로 일을 잘한다. 〈바람 계곡의 나우시카〉에 나오는 최강 전사 유파에서부터 이것을 확인할 수 있고, 〈천공의 성 라퓨타〉부터는 할머니들이 이 계보를 잇는다. 최고 실력자는 〈센과 치히로의 행방불명〉에 나오는 온천장 여주인 유바바다. 온천장 꼭대기에 있는 오피스에서 유바바는 온갖 사무를 능숙하게 처리할 뿐만 아니라 욕장에 내려와서 오물신이나 요괴를 재치있게 물리치기도 한다. 유바바는 외모도 능력도 도라와 닮았다.

엄청난 욕망에다 실력까지 겸비한 절대 고수 유바바가 치히로를 가르쳤듯 도라도 파즈와 시타를 가르친다. 도라는 일하지 않는 자 먹지도 말라는 자기 원칙에 따라 아이들을 어른과 대등한 눈높이에서 키운다. 시타에게는 부엌일을 던져 주어 가르치고, 파즈에게는 비행기 정비를 맡겨 가르친다. 제 몫을 하며 살도록 힘껏 사지로 내몬다. 시타가 여자임에도 위험을 무릅쓰고 타이거모스의 파수대에 올라가겠다고 하자, 자기 상식과 맞지 않지만 허락하고 기뻐한다.

미야자키의 할머니는 모성을 상징하지 않는다. 도라는 자식들을 무조건 품어 주고 응원하는 엄마와는 거리가 멀다. 자기 일을 해내려고 하는 아이에게는 기회를 주고 그 성장을 적극적으로 지지하는 업계의 선배다. 그래서 도라는 파즈와 시타에게 자기처럼 해적이 되라고 하지 않는다. 미야자키는 "실수한 자식은 발로 걷어차지만 가망이 있다고 생각하면 힘이 되어 주는" 존재를 생각하며 도라를 그렸다고 한다. 시타는 이런 막강한 인생 선배를 보며 자신의 작은 소망을 귀하게 여기고 그 누구에게도 의존하지 않으며 할 수 있는 바로 타인을 돕는 사람이 된다. 그래서 반생명적 탐욕에 맞서 '바루스!'를 외칠 수 있었다.

먹고 시작하자

도라가 라퓨타에 갈 것을 결심하게 된 데에는 파즈의 영향이 컸다. 파즈가 어떤 소년인지는 그의 집을 살펴보는 것에서 시작할 수 있다. 파즈의 집은 마을 제일 꼭대기에 있다. 부모가 없어 형편은 어렵지만 소년은 비둘기도 돌본다. 높은 곳을 좋아하는 파즈는 아침을 먼저 맞기 위해, 마을 사람들을 일찍 깨우기 위해, 하루를 시작해야 하는 새를 돌보기 위해 높은 곳에 산다. 무스카처럼 남을 내려다보기 위해 높은 자리를 찾지는 않는다.

이 소년의 집은 대단히 정리가 잘 되어 있다. 세면대 근처에는 깨끗한 수건도 걸려 있다. 파즈의 세면대에 가지런히 놓여 있는 비누와 수건은 라퓨타를 향한 소년의 꿈이 절대 공상일 리 없음을 말해 준다. 정갈하게 자기 삶을 꾸리는 자, 일상을 소중하게 가꾸는 자, 그런 사람이 꾸는 꿈은 현실적이다.

파즈가 얼마나 현실주의자인지 잘 보여 주는 장면으로 세

가지를 꼽고 싶다. 먼저 시타가 하늘에서 내려올 때이다. 이때 파즈의 손에는 도시락통이 들려 있다. 파즈는 시타를 받기 위해 '잠깐' 도시락통을 내려놓는다. 놀라운 일이 생겼다며 막 던져도 되는 도시락은 아닌 것이다. 통 안에는 광부 아저씨와 파즈 두 사람 몫의 저녁이 들어 있었다. 어려운 광산촌에서의 한 끼란 하늘에서 별이 떨어진다고 해서 포기할 수 있는 그런 사소한 것이 아니다. 게다가 파즈는 이 도시락을 돈 주고 샀다. 파즈의 이런 현실주의는 무스카가 시타를 넘겨주는 조건으로 준 동전 몇 닢을 화가 난다고 해서 집어던지지 않는 장면에서도 잘 나타난다. 비행사를 꿈꾸는 기계공인 만큼 현실적이고, 기능적이고, 효율적인 파즈는 시타를 구하기 위해서도 돈이 필요하다는 생각을 놓치지 않는다.

두번째는 파즈가 하늘에서 떨어진 시타를 침대에서 쉴 수 있도록 했을 때, 그래도 자신의 할 일은 놓지 않는 장면에 있다. 밤늦게까지 비행 공부를 한 소년의 잠자리 옆에는 연필이 떨어져 있다. 아침 일찍 비둘기 모이를 챙겨 주는 낭만적인 소년, 헛것이었을 수도 있는 아버지의 '라퓨타'를 확인하려는 몽상적인 아이 같지만, 파즈는 매일 밤 어떤 밤에도 비행기 날개를 만든다. 라퓨타는 오직 이런 소년에게만 찾아오는 기적이 된다.

마지막 장면은 파즈의 조끼와 가방이 나오는 부분이다. 파즈의 조끼와 가방에는 주머니가 많이 달려 있다. 파즈는 넣을 것을 많이 갖고 다니는 인물이다. 파즈의 가방 안에는 온갖 것들이 다 들어 있는데 심지어 프라이된 계란까지 들어 있다. 랜턴과 식빵, 계란프라이, 사과, 사탕, 온갖 공구가 다 들어간 가방을 소년은 언제나 놓지 않는다. 어떤 경우에도 만반의 준비가 다 되어 있는 재치 있고 명민한 소년이 파즈다. 하지만 파즈는 욕심꾸러기가 아니다. 필요한 경우에는 언제라도 신발을 버리고 뛰어나갈 수 있고, 모두가 평화롭게 잘 살기를 바라는 마음에서 자신의 삶마저 내려놓을 줄도 안다. 라퓨타 멸망의 주문을 외치기로 먼저 결심한 이는 파즈다.

그래서 파즈는 무스카와 대비된다. 무스카는 라퓨타 일족의 한 사람으로, 하늘에서 내려온 지 700년이나 지났음에도 불구하고 천상 보물을 되찾으려는 욕심을 버리지 못한다. 그도 현실주의자다. 무스카는 오랫동안 신분을 숨기고 왕과 군대를 위해 봉사할 정도로 철저히 자기 처지에 맞게 행동했다. 하지만 그는 욕심 때문에 악한이 된다.

욕심이 왜 악이 되는가? 무스카가 가장 관심을 두는 것은 옷이다. 무스카는 시타를 회유하기 위해 예쁜 옷을 선물한다. 왕족이나 여성은 이런저런 옷을 입어야 하고, 또 그것을 좋아해야 마땅하다고 생각했기 때문이다. 〈천공의 성 라퓨타〉에서 무스카만큼이나 옷과 외모에 관심이 있는 사람은 도라다. 하지만 도라는 여성다움을 고집하지 않는다. 도라는 흰 드레스 같은 것을 입고서는 제대로 일할 수 없다며 시타에게 뚱뚱한 할머니나 입는 낡고 크기만 한 바지를 건네준다. 시타의 머리카락이 잘린 것이 해적선을 잃은 것보다 더 슬픈 일이라며 괴로워하지만, 바람을 탈 때 불편하니까 자기 머리는 양 갈래로 질끈 묶어 버린다. 도라에게는 미에 대한 전형도, 아름다움에 대한 이상도 없다. 도라는 바람이 부는 대로 욕망에 이끌리지만 파즈처럼 다 잃어도 아쉬워하지 않는다. 욕망이란 양이 아니라 종류의 문제이기 때문이다. 욕망은 소유를 향해 가지 않고 더 멋지고 더 훌륭한 삶을 향한 방향타로서 충분하다. 그러니 단순하다는 것은 자기 욕망의 절대화이기에 옳지 않다. 거기에 맹목이 생기면 그때부터는 망상 시작이다. 그래서 무스카는 실은 높은 곳만 올려다보는 비현실주의자다.

그러고 보니 도라와 파즈에게 공통점이 또 하나 있다. 둘 다 먹는 것을 매우 중요하게 생각한다. 도라의 아이들은 모두 잘 먹는다. 해적선에 오르고부터는 파즈와 시타도 잘 먹게 된다. 해적단은 하루 다섯 끼 정도는 먹어야 하늘을 날 수 있고, 그 매번이 고기 냄새 진동하는 식사여야 한다. 똑같이 하늘을 날지만 치코 열매(나우시카)를 먹고 나는 것과 다섯 끼의 고기반찬을 먹고 나는 것은 어떻게 다를까? 우리가 먹는 모든 것은 다 땅에서 나온다. 아무리 높은 곳에서 먹어도 그 사실은 변하지 않는다. 〈천공의 성 라퓨타〉는 도라의 푸짐한 육식으로 우리 꿈이 대지에 뿌리박고 있음을 강조한다.

먹는 문제에 있어 파즈가 도라와 다른 점이 있다. 파즈는 처음 등장할 때부터 동료인 광부 아저씨와 '함께' 먹을 야식을 구입했다. 파즈는 고아에 혼자 살지만 모든 장면에서 남과 함께 먹고 있다. 도라는 자기 가족과만 먹는다. 파즈는 식사 예절도 중시한다. 지하 갱도에 떨어져 시타와 함께 한참을 헤매다가 마른 빵에 계란프라이를 얹어서 먹게 되었을 때에도 파즈의 가방 안에는 청사과와 사탕까지 있다. 그것은 디저트다. 밥을 먹을 때는 격식을 차려야 하고, 식사를 한 다음에는 디저트로 마무리도 해야 한다. 파즈의 이런 품위 있는 식사는 와구와구식 도라의 만찬과 다르다. 파즈는 음식을 손으로 먹는 도라와 다른 길을 갈 수밖에 없을 것이다.

여기까지 생각해 보니 파즈가 도라와 대비되는 점이 하나 더 떠오른다. 현실주의자이지만 파즈가 하는 모든 일은 타인을 위한 것이다. 파즈는 광부들을 깨우고, 비둘기를 먹이고, 아버지의 명예를 회복하려고 하고, 시타가 라퓨타를 보게 돕는다. 자기의 욕망과 꿈을 보고 가지 않는 파즈는 오로지 자기 마음만 보고 가는 해적단은 될 수 없다.

기계도 나무의 자식이다

마지막으로 시타에게 큰 감동을 준 존재, 도라와 파즈의 모습 전부를 가진 자, 거신병에 대해 알아보자. 앞에서 다루었던 기계의 애니미즘 2탄이다. 거신병은 그 어떤 인간보다 복잡한 내면을 지녔다. 거신병의 특징을 차례로 살펴보자. 일단 외모는 어떤가? 우선 거신병은 크다. 인간을 압도할 정도로 크다는 점에서 오무, 토토로, 사슴신, 그란만마레(포뇨의 엄마인 바다 여신)를 연상시킨다. 미야자키는 1980년대에 유행했던 건담이라든가, 〈신세기 에반게리온〉에서 보이듯 거대한 병기 만화의 유행을 따라 이 거신병을 만들었다고 한다.

하지만 그런 거대 병기와 거신병의 다른 점은 섬세하다는 데에 있다. 그는 큰 몸집에 비해 지나치게 작은 머리를 가졌다. 미야자키는 로봇의 작은 머리를 아날로그 시계 내부를 보고 떠올렸다. 그 작은 머리에 눈도 작고 입은 더 작다. 이런 불균형 때문에 거신병의 거대한 몸이 모든 작은 것들을 품기에 적당해 보인다. 거신병은 풀숲에 은밀히 놓인 둥지의 새알을 소중히 여기고 돌본다. 뿐만 아니라 꽃을 꺾어 손님을 환대하기도 한다. 다정한 마음의 소유자다. 그래서 앤서니 리오이라는 감독은 이 거신병이 아시시의 성 프란체스코가 부활한 것이라고까지 해석한다(수전 네이피어, 『미야자키 월드』, 하인해 옮김, 비잉, 2021, 183쪽 재인용).

거신병은 자기가 돌보아야 할 귀중한 것, 연약한 것을 지키기 위해서는 말 그대로 물불 가리지 않는다. 덕분에 새끼를 지키는 무시무시한 모성의 화신처럼 보이기도 한다. 곰 중에서 제일 무서운 곰은 아기곰이 아닌가? 아기곰 주변에는 어미가 두 눈에 불을 켜고 돌아다니니까. 누구라도 어린 것을 잘못 건드렸다가는 그 어미로부터 처참한 꼴을 당할 것이다. 거신병은 딱 이런 어머니를 닮았다. 거대한 철갑, 즉 중장비의 기계 이미지는 전통적으로 남성적이라고 해석되었다. 하지만 미야자키는 그 거대한 철갑에 모성을 입힌다. 도라처럼 전쟁에 바쁘지만 도라와는 달리 새끼를 보호하는, 거대한 기계-인간인 그는 엄마다.

기계가 모성적이다 보니 거신병에게서 확 떠오르는 것은 생명력이다. 죽어 가는 거신병의 몸에 이끼가 끼고 그 위에서 풀이 돋아나는 것을 보면 만물의 늙음이 떠오른다. 라퓨타의 정원은 거신병들의 무덤이기도 한데, 정원에서 녹이 슬고 있는 그들의 육신은 늙어 죽은 나무들을 닮았다. 라퓨타의 거대한 나무 아래 스스로 걸어 들어와 조용히 죽어 간 그들의 녹슨 신체는 죽음의 존엄함을 말해 준다. 그들의 시체 위로 다시 이끼가 돋고 꽃이 피고 새들이 날아든다. 미야자키의 거신병은 돌보고 가꾸며, 늙으면 대지로 돌아가는 생명이다. 늙은 도라와 어린 파즈의 조합이 거신병 안에 고스란히 들어 있다.

욕망하는 현실주의자들 곁에서, 시타는 미야자키의 여주인공 중에서 가장 조신한 것처럼 보인다. 나우시카처럼 자연과 교감하고 모두를 멸망의 바다(부해腐海)에서 구하려는 영웅성 같은 것도 없고, 돼지로 변한 부모와 저주에 걸린 친구를 구하기 위해 담대히 마녀와 맞서는 용기도 잘 보이지 않는다. 그런데 꼭 뭔가를 주도적으로 계획하고 온몸을 바쳐 좌충우돌 큰 액션을 해야 주체적인 것일까? 시타의 이름은 수학 기호인 세타(θ)에서 왔다. 라퓨타인이 과학과 수학에 능통했다는 점에 착안해서 나온 이름이다. 시타의 본명은 '류시타 토에르 우르 라퓨타'로, 우르는 왕, 토에르는 '진짜'라는 의미가 있다. 시타는 라퓨타의 진짜 계승자라는 뜻이다. 그럼 시타는 과연 무엇을 계승했는가? 그 계승의 방식은 어떠했는가?

시타가 마지막에 단호히 '바루스!' 하고 멸망의 주문을 외울 수 있는 것은, 혈족이 야만적인 물질문명을 낳았다는 사실을 수긍하고 자신의 작은 몸을 던져서라도 그 불행에 책임을 다해야 한다고 생각했기 때문이다. 이것을 가르쳐 준 이들이 도라와 파즈, 거신병이다. 시타는 추악한 기계 문명의 계승자이지만 사랑의 화신인 거인들의 제자이기도 하다. 그래서 시타는 어떤 욕망도 대지를 초월해서는 안 된다는 점을 깨닫고 라퓨타의 비극을 막기로 결심할 수 있었다.

그런데 파즈와 시타는 정말 너무 어린 아이들이다. 인간의 운명을 책임지기에는 너무나 미약한 존재다. 미야자키는 왜 아이들에게 지구의 운명을 쥐여 준 것일까? 미야자키가 〈천공의 성 라퓨타〉를 만들기로 결정한 가장 큰 이유는 〈바람 계곡의 나우시카〉를 아이들이 너무 많이 관람하러 와서였다고 한다. 미야자키는 그들을 기쁘게 하는 영화를, 단순 활극으로 만들어서 세상에 내놓고 싶은 마음이 들었다.

아이들이 마음껏 기뻐하는 영화! 그런데 만들고 보니 내용이 너무 심오했다. 상대에 대한 헌신, 우정, 자기의 신념을 향한 불굴의 의지라니? 어린이들이 다 받아들일 수 있을까? 그런데 어린이라서 이해하지 못할 이야기란 또 무엇인가? 미야자키는 중요한 이야기는 남녀노소 누구나가 함께 나눌 수 있다고 생각한다. 어리지만 삶이란 복잡하고 힘든 것이라는 점을, 어떤 수준에서 충분히 이해할 수 있다. 열 살을 살고 간 사람과 칠십 살을 살고 간 사람의 인생을 똑같이 하나의 삶이라는 관점에서 보자. 이를 것도, 늦을 것도 없다. 광활한 생명의 길 위에서 바라본다면 이해해야 하고 배워야 할 것은 각자에게 다 있다.

미야자키는 부모가 멀쩡히 있는 아이를 주인공으로 삼은 적이 없다. 나우시카의 아버지는 토르메키아의 군대에게 죽임을 당했다. 사쓰키와 메이의 아빠는 대학의 교수로 바쁘고 엄마는 병원에서 요양 중이다(〈이웃집 토토로〉). 키키는 마법 수련을 위해 열세 살에 집을 떠나 다른 도시에 도착한다(〈마녀 배달부 키키〉), 모노노케 히메는 부모가 늑대 밥이나 되라며 숲에 버린 아이였다(〈모노노케 히메〉). 치히로의 부모는 돼지로 변해 버렸고(〈센과 치히로의 행방불명〉), 소피는 아버지는 돌아가시고 어머니는 재혼해서 따로 산다(〈하울의 움직이는 성〉). 물고기 포뇨는 부모가 멀쩡한데도 인간이 되겠다며 바다를 뛰쳐나간다(〈벼랑 위의 포뇨〉). 물론 비행기 설계사 지로도 부모나 선생님이 뭔가를 알려 주고 이끌어서 어른이 된 것은 아니다.

미야자키는 부모가 있는 아이의 이야기는 시시하다고 본다. 애니메이션의 주인공쯤 되려면 일단 조실부모하는 것이 낫다는 입장이 확고하다. 이를 두고 전쟁 통에 아버지는 바쁘고,

결핵으로 어머니마저 아팠던 미야자키 개인사를 거론하는 비평가들도 있다. 하지만 '부모가 없다'는 서사적 장치를 이렇게 단순히 작가 개인사에 오버랩시킬 일이 아니다. 시타의 입장에서 부모와 그 부모의 부모, 그 부모의 부모는 무고한 많은 사람들을 억압하고 자기 뜻에만 복종하도록 힘을 행사했다. 그들은 정말 많은 이를 괴롭혔을 것이다. 시타가 계승해야 할 것은 핏속에 있지 않다. 자기가 어떤 사람이 되고 싶은지, 이해해야 할 것은 무엇이고 익혀야 할 것은 어떤 것인지 배우기 위해서는 마음을 열고 주변을 살필 때 가능하다. 부모가 있어도 말이다. 그런데 걱정은 말자! 나를 도와줄 이들은 거신병처럼 클 테니 금방 발견할 수 있다.

바루스! 이 멸망의 주문은 〈천공의 성 라퓨타〉를 유명하게 만들었다. 특히 일본에서는 텔레비전에서 방영될 때마다 세대를 막론하고 아이나 어른들이 함께 외치며 즐거워한다고 한다. 바루스! 계승해야 할 단 하나의 사명이란 없다. 꾸어야 할 꿈은 많다. 현실적이 되자.

<이웃집 토토로>

: 벌레의 세계, 나무의 세계, 사람의 세계

이웃집 토토로(となりのトトロ, 1988)

○줄거리

1950년대의 어느 5월, 도쿄 교외의 시골 마을로 자매가 있는 한 가족이 이사를 온다. 아픈 엄마의 요양을 위해 선택한 이사였지만 아빠와 아이들은 낡은 주택에서 뜻밖의 친구들을 만난다. 그들은 오래된 집의 정령인 검댕먼지와 씨앗의 정령인 토토로다. 아빠의 귀가를 기다리고, 엄마의 퇴원을 희망하는 자매의 일상은 토토로와 그가 타고 다니는 고양이 버스의 든든한 응원으로 푸르게 흘러간다.

○주요 캐릭터

• 사쓰키 : 커트 머리를 한 씩씩한 열두 살 초등학생이다. 바쁜 아빠와 아픈 엄마를 대신해 집안일을 하며 동생을 돌본다. 부모님이 안 계신 동안 동생을 잃어버리자 맨발로 온 마을을 뛰어다니며 찾는 책임감 있는 언니다. 야무진 모습은 바람 계곡의 '나우시카'를 닮았다. 달리기가 특기다!

• 메이 : 천진난만하고 발랄한 네 살이다. 자기 보고 싶은 것, 하고 싶은 것은 다 참지 못하지만 아픈 엄마에게 옥수수를 선물하기 위해 먼 길을 혼자 나설 정도로 정이 많다. 토토로를 제일 먼저 발견할 수 있을 정도로 마음이 활짝 열린 아이다. 걷기가 특기다!

• 아빠(구사카베 다쓰오) : 고고학을 연구하며, 오래된 나무에게도 인사를 할 정도로 자연과 친하다. 밤늦게 일하고 늦잠을 자느라 사쓰키 도시락을 거의 못 싸주고 메이 점심도 굶길 때가 있다.

• 엄마(구사카베 야스코) : 병원에서 투병 중이지만 딸 사쓰키와 메이의 응원을 받고 힘을 낸다.

• 이웃집 할머니 : 부모가 집에 없는 동안 사쓰키와 메이를 돌봐 준다. 아이들에게 청소하고 빨래하는 일의 보람을 느끼게 해준다.

• 토토로 : 태곳적부터 씨앗을 틔우고 나무를 키운 정령. 달밤에 오카리나 불기, 비오는 날 우산 위로 떨어지는 빗소리 듣기, 늦은 저녁의 들판을 고양이 버스 타고 드라이브 하기가 그의 취미다. 붕 날아 오르는 것이 특기다!

1.
이웃의 토토로집
—씨 뿌리는 사람의 아지트

창발하는 일들의 숲

〈이웃집 토토로〉를 두고 애니미즘을 논하지 않기가 어렵다. 나무의 정령, 씨앗의 신이 아이들과 함께 노는 이야기이기 때문이다. 미야자키 하야오는 〈천공의 성 라퓨타〉에 이어 더욱 일상성에 주목하며 생명의 힘을 논한다. 토토로의 관점 즉, 정령의 입장에서 영화 전체를 다시 감상한다면 대단히 무섭고 아찔한 생의 본질도 드러난다. 이 작품은 씨앗의 신과 인간 사이에 놓인 깊은 심연을 보여 주고 있으며, 인간과 인간, 인간과 동식물 사이의 관계에는 철저히 관계 맺음의 윤리가 필요하다는 점도 가르친다. 숲의 신이 아이들을 마냥 사랑하는 작품은 아닌 것이다.

보통 〈이웃집 토토로〉의 인기에 대해서는 다음과 같이 분석한다. 작품이 발표된 1988년은 우리도 88올림픽으로 한껏 들떴던 때이지만 일본 역시 고도성장기였다. 당시에 도로에 갑작스럽게 외제차가 많아지고 명품 구매가 과도해지는 등 사람들이 사치스러워졌다. 1989년의 한 인터뷰에서 미야자키는 이런 속물적인 일본이 너무 싫다고 토로하기도 했다(수전 네이피어, 『미야자키 하야오의 어둠과 빛 미야자키 월드』, 196쪽). 그래서 〈이웃집 토토로〉의 1950년대 농촌의 소박하고 정겨운 풍경은 버블 경제로 인한 정신적 공황감을 채워 주기에 충분했다는 평가를 받는다. 논밭에서 평화롭게 곡식이 익어 가고, 이웃집 할머니가 아이들을 아끼며 돌봐 주고, 푹신한 토토로가 숲과 사람을 키우는 이야기니까 말이다. 관객은 미야자키가 자본주의의 광폭한 흐름에 맞서기 위해 평화로운 농촌 공동체와 고향 어머니에 대한 향수를 그렸다고 생각했다.

하지만 자세히 들여다보면 〈이웃집 토토로〉는 그런 평가가 어울리는 작품이 아니다. 우선 여기의 농촌은 평화롭지가 않다. 영화 전체를 감싸는 분위기는 상실감이다. 마을에는 괴물(토토로)이 살 뿐만 아니라 언제라도 어린아이가 실종될 수 있다. 작품 속에서 자매의 어머니는 결핵으로 생명의 위협도 받고 있다. 그런데 토토로는 방관한다. 당연하다. 식물의 신에게 씨앗의 싹을 틔운 모든 것이 죽음을 향해 간다는 점은 상식일 것이기 때문이다. 그래서 토토로는 실종된 메이도 직접 찾아 나서지 않는다. 메이의 언니에게 고양이 버스를 빌려 줄 뿐이다. 알아서 찾으라고 한다. 이 마을은 죽음이 하나도 낯설지 않은, 삶이란 생로병사 그 자체임을 깊이 이해하는 존재들의 터전이다.

아버지 서재에 채워져 있는 책이 고고학 관련 서적인 점에 대해서도 주목할 수 있다. 메이의 아버지는 조몬(繩文) 문화를 연구하기에 바쁘다. '인간과 나무가 친구였던 시절'을 말하는 아이들의 아버지는 농업 이전의 문화를 주목하는 학자이다. 축적을 거절했던 구석기인들을 이해하는 것이 그의 목표다. 이 아버지는 집 뒤쪽의 녹나무에게도 인사를 할 줄 안다. 그는 상실된 농촌에 대한 향수에 빠져 있지 않고, 은밀히 작동하고 있는 동식물과의 생기로운 관계를 복원할 꿈을 꾼다. 평화로운 농촌공동체가 아니라, 동식물과 전면적으로 관계했던 태곳적으로의 회귀가 그가 꿈꾸는 세상이다. 그래서 이 아버지는 귀신이 나오는 집에 자식들과 함께 살기로 결심했다.

작은 틈의 큰 신비

〈이웃집 토토로〉에서 미야자키는 일상적 공간의 신비를 극대화한다. 구체적으로 작품 속 공간의 미묘한 변화를 살펴 보자.

미야자키 하야오는 기계의 꿈, 라퓨타를 그린 뒤 바로 1950년대의 일본을 배경으로 한 시골 소녀 모험기를 그렸다. 공상적 미래가 아니라 역사적 현실인 근과거의 일본을 그리다니, 미야자키 하야오는 극단적이다. 하지만 라퓨타와 토토로는 중요한 애니미즘적 포인트를 공유한다. 첫째는 커다란 나무의 무한한 생명력이다. 둘째는 해적이 모는 비행기는 아니지만 식물의 신이 타는 도토리-비행기의 활력이다. 도토리라니? 흔하디 흔한 열매다. 그런데 바로 그 덕분에 삶이 주는 신비함은 배가 되어, 관객에게 나날의 평범한 것들이야말로 진짜 흥미롭다는 걸 알게 한다.

공간의 디테일을 분석해 보자. 공간은 크게 두 부분으로 나누어 살펴볼 수 있다. 우선, 사쓰키와 메이 자매가 이사 간 시골집이다. 그다음은 토토로가 사는 거대한 녹나무다. 먼저 자매의 집부터 방문해 보자. 사쓰키와 메이처럼 낯선 고장, 새집에 이사를 막 온 기분으로 천천히 그 입구에서부터 따라가 보자.

평범한 시골집인데 여기에는 신비한 터널이 있다. 이삿짐 트럭이 막 도착하는 장면을 보면 집이 약간 언덕 위에 자리 잡고 있음을 알 수 있다. 작은 시내가 흐르는 다리를 지나 집으로 올라가는 길에 나무들 사이로 흙이 깊게 파여 있어서 마치 나무로 된 터널처럼 보인다. 〈센과 치히로의 행방불명〉에서 주인공 치히로가 유바바의 온천장으로 건너갈 때 낡은 철도 터널을 지나 시내를 건너는 것도 떠오른다. 메이네 집에서 바깥 도로로 나간다고 생각하면 '터널'이 먼저 나오고 '시내'가 나오니까 말이다.

집으로 올라가는 입구가 터널 같은 점은 토토로네 집으로 내려가는 입구가 작은 관목들의 터널처럼 제시되는 것과도 통한다. 내려오는 터널로 〈천공의 성 라퓨타〉에서 시타가 광산 갱도로 떨어져 내리는 것도 떠오른다. 이런 설정은 루이스 캐럴의

『이상한 나라의 앨리스』에도 나온다. 앨리스가 시계 토끼를 쫓아 이상한 나라로 내려가듯 메이가 작은 토토로들을 따라 큰 토토로네 비밀 굴로 빠진다. 터널은 이편과 저편을 구별시키면서도 연결하기에, 그저 대문을 지나 집으로 올라가는 길일 뿐인데도 다른 두 세계를 오고 가는 신비로운 기분이 들게 한다. 터널이라는 설정은 미야자키만의 것은 아니고, 동화와 소설 등 인류의 다양한 이야기가 좋아하는 하나의 장치다.

집 자체도 재미있게 표현된다. 집이 다양한 형태를 이어 붙인 식이어서 통일감을 주기보다 이질감을 주기에 신비롭다. 터널을 지나면 풀이 이리저리 나 있는 앞뜰이 나오고 바로 양옥(洋屋)과 일옥(日屋)이 조합된 집이 나온다. 양옥은 아빠의 서재인데 조몬 시대 연구자의 공부방답게 온갖 고고학책이 방 전체를 꽉 채우고 있고 입식 책상도 놓여 있다. 일옥은 다다미가 깔린 두 개의 방과 부엌, 그리고 어른 한 사람과 아이 둘이 한꺼번에 들어갈 수 있는 작은 탕이 있는 목욕탕으로 되어 있다. 양옥 테라스의 기둥은 매우 낡았다. 메이와 사쓰키가 흔들면 무너질 듯 위태로워 집 자체가 오래되었다는 것을 말해 준다. 이 집은 아직 덜 완성된 듯도 하다. 마당 곳곳이 정돈되지 못한 채로 펼쳐져 있기 때문이다. 원래 설계자가 한 사람일 리 없는 이러한 배치는 신비한 분위기를 풍긴다. 많은 사람이 이 집에 살고자 했다는 생각도 들고, 그 누구도 오래 못 살았다는 것도 알겠다. 동양과 서양이 아기자기하게 공존하며, 과거와 미래가 어지러이 붙어 있는 까닭에 이 집은 신비롭다.

　이 집의 신비를 결정하는 가장 큰 부분은 '틈'이다. 틈은 중요한 공간 장치로 기능한다. 사쓰키와 메이는 집 문을 열자 머리 위, 그러니까 천장의 작은 틈에서 떨어지는 도토리를 보게 된다. 그리고 집 안의 다다미방 문들은 여닫이라 방들은 폐쇄되었다가 열렸다가 한다. 아이들이 처음 도착하자마자 신기한 듯이 방 저 방 뛰어다니며 술래잡기하듯 노는데, 그때 메이와 사쓰키는 방과 마루 사이에 난 창문을 두고 장난을 친다. 닫히기도 하고 열리기도 하는 집 안의 공간 배치 덕분에 방들이 커졌다 작아졌다 한다. 미야자키는 열두 살 아이와 네 살 아이가 쫓고 쫓기며 달릴 때 어떤 지점에서 만나고 헤어질지를 철저하게 계산했다고 한다. 실제 도면이 따로 있을 정도로 이 집은 정교한 측량을 바탕에 두고 그려졌다. 하지만 도처에 벽이 문이 되는 설정이 있어 답답하지 않고 어디서 어떻게 입구가 생길지 모르는 재미난 미로처럼 느껴진다.

　아이들은 뛰어다니다 숨겨진 다락을 발견한다. 이 다락 역시 터널 위로 올라가는 것처럼 되어 있는데 곧이어 메이가 들어가게 될 나무 터널 아래의 토토로 집과 대비된다. 숨겨진 다락이라니? 평범한 벽이 갑자기 마법 같은 공간의 입구가 된다. 이렇게 어디서 어떻게 열릴지 모르는 집에서 나중에는 검댕먼지의 정령도 어느 틈으로 스르륵 빠져나간다. 나중에 메이는 낡은 양동이 바닥의 뚫린 구멍을 통해 도토리를 발견하다가 소(小)

토토로, 중(中) 토토로와도 만나게 된다. 메이가 어린 토토로들을 쫓아다니는 장면에서는 집 하단부의 틈이 나오기도 한다. 이 집과 주변은 온통 구멍, 틈이다. 잘 짜여진 것 같은 일상이지만 어떤 구멍이 숨어 있을지 아무도 모르는 집을 상상해 보자. 작은 집에 살아도 하나도 답답하지 않을 것이다. 뻔해 보이지만 늘 새롭고 재미있을 것이다.

〈지붕 뚫고 하이킥〉, 〈거침없이 하이킥〉이라는 시트콤이 있었다(일명 '하이킥' 시리즈). 이 시리즈를 만든 김병욱 감독도 틈을 좋아했다. 〈거침없이 하이킥〉에서는 1층 다용도실과 2층 옥탑방이 뚫려 있어 가족들이 봉을 타고 오르락내리락했고, 〈지붕 뚫고 하이킥〉에서는 아들 방 벽에 구멍이 뚫려 있어 멀쩡한 방문을 놔두고 어른 아이 할 것 없이 그 구멍으로 오갔다. 정해진 문이 아니라 또 다른 틈이 있다는 생각은 평범한 집을 특별하게 만든다. 사람이 타거나 기어서 돌아다닐 수도 있다는 생각을 하면 웃음도 난다. 계단이 아니라 봉이, 큼지막한 문이 아니라 작은 구멍이, 우리들 집에 있을 수 있는 것이다. 이것은 평범한 일상을 또 다른 가능성으로 바라보게 하기에 즐거움을 준다.

일상적 시공간에 틈을 내기 좋아하는 소설가로 무라카미 하루키도 있다. 『1Q84』에는 고가도로에 비상용으로 뚫어 놓은 구멍으로 여주인공이 사다리를 타고 내려오는 장면이 나온다. 하루키는 상식적인 공간 여기저기에 구멍이 뚫려 있어 그곳으로부터 이상한 바람이 불어오고 인물들에게 삶의 신비를 깨닫게 해준다고 본다. 메이와 사쓰키의 집 구석구석이 뚫려 있다는 발상에도 그런 의미가 있는 것은 아닐까? 신비로운 부해(腐海)가 아니어도 좋다. 온갖 욕망을 다 채워 줄 천공의 성은 필요치 않다. 우리가 매일같이 먹고 자는 이 자리야말로 그 어떤 판타지보다 흥미롭다.

문득 새롭게 떠오르는 장면이 하나 더 있다. 더 따지고 들어가 보니, 틈의 의미에 대해 미야자키는 조금 더 적극적으로 생각하고 있는 듯하다. 첫 장면에서 두 아이는 이삿짐으로 꽉 채운 삼륜차 뒷자리에 앉아 있었다. 아이들은 아버지의 책상 아래 빈 공간에서 머리를 내놓고 바람을 맞고 캐러멜을 나누어 먹으며 놀았다. 그때 언니 사쓰키가 갑자기 메이에게 숨으라고 한다. 제복을 입고 자전거를 타는 사람을 보아서다. 사쓰키는 그가 경찰이 아니라는 사실을 발견하고 겨우 안도한다. 미야자키의 틈, 구멍은 경찰이 활보하는 세계와는 양립할 수 없는 모양이다. 미야자키가 공권력을 비판한다는 의미는 아니다. 경찰로 대표되는, '계획과 질서만 중요한 세계'와 '틈이 있는 세계'는 함께 갈 수 없다는 뜻이다.

정령의 생명 저장고

부해라든가 천공의 성이라든가 하는 환상적인 이야기를 막 끝내고 돌아와서 펼쳐 낸 이야기가 1950년대 일본 농촌 이야기라니 의외다. 그런데 사쓰키와 메이가 새로 이사 온 마을은 평범해 보여도 나우시카와 라퓨타에서 나온 비밀 정원보다 훨씬 더 신비로울 뿐만 아니라 아찔할 정도로 무섭다. 그 '비밀'을 알아보자. 우리에게는 일상의 애니미즘을 읽어 내는 연습이 된다.

먼저, 미야자키는 〈이웃집 토토로〉에서 실제 시간을 강조한다. 초반에 엄마 병실에 걸려 있는 달력을 보면 6월이라고 나와 있고 교실 칠판에서도 6월이라는 글자가 보인다. 그런데 나중에 메이 실종 사건이 벌어질 때쯤은 옥수수가 익어 가는 여름 방학인 8월이 된다. 작품 마지막 엔딩에서는 가을에서 겨울로까지 시간이 이어지니까 〈이웃집 토토로〉 전체가 시골의 사계를 다룬다고 할 수 있다. 이는 〈바람 계곡의 나우시카〉가 영화 도중에 예언의 태피스트리를 보여 주고(지로 왕의 침대 뒤에 있다), 〈천공의 성 라퓨타〉의 오프닝에서 라퓨타의 장엄한 과거가 서사시처럼 제시되는 것과 비교된다. 〈바람 계곡의 나우시카〉와 〈천공의 성 라퓨타〉는 굳이 말하자면 서사시적 시간을 차용하는 것으로, 장엄한 과거를 오늘 되살리려고 한다는 점에서 초월적이고 무시간적이다. 그런데 〈이웃집 토토로〉는 달력이라고 하는 구체적 날짜로 전개된다. 구체적인 사건 하나하나가 다 다른 무게를 가지고 있다. 모든 여름날이 다 다르다.

이 일상의 모습은 어떠한가? 작은 마을이지만 엄청나게 큰 나무가 있다. 작음 속에 큼이 들어와 있는 셈이다. 라퓨타의 나무가 '비행'과 반대적으로 '뿌리'를 강조한다면, 토토로에서 나무는 무성한 뻗음, 즉 높이를 상징한다. 그런데 이 자이언트 녹나무는 사랑스럽지만은 않다. 엄청나게 강한 바람을 불러들이면서 식구들 모두를 공포에 빠트리기도 한다. "아빠, 집이 무너질 것 같아!" 그 강한 바람에 부엌의 가재도구가 흔들리며 부딪혀 작은 쇳소리를 내고, 널어놓은 행주가 펄럭거린다. 일상의 견고함은 바람이 주는 위력을 과연 견딜 수 있을까? 곧이어 슬레이트 지붕이 벗겨질 듯 흔들거리고 창문들이 바람을 맞아 드들드들 하는 소리를 낸다. 그리고 책상이 놓인 방을 밝혀 주는 작은 불이 나온다. 이것은 집이 외부의 긴장을 있는 힘껏 막으면서 겨우, 최선을 다해 버티고 있다는 인상을 준다. 막 이사를 와서 낯선 공간이 주는 긴장감이 바람을 맞는 나무를 통해 잘 전달된다. 나무는 집을 보호해 주기도 하지만 집을 위태롭게도 한다. 큰 나무가 의미하는 바는, 가능한 온갖 사건의 웅장함이다.

　매 순간, 바람이 큰 나무를 흔들고 가는 곳이므로 마을의 들판과 숲은 조용할 틈이 없다. 바람은 시간의 흐름을 의미하기도 한다. 들판은 계절의 변화를 따라가고, 매일은 날씨에 따라 또 전혀 다른 의미를 띠게 된다. 이사 온 처음에 푸릇했던 들판은 영화의 중반을 넘어서면서 잘 익은 옥수수와 영근 오이, 새빨개진 토마토로 장식된다. 마을은 계절의 변화뿐만 아니라 날씨의 변화에 따라서도 다양한 모습으로 달라진다. 그래서 비가 엄청 오는 여름, 자매는 편하고 여유롭게만 느껴졌던 새로운 마을이 심한 비와 함께 무섭고 두려운 장소로 변한다는 것을 경험한다.

작화가들에게 가장 큰 관건은 나무의 크기를 키우는 방법이었다고 한다. 그 무궁무진한 존재감, 세월의 깊이를 어떻게 드러낼 수 있을까? 미야자키가 발견한 것은 '큰 것을 그리기 위해서는 어떤 것은 그리지 않아야 한다'였다(미야자키 하야오,『이웃집 토토로』[지브리 아트북 시리즈], 학산문화사, 2013, 93쪽). 맞는 말이다. 관객에게 녹나무의 거대함을 알리려면 그 전부를 보여 주지 않아야 한다. 그림으로 그려지지 않는 곳을 상상할 수 있게 하는 것이 관건이다. 다른 말로 하면, 각자의 눈높이에서 보는 것이 전부가 아니라는 인상을 주어야 한다. 즉 크기를 만드는 것은 여백이다.

당연한 듯 정물처럼 가만히 있는 것이 공간이라지만 실은 전혀 그렇지 않다. 마을의 그 누구도 녹나무를 제대로 다 볼 수 없다. 다 드러나지 않는 한 그루 나무란 우리 각자에게 무엇을 의미할까? 나에게 다 드러나지 않는다는 사실이, 저마다 자기만의 방식으로 나무를 바라볼 수밖에 없다는 사실이, 녹나무가 품은 시간의 장엄함을 알려 준다. 물리적 사이즈가 큼을 만드는 것이 아니다. 우리들의 다양한 눈높이가 나무를 크게 만든다. 메이의 눈높이에서 녹나무는 크고 튼튼한 뿌리가 드레스처럼 펼쳐져 있는 롤러코스터다. 사쓰키에게 나무는 잃어버린 동생을 찾기 위해 기도를 하는 신당(神堂)이다. 아버지의 눈에는 조몬 시대의 숲으로 보인다. 그럼, 토토로의 눈에는 무엇으로 보일까? 토토로는 나무 뿌리 밑에 침실을 두어 쉬고, 나무 꼭대기 테라스에서 오카리나를 불며 논다. 토토로에게는 집이면서 놀이 공원이다.

　미야자키는 틈을 통해, 저마다의 다양한 눈높이를 통해, 평범한 시골 마을이 얼마나 신비로운지를 보인다. 그 신비가 평화롭지만은 않다. 마을에서는 곡식과 열매가 매일매일 새롭게 익어 가지만, 그런 일상의 틈을 뚫고 아이의 실종이나 부모의 죽음 같은 무시무시한 일이 일어난다. 사쓰키는 거대한 상실의 공포로부터 달아나기 위해, 동생을 필사적으로 찾기 위해, 순식간에 공포스러운 장소로 변한 그 마을을 두 발이 다 까지도록 달렸다. 미야자키는 평소의 건강한 모습과 생활 뒤에 숨어서 어른거리는 삶의 두려움과 경이를 말했다.

<이웃집 토토로>

2.
기다리고 선물하기
—희망의 합창

처진 어깨와 펴진 빨래의 이중주

〈이웃집 토토로〉에는 특별한 사건이 없다. 이사를 와서, 청소하고, 밥해 먹고, 빨래하고, 엄마 문병을 가고, 학교 갔다가 집 뒤 나무를 구경하러 가고, 퇴근길 아빠를 마중 가고, 잠깐 놓친 동생 찾아 동네를 헤맨다. 이 전체 사건들 중에 살면서 우리가 해보지 않은 일은 하나도 없다. 토토로에는 〈바람 계곡의 나우시카〉나 〈천공의 성 라퓨타〉처럼 세계를 구한다는 모티프가 들어 있지 않은 것이다. 오직 평범한 나날만 전면에 배치된다. 그런데 평화롭기만 한 시골과 귀엽기만 한 소녀들이 겪는 일화들이 마냥 사랑스럽지만은 않다. 자매들은 일상의 무게를 온몸으로 견디면서 죽음의 공포와 상실의 비통과 싸운다. 물론, 그러면서 살아갈 힘과 지혜를 얻는다. 그래서 〈이웃집 토토로〉는 일상의 고단함과 숭고함이 번뜩이는 작품이다.

〈이웃집 토토로〉는 일상에 주목한다. 그리고 일상에서 우리가 하는 일을 두 가지로 정리한다. 첫째는 기다리기, 둘째는 선물하기이다. 둘은 연결되는 행위인데 기다리는 와중에, 선물을 받고 선물을 하게 되기 때문이다. 먼저 기다림부터 살펴보자. 아빠와 사쓰키와 메이는 엄마의 퇴원을 기다린다. 사쓰키와 메이는 아빠의 퇴근을 기다린다. 메이는 언니의 하교를 기다린다(아이들은 토토로를 기다리지는 않는다!). 이 기다림의 무게는 작품 중간에 어머니의 병실에서나, 사쓰키의 교실 칠판에 붙어 있는 달력의 날짜가 바뀌는 것으로도 나타난다. 시간이 흘러가는 가운데 자매가 뭘 어찌해 볼 수 있는 일이란 거의 없다.

기다림이란 어떤 일인가? 우리는 아무나 기다리지 않는다. 예를 들어 보자. 비 오는 날 학교 정문 앞에 엄마가 서 있다. 아이 하나하나가 교문을 통과하는 것을 참을성 있게 바라본다. 마침내 자식의 둥근 얼굴 하나가 커다랗게 클로즈업될 때까지. 우리는 의미를 부여한 삶의 목표, 간절히 원하는 물건, 깊이 사랑하는 누구만 기다린다. 기다림이란 목적 지향적인 활동이다.

그래서 기다리는 일은 힘들다. 어린 메이에게는 더욱 힘든 일이었던지 두 시간만 기다리면 언니가 집으로 올 텐데도, 그 사이를 참지 못해 학교로 언니를 찾아 나설 수밖에 없다. 오전에 자신을 돌봐 주신 간다네 할머니가 뭔가 나쁜 일을 하셨을 리는 없다. 호기심 많은 아이이니, 낯선 이웃집이 재미있기도 했을 것이다. 그래도 사랑하는 언니랑 노는 일만큼 기다려지는 것은 없다. 그래서 메이는 힘들었을 것이다.

약속된 시간을 넘긴 기다림은 더욱 힘들다. 입원 중인 엄마가 갑작스런 감기로 병원에서 외출을 할 수 없게 되자 아이들은 속상해서 서로 싸우고 운다. 아픈 엄마가 걱정도 되고 못 만나게 되는 상황이 속상하기도 해서, 아이들은 각자 딴 방에서 쓰러져 버린다. 정말이지 미야자키는 기다림, 즉 목적을 갖고 사는 일이 우리를 얼마나 지치게 하는지를 두 아이의 뻗은 뒷모습으로 잘 포착한다. 한정 없이 엄마를 기다려야 하기에, 다른 일은 하나도 할 수 없는 상태를 우리는 잘 안다. 기다리는 연인이 오지 않고, 기다리는 소식이 오지 않을 때가 언제나 있다. 그 어떤 일에도 여유롭게 마음을 둘 수 없는 상태에 몰린 사람은 누구라도 사쓰키와 메이처럼 뻗어 버릴 것이다.

재미있게도, 미야자키는 이 힘든 마음을 해소하는 방법이 집안일이라고 한다. 간다네 할머니는 슬프고 괴로워 뻗어 있는 자매에게 다가가 함께 빨래를 개자고 하신다. 아버지가 오실 때까지 함께 있어 주겠다고까지 하신다. 토토로도 할머니도 아픈 엄마를 당장 집으로 데려와 줄 수는 없다. 다만 그 긴 시간을 곁에서 함께 있어 줄 뿐이다.

우리는 〈천공의 성 라퓨타〉에서 도라의 비행선에 파즈와 시타의 빨래가 널려 있는 것을 보았다. 이런 빨래를 다시 갠다는 것은 입었고, 씻었고, 다시 입을 그 옷에게 새로운 숨을 불어넣어 주는 행위이다. 어떤 목적을 향해 내달린 마음은 입고 달린 옷처럼 구겨지고 먼지가 묻고 피로에 절어 있다. 이런 옷을 빨아 다시 개기란, 다시 또 기다릴 수 있는 힘을 비축하는 것과 같다.

기다림의 끝에 자매는 어떤 행복을 맛볼까? 엔딩 장면에는 퇴원하는 엄마가 나온다. 그런데 엄마가 돌아와도, 아이들에게 달라질 것은 없다. 아빠와 함께하던 목욕을 엄마와 함께하게 되는 일이 전부이다. 아이들은 여름에서 가을로 넘어가는 계절을 따라, 여전히 친구들과 놀고 싸운다. 바닥에 그림도 그리고, 간다네 할머니와 함께 익어 가는 곶감 옆에서 떡도 만든다. 미야자키는 열심히 엄마를 기다려도 그 끝에서 엄마랑만 있게 되는 것은 아니라고 한다.

살면서 우리는 뭔가를 기다린다. 기다리는 대상이 도착해도 다시 또 기다릴 일만 있다. 그런데 우리 자신을 한없이 작게 만들고 가끔 방바닥에 쓰러질 수밖에 없게 만드는 이 목적들은 언제나 일상의 거대한 리듬에 다시 파묻힌다. 그러므로 어떤 목적을 보고 가더라도 자기 일상을 튼튼하게 살아 내는 일이 중요하다. 청소하고 밥하고 빨래를 개고 잠을 자자. 이 평범함이야말로 모든 기다림을 이어 가게 하는 힘의 원천이다.

도토리의 돌림노래

〈이웃집 토토로〉의 인물들에게 가장 중요한 미션은 선물하기이다. 다섯 번의 선물이 캐릭터들의 관계를 결정하는 계기가 된다. 첫번째는 비 오는 날 동생을 데리고 집으로 돌아가는 사쓰키를 위해 자기 우산을 건네는 간다의 선물하기이다. 두번째는 아빠에게 씌워 드릴 우산이었지만 비 맞는 토토로를 위해 양보한 사쓰키의 선물하기이다. 세번째는 이 선물을 받은 토토로가 열매 종합세트로 되돌려 준 선물이다. 네번째는 밭에서 수확한 최고의 옥수수를 이웃 아이들에게 나누어 준 간다 할머니의 선물하기이고, 다섯번째는 엄마를 치료하기 위해 먼 길을 마다하지 않고 옥수수를 배달하려 했던 메이의 선물하기이다. 사실 이 모든 시작은 귀신의 집이 맨 처음 떨어뜨려 준 도토리에서부터 시작했다. 도토리는 이 손 저 손 옮겨 다니며 선물로 관계를 증식시킨다.

다섯 번의 선물에는 공통점이 있다. 뜻밖의 선사이고, 자기 사정을 돌아보지 않은 선의 속에서 나온 배려이다. 사쓰키와 메이에게 우산을 주기 위해 간다 자신은 비를 맞는다. 사쓰키는 아빠에게 드릴 우산이었지만 급한 토토로에게 먼저 건넨다. 다리 짧은 메이는 엄마에게 옥수수를 주기 위해 얼마가 될지도 모를 길을 나선다. 이 대책 없는 배려는 모두 선물의 연쇄를 만들며 우정을 낳고 사랑을 완성한다.

그리고 이 선물들은 모두 작다. 우산도 책가방이나 돈과 같은 것에 비하면 사소하다. 옥수수 역시 밥이나 보약에 비하면 조금은 가벼운 것이다. 그런데 정말 이것들을 작다고 할 수 있을까? 장대비가 쏟아지는 하굣길에 넘어진 동생을 걸려서 집으로 가야 하는 길이란 얼마나 멀까? 네 살 인생에서 처음으로 따게 된 옥수수 하나에 견줄 수 있는 것이 있을까? 토토로가 선물한 몇 알의 도토리는 나중에 얼마나 크고 멋진 나무가 될 것인가?

〈이웃집 토토로〉는 한마디로 작은 것들을 위한 시이다. 전 작과 달리 〈이웃집 토토로〉는 철저히 아이들의 시점에서 그려 진다. 아이들을 기쁘게 해주고 싶다고 했던 〈천공의 성 라퓨타〉 에서도 파즈와 시타의 적극적인 액션이 대단히 박진감 있었지 만, 무스카나 도라 같은 어른이 전체 모험의 판을 짜다 보니까 아이들이 어른의 세계에 말려들어 간 형국이 되었다. 더욱이 하 늘 풍경이 압도하기 때문에 날고 떨어지고 하는 존재가 '아이 들'이라는 점이 크게 다가오지 않는다.

〈이웃집 토토로〉는 다르다. 이야기 구도가 아이들과 정령 들 중심으로 짜인다. 더군다나 미야자키는 작품의 관점 자체를 아이들의 눈높이에 맞춘다. 네 살의 메이와 열두 살의 사쓰키가 몸을 움직이는 방식이 어떻게 다른지, 그 보폭이며 발동작 머리 생김 같은 차이에 큰 포인트를 두어 그림을 그렸다. 무엇보다 낮은 시점에서 위를 보는 장면이 많다. 풍경을 바라보는 자의 눈높이가 낮다는 것을 강조했다고 할 수 있다.

〈모노노케 히메〉를 제작하고 있을 당시, 미야자키 하야오의 마음에 간직된 중요한 프로젝트 하나는 〈털벌레 보로〉였다. 보 로는 〈Never Ending Man〉이라는 미야자키 하야오에 관한 다큐멘터리에서 잘 설명되는 애벌레다. 미야자키는 보로를 그리기 위해 아날로그로 갈 것인지 디지털로 갈 것인지를 크게 고민했다. 〈모노노케 히메〉와 〈털벌레 보로〉가 경쟁했다니 놀랍다. 전자는 존재의 근원적 증오에 대한 신화적이고 우주적인 통찰을 모티프로 한 반면, 후자는 갓 태어난 애벌레가 이 나무에서 저 나무로 바꾸어 타는 이야기가 주된 테마니까 말이다.

주인공 성격의 농밀함에서도 큰 차이가 있다. 모노노케 히메는 인간에 의해 버려졌으나 개의 신에게 길러진 소녀, 즉 자연과 인간의 혼종체이며 증오와 사랑 사이에서 온몸이 찢기는 존재다. 반면 애벌레 보로는, 막 태어났을 뿐이기에 성(性)도 없고 타자에 대한 애증을 갖고 있지도 않다. 그저 제 한 몸 가누느라 바쁘고, 옆 나무로 건너갈 소박한 꿈에 푸욱 빠져 있다. 미야자키 하야오에게는 모노노케 히메만큼이나 보로가 중요했다. 왜인가?

그런데 생각해 보니 보로 쪽의 모험이 훨씬 더 아슬아슬하고 박진감 있게 펼쳐질 수도 있겠다. 관객 입장에서 보아도 보로 쪽이 상상의 여지가 더 많을 것 같다. 〈모노노케 히메〉의 주인공인 아시타카라든가 산의 번뇌와 감정은 소위 인간인 내가 날마다 겪고 있는 범위에 다 들어와 있다. 그것이 조몬 시대의 이야기이고 정령과 직접 소통하던 자들의 번민이라 해도 말이다. 하지만 보로는 애벌레다. 나는 그토록 작은 몸집에 게다가 그렇게 많은 발을 갖고, 나뭇가지 사이에서 태어나 은근슬쩍 그것을 타고 돌아다닌다는 것은 상상하기 어렵다. 그리고 보로는 어떤 나무에 산다. 인간의 눈으로 보면 한 그루 나무란 갈색의 줄기에 녹색의 잎, 이걸로 땡이다. 하지만 보로에게는 어떨까? 실로 온갖 생물이 다 들어 사는 거대한 우주이지 않을까? 그럴진대 이 나무에서 저 나무로 몸을 옮기는 보로의 모험은 이 우주에서 저 우주로, 마치 우주복 없이 화성에 도착한 인간 혹은 처음 대지에 발을 디딘 수상식물의 시도처럼 엄청난 이동이 될 것이다. 미야자키 하야오는 작은 세계를 큰 것과 비교하지 않는다. 작음 안에 얼마나 다채로운 이야기의 결들이 들어 있는지를 본다.

우산도 옥수수도 그 자체로 꼭 필요한 물건이 아니라는 점에서 사소하다. 이렇게 사소한 것을, 그렇게 작은 아이들이, 어떤 이에게 준다. 그럼으로써 다투었던 간다와 사쓰키 사이에는 우정이 싹트고, 소녀와 나무의 신 사이에는 인연의 길이 닦인다. 작다지만 간다와 메이에게는 자기의 안위와 비교할 수 없을 만큼 큰 것이다. 무엇보다 비 맞는 동생까지 돌봐야 하는 친구의 처지를 이해하고, 무서운 숲길을 똑같이 두려워할 수도 있을 토토로의 상태를 생각할 줄 아는 이는 작지 않다. 그들의 작은 몸은 일상 속 수많은 존재들과 교감하려고 하기에 점점 커지는 중이다. 〈이웃집 토토로〉의 우산과 옥수수는 작은 존재들에게 세상이 얼마나 크며, 그 안에서 우정을 나눌 수 있는 존재란 얼마나 다양한지를 가르친다.

서로의 어려움을 지켜보기

애니미즘이란 다른 비인간 존재들도 혼을 소유하고 기호를 가지며 의도를 가진 자기들로 대하는 태도이다(에두아르도 콘, 『숲은 생각한다』, 차은정 옮김, 사월의책, 2018, 164쪽). 이러한 태도를 확장해 가면서 '생명과 함께 창발하는 활기'를 만끽하려는 태도가 곧 애니미즘이다. 하지만 이런 애니미즘은 누구에게나 무조건적으로 주어지는 것도 아니고, 특정한 장소에서만 일어나는 사태도 아니다.

미야자키 하야오는 애니미스트다. 미야자키는 풀이나 나무뿐만 아니라 돌이나 기계에서도 어떤 혼과 의지, 어떤 정념을 읽는다. 그래서 미야자키의 작품에서는 풀 한 포기, 돌멩이 하나까지도 활기를 띠며 움직인다. 나중에 〈센과 치히로의 행방불명〉에 이르면 무나 양동이를 포함해서 존재하는 모든 사물들이 다 신이라고도 한다. 〈이웃집 토토로〉는 정령의 출현이라는 점에서 〈센과 치히로의 행방불명〉을 예고한다. 그것이 검댕먼지이고 토토로이고 고양이 버스이다.

〈이웃집 토토로〉의 애니미즘에서 미야자키는 씩씩하고 상냥한 자매가 어떻게 토토로를 만나게 되는지를 강조한다. 한때는 검댕먼지를 만난 적이 있었던 할머니도, 고고학에 바쁜 아버지도 더는 이 정령들과 만날 수 없다. 작품 엔딩을 통해서도 알 수 있고 미야자키 하야오가 『출발점』에서도 언급하지만 사쓰키와 메이도 아마 더는 토토로를 만나지 못할 것이다. 토토로를 만날 수 있는 조건은 무엇인가?

메이가 먼저 토토로를 만난다. 메이는 집 앞 시내에서 올챙이를 잡으려고 양동이 같은 것을 찾았다. 물을 떠 보니 밑이 빠져 있는 게 아닌가? 양동이 뚫린 바닥을 보며 올챙이가 빠져 나간 것에 당황해하려는 찰나, 메이는 그 구멍을 통해 도토리를 발견한다. 도토리 하나, 그런데 또 도토리. 이런 식으로 도토리를 따라가다가 메이는 소 토토로, 중 토토로를 만나고, 결국 큰 토토로의 아지트에 떨어진다. 그러므로 일단은 작은 것에 주의를 둘 수 있는 마음이 토토로를 부른다고 할 수 있다.

그런데 메이도 토토로를 계속 만날 수는 없다. 어쩌다 한 번이다. 두번째 만남은 비 내리는 버스 정류장에서다. 이때에는 사쓰키가 먼저 토토로와 만난다. 사쓰키는 우산 없이 출근한 아버지를 마중 나갔을 뿐만 아니라 졸린 동생을 업고 있다. 그러므로 둘째, '자기가 아니라' 동생과 아버지를 위해 기꺼이 힘듦을 감당할 때에만 토토로는 나타난다. 나중에 사쓰키는 잃어버린 동생을 찾기 위해 달리고 또 달리다가 결국 토토로에게 도와 달라고 말한다. 엄마 아빠도 없는 상황에서 동생까지 잃어버렸다는 사실을 혼자 고스란히 감당하며, 맨발로 달려서라도 동생을 서둘러 구하고 싶은 그 간절함이 토토로에게 가닿는다. 정령을 만나기 위해서는 자기 주변의, 자기가 아닌 것에 헌신할 수 있는 따뜻한 마음이 있어야 한다.

그러나 토토로는 만능 신이 아니다. 토토로도 고양이 버스도 아픈 엄마를 살릴 수는 없다. 자매들과 토토로는 (꿈을 통해) 함께 식물의 싹을 틔우기는 하지만 함께 논다고 보기는 어렵다. 사쓰키가 비를 피하라고 준 우산이지만 토토로는 악기로 쓴다. 정령의 관점과 아이들의 관점은 다르다. 정령이 싹을 틔우는 실재의 밤은, 아이들에게는 함께 춤추고 오카리나를 부는 꿈이다. 무엇보다 토토로는 엄마의 병원에 따라가지 않는다. 사실 '토토로'라는 이름도 메이가 착각해서 부르게 된 것이다. 미야자키의 애니미즘에서는 서로 상호주관적으로 공명하지만, 같은 일을 하거나 정서적 공감을 나누는 일은 없다.

이 정령들은 다만 '곁에' 있다. 각기 다른 시선으로 살지만 함께 있는 식이다. 그리고 그 다름 덕분에 자매들은 위로받는다. 아이들은 토토로를 만날 수 없게 되어도 눈이 내리면 토토로 눈사람을 만들 것이다. 잠이 잘 오지 않는 늦은 밤에는, 나뭇잎 사이로 부는 바람 소리를 토토로가 부는 오카리나 소리로 생각할 것이다. 미야자키는 '함께 나누는 고통'을 희망이라고 했다. 다양한 문맥에서 해석해 볼 수 있겠지만, 〈이웃집 토토로〉에서의 애니미즘은 서로의 어려움을 지켜보는 데에서 희망을 찾는다. 각기 다른 음색을 내는 악기들이 서로 공명하는 것처럼, 각자의 목소리로 소리지르면서 함께 나는 것처럼 말이다.

언니 사쓰키가 아니라 왜 메이가 제일 먼저 토토로와 만날 수 있었을까? 메이는 언니부터 아빠, 엄마까지 가족들 전부를 매일매일 가장 많이 기다렸다. 그런 메이 앞에 나무의 정령이 나타난 것이다. 함께 점심을 먹어 주고 놀아 줄 아빠나 언니를 기다리다가 메이는 토토로들과 만난다. 토토로는 간절히 바란 대상이 아니었기에 더 순수한 즐거움을 안겨 주며, 메이는 토토로의 푹신한 배 위에서 기다림의 노고에 대한 응원을 받는다. 메이가 사랑하는 식구들을 기다리지 않았다면 토토로도 만날 수 없었을 것이다. 일상을 충실히 사는 자, 자기가 기다려야 하는 대상을 소중히 생각하는 자, 그런 자들에게 토토로는 나타난다.

3.
사쓰키와 메이
—제각각으로 크는 아이들

토토로는 미스터리

〈이웃집 토토로〉의 주인공은 토토로다. 나중에는 푹신한 이미지로 봉제 인형계의 신이 되지만, 처음 기획 단계에서 토토로는 마을의 토속 귀신쯤으로 여겨져 스튜디오 안에서 제작이 어렵겠다는 평가를 받았다. 서정적이고 온화한 시골 마을을 상징한다지만 토토로 주변에서 형성되는 분위기는 사실 괴이하다. 미야자키는 왜 웃는 것인지 우는 것인지, 아이들을 좋아하는 것인지 멀리하는 것인지 확실하지 않은 괴물을 창조했는가? 토토로와 함께 일상은 어떻게 달라지는가?

　　토토로는 메이가 '트롤'을 나름대로 발음하면서 나온 이름이다. 메이의 집이 일옥과 양옥을 합친 것이듯 토토로도 현실 속 여러 가지 동식물을 합친 모습이다. 먼저 그 외모부터 살펴보자. 얼굴은 고양이가 아닌가 싶다. 수염이 양쪽으로 삐죽삐죽 잘 뻗어 난 것이 그렇다. 목이 없이 전체적으로 커다란 둥근 모습은 하마를 닮았다. 귀가 쫑긋 솟아 있는 것까지 말이다. 엉덩이가 두툼한 것, 꼬리가 짧은 것 역시 그렇다. 하지만 토토로는 하마와 달리 서 있고 푹신한 털을 가졌다. 녹색이 많이 가미된 회색의 털은 배 부분의 흰 털을 더욱 돋보이게 하면서 메이가 그 위에서 잠을 푹 잘 수 있는 침대가 되기도 한다. 엄청난 몸집이 고질라처럼 성질 급하고 무시무시한 괴물을 연상시키지만, 튼튼하고 예쁜 어금니로 보아 느긋한 초식동물이다. 점프를 잘하고 회전도 잘한다. 매우 크지만 몹시 날렵하다. 손이 아니라 손톱이 긴 것도 특징이다. 두툼한 외모지만 손가락으로 매우 섬세하게 물건을 집는다.

토토로의 외모적 특징에서 으뜸은 표정이다. 큰 토토로의 작은 눈은 낯선 것을 발견할 때 초롱초롱 왕방울만 하게 커진다. 입이 매우 큰데 치열은 가지런하다. 슬픈 일이라고는 하나도 없어 보이는 토토로는 즐거울 때면 새하얀 이빨을 반짝이며 크게 웃는다. 미야자키 하야오의 웃는 얼굴을 닮았다.

토토로의 일상을 보자. 토토로는 낮에는 충분히 자고 밤에 일하고 논다. 토토로의 집은 아주 단정한데 나무 기둥 아래 잠잘 곳과 도토리 모을 곳 등을 간소하게 잘 마련해 놓았다. 한참 꿈나라에 가 있을 때 메이가 집 안으로 떨어지는 바람에 토토로는 메이의 친구가 된다. 특히 달밤에는 씨앗을 키우기 위해 들판이나 정원에서 돌고 점프를 하며 주술 행위를 한다. 일을 끝내면 팽이 비행기를 타고 밤하늘을 날아오르는데 그 흰 배 위에 중 토토로, 소 토토로, 메이와 사쓰키까지 태우고 기뻐 입을 크게 벌리고 포효할 때도 있다. 천공의 성이 하늘을 향한 나무의 꿈이듯 토토로 역시 하늘을 향한 씨앗, 즉 나무의 꿈이다. 그리고 이 나무는 솟아오를 때 부와 권력(〈천공의 성 라퓨타〉의 라퓨타)이 아니라 아이들의 신나고 즐거운 마음을 싣는다. 놀이를 마칠 때에는 하루를 마무리하듯 나무 끝에서 오카리나를 부는 것도 잊지 않는다.

비 오는 날에는 가끔 고양이 버스를 타고 멀리까지 다녀오기도 한다. 여기서 토토로의 성품을 알아챌 수 있다. 사쓰키가 아빠를 기다리다 잠이 든 메이를 업고 비를 맞고 있을 때 토토로가 나타났다. 어린 자매끼리만 어두운 숲에 있는 것이 걱정되어서 토토로가 나타났을까? 토토로가 메이를 내려다보는 표정에는 변화가 없다. 아니, 토토로는 자신의 머위 잎사귀 모자에서 코로 떨어지는 빗소리를 집중하며 음미하는 중이다. 토토로는 그저 고양이 버스를 탈 일이 있어 정류장에 나왔다. 토토로는 메이가 "토토로?"라고 부르기 전에는 소녀를 내려다볼 생각을 전혀 하지 않았다. 누군가 불러야 답하는 존재, 나중에 사쓰키가 토토로의 나무에 찾아가 간절히 기도하자 나타나는 것으로 보아 토토로는 자기 일에 집중하지만 여유가 있어 가끔 누군가 자신을 필요로 하면 모습을 드러낸다.

악기-우산을 받은 뒤 토토로는 도토리 주머니를 메이에게 준다. 그런데 그것이 답례일까? 그러고 보니 토토로가 타고 다니는 팽이 역시 아주 먼 옛날에 누가 토토로와 만나 그를 즐겁게 하기 위해 선물로 준 것인지 모른다. 오카리나도 마찬가지다. 토토로는 선물을 좋아하지만 그것을 다른 뭔가로 등가 교환하지 않는다. 토토로는 어두운 밤 아빠 걱정, 동생 걱정에 바쁜 사쓰키를 상관하지 않는다. 당연하다. 밤의 정령이기도 한 토토로에게 깊은 밤, 어두운 숲, 많은 비는 생명을 키우는 데 꼭 필요한 좋은 것들이다. 씨앗이 싹을 틔우려면 두꺼운 땅을 뚫고 나와야 한다. 모든 일에는 고통이 있는 법이다. 메이와 친구가 되었지만 둘이 서로를 막 찾아다니지도 않는다. 나중에 메이가 옥수수 배달로 엄마 찾아 삼만 리를 찍게 될 때 사쓰키는 토토로에게 도움을 청한다. 그런데 토토로는 고양이 버스를 불러 줄 뿐 같이 타고 가지는 않는다. 토토로는 아이들이 자기를 좋아하고 기억하건, 두려워하며 잊어버리건 상관하지 않는다. 오로지 키우고 노래하고 바람을 즐긴다.

토토로가 악기-우산의 소리에 크게 기뻐할 때 숲속에서 열두 개의 발로 달리는 고양이 버스가 섬뜩하게 귀여운 눈매와 토토로와 똑같은 세모 미소를 하고 달려온다. 너무 급하게 뛰어온 까닭에 서야 할 자리에 정차를 못해서 후진까지 하는데 토토로는 이 버스를 타고 횡 가 버린다. 농사에 바쁜 마을 어른들은 이 고양이 버스를 보지 못하고 그저 바람이라고 생각한다. 자기 할 일에 매진하게 되면 고양이 버스를 못 보게 되는 듯하다.

토토로는 푹신하고 재치 있는 식물의 정령이다. 잠자기, 빗소리 듣기, 하늘을 날아오르기 등 토토로에게 사는 일은 신기하고 재미있는 일투성이다. 토토로는 우산이라서, 아이라서, 불쌍하니까… 등등의 기준으로 세계를 바라보지 않는다. 싹을 틔워야 하는 제 관심사에 집중하면서 만물을 바라보기에 때로는 이기적이고 제멋대로처럼 보인다. 하지만 미야자키 하야오는 이렇게 자기에게 집중하면서 제 할 일을 하는 토토로를 통해 각자에게는 저 나름의 문제가 다 따로 있다고 한다. 그것을 인정해야 가끔 토토로를 만날 수도 있다. 남을 알 만한 존재가 아니라 잘 알 수 없는 존재로 생각할 때, 우리는 겸손하게 그가 허락한 시간에 감사할 수 있다. 이것이 토토로와 자매의 사이이다.

"이상한 정상 가족"

토토로가 이해하기 어려운 농사꾼에 음악가라는 설정에서 예측할 수 있지만, 자세히 관찰하면 작품 속 다른 인물들도 평범하지는 않다. 그것은 사쓰키와 메이 자매를 둘러싼 인물들을 통해 알 수 있다.

〈이웃집 토토로〉는 엄마가 아파 이사를 온다라는 설정 때문에 어딘가 결핍을 강조하는 가족 이야기처럼 느껴진다. 하지만 미야자키의 관심이 행복한 정상 가족에 있지는 않다. 엄마, 아빠, 자매, 이 집 구성원 네 명이 한 화면에 다 들어가는 장면은 초반에 엄마 병실에서의 한 번밖에 없다. 가족이 함께 있다면 병원에서나 가능하다는 이야기이니 어딘가 섬뜩하다. 병원에서 가족들은 다른 환자들, 의사들, 심지어 나중에는 병실 밖 나뭇가지 위의 고양이-버스와 함께이다. 그러므로 미야자키가 그리는 가족은 늘 다른 누군가와 함께 있는 사이라고 할 수 있다.

그래서 메이와 사쓰키네 집을 날마다 드나드는 이웃 할머니에 주목해야 한다. 왜 할머니일까? 농번기이기 때문이다. 간다네 부모님처럼 아침부터 논에 나가야 하는 어른들이 이웃 아이를 돌봐 줄 수는 없을 것이다. 그래도 간다네 할머니는 자기 손자 이상으로 아이들을 키운다. 네모 얼굴에 큰 입, 이가 빠진 할머니는 전작 〈천공의 성 라퓨타〉의 도라를 연상시키지만 훨씬 푸근하고 자애롭다. 이사 온 집을 청소해 주시기도 하고, 아이들이 엄마 걱정을 할 때 빨래를 개며 용기를 내라고도 해주신다. 메이를 다시 찾았을 때 눈물 흘리시는 모습을 보면 잃어버린 옆집 아이 때문에 당신도 지옥에 다녀오셨다는 것을 알 수 있다. 물론 아빠가 할머니에게 따로 사례비를 드린다고 가정해 볼 수도 있다. 그러나 할머니의 사랑은 단순한 용돈 벌이를 넘어선다.

그러고 보니 영화 도입부에서 이삿짐을 나르는 삼륜차에도 운전사, 아버지, 아이들 이런 구성이었다. 이사 오자마자 할머니가 나타나셨고, 할머니의 손자 간다가 점심을 배달해 오고, 이런 식으로 막 도착한 새 이웃을 향한 동네 사람들의 편안한 환대는 이어졌다. 영화 마지막에 부모가 나오지 않는다는 점은 정말 인상적이다. 메이를 겨우 찾은 뒤 자매는 양쪽으로 간다와 할머니 손을 잡고 집으로 돌아간다. 〈이웃집 토토로〉는 가족 영화라지만 가족이 함께 있는 장면이 거의 없다. 사쓰키가 사이 나빴던 간다와 새롭게 우정을 쌓고, 메이가 동네 어른들을 부모 못지않게 믿고 따르게 되면서 작품이 끝난다. 간다와 할머니는 엄마의 공백을 메우기 위한 대리물이 아니다. 이웃은 엄마의 자리를 대체하지 않았다.

그럼 엄마와 아빠는 자신들을 어떻게 생각하는지 보자. 엄마는 퇴원하면 아이들 투정을 조금 들어주겠다고 한다. 아빠는 밤에는 공부에 바빠 아침에 초등학생 딸의 도시락도 못 싸주고, 낮에는 글 쓰느라 둘째 점심도 놓친다. 아이들 끼니보다 자기 연구가 더 중요하다. 부모는 부모 역할에 충실하지 못하지만 그래도 미안해하지 않는다. 물론 딸들도 아빠가 밥도 안 챙겨 준다며 서운해하지 않는다. 사쓰키는 아빠와 동생 밥을 챙기지만 그것도 엄마를 대신해서는 아니다. 셋 중 누군가가 해야 할 일을 할 뿐이다. 이런 사쓰키가 대견하게 생각되기도 한다. 하지만 옆집 간다도 놀고 있지는 않다. 농번기에 농사꾼 아들이 해야 할 일도 산처럼 많다. 아이들은 각자 자기 몫의 일을 해내면서 식구들, 이웃들에게 필요한 존재가 된다.

미야자키는 가족을 애정으로 똘똘 뭉친 공동체로 그리지 않는다. 식구란 각자 맡은 일을 하면서 돕고 사는 관계이다. 가족이 되기 위해 필요한 자격 같은 것은 없다. 가족에 대한 이런 느슨한 정의 덕분에 아이들이 토토로를 만날 수 있다. 그래서 나중에 〈하울의 움직이는 성〉에 나오는 독특한 가족도 만들어질 수 있었다. 마지막에 사쓰키와 메이는 부모가 있는 집으로 돌아가지 않는다. 아마 자매는 늦은 저녁을 위해 간다네 집으로 가지 않을까? 엔딩 장면에는 메이가 아기를 돌보는 장면이 나온다. 자기 동생은 당연히 아니다.

자기답게 뒹굴뒹굴

가족이라서 함께가 아니라, 각자 자신이 할 바를 하는 하면서 '함께'이다. 그런데 이 함께도 구체적으로 보면 제각각의 보폭이다. 이를 사쓰키와 메이의 두 다리가 잘 보여 준다. 언니인 사쓰키는 줄곧 달리고, 동생인 메이는 대부분 걷는다.

걷기와 달리기를 통해 아이들의 캐릭터가 확실히 드러난다. 사쓰키가 뛰는 이유는 무엇인가? 밥하고 도시락 싸기 위해서다. 등교하기 전에 동생 머리도 묶어 주어야 한다. 잃어버린 동생을 찾기도 해야 한다. 사쓰키의 일상은 온통 해야만 하는 일들뿐이다. 그런 의미에서 사쓰키는 목적주의자다. 사쓰키에게는 엄마의 퇴원이야말로 목적 중의 목적이다. 결국 사쓰키는 힘껏 내달려도, 아무리 애써도, 자기 힘으로는 누구도 구할 수 없음을 깨닫고 토토로를 찾아간다. 신에게 기도하기로 한 것이다. 신은 목적 중의 목적이니, 사쓰키의 달리기는 목적을 향한 기투(企投)다.

메이는 다르다. 메이는 토토로를 먼저 만났어도 녹나무에 찾아가 엄마를 살려 달라 기도하지 않는다. 메이가 토토로를 두 번째로 찾았을 때는 언니와 아빠에게도 친구를 소개해 주고 싶은 마음에서였다. 메이는 엄마가 죽을지도 모른다는 언니의 걱정을 듣고 단호히 옥수수를 들고 길을 나선다. 메이는 기도하지 않는다. 메이는 뛰지 않는다. 자기의 발걸음으로 결연히 엄마를 구하러 간다. 〈이웃집 토토로〉의 명장면 중 하나는 옥수수 배달을 나선 메이가 마을 어귀에서 지쳐 앉아 있는 장면이다. 이때 메이는 길을 잃을까 두려워하지 않는다. 자신이 엄마를 찾아갈 수 있으리라고 확실히 믿고 있다. 다만 길이 생각보다 멀어서, 발이 생각보다 조금 아파서, 잠깐 앉아 있을 뿐이다. 메이가 집을 나와 논두렁 사잇길을 걷기 시작할 때 와이드 앵글로 화면이 커진다. 메이는 누군가를 구하려면 아주 먼 길을 가야 한다는 점을 깨달았을 것이다. 하지만 그 넓이에 압도되지 않는다.

걷는 자의 모습에 대해 다시 한번 생각해 보자. 미야자키가 〈바람 계곡의 나우시카〉나 〈천공의 성 라퓨타〉에서 '비행'에 대한 관심을 열었다면, 토토로에서는 달리기를 탐구했다. 달리기는 걷기의 확장이다. 미야자키 하야오는 〈이웃집 토토로〉를 작업하면서 네 살, 열두 살 아이가 달리는 모습이 잘 표현되지 않자, 동화(動畵) 작가들을 위해 '달리기' 강의를 열기도 했단다. 달리기 자체가 주는 활력에 큰 관심이 있었기 때문이다. 그러나 활력이 폭발하는 달리기는 그리기가 쉽지 않았다. 작화가들의 머릿속에 달리기에 대한 전형이 있었기 때문이다.

동물의 달리기, 곤충의 달리기가 다 다르듯, 사람도 네 살의 달리기와 여섯 살의 달리기가 다르다. 미야자키는 지네처럼 많은 발이 달린 고양이 버스가 달리기하는 모습도, 실제 고양이나 지네를 관찰해서 합성했는데 생각만큼 잘 되지 않았다고 한다. 그런데 고양이 버스가 어쨌든 환상이니까 어느 정도는 과감하게 표현했다고 한다. 하지만 사쓰키나 메이의 달리기는 다르다. 작품 속에서 아빠가 게다를 신고 달리는 모습도 나오는데, 게다를 신었는지 운동화를 신었는지 슬리퍼를 신었는지에 따라서도 움직임은 달라질 수 있다. 걸음에는 전형이 없다. 똑같은 성, 똑같은 학력, 똑같은 재산이라지만 우리 각자의 걸음은 다 다르다. 미야자키 하야오는 그 차이에 집중하면서 걷거나 뛰는 이의 마음을 읽는다.

달리는 자는 기도할 곳을 찾는다. 걷는 자는 들어야 할 것을 쥔다. 사람을 구하는 데에는 기도하는 마음과 도우려는 마음 모두가 필요하다. 나는 무턱대고 달리고 헤매기보다는 지금 자기가 할 일을, 그 과정과 결과에는 전혀 상관하지 않고 감행하는 메이가 좋다. 이 당찬 네 살은 다음과 같은 사람의 주목을 끌 것이다. 목적 앞에 허덕이기보다 그저 더 멀리 걷고 싶은 사람 말이다. 그렇다고 사쓰키보다 메이 편을 들 필요는 없다. 자매는 다른 모습으로 미스터리한 토토로와 함께 그 마을에 살 것이니 말이다. 전형은 없지만 자기만의 방식으로!

<마녀 배달부 키키>

: 잃어버린 자아를 찾아서

마녀 배달부 키키(魔女の宅急便, 1989)

ㅇ줄거리

키키는 열세 살이 되면 부모를 떠나 홀로 떳떳하게 수련을 마쳐야 하는 마녀다. 보름달이 뜬 밤 호기롭게 고향 마을을 떠나 항구 도시에 이르지만, 각자 바쁘기만 한 도시에서 마녀로 인정받기가 쉽지 않다. 그런데 언덕 위 빵집 2층에서 하숙을 하게 되면서 빗자루를 타고 배달일도 시작하게 되고, 여러 친구를 사귀면서 비로소 마녀가 된다는 것, 독립을 한다는 것 등 자기 인생에 대해 고민을 해보게 된다. 이웃들과 친구들과 함께 차츰 더 밝아지고 씩씩해지며 키키답게 나는 법을 찾는다.

ㅇ주요 캐릭터

• 키키 : 마녀인데 할 줄 아는 일이라곤 빗자루를 타는 것뿐이다. 친구를 사귀는 것도, 일자리를 얻는 것도, 마녀로서의 자격을 얻는 것도 모두 혼자 해결해야 한다. 천천히 방황하고 고민하면서 자기 길을 찾는다.

• 톰보 : 하늘을 날고 싶어 밤낮으로 자전거-비행기를 만들 궁리를 한다. 추락하는 비행기에 끌려 날아갈 뻔하다가 키키의 도움을 받아 구조된다. 키키와 함께 비행사의 꿈을 완성한다.

• 화가 우르술라 : 마법을 잃은 키키에게 자기 재능을 소중히 하라는 충고를 주는 멋진 예술가 언니다. 숲속의 오두막에서 혼자 그림을 그릴 정도로 독립적이다. 동물들과 친구가 되는 능력이 있다. 자신이 무엇을, 왜 그려야 하는지를 진지하게 보고 가는 예술가로 키키의 롤 모델이 된다.

• 오소노 아주머니 : 묵찌빠 빵집의 주인으로 키키에게 2층 하숙방을 내어 주고 배달일도 응원해 준다.

1.
십대의 방
—시계도 전기도 없는 자기만의 어둠

시계 없는 마을과 시계 있는 마을

미야자키 하야오는 〈마녀 배달부 키키〉를 통해 생기로운 삶에 방해가 되는 것, 그리고 활력 있는 그 삶에 필요한 것을 이야기한다. 그것은 바로 '계산하는 세계'와 '비전 탐구'이다. 〈마녀 배달부 키키〉에는 두 개의 포스터가 있다. 하나에서는 아래로 바닷가 마을이 펼쳐져 있는 하늘을 키키가 난다. 다른 하나에는 어두운 빵집 안에서 키키가 턱을 괴고 유리창 바깥을 바라본다. 첫번째 포스터가 집들이 붙어 있고 길이 나 있는 대지와 푸르게 뚫린 하늘을 대비하는 '계산 편'이라면, 두번째는 자기 능력과 욕망 사이에서 힘겹게 길을 찾는 '탐구 편'이다. 미야자키 하야오는 키키가 도시에서 자기만의 방으로, 다시 숲으로, 다시 바다로 나가는 과정을 천천히 보여 주면서 키키가 활력을 잃었다가 회복하는 과정을 그린다. 즉 철저하게 돈으로 재단된 세상 안에서 자기를 긍정할 힘을 얻는 키키의 모습을 보여 준다. 마녀 키키가 알려 주는 일상과 생기의 애니미즘을 살펴보자.

먼저 계산의 문제를 검토하자. 목적과 수단을 나누고, 이익과 손해를 따지고, 나와 남을 비교하는 마음으로 보내는 하루는 무기력이 내달리는 고속도로가 된다. 고향 마을부터 가 보자. 키키의 고향에는 호수가 있다. 오프닝 장면에서는 산들바람이 부드럽게 호수 표면을 스친다. 키키는 맑은 하늘 아래, 바람 부는 풀밭에서, 가만히 라디오를 듣다가, 문득 오늘이 떠나야 할 날임을 알아차리고 귀가한다. 키키의 고향은 마녀 한 사람쯤은 있어도 괜찮은 여유롭고 다정한 곳이다.

키키네는 집도 아름답다. 저택 입구부터 집 현관까지가 꽃과 허브로 가득한 정원이다. 집안 벽지는 전부 꽃무늬인데, 전화가 놓인 1층 구석 테이블에는 화병에 꽃이 꽂혀 있다. 엄마의 연구실 겸 진료실을 나와 2층으로 올라가면 키키의 방이 나온다. 역시 꽃 천지다. 포근한 느낌의 노란색 꽃무늬 벽지와 격자무늬 침대 커버를 비롯해 벽에는 그림이 걸려 있고, 창가에는 붉은색 제라늄 화분이 두 개 놓여 있다. 책장에는 가지런히 책들이, 책 뒤편으로는 귀여운 철제 박스 등이, 책장 옆에는 그림이 돌돌 말려 있는 긴 항아리까지 있다. 아기자기한 소녀 감성이다. 키키는 열세 살. 이렇게 화사하고 따뜻한 세상으로부터 갑자기 날아올라 독립의 첫발을 내딛는다.

키키는 한 번도 바다를 본 적이 없어서 남쪽을 선택한다. 그리고 새 고장에서 한 번도 겪은 적 없는 일들을 경험한다. 평화롭고 아름답기만 한 고향과 비교했을 때 새 도시가 갖는 특징은 다음과 같이 정리할 수 있다. 첫째, 시계다. 고향 마을에서는 일기 예보가 틀리는 일이 종종 있었다. 가족이나 이웃끼리의 약속도 고무줄처럼 느슨했다. 덕분에 모든 관계에 여유가 있었다. 그래서 키키의 수련이 갑자기 결정되었음에도 이웃들은 그러려니 하며 배웅을 위해 밤에 찾아와 주었다.

남쪽 도시로 가는 도중에 키키는 갑자기 내린 비를 피하려고 기차에 무임승차를 하게 된다. 정시에 출발하는 기차는 시계탑이 높이 솟은 마을로 키키를 데리고 간다. 키키는 '정각' 출발을 자랑하는 기차를 타고 '시계탑'이 으스대는 항구에 들어서게된 것이다. 이 마을에서 가장 높은 시계탑까지 올라 아래를 내려다보니 시장이 펼쳐져 있다. 그 주위로는 원을 그리며 도는 자동차들이 빽빽하다. 여기는 시계를 맞추고 살아야 하는 마을, 정확해야 하기에 돈으로 모든 것을 계산해야 하는 도시다.

계산을 잘해야 하는 세계는 어떤 곳일까? 키키의 첫 도시 착륙을 보자. 위에서 보니 알록달록 화려했지만 정작 지상으로 내려오기는 쉽지가 않다. 하늘에는 길이 따로 없었는데, 지상에는 길마다 정해진 법칙이 있었다. 빗자루는 인도에 내려야 하는가, 차도에 내려야 하는가? 이런 도시에서는 계산이 필수다. 어디에 무엇이 어떻게 존재해야 하는지, 정돈된 구획들을 선명하게 이해해야만 도시에 적응할 수 있다.

그래서 도시에서 가장 먼저 키키에게 말을 걸어오는 사람이 경찰이다. 젊은 경찰관은 키키가 교통법규를 어겼으며 미성년자라서 문제가 있다고 지적한다. 경찰은 딱 봐도 어려 보이는 키키를 무시하면서 부모님을 모셔 오라고까지 한다. 도시에서는 나이까지도 중요한 자격이 된다. 그럴진대 다른 자격들도 얼마나 많이 필요할 것인가? 문득 〈이웃집 토토로〉에서 아이들이 경찰이 쫓아올까 삼륜차 짐 사이에 숨었던 장면이 떠오른다. 제복을 입은 그 사람은 사실 교복 입은 학생이었다. 미야자키는, 토토로가 사는 마을에서는 소속과 자격을 따지는 경찰이 필요 없다고 보았다. 그런데 이제 여기서 키키는 경찰과 함께 나이를 따지고, 또 어떤 자격을 따지며 살아야 한다.

계산에 대한 미야자키의 결정적 평가가 나오는 건 마트 장면이다. 키키는 묵찌빠 빵집 주인 오소노 아줌마의 도움으로 겨우 지낼 곳을 마련한 뒤 생필품을 사러 간다. 거리에는 쇼윈도마다 아름다운 옷이나 구두가 가득하다. 마트에 도착하니 필요한 물건은 또 얼마나 많은지, 프라이팬도 컵도 종류나 모양이 몇 개씩이다. 키키는 결국 저금통에 모아 둔 돈을 거의 다 쓰고 만다.

미야자키의 애니메이션 월드에서는 상품이 잘 등장하지 않는다. 미야자키가 작품 배경을 산업 사회, 즉 상품이 생활을 지배하는 세계로 잘 삼지 않기 때문이다. 상품을 그리지 않는다는 것은 돈이 지배하는 세계를 굳이 비판할 생각이 없다는 말이기도 하다. 물론 〈센과 치히로의 행방불명〉, 〈그대들은 어떻게 살 것인가〉에 화폐적 가치를 부정적으로 표현한 장면이 나오기도 한다. 이들 작품에서는 현금이나 카드만 믿고 남의 식당에서 허락도 없이 음식을 먹는 아버지, 고급차에 태운 자기 새끼를 근로 봉사하는 학급 친구들 앞으로 등교시키면서 돈이면 친구 문제며 문제란 문제는 다 해결된다고 큰소리치는 아버지가 나온다. 돈만 믿는 자의 무례함이 잘 드러난다. 어쨌든 이런 설정은 작품 전체로 보면 사소한 에피소드들이다.

〈마녀 배달부 키키〉는 미야자키 하야오가 상품 세계를 전면적으로 그린 작품이다. 그런데 〈마녀 배달부 키키〉에서 돈은 나쁜 물건이 아니다. 키키는 오소노네 2층 방에서 고양이 지지와 둘이 앉아 돈을 하나씩 세며 살림 꾸릴 걱정을 한다. 키키는 돈은 귀하게 생각다. 전화 한 대를 놓는 데 드는 돈에 대해서도 정확하게 알려고 한다. 키키는 돈이란 도시 생활에서는 반드시 필요하다는 것을, 돈을 벌지 못하면 먹을 것도 잘 곳도 얻지 못한다는 것을 알고 있다. 그런 의미에서 키키는 〈천공의 성 라퓨타〉의 파즈 같은 현실주의자다.

이제 키키의 마트 장면을 보자. 키키가 이것저것 물건을 산 뒤 계산대에 서서 돈을 낸다. 그때 계산원의 돈통 아래로 구겨진 영수증과 찢어진 각종 포장지로 꽉 차 있는 쓰레기통이 보인다. 미야자키 하야오는 키키가 오소노의 빵집에 세를 들게 된 다음날 청소하는 모습을 보여 주었다. 마트 계산대 아래에 지저분하게 꽉 차 있는 쓰레기통은 키키의 반듯한 성정과는 맞지 않는다. 돈통과 쓰레기통을 병치시켰다는 점에서, 미야자키는 돈으로 뭔가를 주고 받아야 하는 세계에는 어딘가 지저분하고 불쾌한 부분이 있다고 말한다.

시계나 지갑이 필요 없는 하늘의 마녀가 도시에서 잘 살 수 있을까? 결국 키키는 자기답게 돈과 관계 맺는 법을 배운다. 빗자루 타는 기술을 배달일에 쓰기로 한 것이다. 그런데 흥미로운 부분은 키키는 정확히 돈으로 계산하면서 일하지 않는다는 점이다. 키키의 배달은 등가교환의 방식으로 이루어지지 않는다. 키키는 돈을 받고 배달하지만, 물건을 나르며 덤으로 친구를 얻는다. 숲속에 떨어뜨린 배달 물품을 찾다가는 멋진 화가 언니를 만나게 된다. 파이 배달을 하려다 고장난 오븐을 고치게 되었는데 덕분에 그 할머니와 서로 생일을 챙기는 사이가 된다. 키키의 배달은 돈을 벌게 해주면서도 친구를 사귀게 하는 방법이 된다.

키키는 바닷가 도시가 돈만 밝히는 괴물 같은 곳은 아님을 알게 된다. 오소노도 말했지만 대도시는 대도시대로 큰 매력이 있다. 여기에는 많은 사람들이 산다. 덕분에 키키는 여러 사람들의 사연을 싣고 다양한 루트를 그리며 배달 비행을 할 수 있다. 매사를 돈으로 계산할 것만 같은 도시지만 잘 들여다보면 돈으로는 잴 수 없는 수많은 주고받음이 있는 것이다. 키키의 하늘에는 수많은 경로가 그려진다. 중요한 것은 돈을 버느냐 못 버느냐가 아니다. 번 돈으로 삶에 어떤 지도를 그릴 수 있느냐 하는 것이다. 키키가 살기로 결심한 항구 도시는 돈으로 좋은 물건과 나쁜 물건을, 좋은 사람과 변변치 못한 사람을 가르기도 한다. 하지만 우리는 계산하는 일상에 다 빨려들지 않을 수 있다. 키키는 돈과 함께 인연을 만드는 비행사가 된다.

마녀를 굽는 빵집

항구 도시에서는 시계나 돈으로 사람과 사물이 관계를 맺는다. 그런데 자신과는 어떤 식으로 관계를 맺어야 할까? 고향 마을에서 씩씩하게 동네를 휘젓던 키키였건만, 도시에 도착하자마자 소녀는 자기만의 방에 칩거하는 일이 많아진다.

미야자키는 키키의 하숙방을 표현하는 데 많은 공을 들인다. 키키가 머물게 된 오소노의 빵집부터 이야기하자. 오소노 빵집은 뒤로는 멀리 시계탑이 보이고 앞으로는 활짝 바다를 향해 있는, 비탈 끝에 있다. 빵집 아래로는 구불구불 골목이 이어져 있다. 주인 오소노가 손님이 두고 간 공갈 젖꼭지 돌려주려고 몇 분쯤 자리를 비워도 크게 걱정할 것이 없는 동네 빵집, 여기선 갓 구운 빵 냄새가 하루 종일 풍긴다. 따뜻하고 친절한 주인 오소노는 지금 임신 중이다. 빵집은 여러모로 고향의 엄마 집과 닮았다. 빵집 내부 벽지가 엄마네 집 노랑-세로 벽지를 연상시키기도 하고, 오소노의 주방에는 엄마가 꾸민 것처럼 말린 꽃과 그림 액자도 여기저기 걸려 있다. 엄마가 약초로 사람들을 치유하고, 오소노는 빵으로 사람들을 먹인다. 두 엄마 모두 누군가의 건강을 돌본다는 점에서 닮았다.

키키가 얻게 되는 방은 오랫동안 짐들이 보관되어 있었던 방으로, 까만 고양이가 하얀 고양이가 될 수 있을 정도로 먼지가 많다. 그래도 화덕이 있어 불을 피워 팬케이크 정도는 만들어 먹을 수 있다. 미야자키는 이 방의 창을 하나만 뚫는다. 그리로 바다가 보이고 바람이 불어온다. 그런데 방 안에는 전깃불 하나가 낮게 내려와 있을 뿐 전체가 1층 빵집처럼 환하지 않다. 오소노의 집에 아기자기한 물건들이 가득한 것과 비교해 보면 키키의 방에는 물건도 거의 없다. 특히 꽃이 없다. 심지어 거울도 보이지 않는다. 왜일까?

키키의 방은 키키의 마음을 표현한다. 그곳은 어둡다. 키키는 거리의 화려한 가게 안으로 들어가고 싶고, 멋진 옷차림을 한 사람들과도 어울리고 싶다. 돈이 많이 필요한 생활에 대한 동경이 마음 안에서 점점 커진다. 하지만 한편으로는 마녀 수련이라는 전통에도 얽매여 있다. 이 오래된 전통은 열세 살 마녀에게 혼자 수련하라고 하는데, 키키는 자신이 왜 그런 혹독한 시험을 치러야 하는지 그 후에는 어떤 날들이 기다리고 있을지 별로 관심이 없다. 시계 마을로든 자신의 전통 속으로든 어딘가 들어가야만 할 것 같은 압박을 받는데, 정작 자기 힘으로 결정할 엄두가 잘 나지 않는다. 키키의 마음은 하고 싶은 것과 해야만 하는 것이 뒤섞여서 서로 충돌한다.

이런 사춘기 마녀의 깜깜한 마음을 빵집에서 혼자 손님을 기다리는 키키의 포스터가 잘 보여 준다. 여기서 키키는 마녀 배달부로 날지 않는다. 키키는 빵을 구울 줄도 모른다. 빵을 파는 것은 마녀의 일도 아니다. 빵집에서 창밖을 보며 손님을 기다리거나 혹은 바깥을 관찰하는 그 모습이 왜 또 하나의 포스터로서 선택된 것일까? 게다가 이 포스터에서 키키는 유리창 안에 있다. 하단에 가게 유리창으로 창밖이 비치는 것이 그려지고, 때문에 독자는 창밖에서 키키를 바라보게 된다. 이런 방식으로 키키와 관객 사이에 거리가 만들어진다. 키키의 마음에는 그 누구도 들어갈 수가 없고, 그런 만큼 키키도 누군가의 마음속에 들어갈 준비가 되어 있지 않은 것이다. 게다가 키키가 턱을 괴고 기다리는 그 빵집은 오소노의 분위기와 달리 어둡고 음침하다. 새벽도 저녁도 아니고, 빵들의 크기도 과장되어 있다. 열세 살 귀여운 마녀의 전형적인 성장기 같지만 실은 심리적 어둠을 묘사하는 데 상당히 공을 들인 작품이다.

그런 점에서 하숙집에서 일어난 다음 날 아침도 기억해 둘 만하다. 키키의 방에는 화장실이 딸려 있지 않다. 키키는 1층 밖의 화장실을 이용한다. 이 집에서 눈뜬 첫날, 기지개를 켜며 출근하는 오소노네 아저씨와 마주치지 않기 위해 다시 화장실로 들어가는 키키의 모습은 인상적이다. 키키는 자기 생활에 누군가가 들어오는 일이 두렵다. 그러나 앞으로는 점점 자신의 내밀한 공간을 열며 타인과 소통해야 한다. 성장하고 어른이 된다는 것은 타인을 새롭게 발견하는 일이고, 그런 존재들을 하나하나 자기의 속마음 속에 들여오는 일이기 때문이다. 키키는 두려움과 불편함을 견디며 자기만의 방식으로 타인을 품고 타인에게 안길 수 있는 길을 찾아야 한다. 이 길을 알려 주는 지도는 돈을 주고도 살 수 없다.

미야자키 하야오는 키키의 방을 아주 어둡고 볼품없이 그린다. 그러나 키키의 컴컴한 하숙방을 채우는 것은 타인과 맺을 수 있는 많은 가능성이다. 미야자키 하야오는 이 가능성이 충분히 성숙하기 위해서는 시간이 필요하다고 한다. 그럼 그 시간 동안 무엇을 해야 하는가? 일상을 잘 보내야 한다. 키키는 하루하루를 지지와 함께 잘 넘기려고 애쓴다. 돈이 부족한 날, 비를 흠뻑 맞은 날, 보람 없는 배달일 때문에 멋진 파티에 가지 못한 날, 마법을 잃고 새롭게 마음을 다잡아야 하는 곤란한 날, 키키는 이 모든 시간을 방에서 빵도 먹고 빨래도 널며 보낸다. 이렇게 소박한 일상을 꾸려 가며 키키는 혼란스러운 마음을 추스르고 자신이 어떤 사람이 되어야 하는지를 생각할 힘을 얻는다.

사춘기에는 어떤 공간이 필요하다. 키키는 엄마가 알뜰살뜰히 돌봐 주는 유년의 방에서 예술가로서의 고민과 수련에 힘쓰는 우르술라의 자기만의 아틀리에로 나아가는 사이에 깊은 어둠을 통과한다. 키키의 방은 시계탑을 뒤로 하고 앞으로는 바다를 향해 있는 창을 두었다. 어둡지만 사회의 광폭한 시선에 바로 노출되지 않아도 된다. 혼자 고민하지만 끊임없이 믿어 주는 누군가의 지지를 받으며 스스로 기운을 일으킬 수 있는 공간이다. 이때에는 부모의 전전긍긍이 아니라 늦게까지 배달하는 키키의 퇴근을 믿고 기다리는, 오소노 아저씨가 보여 준 거리감 있는 격려의 시선이 필요하다.

스스로 빛나는 자의 숲과 바다

키키가 자기 마음의 어둠을 걸을 길을 발견한 것은 숲에서다. 여기에 예술가 언니, 우르술라의 여름 아틀리에가 있기 때문이다. 화가 우르술라는 많은 면에서 마녀를 닮았다. 그녀가 머무는 여름 한철의 공간은 깊고 어두운 숲 한가운데에 있다. 숲이야말로 마녀의 장소인데 말이다. 우르술라의 아틀리에는 키키의 방보다 어두운데 전기가 아예 들어오지 않는다. 우르술라는 작은 오두막 지붕 위에서 까마귀를 사귀며 관찰하고 그린다. 키키는 마력을 잃기 전에 새들과 이야기를 나눌 수 있었다. 그랬던 키키처럼 우르술라는 새들과 친하다.

우르술라의 방 안으로 들어가 보자. 문 바로 옆에는 커다란 밀짚모자와 우비 같은 장옷이 있고, 그 옆 식탁은 부엌인 듯 막 먹다 만 듯한 커다란 빵에 브레드 나이프가 꽂혀 있다. 심지어 딸기잼 병은 뚜껑이 열린 채 스푼까지 빠져 있다. 꺾었거나 주웠을 꽃이 놓여 있고 오른쪽 끝으로 푸르고 싱싱한 사과가 두 알이나 있다. 똑같이 컴컴한 방에서 살지만 숲에 살아 그런지 우르술라 쪽이 훨씬 더 잘 먹고 있다. 방 안을 보면 왼쪽 창문 아래 침대가 놓여 있고 옷이 아무렇게나 걸쳐져 있다. 바닥의 의자 위에는 언제 마셨는지 알 수 없는 컵이 놓여 있고, 바닥에는 새 그림 스케치가 여러 장 있다. 많은 붓들이 아무렇게나 놓여 있고 색깔을 새로 만들기 위해 꾹꾹 눌러 짠 물감들과 엄청나게 덧칠하며 연습한 팔레트가 있다. 미야자키는 지저분한 이 화구들을 클로즈업한다. 그리고 방의 정면에는 완전히 비어 있는 캔버스가 있다. 바로 이 캔버스에 키키가 그려지게 될 것이다. 캔버스 뒤로 책도 몇 권 보인다.

우르술라의 원룸은 마녀 키키의 원룸과 많은 면에서 다르다. 엄청나게 지저분하다는 것도 그렇지만 가장 큰 차이는 우르술라의 빈 화폭 아래에 싱싱한 꽃이 놓여 있다는 점이다. 작품 전체에서 키키는 두 번 꽃을 받는다. 하나는 고향에서 엄마가 꺾어 정돈해 꽂아 준 화병의 꽃이고, 다른 하나는 하늘에서 떨어질 뻔한 친구를 구했다며 도시 사람들 전체가 내려준 감사의 종이꽃 비이다. 두 꽃 모두 누군가가 키키에게 주는 것이다. 그런데 우르술라는 스스로 꽃을 주워 온다.

두번째 차이는 빛에 있다. 우르술라의 오두막은 키키의 원룸보다 어둡다. 사실 전깃불도 없다. 우르술라가 전깃불이 필요하지 않은 이유는 스스로 빛을 내고 있기 때문이다. 우르술라는 자기가 무엇을 원하고 어떻게 그것을 찾아가야 할지 안다. 자기 마음의 인도를 받고 있다. 우르술라는 타인의 축복이나 인정 없이 혼자 빛난다. 그래서 우르술라의 방에는 전깃불도 시계도, 당연히 돈도 보이지 않는다. 키키는 우르술라의 격려를 받으며 자기에게 필요한 것은 어떤 마녀가 될 것인지, 마녀가 아니라면 어떤 사람이 될 것인지에 대한 고민임을 깨닫는다.

우르술라는 나중에 고민 많은 키키를 자신의 오두막에 데려와 쉬게 하고 기운도 복돋아 준다. 우르술라의 공간은 그런 의미에서 엄마의 약 조제실, 오소노의 빵집을 잇는다. 엄마가 약으로 치유하고, 오소노가 빵과 수프로 기운을 내게 하듯, 찢어진 인형을 고칠 수 있었던 우르술라 역시 키키를 치유하는 힘을 지녔다. 그림을 그리는 우르술라를 보면 미야자키 하야오도 생각난다. 미야자키도 자신의 그림으로 스스로 빛나면서도 누군가를 도울 수 있기를 바랐으리라.

마지막으로 바닷가로 내려가 보자. 키키가 이 고장을 선택한 이유는 바다가 있어서였다. 하지만 배달일에 바쁜 키키는 바다를 거의 찾지 못했다. 골목길을 조금만 내려오면 되는데도 여유 있게 나설 수가 없었다. 톰보가 불시착한 비행선을 보러 가자고 권하지 않았더라면 키키는 바다를 높은 언덕 위에서나 겨우 바라보았을 것이다. 미야자키는 키키의 바다행을 어떻게 그릴까? '바다까지 가는 길'은 톰보의 페달 자전거로 달리고, 돌아가는 길은 삐져서 혼자 도로를 걸어 올라와야 했다. 가는 길에서나 오는 길에서 키키는 빠르게 달리는 크고 작은 차에 위협을 느낀다. 결국 갈 때에는 페달 자전거가 부서져 길 바깥 허공으로 떨어져야 했고, 집으로 돌아올 때는 대형차들을 피해 돌들이 울

퉁불퉁 한 갓길로 잠깐 피해서 걸어야 했다. 바다와 그 근처에는 '이런 길'이 없다. 대신 상상을 초월할 정도로 많은 길이 있다.

바다에 이르러 뻥 마음이 뚫리는 듯한 기분이 들었던 키키는 도시에 도착해서 처음으로 친구와 함께 배꼽을 잡고 웃고 속마음도 탁 털어놓게 된다. 어두운 자기만의 방 바깥에는 의무와 약속이 가득한 도시가 있었지만 그 너머에는 이렇게 활짝 열린 바다가 있기도 하다. 자기 마음에 불을 밝히는 일은 생각보다 어렵지 않을 수 있다. 아주 많은 길을 날아 볼 수 있다는 자신감과 확신, 그리고 그 길을 함께할 친구에 대한 믿음이 있으면 된다. 마지막 장면에서 톰보와 키키는 각자 바다 위를 난다. 그 밑으로 요트도 하나 지나간다. 페달-비행기와 마녀의 빗자루가 함께일 수 있는 하늘 아래로 바다가 푸르게 펼쳐져 있다.

열세 살 마녀는 수련이 끝나면 고향으로 금의환향할 수도 있고(중간에 공장도시 위 하늘에서 만났던 점치는 마녀처럼), 수련처 마을에 정착할 수도 있다(옛날의 키키 엄마처럼). 키키는 차차 어떤 선택을 하게 될까? 엔딩 장면을 보면 키키는 오소노의 빵집을 나와 새로 어떤 2층 집을 구하는 듯하다. 그 내부는 어떻게 생겼을까? 하나의 창문을 갖고 있던 키키는, 이제 본인의 키만큼 큰 양문형 창문을 갖는다. 빵집 아저씨가 밀가루로 구워 만들어 준 배달 간판도 있지만, 새로 쇠 간판도 하나 튼튼히 단다. 키키는 계속 항구에 살지 않을 수도 있다. 다른 길로 열려 있는 바다를 보고 사니까.

<마녀 배달부 키키>
|
156

2.
어른이 되기
─가끔 우울하지만 계속 꿈꾸는 일

마녀의 추락

마녀 배달부에게 일어난 가장 큰 사건은 마법, 즉 키키가 자신의 생명력을 잃었다가 되찾은 일이다. 미야자키는 키키가 화폐적 세계와 희망의 바다 사이에서 자기 어둠을 뚫을 길을 찾는 과정을 '마법을 잃고 되찾는 사건'으로 보여 준다. 화폐는 관계를 끊는 힘이 너무 세서 반생명적 도구가 될 수 있다. 자기답게 크기 위해서 가장 필요한 일은 자신이 타고난 조건과 어떻게 관계 맺으며 살아야 하는지에 관한 성찰이다.

키키는 고향 마을에 있을 때 스스로를 솔직하고 씩씩한 아이라고 생각했다. 부모와 따로 의논도 없이 단호하게 수련의 출발일을 정할 정도였다. 낮에 결심하고, 저녁에 짐을 챙겨, 밤에 바로 날아오를 수 있을 정도로 자신감과 독립심이 있었다. 보통 동화 속 아이들은 조실부모한 덕에 자기 길을 혼자 개척하게 되는데, 키키는 부모 슬하에서도 자기가 결정하고 행동으로 바로 옮긴다. 그 점은 동화 속 전형을 깨기에 후련하다.

그런데 키키가 이렇게까지 당찰 수 있는 이유는 가족, 친구, 이웃이 있어서다. 어린 마녀의 갑작스런 출발에도 송별 인사를 위해 저녁 파티를 마련해 준 동네 사람들을 보자. 어른들은 키키의 결단을 전적으로 응원한다. 키키가 알아서 잘하리라 막연히 낙관하지도 하고, 어디 잘못될까 봐 과히 걱정하지도 않는다. 키키의 친구들은 자기들과는 다른 키키의 수련을 부러워하거나 질투하지 않는다. 이 마을은 어른과 아이가, 보통 사람과 마녀가 자기 자리에서 제 할 일을 하며 적당한 거리에서 서로를 품어 주는 곳이다. 아마 어른들은 키키만이 아니라 어떤 아이라도 믿고 격려할 것이다. 키키는 서로에 대한 존중과 믿음이 충만한 곳에서 출발하기에 씩씩할 수 있었다. 즉 내 생명력을 지탱하는 것은 이웃과의 넉넉한 관계다.

그러나 이런 키키가 시계 마을에 도착하자마자 위축이 된다. 당연하다. 거리와 골목 어디에도 자신을 응원해 주는 이가 없기 때문이다. 그렇게 키키는 마법을 잃고 우울한 사춘기 소녀로 전락한다. 키키가 마법을 잃는 과정은 다음 네 스텝을 밟는다. 첫째, 키키는 도착하자마자 교통법규를 어기게 된다. 화가 잔뜩 난 경찰에게 혼까지 난다. 너는 미성년자다, 이름이 뭐냐? 부모가 누구냐? 이런 식으로 취조도 당한다. 이때 갑자기 나타난 소년 톰보가 경찰을 유인해 키키가 곤란한 상황을 피할 수 있도록 돕는다. 하지만 키키는 오히려 톰보에게 불쾌하다고 화를 낸다.

키키는 왜 그런 까칠한 마음이 든 것일까? 톰보가 자기소개도 없이, 도와 달라고 하지도 않았는데, 함부로 키키 일에 간섭했기 때문이다. 호기심에 서투른 호의를 제공하면 경솔한 처사가 된다. 그러고 보니 경찰의 태도도 비슷했다. 그 자신이 누구인지는 밝히지 않고, 이방인에게 무조건 틀렸다고 질책하는 것은 무례하다. 즉 이 마을에는 가족, 친구, 이웃이 없고 경찰과 같은 무뢰한만 있기에 마법이 힘을 발휘하기 어렵다.

둘째, 키키가 톰보와 헤어져 찾아간 호텔에서는 미성년자를 받아 주지 않는다. 마녀라서가 아니라 미성년자에 신분증도 없는 것이 문제다. 호텔 지배인은 경찰과 달리 정중하지만 키키에게는 그 상냥함이 상투적인 매너에 불과하다. 호텔을 나온 키키는 공원 분수대 왼편 그늘에서 도시락을 펴지만 먹을 기분이 나질 않는다. 키키의 오른쪽으로는 강아지를 산책시키는 할머니, 계단에 앉아서 신문 읽는 아저씨, 함께 책 보는 연인들, 분수대에서 물놀이하는 아이와 엄마, 그저 풍경을 느긋이 관찰하는 빵모자 쓴 청년이 있다. 평화로운 도심의 오후처럼 보인다. 그러나 서로에게 무심한 이 사람들은 호의로 넉넉한 사이가 아니다. 마녀계에서는 열세 살이면 스스로를 책임질 수 있는 나이이고 갈 곳과 살 곳을 결정할 수 있다. 그러나 도시에서는 마녀건 고양이건 보호자가 없으면 어디에도 머물 수가 없다. 이때 보호

자란 어른이며 구체적으로 말하면 돈을 벌어 살아갈 수 있는 사람이다. 이런 이들이 살아가는 평화로운 도심 속 관계는 규칙과 신분증, 돈으로 지탱된다. 키키는 세 가지 중 어느 것도 없으니 갑자기 나타난 경찰차를 피해 샌드위치를 다시 싸서 슬그머니 일어날 수밖에 없었다.

셋째, 청어 파이 사건이다. 배달일을 하게 된 키키는 손녀 생일에 청어 파이를 구워 보내고 싶은 할머니에게 일을 부탁받는다. 하지만 오븐이 고장 나서 배달시킬 파이를 굽지 못한 할머니. 할머니를 도와 낡은 화덕으로 파이부터 만들고 배달을 한다. 고생 끝에 마친 배달에도 정작 손녀는 파이를 달가워하지 않는다. 파티를 화려하게 즐기다가 나온 이 소녀는 마뜩잖은 눈으로 키키를 아래에서 위로 훑어보기까지 한다. 손녀를 사랑하는 할머니의 마음을 전하고 싶었던 키키, 받은 돈만큼 뭔가를 해내고 싶었던 키키였다. 시간에 맞추어야 하기에 전속력으로 날았고, 파이가 비에 젖을까 치마로 감싸면서 도착했다. 이 모든 노력이 상대에게는 아무 의미가 없단 말인가? 돈을 받았으니 배달부는 아무런 상관없는 일인가? 키키는 뜻하지 않은 이 비로 모든 일이 틀어져 결국 톰보가 초대한 파티에도 가지 못한다. 또래는 멋지게 차려입고 생일을 축하받는데 자기가 배달한 선물은 천대받는다. 키키는 처지가 비교되어 마음이 좋지 않다. 돈의 세계에서는 주는 자와 받는 자의 마음을 연결하고픈 마법이 작동하기 어렵다.

넷째, 결정적인 일이 바닷가에서 톰보와 놀다 일어난다. 거리에서 자신의 옷차림을 얕잡아 보았던 소녀들이 누군가가 모는 자동차를 타고 비행선 내부 구경을 가고 있다. 톰보에게 함께 보러 가자고 하면서 소녀들은 '벌써 돈을 벌고 있다'며 놀란 눈으로 키키를 바라본다. 키키는 그쪽으로 뛰어가는 톰보를 보며 마음이 좋지 않다. 왜일까? 어렵게 돈을 벌어야 하는 자신과는 달리 차려입고 놀러나 다니는 소녀들을 질투해서일까? 아니면 톰보가 자기를 두고 철없이 발랄한 아이들 곁으로 뛰어가니 섭섭해서일까? 청어 파이를 싫어한 소녀도 키키를 훑어보았다. 자기 또래인데 배달일을 한다는 것, 자기는 예쁘게 차려입고 모두가 사랑해 주는 가운데 파티를 즐기는데 키키는 검은 옷을 입고 일을 한다는 것을 별스럽다고 생각한다. 키키 또래의 모든 소녀들은 돈을 벌어야 하는 키키의 처지에 대해 나이브하다. 그리고 돈을 벌어야 할 걱정도, 독립해야 할 걱정도 모두 다 해결된 듯이 군다.

문제는 키키다. 키키가 우울한 이유는 이런 또래들을 유치하다며 멀리할 수가 없어서다. 키키는 많은 돈으로 장식된 그 세계에 속하고 싶다. 그래서 키키는 톰보에게 화를 내고 긴 길을 돌아 빵집으로 올라오는 과정에서 마법을 잃어버린다. 이때 키키는 검은 옷을 입고 빗자루를 든 자신의 처지를 스스로 먼저 부끄러워한다. 그런데 이렇게 남의 시선으로 자기를 바라보자마자, 돈이라는 척도로 자기 생활을 평가하게 되자마자, 날지 못하게 된다. 애써 두 발을 돌려야만 날 수 있었던 페달 비행기 조종사 톰보가 그토록 부러워한 능력이었지만, 소중하게 생각하지 않자마자 마법은 사라진다.

풍요의 그림자

〈마녀 배달부 키키〉는 도심에 막 상경한 소년 소녀들을 타깃으로 했다고 한다. 실제로 개봉 직후 지브리식 블록버스터가 되어 큰 인기를 얻었다. 키키의 우울함에 아주 많은 시티 키즈가 공감했던 모양이다. 키키는 바닷가에서 돌아와 펑펑 울 수도 질질 짤 수도 없는 상태가 되어 그냥 침대에 퍽 쓰러진다. 미야자키는 불안과 초조와 공포가 다 뒤섞인 상태, 그런 무기력한 상황에서 일어나는 키키의 자기 소외를 주목한다.

그런데 키키의 우울을 키키만의 것이라고 보기가 어렵다. 자기는 절대로 돈 걱정할 일은 없을 것처럼 구는 소년 소녀도 언젠가는 키키와 같은 처지에 놓이게 될 것이다. 미야자키는 키키를 통해 이 아이들의 나이브함을 꼬집는다. 키키는 세상이, 누군가가, 자신을 찾아주기를 간절히 기다린다. 빵집 전화기 앞에서 배달 고객을 기다리느라 목이 빠진다. 물론 들어온 주문은 성실하게 임한다. 자신이 돈을 받고 하는 일에 최선을 다하려고 하고, 약속 시간을 지키기 위해 노력한다. 하지만 자신이 배달하는 물건은 받는 이에게는 가치가 없고, 고객은 키키를 낮추어본다. 이 세계 전체가 키키를 대단치 않게 생각한다. 왜냐하면 이곳은 물질이 도처에 널려 있고 일할 사람이 곳곳에 있기 때문에 '마녀'라지만 다 대체 가능하다. 그렇게 타인의 선택만 기다리면서 살아야 하는 것이 상품 세계라면 누구라도 키키처럼 자기만의 어두운 방 안에서 어찌할 바를 모르고 픽 쓰러질 것이다.

미야자키는 시계 마을을 전쟁 없는 유럽을 상상해서 만들었다고 한다. 전쟁이 없다는 것은, 불시에 다칠 걱정은 안 하고 살 수 있다는 말이기도 하다. 그런데 살기가 너무 어렵게 되면 자기 재능이나 남 시선 같은 것은 따질 여유가 없어진다. 부모가 돼지로 변하고 친구가 죽을지도 모를 정도로 상황이 되면 자기가 가진 것이 아무리 작더라도 귀하게 생각하고 할 바를 다하게 된다. 〈하울의 움직이는 성〉에 나오는 소피는 겨우 청소밖에 할 줄 몰랐지만, 자기 없으면 더러운 상태로 굶고 있어야 할 성의 아이와 노인을 생각해 최선을 다했다. 그런데 키키는 누구나 걱정 없이 살 수 있는 풍요로운 세상에서, 그 누구에게도 의미 있는 존재가 되지 못해 우울하다. 키키는 남들의 시선을 의식할수록 자기 마음만 붙들게 된다. 결국 그런 상황 속에서 고양이 지지와 대화를 나눌 능력도 잃는다.

도입부에서 키키는 수련의 날짜를 자기가 정할 정도로 똑똑하고 당돌했다. 당장 오늘 수련을 결정할 정도로 자립적이었다. 미리 빗자루를 깎아 두었을 정도다. 하지만 캠핑 준비를 한 아버지를 배려하지 않았고 자기 마음대로 출발 날짜를 정할 정도로 자기중심적이었다. 자신이 받은 마법에 대해 감사한 적도 없고, 수련도 전통의 일부일 뿐이라며 가볍게 여긴다. 온천장에 가기 전 치히로의 모습과 크게 다르지 않다. 가족, 친구, 이웃 이 모든 것이 자기에게 마땅하다는 듯 함부로 대했다.

이렇게 자신만만할 수 있었던 것은 많은 것을 받아서다. 키키는 엄마의 빗자루를 타고 수련을 시작하고, 기차도 무임으로 승차하고, 오소노의 호의로 덜컥 빵집에서 살기 시작한다. 시계 마을 아이들은 더 풍족하다. 그들은 재능도 덕도 없는데 윤택하다. 마녀의 배달을 이용하는 고객들 전부가 조카나 손녀에게 선물을 보내고 있다는 점은 인상적이다. 덕분에 이들은 매일이 어린이날인, 자기 원하는 것에만 집중하는 괴물이 되어 버렸다. 이모로부터 까만 고양이 인형을 선물 받은 소년은 인형을 개에게 줘 버리고, 청어 파이를 받은 손녀는 할머니에게 감사 전화도 안 할 것 같다. 톰보는 빗자루를 탈 줄 아는 키키에게 호기심을 갖지만 정작 키키가 얼마나 어렵게 일하는지, 부모 없이 빵집 2층에서 사는 것이 어떤 일인지에는 관심이 없다.

그래서 이토록 풍족한 세계에서 키키는 힘들다. 키키는 자꾸 쇼윈도를 바라본다. 들여다볼수록 자신이 초라하다. 미야자키는 '전쟁 없음'이라는 키워드로 물질적 풍요의 이면을 꼬집는다. 물질적 풍요는 타인의 인정에 전전긍긍하면서도, 나를 인정해 줄 그 고마운 존재들은 무시하게 만든다. 모두가 남이 날 봐주었으면 하는 세상이지만, 아무도 서로에게 시선을 두지 않는다. 그런 난처한 상황에 혼자 전전긍긍하다 보면 우울해진다.

미야자키는 물질적 풍요 속에서는 자긍심을 갖기가 대단히 어렵다고 한다. 풍요를 물질적으로 재단하는 데 익숙해지면 자기 내면의 덕, 즉 용기라든가 배려심이라든가 하는 것의 소중함을 놓치게 되고, 타인의 마음씀에 대해서도 대수롭지 않게 여기게 되니 말이다. 시계 마을의 청어 파이 소녀는 평생 물질적으로 큰 어려움 없이 살아갈 수 있을지 모른다. 그런데 딱 물질적으로다. 살아가기 위해서 우리는 많은 일을 겪는다. 어떤 인생이든 우정과 사랑, 성취와 실패 등 다양한 문턱을 넘게 마련이다. 그때마다 어찌해 볼 수 없는 고통이 일상의 틈을 비집고 올라올 텐데 언제까지고 남이 날 예쁘게 봐 주기만 바라며 지낼 것인가?

재능이 아니라 소망이 결정한다

키키는 어떻게 마법을 회복하는가? 어떻게 관계 속에서 자기 생명력을 되찾는가? 미야자키는 두 가지 계기를 마련한다. 첫번째는 키키가 숲속에서 우르술라 언니에게 꿀팁을 받아서다. 마법을 잃고 풀 죽어 있는 키키에게 숲의 화가가 찾아온다. 우르술라는 시내에서 식료품 등을 사고 숲속 오두막으로 돌아가려다 잠시 키키에게 들른다. 우르술라는 키키에게 숲에서 하룻밤 자고 가라고 권하면서 자기 경험을 이야기해 준다. 우르술라도 키키처럼 열세 살 때 화가가 되려고 결심했다. 그리기가 너무 재미있어서 어떤 의심도 없이 화가가 되기로 했다. 하지만 갑자기 어떻게 해도 그림을 그릴 수가 없었다. 그려도 그려도 마음에 들지 않았고, 어떤 작품도 완성할 수 없었다. 무슨 이유에서 였을까? 지금까지 누군가의 그림을 따라 했기에 벌어진 사태였다. 물론 우르술라는 색을 만들고 표현하는 재능을 타고났을 것이다. 그러나 화가가 되려면 그런 재주만으로는 부족하다. 마녀가 단지 주문 외우는 능력이 있는 사람이 아니듯 말이다.

전쟁 통에서든 풍요로운 세계에서든 우리는 자기다움을 발견하고 키우고 살 수 있다. 자기 삶의 의미를 찾고 싶다면 먼저 자기 능력을 점검할 일이다. 미야자키는 키키가 지닌 마력이 누구나 조금씩 갖고 있는 어떤 재능 같은 것에 불과하다고 한다. 그렇다. '어떤' 재능, '얼마나의' 재능이 우리 운명을 결정하지는 않는다. 그러므로 각자가 지닌 무엇이라도 천천히 생각해 보면 된다. 그것이 자신에게 어떤 의미가 있으며, 그것을 또 어떻게 쓰고 싶은지를 말이다. 쇼윈도에 비친 자기를 보기 전에 먼저 자기 마음을 들여다보아야 하는 것이다. 너는 어떤 방식으로 이 능력을 가져가고 싶은가?

2023년 항저우 아시안게임에서, 중국에서 귀화한 전지희 선수가 탁구 여자 복식으로 금메달을 땄다. 우승한 선수의 표정이 너무 환하고 멋져서 과거 영상 몇 개를 찾아보다가 어린 후배들에게 선배가 들려주는 조언 편을 시청하게 되었다. 이렇게 훌륭한 선수인데도 매일 기본기를 훈련하는 성실함은 놀라웠다. 전지희 선수가 자기 스타일을 고민한다는 점은 더 인상적이었다. 선수는 탁구 역사에 어떤 기술을 선물할 것인지, 전지희라는 이름으로 어떤 공격과 방어의 능력을 선보일 것인지 탐구하면서 라켓을 잡는다고 했다. 나는 탁구를 칠 줄 모른다. 그래도 자기만의 기술을 만든다는 것이 단지 탁구계의 시류를 따라잡는 일이 아님은 알겠다. 그것은 탁구라는 스포츠에 대한 자기 철학과, 동료 선수와 상대 선수와의 멋진 관계를 연출하기 위한 기법 가다듬기일 것이다. 이것이 자기 개인의 타고난 바를 자랑하는 일일 리는 없다. 전지희 선수는 탁구에 대한 자기만의 철학을 갖지 않으면 세계적인 선수가 될 수 없다고 했다. 이때의 '세계적인 선수'란 단지 명성을 크게 얻겠다는 목표를 뜻하지는 않을 것이다. 자기를 완성하는 데 재능보다 더 필요한 것은 소망에 대한 자기 철학이다.

미야자키 하야오 역시 마찬가지의 시간을 가졌을 것이다. 그림 실력이야 젊어서부터 유명했지만, 어느 순간 그도 아무것도 그릴 수 없는 시간이 찾아왔다고 한다. 특히 〈철완 아톰〉을 그린 데즈카 오사무(手塚治虫, 1928~1989)와 그림체가 비슷하다는 평가를 받고 슬럼프를 맞았다고 한다. 그렸던 그림을 다 없애 버리기도 하고, 데생이나 붓질부터 하나하나 다시 닦아 보려고도 했다. 미야자키는 최종적으로 애니메이션에 대한 자기만의 철학, 즉 비전이 있어야 함을 깨달았다. 자기가 하고 싶은 이야기, 주고 싶은 즐거움에 대한 생각을 깊고 넓게 하기 시작하자 그림체가 달라지기 시작한 것이다.

우리 각자의 능력은 우리가 이 세계에 온 이유와 관계된다. 인류학의 많은 보고서들은 원시 부족의 통과의례를 다룬다. 야생의 청소년들이 키키처럼 고향을 떠나 혈혈단신 숲이나 토굴로 들어간다. 미션은 간단하다. 네 운명을 발견하라! 키키의 경우를 놓고 이런 통과의례의 의미를 이해해 볼 수도 있겠다. 수련이란 재능과 꿈을 발견하라는 말이 아니다. 내가 가진 조건들이 나에게 어떤 의미가 있는지 생각해 보라는 뜻이다. 능력이야 거기서 거기다. 천재라지만 역사 속에 그런 천재는 많고 많다. 문제는 자기가 가진 바를 귀하게 생각하고, 그 쓰일 바를 고민하려는 진심에 달려 있다. 키키는 우르술라의 숲에서 자기답게 날아야 함을 이해하게 되고 잃어버린 마력에 대해 조금은 여유로워진 마음으로 마을로 돌아오게 된다. 마법을 다 잃어버려도 얼마든지 살아갈 길이 있을 것이기 때문이다. 키키에게는 그것 말고도 좋은 능력이 많을 테니 말이다. 이처럼 애니미즘은 각자의 활력을 고민하는 사고법이다. 자기 능력과 의미에 대해 생각하는 것이야말로 애니미즘적 실천일 수 있다.

두번째 계기는 비행선에 끌려간 톰보 구하기다. 키키는 친구가 위기에 처했다는 사실을 텔레비전에서 보고 무작정 달려간다. 시계 마을이 높은 언덕으로 되어 있다는 것은 앞서 말했다. 키키는 계속 달리면서 높은 언덕을 오른다. 날기 위해서는 높은 곳을 향해 뛸 줄 알아야 한다. 키키는 군중 속을 비집고 오르다가 갑자기 청소용 솔을 발견한다. 그리고 자기 안의 비행 능력을 과감하게 확신한다. 키키는 대솔을 빌려 모두가 보는 자리에서 힘을 내고 마침내 날아오른다. 미야자키는 이 장면에서 클로즈업된 키키의 자신에 찬 얼굴을 보인다. 키키의 마력에 힘받은 솔이 결국 팡! 하고 불어 터진다. 키키는 잘 날아오르지 못하면 태워 버리겠다고 솔을 협박까지 한다. 친구를 구하고 싶은 마음, 구할 수 있다는 확신, 이 두 가지가 합쳐져 키키는 마법을 되찾고 톰보를 구한다.

어떻게 해야 자기답게 살 수 있을까? 우리에게는 누구와도 다르고 싶지만, 모두에게 인정받고 싶기도 한 양가적 마음이 있다. 미야자키는 이 두 가지 모순된 욕망 때문에 너무 괴로워하지 말라고 한다. 자기 욕망과 재능을 누구와 함께 나눌 것인가를 생각해 보면 되기 때문이다. 관계 속에서 구체적으로 성찰하게 되면 가장 자기다운 비행의 길이 보이리라.

키키는 어떻게 자신이 마력을 되찾을 줄 알았을까? 키키는 자신을 믿었다. 자신을 믿었기에 톰보 역시 쉽게 매달린 줄을 놓지 않으리라는 것을 알았다. 자기를 믿는 자가 타인도 믿는다. 그렇게 톰보를 구한 키키는 결국 도시 사람들 전부의 칭찬을 받으며 하늘에서 내려온다. 타인으로부터의 인정은 스스로에게 거는 신뢰를 통해서만 얻을 수 있다.

엔딩 장면을 보면 키키가 배달 일을 계속한다는 것을 알 수 있다. 하지만 그것 말고도 톰보와 바다 위를 날기도 하고 빵집

아르바이트도 계속한다. 가장 중요한 변화는 키키에게 많은 친구가 생긴 것이다. 키키는 오소노의 빵집에서 생기발랄한 또래 소녀와 제법 친해진 듯 이야기 나누기도 하고, 시계탑 할아버지와 높은 창에 앉아 농담도 한다. 자신의 우울함과 기쁨을 나눌 사람이 조금씩 늘어나는 모양이다. 키키는 솔 빗자루를 타고 점점 더 많은 친구를 사귀고 있다.

그런데 놓치지 않아야 할 점이 하나 있다. 키키는 지지와 그날 이후로는 더 이상 대화를 나누지 못한다. 마법이 돌아왔으니까, 지지도 인간의 말을 다시 해야 할 텐데 그렇게 되지는 않는다. 얻는 것이 있으면 잃어야 하는 것도 있는 법이다. 자기만의 철학을 만들어 가는 자, 자기 관계를 확장하는 자는 거듭 달라지는 관계 속으로 들어간다. 친구가 늘어나기만 하는 것이 아니라, 사귀었던 사람이 사라지는 일도 따라올 수밖에 없다. 그렇지만 이렇게 자기만의 방식으로 날게 된 키키는 서서히 자기만의 지도를 확실하게 그려 가리라. 자기만의 경로로 날마다 시험 비행 중일 키키를 상상해 보자. 누구와 어떻게 하늘과 바다를 바라볼 것인가를 생각하는 마녀 배달부의 하루는 가끔 자의식과 인정 욕망의 습격을 받아 휘청대기도 하겠지만 결코 외롭지는 않으리라.

3.
마녀 키키
—스스로 빛나는 배달부

배달의 키키

키키는 과연 어떤 마녀가 될까? 바닷가 마을에 계속 머무르게 될까? 설마 톰보와 결혼까지 하고?

키키는 마녀다. 미야자키 하야오가 그리는 마법사 계열의 개시를 멋지게 알리는 캐릭터이기도 하다. 그런데 이후의 마법사들과 비교해 보면 키키에게는 크게 다른 점이 있다. 온천장의 유바바는 다섯 손가락 전부 반지를 끼고서, 온갖 금은보화로 장식한 오피스와 내실(內室)에서 일한다. 움직이는 성의 하울도 지저분하기는 하지만 자기 방을 엄청나게 꾸미고 살며 외모 가꾸기에도 소홀함이 없다. 바다 여신의 딸인 포뇨는 외모에는 큰 관심이 없지만 그 어머니 그란만마레는 마력의 여신답게 귀걸이며 목걸이며 화려한 화장이 대단하다. 그란만마레는 움직일 때마다 별빛과 물빛이 그 주변을 화려하게 가득 채운다. 미야자키의 마법사들은 모두 화려하다?

키키는 어떤가? 마녀인데 수수하다. 검은 옷에 장신구라고는 머리에 묶은 붉은 리본뿐이다. 앞의 세 마법사와 마녀들에 비하면 특히 그 방이 검소하다. 그러고 보니 블링블링한 마녀들의 전신이 되는 것은 의외로 〈천공의 성 라퓨타〉의 공적(空賊) 도라와 그의 아들들이다. 〈붉은 돼지〉에 나오는 공적들도 엄청나게 화려하게 비행선을 도색하고 독특한 유니폼으로 갖은 멋을 다 냈다. 유바바, 하울, 도라와 공적들이 외모에 집착하는 것은 자기 욕망에 충실해서다. 그래서 이들은 왕이나 권위자와는 늘 대립한다. 이들에게 가장 중요한 것은 '자기'이다. 키키에게 다른 마법사들과 공통점이 있다면 그건 비행 능력에서다. 사실 키키는 마법사 계열이라기보다는 비행사 계열에 속한다고 할 수 있다. 빗자루를 깎기도 하고 실제로 날기도 하니까. 기술자이자 조종사라는 점에서는 나우시카(〈바람 계곡의 나우시카〉)와 파즈(〈천공의 성 라퓨타〉), 그리고 톰보와 계열이 같다.

키키와 가장 닮은 캐릭터는 미야자키가 바로 다음에 작업하게 되는 〈붉은 돼지〉의 포르코다. 포르코는 마법사는 아닌데 저주를 받아 반인반돈(半人半豚)이 된다. 마법 때문에 살고 죽기에 키키와 처지가 같다. 포르코가 키키의 분신인 것은 그가 해적들과 대립한다는 점에서 확실해진다. 포르코는 자기 욕망을 충족시키기 위해 날지는 않는다. 키키도 포르코도 자기 비행기에 '자기 것'을 싣지 않는다. 키키는 배달품을 싣고 포르코는 아이들을 태운다.

더 나아가 포르코와 키키 모두 라디오 듣기를 즐긴다는 점도 닮았다. 포르코가 와이셔츠가 하나밖에 없는 단벌 신사고, 집 없이 무인도에서 소박하게 지낸다는 점도. 그러므로 키키를 이해하기 위해서는 포르코와의 차이에서 접근해 들어가는 것이 좋겠다. 또 하나, 키키의 비행기는 빗자루다. 단지 배달일만 그리고 싶다면 우편 배달기나 페덱스의 물류 비행사를 꿈꾸는 소녀의 이야기여도 된다. 미야자키는 왜 빗자루를 선택했을까?

사람을 실어야 하는 빗자루

키키는 배달부다. 배달부는 물건의 자리를 찾아 주는 사람이다. 미야자키 하야오는 누군가를 치료하는(엄마 마녀), 누군가의 사랑을 중개해 주는(공장 지역의 견습 마녀) 마녀가 아니라 왜 배달하는 마녀에 집중했는가?

키키는 영화에서 모두 다섯 번 배달한다. 첫번째 배달에서는 빵집에 두고 간 공갈 젖꼭지를 오소노를 대신해 아기에게 돌려준다. 자기 집을 찾기도 바쁠 때인데 갑자기 곤란에 처한 아기를 위해 빗자루를 탄다. 두번째 배달은 디자이너 언니의 부탁으로 그 조카에게 생일 선물이 될 까만 고양이 인형을 가져다주기이다. 여기서 키키는 갑자기 불어온 돌풍 때문에 숲에 인형을 떨어뜨리게 되고, 자기 고양이를 인형 대신으로 위장해서 배달한다. 세번째 배달은 어떤 아저씨가 무거운 짐을 부탁한 것인데 낑낑거리며 들고 계단을 올라 배달에 성공한다. 네번째 배달 물품은 푸른 눈의 할머니가 손녀 생일 파티를 위해 준비한 청어 파이이다. 이때 키키는 오븐 고장에 비까지 내려 톰보가 초대한 파티를 포기할 수밖에 없었다. 네 번의 배달에서 키키는 자기 집, 자기 고양이, 작은 자기의 몸, 자기의 파티를 모두 내려놓으며 누군가의 부탁을 수행한다. 키키가 배달한 것은 모두 자신의 소유나 욕망과는 무관한 것들이다. 미야자키가 생각한 배달이란 일차적으로는 소유와 대비되는 일이다.

여기서 우리는 키키가 걸어서 했던 다섯번째 배달에 대해 생각해 볼 수 있다. 키키는 톰보와의 약속을 말없이 어기게 된 그날, 비를 많이 맞아서이기도 하고 자기의 능력에 회의가 생기기도 해서 감기몸살을 앓는다. 회복 직후 오소노가 시키는 대로 누군가에게 빵을 배달하게 되는데, 나중에 보니 오소노가 키키를 위해 톰보에게 빵으로 대신 사과할 수 있도록 도운 것이었다. 키키는 다섯번째 배달에서 비로소 자신의 미안한 마음을 배달하게 되지만 정작 배달 과정에서는 자기가 무엇을 왜 배달하는지를 몰랐다. 빗자루를 타고 배달할 때에는 타인의 욕망을, 걸어서 배달할 때에는 자신의 마음을 생각하라! 자기를 위해서는 날 수 없는 것이다. 난다면 누군가를 위해서다.

〈마녀 배달부 키키〉는 미야자키 작품 중 가장 많은 굿즈가 나오지만 키키는 소비의 세계와 거리를 둔다. 키키의 배달은 늘

정해진 금액 이하나 이상의 노동과 교환된다. 그리고 키키는 뭘 모으지도 않는다. 은행에 잔고가 쌓이고 있는지는 모르겠다. 하지만 방에 새 물건이 들어오지는 않는다. 빈 유리병에 꽃이 꽂혀 있기도 하고 화덕 옆에 못 보던 서랍장이 놓이기도 하지만 가게에서 샀다고 볼 수 없을 정도로 낡은 느낌이 든다. 어디서 주워 온 것이 아닐까?

키키는 자기를 위해서는 거의 아무것도 가지지 않는다. 심지어 빗자루조차 말이다. 고향 마을을 떠날 때 키키는 애써 깎아 둔 자신의 빗자루 대신 엄마의 오래된 빗자루를 타고 나왔었다. 이 빗자루가 부러지게 되어 새로 빗자루를 깎아 보았지만 결국 톰보를 구할 때는 거리 청소부 아저씨의 대솔을 빌렸다. 엔딩 장면에서 키키가 타는 것도 바로 이 솔이다. 청소부 아저씨께서 선물로 주셨을 것 같다. 키키는 끝까지 자기 빗자루라 할 만한 것을 갖지 않는다.

마지막에 키키는 추락하는 비행선에 매달린 톰보를 구해 지상으로 데리고 내려온다. 이때 물건이 아니라 사람을 싣게 되므로 이 지점에서 빗자루는 비행기가 된다. 같은 비행사지만 키키가 톰보보다 수준이 높다고 할 수 있다. 톰보는 그저 재미 때문에 난다. 키키는 자기 목숨을 걸고 톰보의 목숨을 구한다. 키키에게 배달이란, 비행이란, 타인의 삶을 어떤 자리로 데려다주는 행위이다. 비행이 누군가를 태우는 일이며, 그 누군가가 어디에 이르러야 할지를 함께 생각하는 일임은 다음 작품 〈붉은 돼지)에서 다시 모색된다.

서구 문화에서 마녀는 마을 바깥의 존재이다. 어떤 규율에도 얽매이지 않는 자유롭고 방탕한 자기 욕망의 주체다. 그런데 도시 안에 들어와 사는 키키는 마녀로서는 소외를 겪는다. 키키는 자유롭지도 않고 제멋대로도 아니다. 누군가 자신을 필요로 해주기를 빵집에서 기다리고 또 기다린다. 우리 시대는 남들을 위해 하는 일, 다른 목적에 종속된 일, 그런 미션들은 '그림자 노동'이라고 부른다. 그러면서 가사나 돌봄 같은 활동을 평가 절하한다. 그런데 미야자키는 마녀가 배달하는 이야기를 그렸다. 배달이야말로 누군가의 목적을 위한 수단적 노동인데, 그렇게 타인의 욕망 성취를 돕는 이야말로 주인공이라고 한 것이다. 자기 욕망을 보고 날지 않는 자야말로 마녀. 톰보는 죽었다 깨어나도 가질 수 없는 저 위대한 능력, 마음먹으면 언제라도 날 수 있는 그 능력은 타인을 보고 가는 사람에게만 주어지는 재능이다.

반짝이는 나의 지도

배달과 청소는 애미니즘과 무슨 관계가 있는가? 배달은 물건들의 자리를 찾아 주는 일이다. 각자 맞는 자리에서 만물은 생명력을 얻는다. 그럴 때 편안하고 건강한 삶을 영위할 수 있다. 키키 덕분에 공갈 젖꼭지를 되찾은 아이는 느긋한 마음이 되어 더 잘 웃게 된다. 고모 대신 도착한 선물로 조카는 섭섭함을 던다.

<마녀 배달부 키키>

하늘에서 살아 내려온 톰보의 안녕이야 더 말할 것도 없다.

물건에 제자리를 찾아 준다는 의미에서 키키의 배달은 빗자루와 잘 어울린다. 빗자루를 탄 마녀라는 관점에서 키키의 숨은 능력에 대해 더 생각해 보자. 청소란 정리정돈이 기본이다. 신발은 식탁 위에 있을 때 더럽지, 신장 안에서는 더럽지 않다. 공간을 깨끗하게 한다는 것은 각각의 사물이 자기 있을 자리에 있도록 하는 일이다. 쓰레기란 용처를 잃은 사물을 가리키는 말이다. 어떤 물건도 그 자체로 쓰레기가 되지 않는다.

청소에는 차이 나는 관점들을 종합할 수 있는 비전이 필요하다. 이 집에서 사는 사람들이 어떤 관계였으면 좋겠는지, 우리가 어떤 모습으로 세상 사물들과 관계 맺어야 할지, 가족 전체의 가치관이 먼저 만들어져야 청소도 할 수 있다. 그래서 특정한 누군가의 관점으로 공간 전체를 도배하는 것은 곤란하다. 너무 어리거나 너무 건강이 좋지 않은 누군가는 배려해야 하지만, 되도록 모두가 사물과 편안한 관계를 누릴 수 있어야 집 전체가 편안해진다. 그러니 청소하는 사람은 모름지기 자기 취향부터 내려놓아야 한다. 키키는 배달을 하면서 이 항구 도시의 구석구석을 알게 될 것이다. 그리고 어두운 곳은 밝게, 무거운 곳은 가볍게, 슬픔은 웃음으로, 허풍은 진실로… 이런 식으로 여러 관계들의 중심을 잘 잡아가는 비행을 하게 될 것이다.

미야자키는 자기 소유로부터, 자기 취향으로부터 달아나라고 말한다. 그런 점에서 모순적이기도 하다. 슬럼프에 빠진 키키에게 조언을 해준 우르술라는 '자기답게 그리기'를 고민했기 때문이다. 키키 역시 자기 능력의 의미에 대해 스스로 묻고 답해야 남들을 위한 배달도 할 수 있다. 자기답게 날기는 자기 취향 내려놓기와 연결된다.

마지막에 키키는 부모에게 편지를 쓴다. '배달 일이 자리를 잡아서 약간 자신감이 붙었어요. 가끔 우울하지만 저는 이 마을이 정말 좋답니다.' 마녀란, 모든 사물의 제자리 찾기로서 비전을 세우는 사람이다. 그러므로 마녀는 굳이 낯선 곳을 찾아다닐 필요가 없다. 키키는 앞으로 바닷가 마을에서 만들어지고 부서지는 많은 물건들의 자리를 이리저리 찾아 주면서 날 것이다. 이 마을에서 산다는 것이 어떤 일일지, 모두가 어떻게 물건을 주고받으면 좋겠는지 생각을 거듭하는 가운데 키키가 아니면 불가능한 방식으로 하늘을 날 것이다.

가끔 우울한 이유는 거기에 정답이 없기 때문이다. 모색과 궁리를 거듭하는 일은 자기의 궤적을 고집하지 않는 비행을 통해서만 가능하다. 키키는 바닷가 마을에서 오래오래 살 것이다. 바닷가 마을이 좋은 곳이어서가 아니다. 어디서나 많은 물건들이 저마다의 이유로 돌아다닌다는 것을 보고 살 테니까 그렇다. 키키는 그어 볼수록 그릴 수 있는 경로가 많아짐을 깨닫게 될 것이다. 키키는 많은 경로들, 모색과 시도의 모험 앞에 가장 자기다운 방식으로 당당하리라. 그런 키키 주변에는 웃음꽃이 팡팡 터지리라.

<붉은 돼지>

: 반인간주의 선언

붉은 돼지(紅の豚, 1992)

○줄거리
맹렬히 고개를 쳐들려는 파시즘으로 혼란스러운 1920년대, 이탈리아 아드리아해에서는 밥줄이 끊어진 비행기 조종사들이 바다의 배를 습격하는 공적(空賊)이 되어 있다. 이들에게 걸린 현상금을 노리고 비행하는 붉은 돼지가 주인공이다. 얼굴은 돼지인데 몸은 중년 남자인 포르코 로소는 한때는 전쟁 영웅이었지만, 무기를 싣고 하늘을 날 수밖에 없는 처지를 비관한 뒤 니힐리스트가 되었다. 그러나 공적들과 다투는 가운데 고장난 비행기를 수리하다가, 누군가를 즐겁게 하는 것으로도 충분한 비행의 의미를 발견한다.

○주요 캐릭터
• 포르코 로소 : 본명은 마르코인데 전쟁 직후 돼지의 머리를 갖게 되는 바람에 '포크(돼지)+마르코'가 되어 포르코로 불린다. 과로로 머리가 두부가 되어 버린 일본의 중년 남성을 모델로 했다고 한다. 비행기가 전쟁 무기가 되고 마는 현실에 절망하지만 비행의 새로운 목표를 발견한 뒤 다시 인간이 된다.

• 미스터 커티스 : 할리우드에 진출한 뒤 미국 대통령이 되는 것이 꿈인 비행사다. 비행이란 하늘의 곡예이며 지상의 인간을 즐겁게 해줄 예능이라는 점을 포르코와 함께 깨닫는다.

• 마담 지나 : 호텔 아드리아의 여주인으로 노래 실력이 뛰어나다. 무시무시한 군대도, 지저분한 공적들도 지나의 매력에 빠져 서로 싸움을 멈춘다. 포르코를 사랑하지만 둘의 미래를 상상하는 것은 독자의 몫이다.

• 피오 : 열일곱 살의 재능 있는 비행기 정비사다. 밝고 재치 있는 성격으로 고집센 포르코가 쓸데없는 싸움에 휘말리는 것을 막고 그에게 비행의 희망을 다시 심어준다.

1.
이소노미아의 아드리아해
―섬들의 바다, 자유의 하늘

전체주의는 도시를 좋아해

미야자키 하야오는 〈마녀 배달부 키키〉에서 비행이 만물 연결의 기술임을 보였다. 다음 작품 〈붉은 돼지〉는 그런 만물 연결이 경계해야 할 또 다른 연결성에 대해 지적한다. 연결자로서 배달부 마녀가 되는 키키에게 자기 비전 만들기가 필요했듯이 〈붉은 돼지〉의 주인공 돼지-인간 포르코도 비행사로서 자기 비전 세우는 일에 힘쓴다.

　〈붉은 돼지〉에는 크게 세 개의 공간이 나온다. 첫째가 도시다. 여기에는 경찰이 돌아다니는 상업 도시, 대규모로 상품을 제작하는 공장 도시가 있다. 둘째는 섬이 많은 아드리아해이다. 셋째는 붉은 돼지가 멋지게 누비는 하늘이다. 미야자키는 앞의 두 공간을 대립적으로 그리면서 하늘을 연결의 거대한 가능성으로서 제시한다. 푸른 아드리아해와 그 위에 더 푸른 하늘을 이해하기 위해 먼저 두 개의 도시부터 살펴보자.

미야자키 하야오는 두 개의 육지 공간을 보여 준다. 주인공 포르코가 비행기 수리비로 현금이 필요해 은행을 방문하게 되면서 첫번째 도시가 나온다. 포르코가 도시에 도착하자마자 보게 되는 것은 거대한 장갑차 행렬이다. 엄청나게 큰 대형 무기 자동차가 같은 방향으로 줄지어 가고 그것을 많은 사람들이 똑같은 표정을 하고 본다. 모두가 나라의 전쟁을 지지한다.

하지만 이 분위기가 자발적으로 만들어졌다고 보기는 어렵다. 왜냐하면 곳곳에서 경찰이 눈을 번뜩이며 사람들을 주시하고 있기 때문이다. 특히 경찰들은 포르코를 노려 본다. 포르코가 돼지-인간이라서가 아니라 군중 행렬에 무심하기 때문이다. 게다가 은행 창구의 직원은 포르코에게 자꾸 애국 채권을 사라고 부추긴다. 이 도시는 돈으로 사람들을 옥죄면서 경찰을 동원해 사람들이 전쟁에 찬동하도록 내몬다. '연결'의 관점에서 말하자면, 모두가 한마음 한뜻으로 뭉쳐 있지만 누군가를 해하려고 하는 의도에 바탕을 둔 연결이다. 뿐만 아니라 총과 돈으로 위협을 해서 만든 연결이다.

미야자키는 〈마녀 배달부 키키〉의 마트 장면에서 화폐적 교환의 불쾌함을 표현했었다. 미야자키는 이 은행 도시도 비판하는데, 이번에는 좀 희화화시키면서다. 인플레이션 때문에 많은 돈을 인출할 수밖에 없는 포르코의 코앞에 화폐에 찍힌 이빨 날카로운 유치한 괴물이 보인다. 모두를 경제난에 허덕이게 하고 억지로 전쟁을 찬동하도록 몰아가는 그 '돈'이란 것이 실제로는 웃긴 얼굴을 한 종잇조각에 지나지 않는 것이다. 이런 돈을 쓰는 사람들끼리 함께 군가를 부를지는 몰라도 제대로 된 연결을 가질 수는 없다. 그래서 이 도시 뒷골목에서 포르코가 사온 총알들 중에는 불량품이 많다. 오래된 고객들끼리도 서로 속이고 있다. 포르코는 은행 창구에서 애국 채권을 사서 국가에 공헌하라는 직원에게 다음과 같이 말한다. "애국 따윈 인간끼리 많이 하쇼!"

포르코는 원래 군인이었다. 그것도 매우 뛰어난 공군 비행사였다. 그런 그가 왜 애국심을 버리게 되었을까? 국가들의 이익을 다투는 전쟁에서 그가 얻은 환멸이란 무엇이었을까? 우리는 포르코가 돼지-인간에서 다시 인간으로 돌아오는 과정에서 이 부분을 유추할 수 있다. 비행은 지상에 붙박인 인간의 한계를 초월하게 해준다. 그럼 그렇게 한계를 초월해야 하는 이유란 무엇인가? 함께 더 잘 살기 위해서다. 포르코는 이것을 믿었다.

그런데 전쟁 중에 포르코는 이 '함께 잘 살기'를 위해 뜻을 같이하지 않는 수많은 사람들이 목숨을 내놓아야 한다는 역설에 직면했다. 잘 살기란 똑같이 부자가 되는 일인지 전쟁의 목적도 수단도 돈이었다는 것을 알 수 있었다. 포르코는 이 '함께'가 '부자 국민으로서의 함께'라는 것에 질리고 말았다. 국민이 아니면 함께 날 수 없는가? 나라에 세금을 내면서 그 시민으로서의 자격을 받아야만 비행에 동참할 수 있는가? 그래서 포르코는 전투 중에 적군과 아군을 가리지 않고 목숨이 위험한 비행사들 구하기에만 힘썼다. 덕분에 '전쟁의 영웅'이라는 칭호는 얻었다. 하지만 전쟁이 끝나자 인간이기를 포기했다.

포르코는 돼지-인간이다. 인간이기를 거부하면서 하늘을 날려 한다. 그는 '함께'에 어떤 자격이 있어서는 안 된다고 생각한다. 하지만 그렇다고 아무렇게나 같이 날 수는 없다. 도대체 무엇을 위해, 어떤 방식으로, 우리는 연결되어야 하는가?

연결의 관점에서 주목해야 할 도시는 붉은 비행정 수리를 위해 포르코가 방문한 밀라노다. 여기에는 피콜로 씨의 정비소가 있다. 이 정비소는 겉으로 보면 대단히 권위적인 아버지의 명령에 따라 식구들 전부가 손발을 딱딱 맞추는 것처럼 보인다. 하지만 잘 들여다보면 전혀 그렇지가 않다. 우선 포르코가 공장 식구들과 하나하나 인사를 나누는 장면에서부터가 그렇다. 전쟁 통이라 아들들은 모두 전선에 나가 있거나 돈을 벌러 대도시에 가고 없다. 그래서 모두 며느리와 딸, 조카, 손녀 등 여자들뿐이다. 그런데 이 수가 엄청나다. 공장주이자 아버지인 피콜로 씨는 포르코에게 그 한 사람 한 사람의 이름을 다 소개해 준다. 미야자키는 이 많은 사람 하나하나를 대단히 개성 있게 표현한다. 아버지의 이름 아래 '함께'이지만 얼굴이 다 다르다. 이 점은 다른 옷차림을 하고 있었지만 어딘가 뚱하게 닮아 있었던 은행의 고객들과 비교된다.

뿐만 아니다. 공장 직원들은 자기가 할 수 있는 바를 열심히 한다. 17살 정비사 피오는 도면을 그리고, 피오의 이모와 사촌 언니들은 나무를 깎고, 할머니들은 붉은 물감으로 도색을 하신다. 각각의 일이 완전히 전문적으로 이뤄지고, 협업도 잘된다. 이 구체적인 임무에 대해 피콜로 씨는 전혀 간섭하지 않는다.

돈과 관련된 부분도 재미있다. 애국을 위해 채권을 사고 저축을 하는 일 같은 것은 피콜로 씨네 가족의 관심거리가 아니다. 누구보다 씩씩하신 호호백발의 할머니들은 손주 용돈을 벌기 위해 공장에 나와 출근 카드를 찍는다. 자식 회사라고 아들에게 돈을 거저 탈 생각 같은 것은 하지 않는다. 쭈글쭈글한 그 손으로 노련하게 일하면서 떳떳이 돈을 번다. 돈은 내 활동의 표현이고 손주를 즐겁게 해주는 수단이다.

그럼 이 공장 사람들을 피콜로 씨의 식구로 만들어 주는 것은 무엇인가? 미야자키는 이들이 함께 밥을 먹는 장면을 보여준다. 공장에서 각자 자기 맡은 바 비행기 제작을 하기 전에, 이들은 먼저 각자 면도 삶고 소스도 만들고 식탁도 차리면서 함께 밥을 만들어 먹는다. 미야자키는 한 끼의 밥에 들어가는 많은 손들의 아름다운 협업을 신나게 그린다. 게다가 이 식탁 위에는 와인이 곁들여진다. 아들과 손자의 생사가 불투명한 전쟁 통이고 겨우 비행기 한 대 만드는 일밖에 없어 보이는 공장 같지만, 이들은 오늘의 한 끼를 소중하게 생각한다. 이 한 끼의 장면이 공장 노동에 앞서 그려진다는 점에서 미야자키가 생각하는 '잘 산다는 것'의 철학을 엿볼 수 있다. 함께 밥을 나누어 먹을 수 있는 것이 잘 사는 일이다. 그래서 공장에서는 여성들이 함께 요리를 하고, 기도하며 밥을 (엄청 많이!!) 먹고, 갓난쟁이부터 아이들까지 떠들며 논다. 밥을 나누어 먹을 수 있는 정도의 느슨하면서도 의지가 되는 관계이면 '함께'로서 충분하다. 국민이라는 결의 없이도, 세금을 냈다는 증명서 없이도 말이다.

두번째, 이 식구들은 붉은 비행기를 완성해야 한다는 목표도 공유한다. 모두가 함께 밥 먹고 힘을 내어 하는 일은 비행기 한 대의 제작이다. 미야자키는 피콜로 씨의 공장 직원들을 모두 여성으로 그림으로써 마치 비행기가 산실에서 태어나는 듯하게 했다. 〈바람 계곡의 나우시카〉나 〈천공의 성 라퓨타〉에도 나오지만 기계도 누군가가 정성을 들여 잉태하고 품어 낳는다는 점에서 생명이다. 피콜로 씨의 공장은 어머니의 자궁처럼 힘이 넘치고 따뜻한 곳이다. 우리가 서로 함께인 것은 뭔가를 낳기 위해서인 것이다. 우리는 멋지고 좋은 가치나 물건을 낳기 위해 함께 있다. 그렇게 우리가 낳은 것은 생명이다.

붉은 비행정의 새 탄생에 큰 역할을 하는 것은 엔진 '지브리'다. 미야자키는 〈붉은 돼지〉를 제작할 무렵 새 사옥을 설계하고 있었다. 새 스튜디오를 올리면서 모두가 함께 의논할 자리를 만든다든지, 여자 화장실을 크게 한다든지, 애니메이션을 만드는 사람들 하나하나를 생각해 작업별로 동선을 짜고, 취향을 고려해 설계했다. 미야자키는 지브리 스튜디오를 새로 만들면서 자신이 페미니스트임도 깨달았다. 그의 페미니즘이 의미하는 바가 무엇인지가 피콜로 컴퍼니에 나와 있다. 미야자키가 비행기 하나를 만들기 위해 각자 맡은 바를 하면서도 비전을 공유하는 피콜로 공장을 자기 모델로 삼았음은 분명하다.

그런데 이렇게 멋진 피콜로 씨의 공장이 여전히 도시에 있어야 있어야 하는 이유는 무엇일까? 미야자키는 도시가 군대와 은행이 함께 있을 수밖에 없는 장소라는 점을 작품 도입부에서 충분히 보여 주었다. 이 부분이 미야자키 스스로가 생각하는 애니메이션 회사 지브리의 역설이다. 미야자키의 영화는 감독 개인의 꿈이 모두의 꿈이 되는 방식이기에 대단히 중앙집중적이라 할 수 있다. 애니메이터들은 각자 자기 손으로 그리면서도 미야자키의 의도를 따라야만 한다. 하나의 작품을 만드는 스태프 전체의 수는 2백~3백 명 정도가 된다고 한다. 그 모든 손들의 힘을 중재하고 모으려면 강력한 엔진이 필요하다. 이 엔진 역할을 하는 것이 바로 미야자키 하야오다.

그리고 한 편의 애니메이션을 제작하는 데에는 정말 엄청난 돈이 필요하다. 지브리는 거의 전부 손그림에 의존하기 때문에 인건비가 상상을 초월하게 든다. 미야자키와 스태프들은 그 돈을 마련하기 위해 원화의 셀이나 캐릭터 굿즈를 만들어 판다. 2023년의 신작 〈그대들은 어떻게 살 것인가〉는 미야자키 하야오가 제작 날짜를 예측할 수 없었기 때문에(작품 완성도를 최대한 끌어올리려 한 덕분에) 넷플릭스에 지브리 전작에 대한 판권을 팔아야 했다. 피콜로 씨의 정비소가 파시스트의 도시와 마찬가지로 육지에 있어야 하는 이유는 미야자키 하야오라는 장인 중심의 제작 방식, 그리고 상업적 성공을 목표로 해야 하는 현실을 고려해서다. 포르코 혼자 지내는 섬에서는 애니메이션을 만들수 없다. 하지만 돈이면 다 되는 도시여서도 안 된다. 〈붉은 돼지〉의 밀라노는 비행사, 즉 자유롭게 자기 비행의 철학을 만들고 싶은 미야자키 개인과, 애니메이션으로 그 비전을 완성해야하는 군주 미야자키 감독의 딜레마를 표현했다고 할 수 있다.

아나키즘은 군도를 좋아해

두 도시와 완전히 대비되는 아드리아해로 가보자. 이 바다는 연결에 대한 다른 비전을 제시한다. 실제로 미야자키 하야오는 이탈리아 인근의 아드리아해를 모델로 삼았다. 이 바다에는 많은 섬이 있다. 나중에 포르코가 비행기 주유를 위해 들르는 섬을보면 이 바다 위 대부분의 섬들이 매우 가난하다는 것을 알 수 있다. 포르코의 아지트도 창고 같은 건물 한 채와 비 정도를 조금 피할 수 있는 텐트를 갖춘 수준이다. 가난한 것으로 치면 미니멀리즘의 극단에 서 있는 포르코가 이들 중 일등이다.

　〈붉은 돼지〉에서 아드리아해의 특징으로 꾸민 섬은 세 곳이다. 첫번째가 포르코의 비밀 아지트다. 아지트는 미야자키가소년의 비밀 공간으로 즐겨 구상하는 장소다. 〈천공의 성 라퓨타〉의 파즈는 부모 없이 혼자 사는 탓에 자기 집이 바로 아지트가 되었고, 〈하울의 움직이는 성〉의 하울은 멋지게 움직이는 성이 있음에도 불구하고 비밀 문을 통해 자기만 들어갈 수 있는 마법 정원을 만들었다. 포르코의 아지트는 어떻게 생겼나? 일단 외관과 들어가는 입구의 모양 같은 것을 생각하면 섬이지만 머무는 곳 자체는 굴처럼 되어 있다. 영화 첫 장면에서 카메라가 아지트의 높은 구멍으로부터 선베드에 비스듬히 누워 있는 포르코를 비출 때까지 쭉 내려오고, 나중에는 공적들과 미국 용병 비행사 커티스가 위에서 내려오는 점은 토토로를 만나기 위해 메이나 사쓰키가 나무 속 터널로 툭 떨어지는 것을 연상시킨다. 이런 구도로 생각해 보면 포르코는 소년이 아니라 굴 밑에 은신처를 마련했던 토토로 계열에도 놓인다. 투실하고 빵빵한 얼굴과 엉덩이 등이 뒤에서 보면 포르코는 완전히 애기 토토로다. 그리고 보니 토토로도 미니멀리스트였다. 그의 집에도 두 개의 단지, 하나의 커다란 침대 외에는 별다른 물건이 없었다. 몇천 년을 살았을 것 같은 숲의 정령이지만 장난감은 평생 세 개다. 오카리나, 팽이, 그리고 새로 생긴 우산! 소박하지만 풍요로운 것이 굴 생활자의 특징이다.

붉은 돼지는 무엇을 가졌나? 일단 창고 같은 작은 건물 하나가 굴의 벽에 붙어 있고 그 왼쪽 옆에 텐트가 하나 있다. 두 공간에 포르코가 평소에 잘 쓰지 않는 입을 것 몇 가지와 책이 들어 있을지도 모르겠다. 아무튼 아지트 생활에서 포르코의 필수품은 간이 의자, 라디오, 포도주, 사과, 담배, 그리고 전화기다.

토토로가 식물 씨앗의 정령이고 메이와 사쓰키 자매의 성장을 돕는다는 점, 그리고 토토로도 나무-팽이를 타고 하늘을 날며 나뭇가지 위에서 오카리나를 부는 것, 이런 점은 완전히 포르코와 유사하다. 포르코도 피오를 성장시키고, 나무로 된 비행기를 타고 날아오르고, 늘 음악을 즐긴다. 그러므로 이 아지트는 스트레스로 머리가 두부가 되어 버린 현대의 중년들이 몰래 갖고 싶은 비밀 공간 같은 것이 아니다. 물론 포르코도 처음에는 그런 의미에서 이런 은밀한 굴을 찾아냈을지 모른다. 하지만 이곳에서 포르코는 연적에게 도전장을 내미는 사랑꾼이 되고, 매사 투덜거리기만 했던 니힐리스트에서 소녀의 운명을 구하기 위해 어떤 전투도 마다하지 않는 긍정론자가 된다.

아드리아해에서 두번째로 중요한 섬은 지나의 호텔이다. 섬 전체가 통째로 호텔 하나다. 지나는 공적(空賊)들의 뮤즈다. 호텔은 섬이므로 배나 비행기를 타고서만 들어갈 수 있다. 여기에는 맛있는 음식과 술이 차고 넘쳐서 지나가 호탕하게 쏘는 일도 잦다. 이 호텔에는 비행기, 비행사들 사진으로 빽빽하다. 포르코는 자신의 아지트에 그 누구도 들이지 않으려고 했다. 하지만 해적들과 피오가 차례로 찾아오게 된다. 반면 지나의 호텔은 사람을 가리지 않는다. 다만 지나가 사랑하는 이들은 여기로 돌아오지 않는다. 포르코의 아지트에는 포르코가 함께하고 싶지 않은 이들이 굳이 찾아오고, 지나의 호텔에는 함께하고 싶은 이들이 애써 찾지 않는다.

<붉은 돼지>

지나의 호텔이 육지의 여느 장소와 다른 이유는 첫번째로 음악이 있기 때문이다. 이 섬은 예술가들을 끈다. 할리우드에 가서 유명한 배우가 되어 나중엔 미국 대통령이 되겠다고 호언장담하는 커티스는 지나를 예술의 여신로 바라본다. 지나의 노래는 자기 집이라고는 없는, 떠돌고 다투지만 그리운 사람 하나쯤은 각자 마음에 품고 사는 고독한 해적들에게 위로가 된다. 두번째는 정원이 있다는 점이다. 이 정원은 완전히 사적인 공간으로, 여기서 지나는 조용히 옛 추억을 음미하며 지낸다. 은행이 있는 도시에서 사람들은 모두 같은 음악을 듣고 한목소리로 애국을 외치지만, 지나는 자신의 정원에서 혼자의 시간을 즐긴다. 미야자키는 정원을 다양한 의미로 그렸다. 〈붉은 돼지〉의 정원은 자기만의 생각과 감정을 소중히 간직할 수 있는 공간이다. 정원은 전체주의와 타협할 수 없는 사람이 가꾸는 소중한 자기만의 장소다. 〈붉은 돼지〉의 엔딩을 장식하는 공간도 지나의 정원이다.

　　단지 두 개의 섬만 보아도 이렇게 다양하니, 아드리아해는 풍요의 스펙트럼이 다양하다고 할 수 있다. 섬들의 바다를 군도(群島)라 한다. 인류학자 나카자와 신이치는 철학자 고쿠분 고이치로와 대담하면서 탈원전·반성장의 운동으로 적당한 장소를 물색하다가 '다리가 없는 곳'이어야 한다는 결론에 이른다(中沢新一·國分功一郎, 『哲學の自然』, 太田出版, 2013). 나카자와 신이치는 일본에서도 지속적으로 그런 운동을 하는 이와이시마

(祝島)라는 섬을 예로 든다. 이곳 사람들은 전통적으로 '다리가 연결되면 자신의 세계가 붕괴된다'고 본다. 하루에 한 번 정도 정기선이 와서 섬들 사이를 이동하는 것이 전부이다. 다리가 아니라 연락선으로 연결되는 섬들은 그때그때 열리고 닫히는 네트워크로서만 존재할 수 있다. 완전히 고립되지도 전적으로 묶이지도 않은 채 리듬을 맞추어 필요에 따라 섬들 사이에 활로가 생겼다 끊어졌다 하는 식이다.

나카자와 신이치와 고쿠분 고이치로는 고대 그리스 사회의 자연 철학자들이 '이소노미아'(isonomia)라고 하는 무지배적 공동체를 실험했던 것을 함께 떠올린다. 그 지역도 많은 섬들로 이루어져 있었다. 무지배적 공동체의 사유 방식을 두고 우리는 아나키즘이라고 한다. 영화가 시작되면 타자기 치는 소리와 함께 각기 다른 언어 자막으로 작품 배경이 설명된다. 한국어도 있고, 오른쪽에서 왼쪽으로 읽어 가는 아랍어도 나온다. 같은 내용이라도 글자 수가 일본어나 영어보다 많아서인지 더 길게 타이핑되는 문자도 있다. 여러 개의 언어가 타자기 위에서 같은 상황을 다르게 표현하므로 이것은 언어적 군도 모델이다.

미야자키 하야오가 그리는 아드리아해에는 섬들이 가득하다. 바다의 섬들도 제각각, 해적들의 비행기 모양도 제각각, 유치원 아이들의 얼굴도 제각각이다. 공적들은 바다의 섬들을 닮았다. 중간에 포르코가 맘마유토단의 해적선을 쫓을 때 광대한 하늘 위에서인지라 잘못 보고 엉뚱한 비행기에 접근하는데, 이 비행기도 덕지덕지 뭔가 땜질 자국이 가득했다. 형편이 제각각인 것이다. 이들은 저마다의 방식으로 가난하다. 하지만 그 제각각의 어려움 속에서도 남을 속이거나 죽이지 않는다. 포르코도 해적들과 대립은 하지만 적대는 않는다. 서로 으르렁거리지만 돈을 놓고 다투지 않는다. 해적들과 포르코는 이 다양한 바다 위에서 계속 머물고 싶다. 그들은 어떤 육지에도 뿌리내리지 않으려 한다. 떠도는 것처럼 보이지만 이들이 진정 원한 것은 지상의 약속에 얽매이지 않는 것이다.

2.
저공비행
—니힐리즘을 떨치는 곡예

체리가 익어 갔던 계절

〈붉은 돼지〉는 〈마녀 배달부 키키〉처럼 자기 생명력을 되찾는 이야기이다. 키키가 빗자루를 타는 마녀의 능력을 잃었다가 다시 찾듯 붉은 돼지 포르코는 잃어버린 인간의 얼굴을 되찾는다. 날지 않으면 '그냥 돼지'가 되고, 인간으로서 날게 되면 '파시스트'가 된다. 그래서 인간으로서는 날 수 없고 돼지로 난다. 포르코가 다시 인간이 되는 과정을 살펴보고 하늘을 나는 인간이란 어떤 사람이어야 하는가에 대해 생각해 보자.

천상의 시점은 위험하다. 〈천공의 성 라퓨타〉의 악당 무스카는 지상의 모든 한계를 뛰어넘겠다는 욕심에 빠졌고 결국 모든 권력보다 더한 권력을 쥐겠다며 하늘 위에서 무차별적으로 사람들을 향해 총을 쏘았다. 지상의 모든 사랑에 고개를 돌렸으며, 부에 대한 환상 속에서 자멸의 길을 걸었다. 〈붉은 돼지〉의 마르코가 인간으로서는 하늘을 날 수 없다고 생각한 이유도 거기에 있다. 자기의 이기적 욕망을 위해 무차별적으로 지상에 무기를 떨어뜨릴 수 있는 하늘의 인간들 속에서 그 자신의 모습을 보았다.

그래서 붉은 돼지는 무스카가 아니라 파즈에 가깝다. 파즈는 친구 시타에게 고향을 보여 주기 위해 죽음을 각오하고 라퓨타로의 비행을 선택했다. 인간이었을 때 마르코는 파즈처럼 누군가를 돕고 싶어 했다. 결혼한 지 이틀밖에 되지 않은 친구가 비행 중에 전사하는 것을 막으려고 대신 죽으려고도 했다. 마르코가 전쟁에서 영웅이 된 이유는 부상당한 적의 병사까지 구했기 때문이다. 그는 사랑하는 사람뿐만 아니라 자신과 무관한 이들까지도 구하려고 했다. 하지만 전쟁은 그 '구하려는 인간'을 삼킨다. 적도 친구도 모두 잃고 혼자 돌아왔던 어떤 전투에서 그는 결국 아무리 노력해도 누구도 살리지 못한다는 것을 깨달았다.

〈붉은 돼지〉의 초반에 돼지 포르코가 노을 지는 하늘을 난다. 붉은 비행기가 하늘을 날 때, 위로는 비를 예고하는 것처럼 검고 무거운 구름이 천천히 내려오고 아래에서도 밤기운을 품은 어두운 구름이 서서히 올라온다. 이 사이에서 부서지는 오렌지빛 하늘은 어딘가에도 마음 붙이기 어려운 포르코의 고독을 잘 보여 준다. 곧이어 포르코는 호텔에 착륙하고, 이때 지나는 「체리가 익어 가는 계절」(Le Temps des cerises)이란 노래를 부르고 있다. 노래 가사는 슬프다. "체리가 익어 가는 계절은 지빠귀가 즐겁다네. (……) 하지만 안타깝게도 그 계절은 너무나 짧지."

노래의 기본 정서는 그리움이다. 가사를 쓴 사람은 프랑스 시인 장 밥티스트 클레망으로 파리 코뮌의 지도자 중 한 사람이었다. 1870년 독일을 통일하려는 프로이센과 이를 막으려는 프랑스가 벌인 전쟁에서 프랑스가 패하고 베르사유 협정이 맺어지자, 이 듬해 파리 시민과 노동자들이 봉기를 일으켜 자치 정부인 파리 코뮌을 세운다. 하지만 프로이센의 지원을 받은 임시정부군이 코뮌을 진압하고 그 과정에서 일주일 동안 유혈 낭자한 시가전 이 벌어진다. 피의 일요일에 휩싸인 파리는 그야말로 체리 빛이 었다. 혁명을 향한 정열은 핏빛 속에 뜨겁게 녹아내렸다.

「체리가 익어 가는 계절」은 용감한 시민군을 기념하는 동 시에 혁명에 대한 그리움을 가득 담은 회한의 노래다. 하늘을 날며 사람을 구하려고 했던 젊은 날의 꿈이 전쟁과 함께 산산조 각이 난 상태에서 마르코는 인간이기를 포기하고 과거의 향수 속으로 침잠해 버렸다. 비행의 꿈이라는 향수와 생명 상실의 죄 책감이 뫼비우스의 띠처럼 맞물려 있어, 그는 출구를 찾을 수가 없었다. 하지만 날지 않을 수도 없는 것이 더욱 문제였다. 마르 코는 비행의 새 목적을 찾고 싶은 간절한 마음을 「체리가 익어 가는 계절」을 들으며 확인한다.

유치원에 간 사나이

니힐리즘의 늪에서 마르코를 구하라! 미야자키는 마르코를 구하기 위해 백설 공주 모티프를 갖고 온다. 백설 공주가 일곱 난쟁이의 집에서 밥하고 빨래하며 제 몫을 다하는 존재로 거듭난 것처럼, 마르코도 키 작은 유치원 아이들을 돌보기 위해 나서면서 마법이 풀릴 계기를 마련한다. 표면적으로 보면 마르코가 어린이들을 구한 것 같다. 하지만 포르코로 하여금 축 처져 있던 어깨를 펴고 누군가를 구하고 싶은 마음을 갖도록 한 것은 아이들이다.

유치원생 구하기 사건을 자세히 들여다보자. 아지트에서 상송을 들으며 졸고 있던 포르코에게 한 통의 전화가 걸려 온다. 맘마유토단이 광산에 급료를 운반하는 배를 습격하고 있다며 구해 달라는 내용이다. 포르코는 일단 그런 싸구려 일은 안 한다고 거절한다. 하지만 여름 캠프 가는 유치원생들이 함께 납치당했다는 말을 듣자 거침없이 몸을 일으킨다. '짭짤하겠군!' 하면서 말이다. 작품 초반에 포르코는 현상금 사냥꾼으로 나온다. 하지만 사실 돈에는 관심이 없다. 아이들을 무사히 보내 주면서 수고비로 받게 될 자신의 금화 반을 맘마유토단에게 나누어 주니까 말이다.

포르코는 구할 수 있는 대상이 있다는 것만으로도 활기를 찾는다. 이 납치 사건은 일화 이상의 의미가 있다. 겉으로는 무시무시한 해적단과 벌이는 긴박한 추격전이다. 하지만 잘 보면 수영 캠프에 가던 꼬마들이 해적선을 놀이동산의 탈것처럼 즐기고 있다. 내부 기물을 갖고 장난을 치며, 연발하는 기관총을 쥐고 허공에서 해적들과 함께 총알을 발사한다. 아이들에게 저 흉악한 무기를 잡게 하다니 현실 엄마로서 기겁할 장면이기는 하지만 이 싸움에서는 누구도 죽지 않는다. 아이들은 위아래 전후좌우로 흔들리는 비행기의 진동을 즐기고, 총알을 쏘아 대는 기계가 일으키는 경쾌한 리듬감을 즐기느라 여념이 없다. 그러다가 아이들이 탄 공적의 비행선은 날개가 부러져 추락한다. 하지만 무슨 걱정이랴? 아이들은 수영 클럽 출신이다! 게다가 비행기니 침몰할 위험도 없다! 이처럼 비행이란 어린이가 즐거운 하나의 놀이다. 우리가 하늘로 날아오르는 이유는 놀기 위해서다. 여기에 어떤 다른 목적도 없다. 이 즐거운 추격전에 시종일관 유쾌한 행진곡이 쿵짝쿵짝 흘러나온다. 아이들도, 그런 대결을 보는 배 위의 승객들도 모두가 즐겁다. 공중전은 너무나 유쾌하다.

투덜대지만 포르코도 즐겁다. 프로펠러 앞을 알짱거리고, 바다 위에서 화장실을 찾는, 천진난만한 아이들을 데리고 가며, 계속 잔소리를 하지만 돼지의 마음은 신이 난다. 고장 난 비행기를 수리하면서 아이들 다칠까 잔소리며 화장실 안내까지 해야 하지만 그는 뿌듯하다. 바로 이 느낌 덕분에 마르코는 비행의 새 목적을 어렴풋이 예감한다. 비행기로 누구를 구하는 것보다 비행기에 누구를 태울까를 다시 고민하기로 한 것이다. 〈마녀 배달부 키키〉의 키키는 배달 서비스를 하다 마침내 하늘에 매달린 친구를 빗자루로 구해 땅으로 데리고 온다. 비행기가 태워야 할 것은 인간이다. 무기가 아니다.

〈붉은 돼지〉는 이 사람을 특히 어린이라고 한다. 어린이와 함께 하면 비행은 즐겁다. 목숨을 살려야만 사람을 구하는 것은 아니다. 그저 즐겁기만 해도 비행에는 의미가 있다. 포르코는 아이들을 태우고 싶은 자기 마음을 보며, '살려야 한다!'라는 명제에 다른 의미를 부여할 수 있었다. 사랑하는 이들의 죽음에 대한 부채감을 조금 내려놓을 수 있었다.

꿈도 삶도 무궁무진

포르코가 사람이 되는 과정에서 두번째 중요한 사건은 붉은 비행정 수리이다. 포르코는 낡은 엔진을 고치러 갔던 피콜로 씨 공장에서 여성 노동자들과 만난다. 중요한 인물은 피콜로 씨의 손녀, 미국에서 기술자가 되어 돌아온 17세의 피오이다. 피오 외에도 많은 여성들은 힘차게 붉은 비행정 수리를 돕는다. 포르코는 이들이 협력해서 비행기 수리를 하는 모습을 보고 비행에 대한 신뢰를 회복한다.

이유는 공장에서 일하는 여성들이 보여 준 자부심 때문이다. 이들은 애초에 정비사가 될 꿈을 가지고 있지 않았다. 대공황 때문에 궁핍해진 처지, 돈 벌러 나가 언제 돌아올지 모르는 남편을 막연하게 기다릴 수만은 없어 아버지 밑에서 공장 하나를 만들었다. 먹고살기 위해서라지만 생계 자체에 무릎 꿇지 않은 의연함도 있다. 이들은 자기의 꿈이라든가, 타고난 재능 같은 것을 전혀 따지지 않는다. 살길 앞에서 당당히 할 바를 해낸다.

그래서 여성들은 표정이 우아하고 힘 있다. 못 두 개를 입에 물고 두 눈에 힘을 꽉 주고 망치를 들고 있는 정비사가 피에타상을 깎는 미켈란젤로보다 못할 까닭이 없다. 나중에 〈바람이 분다〉에도 나오지만, 미야자키는 나사못 하나 끼우는 일의 숭고함을 놓치지 않는다. 비행기 한 대를 만드는 데 중요하고 덜 중요한 일이란 없다. 공장을 운영하는 데는 중요한 사람 덜 중요한 사람이 없다. 일의 보람은 일의 경중에 있지 않다. 포르코는 서로 의논하며 진지하게 일하는 여성들의 모습에서 자기 삶을 존중하는 인간들을 본다.

피콜로 씨의 어머니와 이모, 조카 들은 닥치는 대로 살길을 찾고 그 와중에 주어진 일거리와 먹거리에 감사한다. 이런 노동을 간단히 '돈 벌려고 열심히 한다'라든가, '결국 비행기는 누군가를 죽여 버릴 거야'라며 부정해야 할까? 이들이 작업에 앞서 함께 그릇 가득 스파게티를 담아 포도주와 함께 먹는 모습은 하늘의 죽음을 두려워하던 포르코에게 지상의 삶이 갖는 생명력을 알게 해주었으리라. 우리의 일, 사랑, 꿈을 결과로 재단해서는 안 된다.

어떤 조건에서라도 시키는 대로가 아니라 스스로 판단하면서 그때그때 할 일을 찾아가는 사람이 있다면 세상은 건강하다. 그래서 이런 여성들은 전체주의를 두려워하지 않는다. 포르코가 파시스트들에게 미행을 당하게 되고 서둘러 피콜로 씨의 공장에서 탈출해야 했을 때 할머니들의 눈은 재미로 반짝인다. 이 할머니들이 바보라서, '파시스트'가 도대체 뭔지를 몰라서 그렇게 즐거우신 것이 아니다. 이 할머니들의 어떤 자식은 무시무시한 전쟁의 여파로 아직 돌아오지 못하고 있다. 하지만 할머니는 삶을 비관하지 않는다. 자식을 사지로 내몬 그 비행기를 다시 만든다. 이 할머니들의 활력은 어디서 오는가?

웃느라 눈가의 주름이 자글자글한 할머니들의 얼굴은 어떤 죽음도 지금 이 순간을 사는 이들을 겁줄 수 없다고 말하고 있다. 사실 이 부분은 미야자키가 여성들의 활력을 아주 높이 평가하는 부분과도 관련된다. 포르코가 주유를 위해 찾아간 아드리아해 어느 섬에는 공황이 닥쳤네, 전쟁이 시작될 것이네 하면서 매일같이 걱정만 하는 아저씨들이 있었다. 그곳에서도 까페 여주인은 그런 불평 따위 더 들을 필요 없다며 당장의 가게 살림에 힘쓴다. 피콜로 씨의 공장에는 여성들이 있고, 작업하는 중간중간에 아이들이 쇠 굴리기를 하면서 놀고, 포르코는 그것을 지켜보며 공장 구석에 앉아 갓난아이의 침대를 흔든다. 비행기가 결국은 죽음을 부르더라도 비행기를 낳은 그 모성의 힘은 죽음을 초월한다. 생명은 중단 없이 자기 힘을 세상 속으로 밀어붙인다. 그러니 내가 누군가를 살리지 못해도 괜찮다. 다른 이가 살릴 것이며 삶은 끝없이 이어질 것이다.

마침내 포르코는 수리된 비행기를 타고 멋지게 하늘을 날아오른다. 앞서 공적들과 공중전을 할 때에는 아이들을 태울 수 없었다. 비행기가 고장이 난 까닭에 바다 위에서 배처럼 태워 주었다. 이제 새로 수리된 붉은 비행기에는 청년 피오가 탄다. 피오를 태우려면 한쪽에 실었던 기관총을 내려놓을 수밖에 없다. 무기를 실으면 사람을 싣지 못하기 때문이다. 그러므로 사람을 싣는다는 말은 무기를 버린다는 말이 된다. 드디어 젊은이를, 또 한 사람의 꿈을 가진 이를 자기 비행기에 태우게 되자 포르코의 기분은 급상승한다. 마르코는 지나의 정원 위를 멋지게 곡예를 하며 날기도 한다.

붉은 비행기를 타고 하늘 위로 날아오르게 된 피오는 감탄한다. '하늘이 정말 예쁘다'고. 포르코는 저 하늘에 죽은 친구를 묻었다. 하지만 그 하늘에 포르코의 비행을 응원하는 친구들이 새롭게 나타난다. 많은 이들을 사라지게 했지만 하늘은 늘 새로운 꿈으로 그 빈 자리를 채운다. 포르코는 공적들 앞에서 어린 피오를 한 사람의 비행기 설계사로 인정해 준다. 하늘을 바라보는 자들에게 성별, 나이, 재능은 중요하지 않기 때문이다. 하늘이 아름다운 이유는 누군가와 뭔가를 함께하고 싶은 성실한 인간이 있기 때문이다.

한 편의 영화처럼

포르코의 마법이 풀리려면 아직도 한 단계의 관문이 더 남았다. 아이들을 태워 보고 싶다는 소망, 하늘을 나는 자에게는 여전히 필수인 생명에 대한 희망, 이것이 커티스와의 대결에서 마지막으로 시험된다. 〈붉은 돼지〉에서 돼지 말고 가장 중요한 인물은 누구일까? 체리의 여인 지나도 아니고, 파트너 피오도 아니다. 이 부분이 대반전인데 포르코가 하늘에서 가장 많은 시간을 함께 보내는 이는 맞수――허풍쟁이 커티스다. 포르코가 비행사들 중 유일하게 인정하는 이가 커티스이며, 마지막에 인간으로 돌아온 포르코를 알아보는 이도 커티스다. 커티스는 지나를 사이에 둔 삼각관계의 연적이지만 포르코의 정신 세계를 제일 잘 이해하는 사람이기도 하다.

커티스는 어떤 인물인가? 그는 전쟁 영웅 포르코와 싸워 유명해지려고 한다. 공적들은 포르코와의 대결에 꼭 필요한 커티스를 잘난 척만 심하다며 은근히 무시한다. 공적들이 보기에 커티스에게는 비행에 대한 절박함이랄까 그런 것이 없다. 하지만 포르코는 그런 커티스를 완전히 인정한다. 그의 비행 실력 때문만은 아니다. 커티스에게는 어떤 매력이 있는가? 심지어 지나도, 커티스의 청혼을 거절하기는 했지만 재미있는 미국인이라며 귀여워한다.

〈붉은 돼지〉의 마지막 배경은 하늘이다. 우연히 공적들의 시비에 말려든 포르코는 피오를 걸고 기술 좋은 커티스와 대결을 한다. 둘의 대결을 보기 위해 작은 섬 하나에 갱, 해적, 밀수단, 사기꾼에 이르기까지 지중해의 쓰레기란 쓰레기는 다 모여든다. 이 대결을 축제처럼 생각하고 말이다. 파시즘의 기세가 하루가 다르게 무섭다지만 지중해 넓은 바다에는 그런 것 따위 신경 쓰지 않는 쓰레기가 이렇게나 많다니, 놀랍다! 공적들은 승패에 대해 판돈을 걸게 하며 구경꾼들 사이에서 돈도 번다. 구경 온 모두는 세기의 비행 대결을 한껏 기대한다.

아드리아해의 하늘에서는 어떤 대결이 펼쳐지는가? 아무도 죽지 않는다. 포르코는 커티스를 향해 발사조차 않는다. 포르코는 커티스의 비행정 어딘가를 맞혀 고장을 일으키려고만 한다. 반면 커티스는 일단 총을 마구 쏜다. 하지만 포르코의 날렵한 비행술에 번번이 빗나간다. 결국 서로 꼬리를 물면서 빙글빙글 돌기만 하다가 서로 총알이 떨어진다. 할 수 없이 각자 비행기에 두고 있던 멍키 스패너, 빈 총, 여러 가지 도구들을 집어 던지면서 유치한 말싸움을 시작한다. 그러다 둘은 도저히 참을 수 없다며 아예 해안으로 내려와 버린다. 이제 주먹질 시작이다. 어떤 룰도 없다. 예고 없이 먼저 공격하기도 하고, 물 밑에서 두 다리를 끌어 내리기도 하며 '못생겼다, 실력 없다' 인신공격까지 서슴지 않는다. 도입부에서 근사하게 와인에 담배에 온갖 폼을 다 잡았던 포르코는 완전히 동네 건달이 되고, 심지어 선글라스 렌즈가 깨져 맞아 부은 왼쪽 눈이 드러나기도 한다. 이 광경을 구경꾼들 모두 하늘을 향해 주먹을 흔들며 환호하고 즐긴다. 〈붉은 돼지〉 OST 앨범을 보면, 이때 나오는 배경 음악 제목이 「dog fight」라고 되어 있다. 즉 이 대결은 개판이다.

아드리아해에 있는 지나의 호텔 인근에서는 아무도 싸울

수가 없다. 적어도 지나의 호텔 근처에서만큼은 모두가 좋은 음식을 먹고 즐겁게 노래를 들으며 휴식을 할 수 있다. 다투지 않고도 서로의 자리를 인정할 수 있는 것이다. 커티스는 누구인가? 그는 (개)싸움꾼이지만 무엇보다 지나의 노래에 푹 매료된 사람이다. 노래는 적대를 초월한다. 포르코가 커티스를 인정한 부분도 바로 이것이다. 이 두 사람은 서로 주먹다짐을 함으로써 섬의 관객들에게 비행 대결 이상의 큰 즐거움을 준다. 하늘에서 이룬 뜻이 땅에서도 이루어지게 하소서! 두 비행사는 사람들을 기쁘게 해주고 싶다.

작품 도입부가 다시 떠오른다. 간이 의자에 비스듬히 누워 있던 포르코의 얼굴 위에 놓여 있던 잡지. '시네마'다. 포르코는 영화 잡지를 읽고 있었다. 파시스트를 피해 군인인 옛 친구와 밀라노의 후미진 극장에서 서로 정보를 공유하기도 했다. 또 커티스는 영화배우를 꿈꾸는 비행사다. 모두 영화와 관련이 있다. 이 마지막 격투 장면은 미국 서부 활극 같지만 장르는 코미디로, 우당탕탕 전개되는 한 편의 영화다. 푸른 하늘은 관객들에게는 극이 전개되고 멋진 쇼가 펼쳐지는 배경이 된다.

커티스는 나중에 할리우드에 가서 유명한 배우가 될 것이라고 호언장담하고 돌아다녔으며, 비행 실력은 그를 유명하게 해줄 수단에 지나지 않았다. 조종사란 모름지기 포르코처럼 사람을 구할 수 있어야 한다고 하면, 커티스는 머리를 절레절레하며 '내 문제는 아니야' 했으리라. 그런 커티스가 예술의 의미를 이해한다. 만약 그가 대통령이 된다면 파시즘의 나라는 만들지 않겠지. 적도 아군도 모두 극장에 가서는 나란히 앞을 보고 울고 웃을 테니까.

세상사에 만사 심드렁해 보이는 포르코였다. 피오는 유명한 전쟁 영웅이 왜 이렇게 아무 일도 안 하고 있느냐며 이상해한다. 키키가 우울했다면 포르코는 무기력했다. 이런 포르코가 벌떡 일어난다. 유치원생들이 납치되었을 때, 커티스가 피오와 결혼하려는 것을 막고자 했을 때! 포르코는 파시즘의 광풍에 빨려 들어간 전우들을 그리워하지만 직접 반전 활동을 하지는 않았다. 전쟁은 나몰라라, 해적들처럼 자기 욕망 채우기에 바쁘지도 않았다. 붉은 비행정에 피오를 태우기 위해서는 기관총 하나를 내려놓아야 한다. 포르코는 비행기에 아이와 소녀를 태우고 싶다. 혹은 멋진 비행쇼로 지상 사람들을 한번 크게 웃기고 싶다. 비행으로 사람을 살릴 길은 많고 많다. 포르코는 바로 이 점을 깨달으면서 자신의 저주로부터 벗어난다.

다시 인간이 된 포르코는 무엇을 하게 될까? 때는 전체주의의 검은 아가리가 날카로운 이빨을 번뜩이며 사람을 씹어먹으려 하는 무렵이다. 포르코는 다시 전쟁에 참여하게 될까? 아니면 커티스를 따라 할리우드로 가게 될까? 어디 길이 둘뿐이랴! 미야자키는 넓고 넓은 푸르름을 펼쳐 보이면서 한없이 작게 나는 비행기를 보여 주었다. 하늘은 너무나 넓다. 비장해지기보다는 함께할 수 있는 다양한 길을 찾아보자.

3.
돼지 인간
—파시즘에 맞서는 연예 대통령

돼지코와 검은 구멍

얼굴은 돼지인데 몸은 양복을 입은 신사! 붉은 돼지는 미야자키의 괴상한 캐릭터 중에서도 으뜸이다. 마법 때문에 변신하는 계열로 따지자면 키키(마음의 변신)가 앞서고, 이후로는 인간이 되고 싶은 물고기 포뇨(몸의 변신)가 있다. 붉은 돼지는 위아래가 상이한 종(種)으로 종합되어 있어 캐릭터로는 최신작〈그대들은 어떻게 살 것인가〉의 왜가리 남자와 가장 가깝다. 왜가리 남자는 하체는 새인데 위로는 왜가리와 인간의 탈을 번갈아 쓴다. 변신체, 반인반수, 이러한 독특한 조합의 괴물을 통해 미야자키가 풀려 한 문제는 무엇인가? 인간은 왜 돼지가 되며, 돼지는 어떻게 인간이 되는가?

  붉은 돼지의 가장 중요한 특징은 얼굴에 있다. 돼지이니까 코가 결정적일 것이라 생각하기 쉽지만, 아니다. 문제는 눈이다.

〈붉은 돼지〉에서 오직 그만이 선글라스를 끼고 있다. 미야자키의 안경잡이로는 톰보, 무스카, 그리고 사쓰키와 메이 자매의 아빠도 있지만, 안경이 캐릭터의 비전과 행동 방식을 나타내 주는 이는 단연 지로(〈바람이 분다〉)다. 그는 근시이기 때문에 조종사가 될 수 없어 결국 비행기 설계사가 된다. 지로를 통해 검토해 본다면, 미야자키가 생각하는 비행은 멀리 볼 줄 아는, 즉 목적을 설정하고 비전을 만들 수 있는 능력이 요구되는 일이다. 인간일 때는 평범한 안경조차 쓰지 않았던, 맑고 큰 눈을 지닌 청년이 왜 선글라스를 쓰고 돼지가 되었나? 돼지의 선글라스는 그의 목적 상실을 말해 준다.

호모 사피엔스에게는 얼굴이 중요하다. 털 없는 원숭이인 인간은 태어날 때부터 끊임없이 양육자와 얼굴을 마주하며 어떤 아들로, 어떤 학생으로, 어떤 직장인으로서 자기를 만들어 간다. 인간에게 얼굴은 자기를 특정한 문화의 주체로 변용시키기 위한 도구다. 동시에 자기와 마주하는 이에게 특정한 모습이 되기를 요구하는 장치다. 그 얼굴에서 가장 중요한 부위는 눈이다. 표정의 공명이란 결국 눈빛의 교환이기 때문이다(알폰소 링기스,『낯선 육체』, 김성균 옮김, 새움, 2006 참고). 야생의 부족들이 성공적인 수렵이나 풍요로운 수확을 위해 신의 가면을 쓰고 멋진 춤을 추며 의례를 했던 것은 가면의 눈을 통해 만물의 주재자인 신과 대면하려 해서다. 눈은 자신과 마주하는 상대의 눈과 끊임없이 의미를 주고받으며 서로를 관계 속에 묶어 낸다.

포르코는 선글라스를 낀다. 그렇게 누구와도 직접 공명하지 않는다. 문제가 되는 그 '누구'란 누구일까? 바로 전체주의자들, 파시스트들이다. 그가 도시에 상륙하자마자 감시의 눈총을 쏘았던 경찰들을 떠올려 보자. 붉은 돼지는 모두가 한 방향만 바라보고 같은 노래만 불러야 한다고 주장하는 감시자들의 눈빛에 호응하지 않는다. 애국은 인간들이나 하는 거라며 냉소할 때, 그는 집단 이기주의에 빠져 있는 인간들과는 눈빛도 교환하지 않겠다고 단호히 선언한다. 이런 공명 거절의 장치는 다음 작품 〈모노노케 히메〉에도 나온다. 인간에게 버려지고 늑대의 품에서 자란 모노노케 히메는 세 개의 구멍이 뚫린 괴기스러운 붉은 가면을 하고 나타나 제철 마을 사람들과 싸운다. 모노노케 히메는 가면으로, 인간과 마주하기는 싫지만 늑대일 수도 없는 자신의 모호한 처지를 표현한다.

그런데 선글라스 쓰기에는 함정이 있다. 포르코는 지나의 호텔 레스토랑 구석에서 혼자 밥 먹을 때조차 선글라스를 벗지 못한다. 붉은 돼지의 상태로는 적과 대립하지 않아도 되지만 연인과 대면할 수도 없다. 붉은 돼지는 선글라스를 쓰면서 미워하는 이들의 세계로부터도 사랑하는 이들의 세계로부터도 도망쳤던 것이다. 끝에 가서야 사람들을 기쁘게 해주고 싶다는 포르코의 마음을 다시 확인하는 과정에서 안경알이 깨져 눈이 드러난다. 이것은 맞아서 퉁퉁 부어 있을지라도 그에게 어떤 방향이 생겼다는 의미이다. 마찬가지의 의미에서 모노노케 히메도 결국 가면을 벗고 맑은 눈으로 아시타카를 바라보게 된다. 자신의 아름다움을 봐 주는 아시타카의 맑은 눈에 응답하면서 말이다. 보고 싶지 않은 것을 거부하는 사람은 보고 싶은 것도 거절해야 한다. 눈앞에 펼쳐져 있는 악의나 부정을 직시하는 가운데 마주하고 싶은 아름다움을 발견하는 일이 중요하다.

2023년 10월 7일, 이스라엘-하마스 전쟁이 발발했다. 같은 해, 10월 9일 세종시에서는 한글날을 기념해서 공군의 에어쇼가 있었다. 호수 공원 위 뻥 뚫린 하늘 위로 일곱 대의 블랙 이글스가 날아올 것이라는 예고에 30분 전부터 시민들은 웅성웅성 하늘 기운을 읽었다. 옆에서 아이들이 발 구르기 하는 것도 돌진해 오는 비행기 소리로 착각할 정도로, 모두가 간절히 에어쇼를 기다렸다. 그러나 이런 풍경도 하늘 나름이다. 지구 저편의 다른 하늘 아래에서는 사람들이 전투기가 날아올까 두려워 숨는다.

에어쇼는 처음 보았다. 비행기가 하늘을 나는 일이 뭐 그리 대단하겠느냐고 콧방귀를 뀌다가, 단단히 뒤통수를 맞았다. 열린 하늘 남쪽 끝에서 비행기가 몰려와 꽃잎이 펴지듯 펼쳐지고, 왼쪽에서 오른쪽으로 다시 그 반대쪽으로 둘씩 셋씩 짝을 이루어 각양각색의 무늬를 만들어 내는 것을 보고 깜짝 놀랐다. 과연 인간은 하늘을 날 수 있구나! 저 곡예사는 인간의 발도 새의 날개도 초월했는가? 마지막으로 블랙 이글스 한 기(機)가 비행기 뒤꽁무니의 연기를 이용해 태극기를 그리고, 다시 또 하트를 그렸을 때는 '와' 하는 감탄이 절로 나왔다. 여기저기에 덩달아 탄성이 폭발! 물개 박수 와르르르! 하늘이 저토록 넓구나 새삼 놀라웠다. 지상의 인간은 무엇이든 할 수 있구나! 새삼 대단했다.

블랙 이글스의 조종사는 자부심이 대단하다고 한다. 그 정비사의 눈빛은 차원이 다르다고도 한다. 공군 최고의 전투조종사와 정비사가 느끼는 기쁨은 비행기 조종을 누구보다 잘한다는 것, 그리고 그 기술로 지상의 인간을 크게 즐겁게 할 수 있다는 데에서 온다. 다른 하늘에서 전쟁을 치르는 조종사들은 지금 무엇을 생각하고 있을까? 그들도 자신의 기술이 누군가에게 줄 기쁨과 슬픔에 대해 절감하고 있을 것이다.

미야자키 하야오는 비행사와 조종사를 많이 그렸다. 달리는 인간에만 집중한 작품은 〈모노노케 히메〉뿐이다. 〈마녀 배달부 키키〉에서 키키는 자신이 왜 날아야 하는지 고민한다. 키키의 답은 쓸모가 있는 비행이었다. 1992년, 미야자키는 연이어 같은 문제의식을 붙들었다. 그런데 이번에는 마녀, 소녀, 빗자루가 아니다. 돼지, 아저씨, 붉은 비행기이다. 첫 장면부터 술에, 담배에, 스트레스에 찌든 돼지-아저씨가 나온다. 그는 얽매인 것 없다는 듯 아무 간섭 없이 오후를 혼자 즐긴다. 빗자루의 가볍고 날렵한 긍지라고는 느껴지지 않는다. 비행에 대해 뭔가 달관한 듯도 하다. 하지만 붉은 돼지의 고민도 무엇을 위해 날아야 하는지에 있었다.

구겨진 옷과 펴진 얼굴

붉은 돼지는 괴물이다. 그래서 그의 양복도 심상치가 않다. 즉흥적인 자기 욕망에만 충실하느라 애초에 애국이니 뭐니 어떤 방향도 설정하지 않은 해적들은 선글라스를 낄 필요조차 없다. 이들은 비행기 외관을 장식하거나 뭔가 화려하고 멋있는 옷이나 음식을 쫓기는 하지만 잘 씻지를 않는다. 포르코도 피오도 해적들이 씻지 않는다는 점을 아주 노골적으로 비난한다. 반면 포르코는 잘 씻는다. 피콜로 씨의 공장에서 처음 잠을 청한 다음 날, 그는 말쑥하게 다린 와이셔츠를 입고 깔끔하게 세수를 한다. 뿐만 아니다. 혼자 아지트에서 조용히 쉬고 있을 때에도 그는 언제든 하늘을 날아오르거나 누구를 만날 수 있을 정도로 단정히 비행복을 입고 있다. 돼지로 변신했다고 하면 인간 이하의 존재로 추락했다는 뜻 같지만, 포르코의 양복은 군복보다 훨씬 우아하다. 돼지는 왜 양복을 입어야 했을까?

셔츠를 입는다는 것은 집에 다리미가 있다는 것을 의미하고, 복잡하고 정교한 다림질에 시간을 들일 정도로 사회적 관계에 민감함을 뜻한다. 포르코의 양복은 커티스가 지나에게 청혼하려고 입은 허풍의 흰 양복과도 다르다. 물론 공군의 군복과도 다르다. 포르코의 하얀 와이셔츠, 그리고 빨간 넥타이는 비행에 대한 자신의 꿈이 모두의 꿈이 되기를 바란다는 점을 암시한다.

여기서 서양 복식사에서 양복이 차지하는 의미를 역사적

으로 따질 필요는 없다. 작품 속에서 포르코는 여성이 공장에서 일한다거나 소녀가 비행기를 설계한다는 것을 처음 접했을 때에 크게 놀란다. 하지만 이것은 포르코가 보수적이어서가 아니다. 포르코는 사람들 사이에는 각자에게 맞는 역할이 있고 그런 한에서 함께 살아갈 길을 모색해야 한다는 공동체적 감수성이 있다. 전쟁 전에 여성들은 기름을 묻히는 일 같은 것은 몰랐을 것이다.

포르코는 피오에게 밤샘을 하지 말라고도 한다. 열심히 일하는 것은 좋지만 미모를 해쳐서는 안 된다는 충고는, 그가 돈이나 일보다 함께 사는 사람들의 건강한 생활을 더 중시한다는 점을 말해 준다. 포르코는 혼자 사는 아지트에서도 와인이라든가 사과 같은 것을 잘 챙겨 먹고 있다. 그는 한 인간이 살아가기 위해서는 먹고 마시는 일, 그것을 가능하게 하는 주변 사람들이나 환경의 중요성을 잘 알고 있다. 잘 다린 양복은 자기 삶을 잘 가꾸면서 어른이나 아이, 여성이나 동료와 같이 주변에 튼튼한 관계들을 많이 만들고 싶다는 그의 일상 철학을 대변한다.

하지만 이 양복에도 어떤 한계가 있다. 양복에는 사회적 관계를 중화하는 힘이 있다. 우리는 성별에 따라, 하는 일에 따라, 다채롭게 각자의 처지에서 살아간다. 잘 다려진 양복은 그 각각의 처지를 향해 똑같은 거리를 갖겠다는 의미도 된다. 좋은 말로 하면 모두에게 잘 맞추겠다는 뜻이고 나쁜 말로 하면 어느 누구에게도 특별한 존재가 되지 않겠다는 의미다. 결혼을 할 때,

혹은 장례를 치를 때에 다른 옷을 입는 이유는 인생의 국면마다 마주할 대상과 바라보아야 할 문제가 다름을 뜻한다. 포르코는 선글라스를 씀으로써 그 누구와도 시선을 주고받지 못하며, 한결같이 단벌 양복을 고수함으로써 누구와든 적당한 거리를 취한다.

양복의 경직된 관계성을 잘 보여 주는 작품은 〈그대들은 어떻게 살 것인가〉이다. 작품 초반에 주인공 마히토는 공습으로 불에 탄 엄마의 병원에 가기 위해 급한 마음에도 불구하고 열심히 교복으로 갈아입는다. 미야자키는 마히토가 교복 바지의 지퍼를 올리는 모습을 자세히 보여 줄 뿐만 아니라 모자까지 쓰는 소년의 태도를 놓치지 않는다. 도심이 불타고 엄마가 돌아가시는 와중에도 옷을 제대로 갖춰 입으려 하는 모습이 당황스럽다. 이런 마히토는 돈밖에 모르는 아버지에 대한 경멸과 형식적으로 자신에게 잘 대해 주는 듯한 새엄마에 대한 불편함을 애써 누르며 예의를 차려 인사하고 행동한다. 마히토가 돌로 자신의 머리를 찍어 내리누르기 전, 소년은 학급의 친구들과 심하게 싸워 옷이 찢긴다. 마히토의 교복은 군국주의의 상징이고 경직된 사회에서 억눌리는 소년의 모습을 의미한다. 친구들과 다투다 찢어지는 교복은 경색된 군국주의가 아이들을 어떻게 망가뜨리는지를 잘 보여 준다.

작품에서 마히토는 아버지에 대한 분노와 죽은 엄마에 대한 그리움을 자각하게 되고, 타인의 삶도 자신의 것만큼이나 고통으로 얼룩져 있다는 점을 깨닫는다. 미야자키는 그 과정을 소년의 모자가 사라지고 와이셔츠가 구겨지고 벗겨지는 모습으로 보여 준다. 마히토가 아랫세계로부터 멋지게 모험을 치르고 돌아왔을 때 많은 앵무새들이 그에게 달려들어 얼굴과 몸을 똥으로 더럽힌다. 똥이라지만 먹지 않으면 쌀 수 없고, 먹으려면 누군가를 해쳐야 한다. 마히토는 그 누구도 '순수하게' 선한 방식으로만 살 수 없다는 사실을 이해한다. 마히토의 새하얀 와이셔츠가 더럽혀지는 과정이 타인과 세계를 보다 넓은 시야에서 이해하게 되는 일이라는 점이 흥미롭다.

포르코의 양복도 너덜너덜해진다. 개싸움 덕분에 바닷물 속에 몇 번이나 들어갔다 나와서다. 그리고 이렇게 엉망진창이 되어 폼이 다 망가진 뒤에 그는 인간의 얼굴을 되찾는다. 〈붉은 돼지〉는 백설공주 모티프를 갖고 있다. 공주가 왕자의 키스를 받아 마법이 풀리는 장면 비슷한 것이 들어가기 때문이다. 분명 포르코의 마법이 풀린 직접적인 이유는 피오의 볼 뽀뽀에 있다. 그러나 피오는 포르코가 사랑하는 사람이 아니다. 포르코는 지나를 사랑한다. 포르코에 대한 피오의 마음도 도덕심 높은 한 인간에 대한 감사에 가깝다. 포르코는 친구들이 벌인 경주판에서 실컷 맞아서 그 폼이 다 망가진다. 덕분에 그는 비전을 가진 비행사가 못 되더라도 웃음을 주는 비행을 할 수 있게 된다. 이때 그는 각자 다른 처지에 있지만 모두 함께 웃는 일이 가능함을 깨달았으리라.

와이셔츠 입은 웃음꾼

양복의 관점에서 하나 더 특이한 점을 언급할 수 있다. 포르코의 옷이 점점 더 지저분해지고 선글라스마저 부서지는 것과는 달리 해적들의 복장은 차차 깨끗해진다. 해적들은 처음에 기름때가 묻은 비행복이나 목이 다 늘어진 셔츠 등을 입고 나왔다. 이들의 비행복은 한 번도 빨래가 된 적이 없는 듯 보인다. 해적들도 포르코처럼 전체주의에 동원되기를 거부한다. 이들의 더러움은 사람들로 하여금 저절로 고개 돌리게 하니 포르코의 선글라스와 같은 효과를 갖는다. 하지만 포르코가 새하얀 와이셔츠를 입으면서 타인들과의 관계에 대한 희망을 계속 가져가는 것과 달리 해적들은 더러움 속으로, 그 누구와도 함께 할 수 없는 쪽으로 더 내달렸다.

　이런 해적들이 변한다. 일단 그들의 영웅 피오가 '좀 씻으라'고 했기 때문이다. 피오는 바다와 하늘에 의해 매번 정화되는 비행사들의 높은 긍지를 칭찬했다. 해적들은 자신들이 진정 꿈꾸던 모습을 봐 주는 피오의 격려 덕분에 자신을 긍정하게 된다. 포르코와의 대결이 있는 날, 해적들은 말쑥하게 줄무늬 양복을 입는다든가 넥타이를 맨다든가 하며 폼을 갖추려고 애쓴다. 작품의 결말에 이르면 조끼에 행커치프까지 색깔을 잘 맞춰 입은 근사한 모습으로 지나의 호텔에서 잡지를 보거나 음악을 듣고 있다. 해적질로 부자가 되어서 근사한 이탈리아제 명품 양복을 걸치게 된 것이 아니다. 자기 욕망에 충실했던 이들은 타인의 칭찬과 격려에 의미를 두게 되자 참으로 멋진 스타일리스트가 되었다. 해적들에게는 파시스트들의 눈을 피하는 것보다 억누를 수 없는 자기의 많은 욕망을 다듬어 가는 일이 더 어려웠나 보다.

미야자키 작품에서는 주인공이 옷을 잘 바꿔 입지 않는다. 이유는 작중에서 성격이나 분위기가 계속 변하는 캐릭터의 동일성을 어느 정도 확보하기 위해서이고, 작업적으로만 보면 어느 애니메이터가 그리더라도 비슷한 정도로 표현할 수 있도록 하기 위해서다. 이런 현실적인 이유를 놓고 보면 〈붉은 돼지〉의 의상은 여러 가지 측면에서 미야자키가 생각하는 관계의 철학을 잘 보여 준다.

내가 무엇을 어떻게 입느냐는 결국 누가 앞에 있는가가 결정한다. 인류의 모든 장신구는 전부 타인에게 보일 자신의 덕을 뽐내기 위한 과정에서 나왔다. 개성 있는 주체성이란 누구와 어떻게 살 것인가에 대한 고민에서 나온다. 자기만의 욕망 따위, 눈을 들고 상대를 찾아다니는 인간에게는 애초에 불가능한 것이다. 〈붉은 돼지〉의 끝에 피오는 포르코가 지나와 사랑을 이루었을지를 관객에게 묻는다. 포르코는 지나와 함께 어디 멋진 비행 여행을 다녀오지 않았을까?

미야자키 하야오의 작업을 다룬 다큐멘터리를 보면, 그가 언제나 아틀리에나 스튜디오에 양복을 입고 출근한다는 것을 알 수 있다. 와이셔츠만 보면 양복 입고 폼을 잡는 포르코가 떠오른다. 하지만 미야자키에게는 양복 외에 하나가 더 있다. 바로 언제라도 물감이 튀어도 좋은 앞치마이다. 애니메이터의 작업복이다. 여기에는 앞주머니도 있어서 메모지나 볼펜 등이 들어가 있다. 가끔은 손을 집어 넣고 팔을 쉬기에도 좋다. 어쩌면 담배가 들어 있을지도 모른다. 깔끔한 양복과 얼룩진 앞치마의 멋진 조합이야말로 막 인간의 얼굴을 되찾은 포르코의 운명애를 떠올리게 한다. 선명한 비전이나 확실한 능력이 없어도 좋다. 함께 웃기 위해 노력하는 나를 존중하자. 상처와 실패를 두려워하지 말고, 밤에 구겨지더라도 아침에는 펴질 와이셔츠를 입자.

<모노노케 히메>

: 숲과 철의 공존

모노노케 히메(もののけ姫, 1997)

○줄거리

동쪽 땅끝 마을 에미시에 증오에 사로잡혀 재앙신이 된 멧돼지가 들이닥친다. 부족 아이들을 구하기 위해 멧돼지를 죽이게 된 젊은이 아시타카는 재앙신의 저주로 죽을 목숨이 된다. 아시타카는 저주를 풀 방법을 찾아 마을을 떠나 재앙신이 온 서쪽으로 여행을 하게 된다. 서쪽에는 나무를 베어 동물들 살 곳을 뺏고, 철을 녹여 총을 만드는 사람들이 살고 있다. 아시타카는 이곳에서 풍요로운 태고의 숲을 없애야 살 길이 있다고 믿는 어리석은 인간을 보는 한편, 위태로운 숲에서 철을 따르는 인간과 싸우는 모노노케 히메의 아름다움에 반하고, 그녀와 함께 숲과 철이 공존할 수 있는 길을 찾기 위해 맨몸으로 적대와 증오의 화염 속을 돌파한다.

○주요 캐릭터

• 산(모노노케 히메) : 부모에게 버림받고 사슴신의 숲에서 들개에게 길러진다. 숲을 해치는 인간을 증오하여 철기 마을의 수장 에보시를 죽이려고 한다. 인간도 들개도 될 수 없는 괴로움으로 몸부림치다 아시타카를 만나 삶을 긍정하게 된다.

• 아시타카 : 에미시 일족의 추장이 될 예정이었지만 재앙신을 만나 서쪽을 떠도는 신세가 된다. 어리석은 인간의 운명에 깊은 안타까움을 느끼면서 적대를 넘어갈 길을 사랑에서 발견한다.

• 에보시 : 철의 마을 다타라의 수장으로 목적을 위해 수단을 가리지 않는다. 냉혹하지만 아시타카에 의해 목숨을 빚지게 되면서 숲과 마을의 공존에 대해 생각한다.

• 모로 : 300살 먹은 들개의 신으로 인간의 말을 한다. 산을 훌륭한 들개의 딸로 키워 냈다. 에보시의 총을 맞고 재앙신이 될 뻔하지만, 복수 대신에 죽음을 명상하고 딸을 살리는 데에 남은 힘을 쓴다.

• 지코 스님 : 황제의 명령을 받드는 비밀 조직의 일원으로 사슴신의 목을 바치라는 명령을 수행한다. 에보시와 산을 비롯해 숲의 모든 존재들을 비극적인 전쟁으로 내몬다.

• 사슴신(다이다라봇치) : 인간의 얼굴에 사슴의 몸을 한 생명의 신으로, 달이 차고 지는 것에 따라 생사를 반복하며 불타 버린 언덕과 계곡에 숲을 되돌려 준다.

• 고다마 : 풍요로운 숲에서만 사는 정령으로 옅은 녹색의 반투명한 몸을 지녔다. 장난꾸러기이면서 호기심도 많아 신기한 일, 아름다운 일을 마주하면 뼈가 달그락거리는 듯한 소리를 내며 좋아한다.

<소노노케 히메>

1.
신의 땅
—자연과 문명의 저편

맑은 눈들의 동쪽

우리가 애니미즘을 공부하는 이유는 인간중심주의, 인간이 지구의 주인이라고 생각하는 오만함을 내려놓고, 더 넓고 깊게 생명의 공생을 생각하려고 해서다. 이와 같은 애미니즘적 공생에 가장 큰 걸림돌이 되는 것은 아무래도 문명과 자연을 이원적으로 구분하려는 태도다. 이것이 순정한 이분법에 그치지 않는 이유는 문명과 자연을 가르는 기준 자체가 인간에게 있기 때문이다. 미야자키 하야오는 〈모노노케 히메〉를 통해 이와 같은 오만한 인간중심주의를 과감히 부순다.

　　미야자키는 숲의 감정에 주목했다. 주인공이 모노노케 히메(もののけ姫), 즉 만물 원령의 공주인 것에도 알 수 있지만, 〈모노노케 히메〉의 숲에서 다양한 동물의 신은 인간의 교만함에 분노한다. 그러나 미야자키는 인간을 벌주는 것으로 문제가 해결

된다고는 하지 않는다. 동물의 신도, 인간의 신도, 자신을 중심으로 우주를 해석할 수밖에 없는 인식의 한계에 걸려 있기 때문이다. 미야자키 하야오는 '내가 살려면 누군가가 죽어야 하며, 내가 죽어야만 누군가가 살 수 있다'는 근원적 슬픔을 깊이 이해하는 데에서 답을 찾는다.

〈모노노케 히메〉를 감상해 보자. 이 작품은 존재하는 모든 것의 생명력을 겁나도록 생생하게 표현한다. 작품에서 모든 식물과 모든 동물은 영을 가지고 있다. 모든 존재는 살고자 하는 욕망을, 양보 없이 끝까지 밀어붙인다. 그렇게 힘을 쓸 때마다 주위로 죽음이 번진다. 어떻게 이 비극을 멈출 것인가? 죽이며 살 수밖에 없는 생명의 본원적 조건을 고민하며 한 소년이 길을 떠난다.

그의 이름은 아시타카다. 아시타카는 자책과 원망 없이 세상을 바라볼 줄 아는 자다. 그가 증오의 온갖 파도에 휩쓸리지 않을 수 있는 이유는 부족의 독특한 생명관 때문이다. 아시타카의 마을은 '에미시'로 불리며 누구도 쉽게 찾을 수 없는 동쪽 숲 깊숙한 곳에 있다. 마을에는 담벼락이 없다. 사람들이 다니는 길이 조와 피를 재배하는 들판보다 낮게 나 있다. 이런 에미시의 모습은 〈바람 계곡의 나우시카〉에도 나온다. 나우시카의 고향 마을인 바람 계곡도 담벼락은 없고 사람들이 돌아다니고 살아가는 장소는 풍경 아래에 들어가 있기 때문이다. 에미시 마을 사람들이나 바람 계곡 사람들은 풍경의 흐름을 거스르려고 하지 않는다. 이런 에미시 마을은 작품 속 다른 마을들과 대비된다. 서쪽에 위치한 다타라 제철 마을은 높은 성벽을 자랑한다. 성문 밖으로 굵은 나무를 뾰족뾰족하게 깎아 이어 붙였다. 에미시는 적을 피해 숨는다. 다타라는 적에 맞서 대응한다.

에미시에서 눈길을 끄는 것은 두 가지다. 먼저 이 마을은 문을 항상 열어 둔다. 하지만 아무나 드나들 수 있는 문은 아니다. 에미시의 샤먼은 마을에 들어와 죽은 멧돼지를 위로하며 무덤을 짓고 제사를 지내 준다. 원혼을 받아들이는 것이다. 하지만 동생을 구하기 위해 불가피하게 멧돼지에게 활을 쏜 아시타카는 불결하니 마을 밖으로 나가야 한다고 주장한다. 죽은 재앙은 위로할 수 있지만 태어난 재앙은 내칠 수밖에 없다. 이 마을은 원한을 달래는 것을 자기 정체성으로 삼기에 그 조건에 따라 누군가를 받아들이고 내보낸다.

두번째로 눈에 띄는 것은 망루다. 에미시 마을의 높은 망루는 이들의 시야가 얼마나 넓고 깊은지를 보여 준다. 마을을 벗어난 아시타카는 멧돼지가 왔던 방향인 서쪽으로 향하는 과정에서 높은 산을 넘고 초원을 달리고 강도 건넌다. 넓은 마음을 가진 에미시 사람답게 그는 아주 멀리까지 간다. 아시타카는 이 먼 여행을 통해 경외심을 얻는다. 아시타카가 사슴신의 숲에 들어가 숲의 정령인 고다마를 만나고도 크게 두려워하지 않았던 까닭도 그 때문이다. 동쪽의 청년이 갑자기 서쪽 멧돼지의 공격을 받을 수 있었던 것처럼, 행과 불행은 인간 계산 밖이다. 아시타카는 삶의 무궁무진한 풍경을 두려움 섞인 감탄의 눈으로 바라본다. 그렇기에 증오에 먹히지 않고 자신을 덮친 저주를 감당할 수 있다.

아시타카의 속 깊은 경외심은 에미시 사람들이 생사의 장엄한 드라마에서 벌어지는 모든 일들을 이해하려고 노력한다는 것을 보여 준다. 그래서 마을 장로들은 저주받은 자기들의 후계자를 기꺼이 세상 밖으로 내보낼 수 있었다. 사랑하는 우리 자식이 갑자기 저주에 걸릴 수도 있다. 그런 일도 받아들여야만 한다. 내가 충분히 다 알 수는 없지만, 우리는 자연 전체의 복잡한 인과로부터 자유롭지 않다. 우리가 할 수 있는 일은 재앙이 왜 하필 나에게 닥쳤는지에 화내지 않고 순응하며, 그 인과를 이해하는 것이다.

붉은 손들의 서쪽

서쪽으로의 먼 여행길에서 아시타카가 맨 처음 만난 마을은 멀리서 보니 오른쪽으로 구불구불 긴 강을 끼고 있고, 곳곳에 농지도 잘 정비되어 있어 풍요로운 듯했다. 하지만 마을에 들어가 보니 들판 한가운데에서 불이 나고 무사들이 부인과 이방인을 가리지 않고 칼로 베려 한다. 시장이 있지만 물품이 빈약하고, 굶주린 사람들은 도둑질도 쉽게 생각한다. 아시타카는 우연히 만난 승려 지코와 또 다른 마을에서 밤을 보내게 되는데, 동네 비석 아래에는 깨진 밥그릇이 뒹굴고 있다. 전쟁, 사고, 병, 기아로 이 마을도 저 마을도 황폐하다.

마침내 아시타카는 서쪽 끝 '다타라'라는 마을에 도착한다. 이곳에서는 철을 녹여 화기를 만들고 있었다. 철을 녹여야 하니 엄청난 불이 필요하고, 땔감을 만들기 위해 엄청난 나무를 베어야 한다. 미야자키는 제철 모티프를 경유해 산림 훼손의 문제로 들어간다. 나무 하나 베는 일이라지만 벌목과 제철이 연결되어 있고, 제철은 다시 시장과 연결되어 있고, 시장은 전쟁이라고 하는 각종 권력 다툼과 연결되어 있다. 모든 것이 연쇄적으로 맞물려 있다. 그렇다면 나무 하나를 살리는 일은 이 모든 연결망에 영향을 미치는 일이 된다.

아시타카가 다타라로 들어가는 그날은 길이 험했다. 이날 비가 왔는데 나무가 거의 없는 산비탈 벼랑길을 통과해야 하다 보니 미끄러워 아찔하다. 겨우 가파른 절벽 지대를 어렵게 지나면 왼쪽 호수를 끼고 오른쪽은 헐벗은 산에 닿은 작은 섬이 하나 나온다. 들어가려면 배를 타고 가거나 산허리에서 작은 다리를 통과해서 가야 한다. 섬이자 마을인 이곳은 사방으로 뾰족하게 깎은 나무들이 촘촘히 박혀 있고 거기에 더해 통나무들로 막아 높게 세운 벽이 있다. 문이 있다는 점에서 에미시 마을과 닮았다. 하지만 동쪽에서는 샤먼의 말로 열리거나 닫혔던 문이 이 서쪽에서는 총과 화살로 여닫힌다.

그렇지만 에미시 마을과 다타라 마을은 많은 부분이 닮았다. 우선 마을의 공간 배치가 그렇다. 두 부족 모두 마을 한가운데 공동의 장소를 크게 둔다. 대신 에미시의 공용터가 놀이와 회의가 이루어지는 빈 마당이었던 것과 달리 다타라의 공용터에는 제철소가 있다. 어마무시한 사철을 녹이고 쇠총을 만들어 바깥에 파는 마을이다 보니 모두에게 제일 중요한 곳이 밤낮없이 풀무질하며 불을 때야 하는 제철소가 된다.

두번째 공통점은 마을이 여성 중심적이라는 점이다. 에미시 마을에서는 할머니 샤먼이 아시타카의 앞날을 점으로 예고하며 그가 고난을 충분히 받아들일 수 있도록 믿음과 용기를 준다. 아시타카가 여행을 시작할 때, 금기임에도 불구하고 여동생은 추방자인 오빠에게 자신의 보물인 흑단검을 주며 응원을 한다. 에미시는 여성들의 혜안과 용기로 굴러간다. 다타라 마을은 수장이 에보시다. 에보시의 엄청난 전투력과 강력한 카리스마는 〈바람 계곡의 나우시카〉에 나오는 무도한 여장군 크샤나를 닮았다. 다타라 마을은 남성과 여성에 따라 활동 공간을 나누고 있는데, 그렇다고 해도 중앙부인 제철소를 운영하는 것은 여성들이다.

미야자키는 앞서 아시타카가 방문한 첫번째 논농사 마을에서 사람들이 시장에서 밥을 사 먹는 장면을 보여 준다. 다타라 마을에 시장은 없다. 마을 안에서 사람들은 쌀을 함께 나누고 밥도 같이 해서 먹는다. 사실 다타라는 에미시보다 훨씬 더 열려 있고 공동체 구성원을 잘 보호한다고도 할 수 있다. 샤먼 할머니는 저주를 받은 아시타카를 격려했지만 품지는 않았다. 저주에 걸린 자이므로 당장 그날 밤, 어떤 배웅도 없이 혼자 마을을 나가야 한다고 했다. 하지만 에보시는 한센병 환자나 팔려나온 여자들까지, 불쌍한 이들은 누구라도 받아들인다. 에보시는 손가락질받는 약자들을 지키기 위해 물불 가리지 않는다. 다타라의 닫힌 성벽은 가난하고 불쌍한 이들을 멧돼지나 군대로부터 보호하기 위한 것이었다.

바로 이 점 때문에 아시타카의 번민이 시작된다. 아시타카는 자신에게 저주를 입힌 '악한'을 찾으면 문제가 해결될 것이라고 생각했다. 하지만 악한을 찾아도 문제는 해결되지 않는다. 왜냐하면 멧돼지를 재앙신으로 만든 그 총알은, 이 한센병 환자들이 온갖 모욕을 견디며 병마의 고통과 싸우면서 만든 물건이기 때문이다. 거리의 여자들이 죽을 만큼 힘들게 풀무질해서 녹인 쇠로, 한센병 환자들은 피와 진물로 으깨진 손을 갖고 하나하나 총을 만들었다. 한센병에 시달리는 노인은 저주받은 자신의 몸 때문에 원망스럽고 슬프다고 한다. 하지만 그 고통 속에서도 살고 싶다고 한다. 바로 그 살기 위한 방법이 총을 만드는 것이며 남을 죽이는 일인 것이다. 에보시는 한센병 환자들이 만든 총으로 밤사이 나무를 새로 심으려는 성성이들을 쏜다. 재앙신을 불러들인 이들은 모두 누군가를 살리고 지키려 애쓰고 있었다. 아시타카는 다타라 마을에서 이 역설을 보며 길을 잃는다.

순환하는 온 생명의 심장부

미야자키 하야오는 〈모노노케 히메〉에서 숲의 원초적 생명력을 표현하려고 했다. 이 숲은 미야자키 생명 사상의 핵심을 말해 준다. 잠깐 개봉 당시로 돌아가 보자. 포스터에서부터 거대한 야생 들개가 등장하니, 숲 표현에 대한 관객들의 기대도 대단했었다고 한다. 그런데 막상 〈모노노케 히메〉를 관람한 사람들은 기겁했다. 푹신한 회색 하마가 사는 상냥한 나무 같은 것을 기대했는데, 베이고 타 버리고 황폐해진 과정에 놓인 숲이 펼쳐지는 것이다. 게다가 숲의 신은 가차 없이 만물을 낳고 죽이고 있었다. 미야자키는 숲을 인간의 착취를 마냥 기다리는 무기력한 공간으로도, 어떤 인간도 정복할 수 없는 무시무시한 야생의 덤불로도 그리지 않았다.

미야자키는 숲을 어떻게 그렸는가? 첫째, 미야자키는 숲을 마을, 즉 문명과 대비된 자연으로 보지 않았다. 따지고 보면 버젓이 사무라이까지 두고 있던 첫번째 서쪽 마을이야말로 야만적이다. 사람들은 금 쪼가리 몇 개 얻으려고 사람 해칠 생각도 거리낌없이 한다. 다타라도 문명적이라고 보기는 어렵다. 한센병 환자들, 부랑자들, 팔려 나온 여자들이 힘을 모아 살기는 하지만, 입는 옷과 먹는 방식이 거칠고 이익에 따라 얼마든지 사람을 죽일 수 있다고 생각한다.

숲속 깊이 파묻혀 있는 에미시족이야말로 문명적이다. 아이들도 멋진 모자를 제대로 갖추어 쓰고 있고, 식사 때에는 붉게 반짝이는 옻칠한 그릇을 쓰고, 저마다 멋지게 깎고 다듬은 흑단검을 사용하기 때문이다. 이토록 문명적인 에미시 사람들은 숲에 파묻혀 살기를 원한다. 다른 집단과의 접촉을 거부하면서 숲이야말로 자기들의 거처라고 생각한다.

둘째, 숲에 존재하는 모든 것들은 영혼을 가졌다. 숲의 동식물들은 완전히 인격화되어 있다. 그들은 다른 동식물들과 돕거나 다투면서 각자의 감정대로 번뇌를 겪는다. 미야자키는 벌목으로 먹을 것과 쉴 곳을 잃었을 뿐만 아니라 에보시의 총을 맞고 숲에서 쫓겨난 멧돼지의 분노를 정신을 잃은 미꾸라지들이 몸의 온 구멍에서 무더기로 튀어나오는 끔찍한 모습으로 표현했다. 전신의 모공 하나하나에서 엄청난 분노가 끓어 터지는 모습은 정말 인상적이다. 그 분노가 지나가는 곳에서는 큰 나무가 쓰러지고 소녀가 넘어지며 소년은 화를 입는다. 숲의 모든 것은 감정을 지니고 있기에 그들의 화는 저주로 변해 상대를 가리지 않고 죽음으로 내몬다.

셋째, 그러면서도 숲은 위계적이다. 이 모든 동식물들은 최고의 신에게 자신들의 처지를 하소연하고 서로 도와 달라고 청한다. 그 최고 주재자는 사슴신으로 낮에는 성스러운 물을 마시며 고요히 서쪽 숲을 산책하지만, 밤에는 다이다라봇치(大太郎法師; 창조하는 거인)가 되어 식물들을 키운다. 낮에는 네 발로 걷는 인간-젊은이의 얼굴을 한 이 사슴신은 밤에는 두 발로 걸으며 온몸에서 별빛을 내는 거인의 모습으로 숲을 관장한다. 미야자키는 사슴신을 순환의 신이라고 한다. 그래서 그가 발을 내디디면 새로 싹이 돋지만 발을 뗀 자리에서는 순식간에 풀이 말라 시든다. 사슴신은 총상 입은 아시타카를 바로 치료해 주는데 순환하는 힘 자체이므로 상처의 빠른 회복이 일어난 것이다. 숲은 다양한 것들이 서로 죽이고 살리는 관계로 꽉 채워져 있지만, 그 모든 일은 원초의 생명력 자체인 신의 작용을 따른다.

미야자키 하야오는 사람들이 숲을 귀여운 토토로가 사는 곳으로만 생각하지 않기를 바랐다. 귀엽다는 것은 나보다 어리고 약한 자를 보면서 갖게 되는 감정이다. 자연을 보호하자라든가, 지구가 아프다든가 하는 속된 생태주의적 구호는 모두 이런 귀여운 자연관에 바탕을 둔다. 그러나 숲은 기뻐하고 분노한다. 숲이 사랑이나 증오와 같은 감정들로 가득한 곳임을 알 때 우리에게는 어떤 변화가 생길까? 마음이 커지고 시야가 확장될 것이다. 감히 내가 돌보거나 보호할 수 있다고는 생각지 못할 것이다. 숲은 인간의 상상력과 기술력을 넘어선다.

공생의 조엽수림 문화론

미야자키 하야오의 자연관을 지탱하는 것은 조엽수림(照葉樹林) 문화론이다. 과거 일본의 서남부를 뒤덮은 사철 울창한 상록활엽수림으로 이뤄진 숲을 조엽수림이라고 한다. 녹나무, 메밀잣밤나무, 참나무, 동백나무 등이 대표적 나무들이다. 중앙아시아 히말라야 산맥 기슭을 기점으로 중국 남서부를 거쳐 일본에까지 퍼져 있던 상록활엽들의 세계는 직접 전파 없이 비슷한 문화를 형성하게 했다는 것이 조엽수림 문화론이다. 토란이나 고구마를 즐기고 나토나 떡처럼 끈적한 식감을 좋아하는 음식 문화에서 그 흔적을 찾을 수 있다. 차, 비단, 누룩으로 빚은 술, 아시타카가 쓰는 칠기 그릇도 예로 들 수 있다. 조엽수림에 기대어 사는 사람들은 에미시 사람들처럼 낮은 담을 두르고 삼가는 마음으로 숲을 대한다.

　그런데 현재 일본의 조엽수림은 1.2%밖에 남아 있지 않다. 〈모노노케 히메〉에서 미야자키는 조엽수림이 사라지는 과정을 분석한다. 그가 보기에 여기에 가장 결정적인 기여를 한 것은 철의 사용이다. 14~16세기 무로마치 시대(아시카가 막부의 집권), 풍요로워진 일본에서는 쇼군과 다이묘 사이의 관계가 느슨해져 도처에서 세력을 확보하기 위한 전쟁이 끊이지 않았고, 전쟁을 뒷받침할 무기 제조업과 상업이 다이묘들의 후원 아래 크게 발달했다. 철은 이들 무기의 원료가 되었다. 그러므로 철을 생산해서 무기를 만들 수 있다는 것은 다이묘들의 각축장에서 어떤 집단이 살길을 마련할 수 있는 바가 되었다.

　에보시의 다타라 마을은 이런 역사를 배경으로 한다. 일본에는 철광석은 별로 없었지만, 화산 덕분에 사철(沙鐵)이 많았고 이 사철을 제련해 금속으로 만들기 위해서는 엄청난 화력이 필요했으므로 막대한 숲의 나무를 태워야만 했다. 그리고 사철을 줍기 위해서 강, 산 등을 헤집어 내야 했다. 막대한 인력이 필요한 작업이어서 보통 이상의 노력이 필요했다. 미야자키는 이정도의 일에 달려들 수밖에 없는 사람들이란 어떤 존재들인가를 연구했다. 그래서 나온 인간들이 바로 다타라 사람들이다. 팔려 간 여자들, 한센병 환자, 달리 남자 구실을 못하는 소몰이꾼 등. 실제로 철 생산에 여자가 직접적으로 개입하는 일은 드물었다지만, 미야자키 하야오는 과감하게 이 막노동이 생존에 있어 최후의 동아줄이 되는 경우를 생각했다. 즉 숲이 사라진 이유는 살기에 절박한 이들이 필사적으로 자구책을 마련한 결과다. 생존이 극도로 위협받게 된 이들이 어떻게든 살 공간을 만들려고 애쓴 결과 장기적으로는 누구도 살 수 없는 땅을 갖게 되었다.

사슴신의 숲은 낮에도 캄캄하여 그 깊이를 알 수 없는 곳이다. 대단히 어둡다. 미야자키는 〈모노노케 히메〉에서 주인공이 높은 봉우리에서 아래로 내려다본다든가, 깊은 계곡에서 위를 올려다본다든가 하는 〈천공의 성 라퓨타〉나 〈붉은 돼지〉의 조감 기법을 쓰지 않았다. 대신 어두운 숲으로 어떤 심층성, 근원성을 표현한다. 숲은 오래되고 오래되어 천천히 세월을 품는다. 작은 못 위 흙더미에서 생명의 시간을 응축하고 있는 한 그루 나무가 보여 주듯 물 한 방울, 이끼 한 포기조차 신비롭고 성스럽다.

이 성스러움의 근저에 있는 것이 순환하는 무자비한 힘이다. 목을 잃은 다이다라봇치가 해가 떠오르기 전에 크게 몸을 부풀려서 숲을 다 덮었을 때, 마침내 산과 아시타카가 사슴신에게 목을 돌려주게 되었을 때, 거대한 바람이 숲 전체를 휩쓸고 불타는 다타라 마을을 아예 다 부숴서 날려 버릴 때, 인간은 속수무책일 수밖에 없다. 순환의 거대한 태풍 앞에 버틸 재간이 없다. 모노노케 히메와 아시타카, 그리고 지로가 잘린 사슴신의 목을 두 손 높이 올려바치는 모습은 자연의 광폭한 힘 앞에 인간이 보여야 할 경외심을 나타낸다.

다이다라봇치는 결국 해가 떠오르기 전에 완전한 몸으로 돌아가지 못해 호수에 쓰러지고 그가 주재하던 숲은 모두 말라 썩는다. 그런데 곧이어 산에 새 풀이 돋는다. 사슴신은 자신을 죽인 다타라 사람들에게 푸른 새 숲을 돌려준다. 미야자키는 그렇게 되살아난 숲의 온화한 풍경이 현대 일본인이 생각하는 숲이라고 한다(미야자키 하야오, 『미야자키 하야오의 반환점 1997~2008』, 황의웅 옮김, 대원씨아이, 2013, 37쪽). 아시타카가 말하듯 사슴신은 생명 그 자체이기 때문에 죽지 않는다. 그리고 이제는 다른 순환의 형태를 숲에 부여할 것이다. 다타라 마을에서 에보시와 그의 사람들은 살아난 나무를 다시 베어 버릴지도 모른다. 하지만 언제나 숲은 새로운 모습으로 돌아온다. 인간 따위 없어져도 그렇게 될 것이다.

어둡고 고요하고 그 전부의 생생한 생명력의 신비를 고스란히 품은 사슴신의 얼굴을 떠올려 보자. 그 얼굴에서는 표정을 읽을 수 없다. 붉은 돼지, 포르코의 선글라스를 통해 살펴본 것처럼 인간에게 타인의 얼굴은 의미를 함께 만들어 내고 공생의 길을 모색하는 중요한 장치이다. 사슴신의 눈과 표정은 인간만을 보고 있지 않기에 인간이 읽기 어렵다. 신은 나고 썩는 모든 것을 응시한다. 이런 시선 앞에서 인간이 보게 될 것은 자기 어리석음일 뿐이다.

〈모노노케 히메〉는 미야자키가 숲을 사유하려고 만들었을 뿐만 아니라 현대의 인간이 앞으로 가지고 가야 할 세계관 등을 고민하기 위해 그린 작품이다. 미야자키는 환경을 보호하자거나 순수한 숲을 재생시키자거나 하는 차원의 문제를 보다 심층적으로 접근할 필요가 있었다. 우리는 과연 자연을 뭐라고 생각하고 있나? 대지는 모든 것을 거대한 힘으로 순환시키고 또 순환시킨다. 지구 역사상 여섯 번의 대멸종이 있었고, 역사 이래 어떤 문명도 현재까지 지속하고 있지 않다. 미야자키는 조엽수림을 되돌리자고 말하지 않는다. 언제나 새롭게 돌아올 숲 앞에 더욱 겸손한 마음을 가지라고 한다. 인간 한 사람, 민족 하나의 힘을 완전히 넘어서는 힘 위에 하루하루 살아간다는 것을 근원적으로 생각하며 일상의 철학을 만들 필요가 있다.

2.
철의 전쟁
― 에고이즘의 신이 죽는다

'자기'라는 신

〈모노노케 히메〉는 '신의 죽음'이라는 테마를 통해 공생의 문제에 접근한다. 정확히 말하면 신의 자연사(自然死)가 아니라 신의 살해다. 신의 살해란 무궁무진한 신화의 바다에서 드물지 않은 일이다. 인류 최초의 서사시라고들 하는 『길가메시 서사시』에서 영생을 꿈꾸는 길가메시는 삼나무 숲의 거신(巨神) 훔바바(Humbaba)를 베며 전쟁을 한다. 그는 도끼로 치고 또 치면서 훔바바를 쓰러뜨린다. 이 덕분에 훔바바에게만 깃들었던 일곱 광채와 화염이 강과 사자, 재앙의 바위, 지옥의 공주에게 전해진다. 신의 살해로는 북유럽 신화도 떠올릴 수 있다. 토르가 거인들을 물리치려고 한 이유는 그들이 많은 동물과 풍요로운 식물을 한없이 거느렸음에도 신들의 세계를 자꾸 넘보아서다. 토르는 신들의 나라를 방어하는 영웅이다. 길가메시와 토르의 도끼질, 망치질을 두고 다양한 해석이 가능하지만 두 영웅 모두 왕국의 방어자, 숲의 살해자다. 인류는 숲을 정복한 것을 자랑삼아 왕국을 건설했던 것이다.

미야자키 하야오는 '숲을 베고 영웅이 되는 서사시'의 계보를 과감히 버린다. 숲은 우리를 낳고 죽이는 힘의 원천이다. 그 숲을 베어서는 절대로 영웅이 될 수 없다! 그런데 문제는 나무를 베지 않으면 인간이 살아갈 수 없다는 데에 있다. 땔감을 만들어 불을 피워야 몸을 덥히고 음식을 익힐 수 있다. 그럼 어떤 마음으로 나무를 찍어야 할까? 죄를 짓는 마음으로 살아갈 수만은 없지 않은가? 여기가 미야자키 하야오가 고민한 지점이다.

우선 신의 죽음부터 살펴보자. 무엇이 신인가? 그 신이 어떻게 죽는가? 먼저 아시타카가 재앙신 나고를 죽인다. 재앙신이 된 멧돼지는 지나다니는 모든 곳의 풀을 썩히고 사람을 죽인다. 나고의 노란 눈에는 아무것도 보이지 않고, 나고의 막힌 귀로는 아무것도 들리지 않는다. 아시타카는 재앙신을 가로막으며 몇 번이나 말한다. "진정해요, 마음을 가라앉혀요." 하지만 나고는 아무 반응도 하지 않고 더욱 빨리 돌진할 뿐이다. 그런 채로 마을로 돌진했기 때문에 아시타카는 멧돼지 눈에 화살을 쏘지 않을 수 없었다.

들개의 신을 비롯, 규슈 지방의 멧돼지 신 옷코토누시, 그리고 사슴신까지를 모두 죽이는 이는 다타라 마을의 수장 에보시다. 그녀는 강력한 화승총으로 동물의 신을 가리지 않고 죽인다.

에보시는 모두를 벌벌 떨게 하는 사슴신 앞에서조차 꿈쩍도 하지 않고 그 목을 향해 총을 겨눈다. 그 어마무시한 공격력은 나고의 돌진하는 힘과 맞먹는다. 불타는 에보시의 눈빛, 붉게 빛나는 에보시의 입술은 무섭다. 재앙신이 된 나고의 검붉은 몸만큼이나 에보시의 입술도 피처럼 붉다. 그러니 에보시도 무척 큰 분노에 사로잡혀 있음을 알 수 있다. 둘 다 상대를 죽이려 혈안이 되어 있으며, 미안함과 망설임이 없다.

〈모노노케 히메〉는 사슴신을 죽이려는 자와 지키려는 자의 대립을 그리지 않는다. 잘 들여다보면 양쪽 모두 사슴신에게 관심이 없기 때문이다. 에보시에게 사슴신은 자기 마을의 안녕을 위한 수단에 불과하다. 사실 사슴신의 목을 따서 왕에게 가져가려는 이는 비밀조직의 승려 지코다. 그에게도 사슴신의 목은 필요 없다. 지코는 다만 왕이 사슴신을 원한다고 하니 그 뜻을 따랐을 뿐이다. 성실한 공무원 타입이다. 에보시는 사슴신의 목이 불로불사의 명약이라고 믿지 않음에도 신의 목을 얻게 된 왕이 제철권을 확보해 줄 것임을 믿고 신의 목에 총을 겨눈다. 인간한 사람 한 사람을 놓고 보면 에보시나 지코도 사슴신과 굳이 대립할 이유가 없음을 알 수 있다.

이번에는 숲속 동물들 쪽을 살펴보자. 동물들이 사슴신을 지키기 위해 에보시의 군대를 가로막는 것이 아니다. 그들의 목표는 에보시에 대한 증오를 푸는 데에 있다. 이 원한을 갚는 일이 제일 중요하기 때문에 멧돼지들은 인간을 도와준 사슴신에게 화를 내기까지 한다. 동물들은 사슴신의 안위에는 아무 관심이 없다. 자신의 화만 중요하기에 인간들의 총구가 그들의 신을 향하는 것도 보지 못한다.

다타라 마을 사람들과 숲속 동물들은 닮았다. 양쪽 모두 엄청나게 화가 나 있고, 상대가 없어져야 자존을 지킬 수 있다고 생각한다. 네가 없어져야 내가 산다는 결론을 붙들고 한 치의 의심 없이 적의를 불태운다. 자기들만 존귀하고 자기들만 살아 있어야 하니 그들에게는 '자기'가 신이다. 이 자기야말로 나와 적을 가르는 이분법의 신이다. 나와 너이든, 문명과 자연이든, 고착화된 이분법의 맹목에 빠지지 않으려면 이 '자기'를 내려놓을 수 있어야 한다.

그래서 미야자키 하야오는 에보시한테도 동물들한테도 벌주지 않는다. 신은 죽을 수 있다. 문제가 되는 것은 '나의 신이 죽어서는 안 된다'는 고집이다. 작품의 콘티 단계에서도, 제작 중반을 넘겼을 때에도 스튜디오에서는 에보시나 지코가 벌을 받는 것이 좋은지 좋지 않은지에 대해 많은 토론이 있었다고 한다. 결론적으로 미야자키는 두 사람이 전쟁에서 지고 후회를 하는 듯한 장면은 넣지 않기로 했다. 이 영화에는 옳고 그름을 최종적으로 결정할 수 있는 '선한 신'의 자리야말로 필요가 없기 때문이다. 감독에게도 그런 권리를 주어서는 안 된다. 미야자키는 후회와 반성을 허락하는 정의의 지평을 없앴다. 아시타카는 재앙신 나고를 죽이고, 에보시는 사슴신을 죽였다. 미야자키 하야오야말로 '내가 전부'인 유일신 사상을 끝내려 했다.

죽는 자가 죽인다

미야자키는 전쟁을 '자기를 신으로 모시는 이들끼리의 싸움'으로 보았다. 〈모노노케 히메〉는 문명과 자연의 대립이라고 하는 인류사적 사건이 아니라 집단 이기주의에 빠진 종교전쟁을 다루는 셈이다. 그 신이 도대체 어떤 존재인지에 대한 탐구 없이, 유일신의 자리를 누가 차지할까를 두고 벌이는 전쟁 말이다. 이 싸움을 어떻게 끝낼 수 있을까?

이 난장판 한가운데에서 이상한 전투를 치르는 자가 있다. 맑은 눈의 소년 아시타카다. 아시타카는 사슴신을 쏜 에보시가 죽지 않도록 안간힘을 쓴다. 아시타카의 팔에 증오의 문신을 새긴 자가 바로 그녀였음에도 불구하고 말이다. 또한 아시타카는 옷코토누시에게 먹힌 모노노케 히메를 구하기 위해서도 죽음을 불사한다. 다시 멧돼지의 원망에 노출되면 그 자신이 재앙신이 될 위험에도 불구하고 말이다.

아시타카는 대책 없는 평화의 화신인가? 아니다. 아시타카도 순결하지 않다. 위험에 빠진 여동생을 구하기 위해서였다고 하지만 그도 멧돼지 신을 쏘아 죽인 죄인이다. 나중에 에보시가 들개의 신에게 한쪽 팔을 잃는 것처럼, 아시타카도 멧돼지 나고의 화를 입어 한쪽 팔이 저주로 멍든다. 모노노케 히메를 사랑한다지만 작품 속에서 아시타카는 모노노케 히메의 적 에보시와 가장 많이 닮았다.

〈모노노케 히메〉에서 전쟁은 장기나 바둑처럼 같은 테이블에 앉아 규칙대로 승패를 가르는 싸움이 아니다. 자기 목적을 위해 타인을 수단으로 삼는 이들의 진퇴양난이며, 여기서는 이기는 자도 지는 자도 없다. 자기 목적을 위해 나아갈 수밖에 없고, 그 과정에서 누구보다 자신이 망가진다. 아시타카와 에보시 모두 팔을 잃고 불구의 몸으로 살게 되지 않던가. 물론 죽은 사슴신의 몸이 대지 위로 쓰러지면서 온누리에 생명의 기운이 다시 감돌 때 아시타카 팔에 붙은 저주는 약해진다. 아시타카는 신이 자신을 회복시켜 주었다고도 말한다. 하지만 잘 보면 그는 다 낫지 않았다. 아시타카는 증오에 다시 잡아먹히지 않기 위해 죽을 때까지 애쓰지 않으면 안 될 것이다.

아시타카와 에보시의 차이는 어디에 있는가? 아시타카가 적대의 신학에서 빠져나갈 수 있는 방법은 무엇인가? 아시타카는 증오의 원인을 찾기 위해 여행을 떠났다. 그가 향한 곳은 서쪽이다. 재앙신이 서쪽에서 왔기 때문이다. 처음에 아시타카에게는 나고가 누구의 총에 맞았는지를 알아내어, 그 대신 복수를 할 생각도 있었다. 도중에 숲의 모든 일을 주재하는 사슴신에게 찾아가 저주를 풀 방법을 물을 수 있다는 것도 들었다.

그런데 문제가 간단치 않았다. 겨우 찾아간 다타라 마을의 소몰이꾼은 목숨을 걸고 쌀을 성안으로 들여오고 있었다. 마을 사람들은 늦은 밤까지 철을 만들고 총기를 개발하느라 쉬지를 못한다. 이들은 성실한 일꾼들이고 웬만해서는 타인들에게 악한 일을 할 생각조차 하지 못하는 선량한 사람들이다. 철을 만들어야만 쌀을 얻을 수 있고, 쌀을 얻어야만 터전을 꾸릴 수 있으며, 그 철로 인근 성주들의 간섭과 박해로부터 자주권을 지켜낼 수 있다. 생존의 절박함에 갇힌 자들이 최선을 다해 아등바등하고 있다.

그렇다고 이들에게 면죄부를 줄 수는 없다. 마을 사람들은 자신들이 숲을 베면서 동물들을 못살게 굴고 있다는 사실에 아무런 반성도 하지 않는다. 저녁 식사 시간에 사람들은 아시타카 주위에 모여 멧돼지 옷코토누시를 총을 쏘아 죽이게 되었을 때를 자랑한다. 누군가 멧돼지의 원한을 이야기하려 하자, 저편에서 몸개그를 보며 크게 웃는 통에 대화가 끊긴다. 절묘한 시점 이동이다. 미야자키는 멧돼지를 애도하는 자리를 금방 개그판으로 바꾸는 사람들의 도덕심을 비판한다. 이런 사람들의 몰염치를 보며 아시타카의 저주받은 팔은 터질 듯 부풀어 오른다.

한편, 다타라 마을의 총기 기술자들은 모두 한센병 환자들이다. 이들은 진물이 흘러내리는 피부를 흰 붕대로 겨우 감싸고서 최후의 생명력을 짜 총기 기술을 높인다. 그들이 비참한 운명에 대한 절망을 딛고 조금이나마 마을에 도움이 되기 위해 애쓴 결과, 멧돼지와 아시타카가 재앙신의 먹이가 되었다. 그들이야말로 죽어 가면서 죽이는 죽음의 화신이다.

그러나 저주를 몰고 온 이들은 악하지 않다. 마을 사람들을 살리는 데에도 한몫을 한다. 미야자키는 이런 아이러니를 끝까지 직시한다. 그래서 다음과 같은 장면을 넣었다. 에보시는 한센병 환자들이 모여 있는 비밀 정원에서 약초를 재배하기도 하고 닭도 키우는 모양이다. 특히 환자들의 방으로 들어가는 입구 쪽에는 밤에도 노랗게 달빛을 받아 반짝이는 들꽃이 한 무더기 피어 있다. 총알을 키우는 정원에서 풀과 동물이 자랄 뿐만 아니라 그런 저주받은 삶을 축복이라도 하듯 꽃이 피어 있다. 죽음의 연쇄는 피할 길 없으나, 그런 삶에도 아름다움이 깃든다.

이해로 살리다

결국 아시타카는 자신에게 저주를 내린 이들에게 복수할 마음을 접는다. 에미시 마을을 떠났을 때 샤먼 할머니는 고통 속에서 죽어 가게 될 운명을 바꿀 수는 없으리라고 했다. 이때부터 아시타카는 덤덤히 그것을 각오하기는 했다. 그러나 이유라도 알면 어떤 다른 길이 열리지 않을까 하는 기대로 여기까지 왔던 것이다. 그런 아시타카는 사태의 인과를 알고 더 막막해졌다.

이런 아시타카에게 새 희망을 준 것은 제철소의 여자들이다. 제철소는 에보시가 거리에서 구한 여인들의 일터다. 5일 밤낮을 꼬박 열 명 이상씩 풀무질을 해야 겨우 불씨를 피울 수 있는 곳이니 늦은 밤까지 교대로 땀 흘리며 일해야 한다. 그런데도 제철소에서는 끊임없이 노동요가 울려 퍼진다. 여기에서 일하는 여자들은 다타라 마을 밖에서 천시와 차별을 받던 이들이었다. 다른 곳에서는 부정 탄다며 여성에게는 만질 수도 없게 하는 철이, 여기서는 여성이 아니면 건드릴 수도 없는 물건으로 되어 있다. 여성들은 다타라 마을에서는 배를 곯지 않아도 되고 남자들에게 구박을 받지 않아도 된다. 총은 여성들의 자존심과 활기를 회복시킨다. 이들의 노동요에는 힘들지만 제 몫을 하는 이의 자부심이 담긴다.

아시타카는 자신에게 저주를 내린 자를 찾으려 했다. 한심한 그들을 보며 더 크게 화가 나기도 했다. 그러나 그들도 저주받은 불쌍한 사람들이다. 아시타카는 어쩌면 고통을 나누는 방법이 있지 않을까 생각하게 된다. 그래서 윗옷을 벗고 이들과 함께 풀무질을 해본다. 누군가를 죽일 수도 있는 총이고, 자신이 그 화를 입어 지금 고통받고 있다. 그런데 이 사람들에게 지금 당장 총을 만들지 말라고는 할 수가 없다. 풀무질을 하면서 갖게 된 자신감을 거두라고 할 수는 없는 것이다. 아시타카는 이 난감한 상황에도 불구하고 당황하지 않는다. 증오만 남은 상황 속에서 해야 할 일은 저주받은 이들끼리 함께 손을 모으는 것뿐이니까.

신의 살해와 함께 아시타카의 여행이 시작되었다. 만약 재앙신의 습격이 없었더라면 아시타카는 에미시의 추장이 되어 평화롭게 일생을 마무리했을지 모른다. 그런데 저주를 입은 덕분에 서쪽으로의 여행을 하게 되었다. 덕분에 타인을 해치면서 자신의 안녕을 도모할 수밖에 없는 인간의 슬픈 숙명과 난폭한 신들의 헤아릴 길 없는 분노에 대해 생각할 기회를 얻었다. 증오 없는 세상을 꿈꿀 수는 없지만, 미워하는 이들끼리도 함께 살길이 있으리라는 확신도 갖게 되었다. 이런 아시타카 덕분에 다타라 사람들은 멧돼지 시체 속에서 적이었던 들개를 구하기도 하고, 에보시는 더 좋은 마을을 만들겠다며 자기 화를 누르게 된다. 모든 증오를 있는 그대로 받아들이려 했던 아시타카가 있기에 사람들은 새로운 풀이 돋는 것을 보며 다른 꿈을 꾸기 시작한다.

증오의 전쟁을 멈추는 길은 심판자를 찾는 데에 있지 않다. 선악을 결정하는 유일신의 시점에서 보면 온통 좋은 사람, 나쁜 사람뿐일 것이다. 하지만 자세히 보면 다 그럴 만한 어쩔 수 없는 이유가 있다. 그런 한계 속에서 자기도 모르게 타인에게 상처를 주고 스스로를 괴롭힌다. 나만 옳다는 관점을 내려놓을 때 신이 죽는다. 그때 타인도 나도 똑같이 신음하고 있음이 보인다. 다른 이의 고통 더 나아가 존재하는 모든 이의 비참을 읽게 된 순간, 아시타카는 조금이라도 더 같이할 수 있는 일을 찾아야 한다는 생각이 들었다. 복수보다 모든 고통에 대한 공감과 이해가 먼저였다.

3.
괴물 아시타카
― 비틀거리는 생명 파수꾼

숲의 얼굴은 사슴

〈모노노케 히메〉의 캐릭터 창조에서 가장 빛나는 부분은 고매한 신에서부터 비루한 인간까지 각각의 감정이 풍부하게 묘사된 점에 있다. 이전까지 미야자키는 정원사 거신병, 저주에 걸린 돼지 인간 등 비인간적 캐릭터로 다양한 인격을 실험해 왔다. 미야자키는 인간만의 세계란 있을 수 없다고 보았다. 그는 〈모노노케 히메〉에서 숲에 사는 다양한 신들, 정령들이 품고 있는 다양한 감정을 표현하는 데 도전한다.

미야자키가 주목하는 감정은 증오다. 미야자키는 증오의 다양한 수준을 보여 준다. 차례로 살펴보자. 맨 먼저 엄청나게 화가 많이 난 멧돼지 신 나고가 나온다. 온몸의 구멍이란 구멍에서 장어처럼 팔팔 튀어나오는 분노의 촉수들이 사방으로 먹잇감을 찾아 날뛴다. 재앙신이 된 뒤 나고는 분노 자체가 되어 돌진한다. 나고는 자신에게 고통을 준 자의 숨통을 끊어 놓기만을 바란다. 고통을 되갚아 주기 전에는 죽을 수 없기에 멈추지 않는다.

감정은 다른 감정과 복합적으로 결합한다. 증오가 인내와 결합할 수가 있다. 나고의 한을 풀어 주기 위해 멀리 바다 건너 친제이산(鎭西山)에서부터 온 멧돼지의 신 옷코토누시가 이를 보여 준다. 옷코토누시는 나고보다는 훨씬 더 위엄이 있는 모습으로 등장하는데 그 회색빛 털과 네 개의 엄니, 작지만 쭉 찢어진 매서운 눈매는 그가 화를 얼마나 자제하는지를 말해 준다. 옷코토누시는 유명한 산들의 주인인 여러 멧돼지를 거느리고 사슴신에게 운명을 의논하기 위해 왔다. 눈에는 누런 눈곱이 잔뜩 끼어 있어 그가 오랫동안 아팠다는 것을 알 수 있다. 벼랑 위에서 절규하듯 찢어지는 목소리로 일족을 격려하고 이끄는 모습에서는 그 고통이 매우 심각함도 느껴진다. 옷코토누시는 신 앞에 무릎을 꿇고 일족의 고통을 멈춰 달라고 호소하기 위해 자기 분노를 삭이고 또 삭이는 중이다.

증오에는 인내와 자애심까지 덧붙여질 수 있다. 모노노케 히메의 엄마인 들개의 신 모로를 보자. 흰 들개의 신은 옷코토누시만큼이나 큰 몸을 지녔다. 부리부리한 두 눈은 에보시의 총알을 맞은 충격으로 붉어졌다가 병색이 나아질 때마다 흰색으로 돌아오곤 한다. 어떤 경우에도 마주치지 않기를 빌어야 할 사나운 신이다. 모로 역시 증오에 사로잡혀 있지만 자식에 대한 사랑으로 분노를 누른다. 모로는 인간이 버린 여자 아기를 자기 딸로 먹이고 재우며 훌륭히 키워 냈고, 인간도 들개도 될 수 없는 그 원한을 이해하며 묵묵히 딸을 지켜 왔다.

모로는 미야자키가 줄곧 그려온 모성의 계보에서 최고의 자리를 차지할 만하다. 겁나도록 무섭게 자식을 보호할 뿐만 아니라, 털이 없는 인간도 숲에서 살 수 있도록 가르칠 수 있는 지혜와 기술의 전수자이기 때문이다. 아마 모로는 인간 어머니들 그 이상으로 상냥하게 딸을 데리고 다녔을 것이다. 딸에게 위협이 될 숲의 나쁜 것들은 무섭게 내치면서 말이다. 그러고 보니 미야자키 영화에서 엄마나 할머니들은 모두 겁나는 스승에 가깝고 자애의 화신은 전부 거신병이나 들개다. 미야자키는 모성의 인간화를 거부한다.

모로는 자기에게 총을 쏘았기 때문이 아니라 나무의 적이기에 에보시를 없애고 싶어 한다. 하지만 모노노케 히메가 재앙신이 된 옷코토누시의 몸 안에 빨려 들어갈 위기에 처하자 만사 제쳐 놓고 딸을 구한다. 모로는 어미로서 새끼를 구하는 일을 자기 원한보다 중요시한다. 모로는 에보시를 죽여도 숲의 슬픔이 다 사라지는 것은 아님을 알았을 것이다. 그래서 남은 생을 숲에서 울리는 동물들의 괴로운 신음 소리를 들으며 사라져 갈 동물의 왕국에 대해 명상하는 데에 쓰려고 했다. 하지만 딸의 고통이 먼저다. 모로는 고매한 도를 구하는 들개의 신이 아니라, 고통받는 딸의 눈물을 닦아 주려는 인간의 어미다.

모로는 이 에보시를 죽이면 다른 에보시가 온다는 것도 간파했을 것이다. 아시타카는 이런 모로에게 인간과 숲의 공존을 물었는데 돌아오는 대답은 간단했다. '닥쳐!' 모로에게는 숲의 현실을 직시할 수 있는 안목이 있다. 그래서 모로는 인간에 대해 분노하지만 자기 증오에 사로잡히지 않는다. 이런 모로가 교조주의자는 아닌 것이, 인간인 딸에게 들개처럼 네 발로 걷기를 종용하는 대신 인간-들개로서의 운명에 충실할 길을 스스로 찾으라고 하기 때문이다. 증오는 자기 본분을 잊게 하기에 위험하다. 모로는 이 위험을 들개이면서 엄마인 자기 긍지로 다스리며 재앙신이 될 길을 피해 간다.

여담이지만 모로의 목소리를 연기한 배우가 녹음을 하는 장면이 유튜브에 올라와 있다. 이 배우는 나중에 〈하울의 움직이는 성〉에서 황야의 마녀를 연기하기도 한다. 목소리를 연기한 성우는 인간에 대한 분노와 인간-딸에 대한 사랑이 모순 없이 결합되어 있는 모로의 자애심을 인생의 간난신고를 온몸으로 겪은 노인의 굵게 떨리는 목소리로 표현했다. 미야자키는 남자이면서 여자이고, 노인이면서 아이인, 다중적이고 개성 충만한 할머니의 목소리를 듣고 정말 기쁜 미소를 지으며 감탄했다 (https://www.youtube.com/shorts/D_a41pwTfuE).

마지막으로 숲의 신이지만 증오를 비롯 어떤 감정도 느끼지 않는 존재에 대해 생각해 보자. 그는 사슴신이다. 생명을 주기도 하고 거두기도 하는 사슴신은 초승달에 태어나 달이 차고

기움과 함께 그 자신이 탄생과 죽음을 반복한다(미야자키 하야오, 『모노노케 히메』[지브리 아트북 시리즈], 학산문화사, 2013, 100~103쪽 참고). 그러니 감정이 없다기보다 생명의 빠른 순환만큼이나 빨리 아주 많은 감정을 품고 푸는 신이라고 할 수 있다. 아트북의 설명은 이렇게 되어 있다. "나무의 작은 가지 앞에 멈춰 선 시시신(シシ神), 아시타카를 보고 있는 것인지 아니면 나무를 보고 있는 것인지…. 그 표정은 자애로움으로 가득 차 있는 것 같기도 하고, 잔인해 보이기도 한다."(미야자키 하야오, 『모노노케 히메』, 101쪽)

사슴신과 함께 언급하지 않으면 안 될 캐릭터가 하나 더 있다. 바로 고다마다. 이들은 맑은 숲의 정령으로 사슴신을 부른다. 미야자키 하야오가 작품 배경 연구를 위해 탐방했던 일본의 원시림 야쿠시마 도처에는 고다마 인형이 놓여 있다고도 한다. 이 고다마 얼굴에 표정이 없는데 이 점이 얼굴에서 생각을 잘 읽을 수 없는 사슴신과 비슷하다. 미야자키 하야오의 전체 작품에서 고다마와 비슷한 계열로 팔다리가 짧고 얼굴이 크고 무리 생활을 하는 아이들이 있다. 〈이웃집 토토로〉와 〈센과 치히로의 행방불명〉에 같이 나오는 검댕먼지 씨가 그렇고, 〈그대들은 어떻게 살 것인가〉에서 생명의 씨앗으로 나오는 와라와라들이 또 그렇다. 와라와라가 생명력으로 충만해서 몸뚱이 전체가 부푼 빵처럼 포동한 것과 달리 고다마는 움직일 때 작은 뼈다귀들이 부딪치며 다글다글 소리를 내는 등 좀 더 유령 같은 느낌이 든다. 하지만 고다마 쪽이 훨씬 더 유머 감각이 있다. 아시타카가 다친 소몰이꾼을 업고 사슴신의 숲을 통과할 때에는 까르르거리며 그 뒤를 따라다니고 함께 노는 등 여유를 즐긴다. 고다마의 개구진 몸짓은 사슴신의 근엄함과 함께 숲의 다층적인 모습을 보여 준다.

악마는 없어

신들의 얼굴에 분노와 너그러움이 역동적으로 지나가는 것과 달리 인간의 얼굴은 애매하다. 인간들은 왜 그렇게 불확실한 표정을 짓고 있는가? 우선 에보시가 그렇다. 에보시는 〈바람 계곡의 나우시카〉에 나오는 크샤나처럼 거침없이 자기 왕국을 이끄는 대장이다. 에보시가 크샤나와 다른 점은 어떤 경우에도 두려움이 없다는 것이다. 적어도 크샤나는 부해의 한가운데에서 오무의 무리를 만났을 때 두려워서 총을 쏘는 실수도 한다. 하지만 에보시는 사슴신을 쏠 때에도 두 눈을 번쩍 뜨고 있고, 눈앞에서 마을 사람들이 쓰러져 죽어도 눈 하나 꿈쩍을 안 한다.

에보시는 모로처럼 자비로우면서도 무자비하다. 논밭이 있는 마을에서 사람 취급받지 못하고 쫓겨난 사람들을 한정 없이 거두고, 저주받은 아시타카에게까지도 일자리를 주려고 한다. 하지만 전투 중에 낙오한 병사를 거두어 마을로 돌아가지는 않는다. 흙탕의 강물에서 죽어 가던, 에보시에게 버림받은 소몰이꾼들을 구해 준 이는 그들과 아무 상관없던 아시타카였다. 그런데 마을에 돌아온 에보시에게 이 소몰이꾼들은 한 톨의 원망도 하지 않는다. 오히려 소몰이꾼들은 자신들을 데리고 오지 못해 미안했다는 에보시의 형식적인 사과에 감동해 운다. 에보시에 대한 이런 지지는 그녀가 다타라 마을 자체를 지키기 위해 수단과 방법을 가리지 않고 애써 왔음을 의미한다. 이런 에보시는 증오 자체를 초월해 있는 것처럼 보인다. 그녀는 타인에게 원망사는 일을 두려워하지 않으며, 누군가의 적의로 자신이 죽는 것도 걱정하지 않는다. 다타라 마을의 안녕을 위해 모든 것을 불사한다.

한센병 환자들이나 거리의 여자들을 보호하려는 에보시의 의지는 도대체 이 여자가 과거에 어떤 일을 겪었을지 충분히 짐작하게 한다. 그런데도 에보시는 자신의 증오를 얼굴에 나타내지 않는다. 에보시는 다타라 마을뿐만 아니라 작품 전체의 여성들 중에서도 가장 화장이 진하다. 무로마치 시대를 철저히 고증한 미야자키가, 당시 립스틱이 지금처럼 잘 발색될 리 없음에도 에보시의 입술을 새빨갛게 칠한 이유는 그 성격을 확실히 표현하기 위해서다. 선명하게 붉은 입술은 그녀의 단호함, 극단적임, 자신감을 보여 준다. 대신 그녀가 느끼는 불안과 기쁨은 감춘다. 우리는 사슴신의 얼굴에서 증오를 읽을 수 없는 것과 마찬가지로 에보시의 얼굴에서 어떤 희로애락도 찾을 수 없다. 사슴신이 생명의 부단한 정서를 활발하게 표현 중인 것과 달리 에보시는 생명이기를 거부하려는 듯 가면 같은 얼굴을 하고 있다.

희로애락이 없다는 점에서 에보시와 같은 계열에 있는 인물은 지코 스님이다. 네모난 얼굴에 살이 처진 스님의 얼굴은 탐욕스러워 보인다. 가끔 실눈을 뜨며 의중을 알 수 없이 말하고 행동하는 것으로 보아 전형적인 사기꾼 캐릭터다. 그런데 굼떠 보이는 외모와 달리 굽 높은 게다를 신고도 계곡을 뛰어다니고, 잔머리를 굴릴 것 같지만 철저히 문서에 의존하는 관료 타입이다. '왕이 시키는 대로 산다'를 좌우명으로 달고 있지만 아시타카가 사슴신 목을 돌려주자고 하자 또 그렇게 한다. 일차적으로 생각하면 숲에 불행을 몰고 온 이는 지코다. 미야자키는 이 캐릭터를 악마적으로 그리지 않았다. 다만 그의 얼굴에는 자기 감정이 잘 나타나지 않는다. 숲의 신들이 확실하게 찡그리고 노하며 웃는 것과 비교하면 에보시와 지코는 애매하다.

이들은 나쁜 사람들이 아니다. 다타라 마을의 소몰이꾼과 제철소 여인들은 밤낮을 모르는 성실한 사람들이고 동료의 안위를 자기의 문제처럼 중요하게 생각한다. 사슴신의 목을 베는 악당이라지만 지코는 성실한 공무원이다. 그는 왕명의 내용 자체를 문제 삼을 필요는 없다는 처세술을 따랐을 뿐이다. 미야자키는 지코나 에보시가 작품 끝에서 장렬히 벌받는 것으로 그리지 않았다. 지코나 에보시를 벌주면 현실을 살아가는 우리들 중 누구도 그 엄격한 심판의 잣대를 피할 수 없을 것이기 때문이다. 가족을 지키려다 보니 남을 해치게 되고, 시키는 것을 잘 따랐을 뿐인데 재앙의 물길을 내는 것이 우리다. 일부러 나쁜 짓을 저지르는 것이 아니다. 다타라 마을 사람들에게는 숲을 파헤치는 일이 선이었다. 미야자키는 나쁜 의도가 딱히 없었는데도 악마가 되어 버리는, 전체 현실을 보라고 한다.

『은하철도의 밤』이라는 작품으로 유명한 일본의 동화작가 미야자와 겐지(宮沢賢治, 1896~1933)가 떠오른다. 그가 쓴 『구스코 부도리의 전기』라는 작품을 보면, 가족을 부양하기 위해 벌목을 하고 수렁논을 잘 키우기 위해 밭에 석유를 뿌리는 사람들이 나온다. 구스코 부도리는 그중 으뜸인데 모두에게 행복을 주려고 하늘에서 질소비료를 뿌려 사람들 먹을 빵을 모두 돌덩이로 만들고 만다. 부도리는 경작에 도움이 되게 하고자 대기의 온도를 높일 궁리까지 하는데, 화산을 억지로 폭발시켜 그 가스로 대기에 교란을 일으켜 지구 온도를 평균 5도 정도 높여 버린다. 그는 이 숭고한 과업을 위해 인공적으로 터질 화산 속으로 홀로 걸어 들어간다.

기후 위기의 지금에서 보면 정말 뜨악하기 그지없는 동화다. 행복 전도사 구스코 부도리야말로 지구 멸망을 가속화시킨 주범이니까 말이다. 미야자와 겐지는 이토록 착한 이들이 더 많은 사람들을 먹여 살리려고 할 때마다 상황이 악화되는 모습을 그린다. 그런데 미야자와 겐지도 미야자키 하야오처럼 나쁜 사람을 색출하자고 하지 않는다. 부도리도 지구를 멸망시킬 줄은 몰랐으리라. 그에게는 오직 선한 의도가 있었을 뿐이다. 사람들을 배불리 먹이고 싶은 그것 말이다.

문제는 어디에 있는가? 당장 먹고살아야 하는 인간의 절박한 상황이 당장의 도구에만 매달리게 한다. 미야자와 겐지는 그렇게 생존에 내몰리더라도 자기 인식의 한계를 직시하면서 문제를 해결하는 것이 좋다고 한다. 부도리는 한 치의 의심도 없이 지구의 온도를 높이는 것이 좋다고 믿었다. 만약 그가 자기 생각이 미치지 못할 바가 있다고 여겼더라면 사태는 어떻게 되었을까? 그 자신이 죽을 일도 없을 것이고, 지구 온도도 더 이상 올라가지 않았을 것이다. 도처의 굶주림이 당장 줄어들지는 못하겠지만, 사람들은 천천히 다른 방도를 찾게 될 것이다.

오직 이 길밖에 없다는 확신은 나쁜 의도보다도 무서울 수 있다. 에보시의 입술은 붉다. 이 붉음이 의미하는 바는 자기 확신이다. 한 번도 누군가를 향해 화내지 않았지만, 에보시는 한센병 환자를 돌보아야 한다는 당위만큼이나 사슴신의 목을 베어야 한다는 것도 확신했다. 그러니, 한 번쯤 발을 멈추고 주위를 돌아볼 수 있어야 한다.

에보시는 아시타카에게 모노노케 히메랑 결혼해서 숲에서 살 거냐고 물었다. 아시타카는 모르겠다고 대답했다. 모노노케 히메는 아시타카에게 저토록 나쁜 짓을 저지르는 인간을 용서해야 하는 거냐고 물었다. 아시타카는 모르겠다고 대답했다. 아시타카는 아무것도 모른다. 그에게는 믿고 따라야 할 정답이 없다. 그 답 없음 때문에 아시타카는 다타라 마을 사람들이 쏜 총을 맞고 모노노케 히메로부터는 칼을 맞는다. 하지만 결국 에보시와 산의 분노를 잠재운 것은 아시타카의 그런 답 없음, 길 위에서의 흔들림이다. 재미있는 점은 이토록 뭔가 잘 모르는 아시타카의 표정이 제일 확실하다는 것이다. 자기 답이든 왕의 답이든 어떤 해답을 믿고 있었던 에보시와 지코와 달리.

답 없는 길 위에서

인간이지만 확실한 표정을 가진 이가 둘이다. 바로 아시타카와 모노노케 히메다. 아시타카는 활활 타는 증오의 화염에 먹히지 않는다. 그는 절제를 안다. 아시타카에게 절제란 애써서 뭔가를 참는 계율 같은 것이 아니다. 무엇보다 아시타카는 '자기' 증오를 해결하려고 하지 않는다. 에보시를 죽인다 해도 철을 만들지 않으면 살아갈 수 없는 사람들이 남는다. 아시타카는 에보시에게도 나고에게도 물었다. 인간과 동물이 함께 살길은 없는 거냐고. 에보시도 나고도 그것은 불가능하다고 답했다. 하지만 아시타카는 함께 살아갈 '최종적 해법'에만 매달리지 않는다면 길은 의외로 많이 열려 있다고 생각한다.

이런 아시타카의 표정은 확실하다. 에미시 마을에서 쫓겨나게 되지만 동생 앞에서는 사랑하는 마음 그대로 웃어 준다. 자기를 잡아서 어떻게 할 수도 있을 에보시 앞에서나, 인간쯤은 얼마든지 씹어 먹을 수도 있을 모로 앞에서 당당히 화내기도 한다. 모로를 잃고 사슴신도 없는 상태에서 괴로워하는 모노노케 히메 앞에서는 미안함을 감추지 않는다. 아마 미야자키 하야오가 그린 남자 주인공들 중에 눈 사이즈로는 최강이지 싶은데, 아시타카의 큰 눈은 자기 감정을 그대로 표현해 주는 거울과도 같다. 그렇게 진솔한 아시타카와 마주하면 아무리 큰 분노에 사로잡히더라도 마음을 가라앉힐 수 있고, 아무리 문제가 복잡하더라도 필요한 해결책을 마련할 수 있다. 그래서 간교한 지코 스님도 태양이 뜨기 전에 인간의 손으로 사슴신의 목을 돌려주자는 아시타카의 말을 따른다.

모노노케 히메도 아시타카만큼 눈이 크다. 표정 '변화'로만 놓고 보면 신과 인간 중에서 최고로 으뜸이 바로 모노노케 히메다. 그녀는 증오에 사로잡힌 눈으로 아시타카를 노려본다. 하지만 나중에는 싫은 인간들과 좋아하는 아시타카 모두를 인정하면서 기쁜 얼굴로 숲으로 돌아간다. 이 영화에서 가장 멋진 장면은 모노노케 히메가 들개를 타고 아시타카를 내려보며 함께 살아갈 것을 약속할 때이다. 이때 모노노케 히메의 얼굴에 편안하게 퍼지는 미소가 압권이다. 분노와 적대를 넘어선 자의 여유가 느껴진다.

인간이 앞으로는 숲을 잘 돌보게 될까? 모노노케 히메는 자기 원망을 거두지는 않는다. 모로처럼 자식에 대한 자애로 미움을 누르지 않는 대신 아시타카에 대한 사랑으로 적의를 품는다. 덮는 것이 아니라 품는 것이므로 모노노케 히메는 그 적의를 갖고 뭔가 다른 생각을 할 것이다. 미야자키 하야오는 절망이나 잔인함 같은 부정적 정서를 없애야 할 것으로 보지 않는다. 그것은 생명의 본질 안에 있다. 나 아닌 것을 먹지 않으면 살아갈 수가 없는 것이 생명의 본성이기 때문이다. 생명의 진화에는 어쩔 수 없이 적대심이 들어간다. 미야자키는 이런 적대를 해결하려는 것이 아니라, 그것이 낳는 증오의 감정과 함께 구체적으로 무엇을 할 수 있을지를 고민한다. 원망으로 우리가 무엇을 할 수 있을까?

모노노케 히메는 아시타카와 헤어지게 된 시점에서 할 일을 찾은 듯하다. 그녀는 나무를 심는 사람이 될 수도 있고, 인간의 무례를 경고하는 정령들의 파수꾼이 될 수도 있다. 사슴신이 죽은 직후 에보시는 모로의 공격을 받아 팔을 잃고 고통에 파묻힌다. 모노노케 히메도 모든 것이 끝났다며 두려워 운다. 이런 상황에서 아시타카는 아직 할 일이 남았다고 한다.

아직 할 일이 남아 있다. 석유 문명이 인간을 종말로 몰아낼지라도, 기후 변화의 최후가 코앞에 닥쳐왔더라도, 아직 우리에게는 할 일이 남아 있다. 이것은 미야자키 애니미즘 사상의 핵심을 이루는 부분이다. 미야자키의 전 작품이 묵시록적이라는 데에는 이견이 없을 것이다. 심지어 〈벼랑 위의 포뇨〉처럼 물고기가 인간이 되려고 모험을 하는 동화에도 그 배경에는 온갖 쓰레기가 차고 넘친다. 사람이 되고 싶은 인어의 꿈을 말리고 싶을 정도다. 포뇨가 되고 싶어 하는 '인간'은 쓰레기나 양산하는 우매한 종이기 때문이다.

그러나 이런 묵시록으로의 진행에도 불구하고 미야자키는 해야 할 일이 넘쳐난다는 점을 강조한다. 개체의 죽음에도 불구하고 우주는 순환의 거대한 파도를 끊임없이 일으킨다. 삶은 부단히 전개된다. 사슴신이 죽어도 숲이 죽는 것은 아니다. 그러니 악하고 나쁜 일 하나만 붙들고 부들부들 떨 필요가 없다. 어리석은 내가 어떤 악마를 불러오게 될지 작은 나로서는 다 알 수 없다. 그럼에도 불구하고 한 걸음씩 모두에게 좋은 방향으로 내 몸을 틀 노력은 할 수 있다. 모노노케 히메의 여유로운 표정은 막연한 낙관에서 나온 것이 아니다. 그것은 복수 말고도 할 일이 많음을 알게 된 이의 넓은 마음에서 우러나왔다. 아시타카와 모노노케 히메는 삶에 대한 사랑으로 충만하다.

<센과 치히로의 행방불명>

: 만물생명교를 따르다

센과 치히로의 행방불명(千と千尋の神隠し, 2001)

○줄거리

무기력하기만 했던 열 살 치히로는 부모님과 함께 새집으로 이사를 가던 중 길을 잃고 신들의 나라에 이르게 된다. 엄마와 아빠가 무례히 신들의 음식을 먹고 돼지로 변해 버린 뒤, 부모를 구해 다시 현실로 돌아가기 위해 분투한다. 이 과정에서 본명을 빼앗기고 '센'이라는 이름으로 불리면서 온천장에서 일하게 되는데, 더러워진 신들의 목욕을 돕는 과정에서 자기 마음속에 숨어 있던 '살아가는 힘'을 발견한다.

○주요 캐릭터

• 치히로(센) : 뚱한 표정에 불만 많은 아이였지만 신들의 온천장에서 의리 있고 성실한 본모습을 꺼내게 된다. 부모가 돼지로 변하고 친구가 죽을 위험에 처해도 침착하게 구하러 나설 정도로 자신을 믿는다. 멋진 표정을 지닌 매력적인 아이가 된다.

• 하쿠 : 작은 강의 신이었지만 마법에 욕심을 내다 기억을 잃고 유바바의 부하가 된다. 강의 신이었던 탓에 용으로 변해 하늘을 날 수 있다. 온천장에 오게 된 치히로를 돕다가 결국은 치히로의 도움으로 저주를 푼다.

• 유바바 : 온천장 여주인. 엄청 큰 머리로 목욕탕 경영에 관한 온갖 사무를 처리한다. 푸른 드레스 자락을 휘날리며 밤낮으로 신들의 나라 여기저기를 들쑤시며 돌아다닌다. 아들에 대한 집착이 심하고 금은보화에 대한 욕심도 많지만, 치히로를 성장시키는 데에도 일등공신이다.

• 제니바 : 유바바의 쌍둥이 언니로, 동생과 달리 늪의 바닥에서 조용히 허브를 키우며 실을 잣는다. 약속하고 기다리는 마음을 최고의 마법으로 생각하는 세련된 마녀 할머니다.

• 가오나시 : 얼굴이 없는 수수께끼 괴물로 신들의 온천장에 찾아온 불청객이다. 누구도 말리지 못하는 폭식가로 늘 굶주려 있다. 치히로와 친구가 되면서 폭식증을 내려놓게 되고 나중에는 제니바의 조수가 되어 자기 자리를 찾는다.

1.
신들의 온천
—있었고, 있고, 있을 자들의 세계

관계의 심층으로

〈센과 치히로의 행방불명〉은 만물의 생명력을 논하는 작품이다. 미야자키 하야오는 만물이 서로를 어떻게 지탱하는지, 우리가 연결의 심원한 그물 안에서 어떻게 멋진 삶을 살 수 있는지를 탐구한다. 미야자키에 의하면 관계란 그저 주어지지 않는다. 생기롭게 살아갈 수 있는 능력을 타고나는 존재는 없다. 이 능력을 얻지 못하면 어떻게 되나? 무기력의 늪에 빠져 시작도 끝도 없이 허우적대게 될 것이다. 그러므로 우리 각자는 만물의 우주적 관계성 속에 놓인 자기 자리를, 가장 자기다운 방식으로 찾아야 한다.

미야자키 하야오는 〈센과 치히로의 행방불명〉의 공간 배치를 통해 만물의 관계성에 대한 우리 주의를 끈다. 주인공 치히로는 현실 세계에서 신들이 사는 저승 세계로, 다시 그 신들의 근원자가 있는 심연으로 점차 더 깊이 내려간다. 치히로는 이렇게 우주적 차원의 심층에 들어갔다 나옴으로써 혼자여도, 함께여도 당당한 아이가 된다. 관계 맺음의 원리를 배우고 익혔기 때문이다. 각 공간의 특징에 대해 알아보자. 왜 세 개나 되는 공간이 필요한가?

치히로의 여행이 시작되는 첫번째 세계는 부모님의 자동차 안에서 제시된다. 대도시에 살았던 치히로는 어떤 이유인지는 모르지만 중소 도시로 이사를 하게 된다. 영화는 새집으로 가는 차 뒷좌석에 심드렁하게 누워 있는 치히로의 모습을 보여 주면서 시작한다. 뒷좌석이 엄청 지저분하다. 다양한 크기의 명품 쇼핑백들이 이리저리 쌓여 있는데 그 사이로 과자 부스러기와 포장지 쓰레기까지 굴러다닌다. 치히로는 선물로 받은 꽃다발을 만지작거리며 한 송이가 부서졌다고 투덜댄다. 전학 가는 치히로를 응원한 꽃다발 속 친구의 카드도 대충 보면서 말이다. 훌륭한 물건들, 고급 자동차, 그러나 불평불만인 아이. 이렇게 풍요로운데 이렇게 기운 없이 뚱한 얼굴을 하고 있다니, 놀랍다.

반면 부모의 얼굴은 밝다. 그런데 오늘 같은 날 이렇게 산뜻해도 되는지 모르겠다. 이사 날이기 때문이다. 아빠와 엄마는 이삿짐센터를 믿고 있다. 그래서 터널을 통과해 저편 세계에 도착해서도 피크닉이나 하자며 여유를 부린다. 태만하고 나이브한 부모는 결국 신들의 레스토랑에서 주인 허락도 없이 마구 음식을 먹고 돼지로 변한다. 아이는 열 살밖에 안 되었는데 벌써 늙은 얼굴을 하고 있고, 부모는 윤기가 좌르르 도는 얼굴을 하고 돼지가 된다.

아이의 무기력함과 부모의 무례함은 무엇 때문인가? 미야자키 하야오는 〈마녀 배달부 키키〉에서 화폐적 관계에 기댈 수밖에 없는 도시 사람들의 무심한 세태를 비판했다. 〈센과 치히로의 행방불명〉도 마찬가지다. 치히로 가족이 이렇게 뿔뿔이 흩어져 신들의 나라에서 미아가 되고 만 까닭은 돈에 의존한 관계에 길들어 있어서다. 현금이며 카드도 있으니, 일단 먹고 싶은 것 먹으라고 권하는 아빠의 모습은 무섭다. 엄마도 마찬가지다. 저승으로 가는 터널에서 무서움을 느낀 치히로가 엄마 팔에 매달렸다. 하지만 엄마는 딸의 걱정을 짐작하지 못한다. 그 스스로가 터널이 두렵지 않아서일 텐데, 엄마는 어째서 깊고 컴컴한 이 터널이 겁나지 않는 것일까? 엄마도 돈의 힘을 믿고 있다. 터널 끝에 누가 나타나, '여기는 사유지요!'라고 외치더라도 돈을 주면 그만이다. 아마 여기까지가 엄마가 생각한 세상사의 어려움일 것이다.

이사하는 가족이라면 〈이웃집 토토로〉의 사쓰키와 메이 자매가 떠오른다. 삼륜차 하나에 이삿짐이 다 실릴 만큼 넉넉지 않았던 이 가족은 이삿길에 캐러멜 하나 나눠 먹는 일에도 신이 나고 즐겁다. 사쓰키네 가족은 이웃의 도움을 받아 이사를 한다. 물론 아빠가 감사의 표시로 따로 돈을 드렸을 수도 있다. 하지만 미야자키는 그런 전후 사정을 그리지 않고 새집에서 이웃과 함께 맛있게 주먹밥 먹는 모습을 보여 준다. 아빠는 새 마을에 도착하자마자 마을 사람들에게 새 인사도 한다. '이제부터 여러분의 이웃이에요' 하는 겸손한 마음으로 마을 안에서 이웃에게 자신을 알리는 것부터 이사라고 생각한다.

돈에 기대어 관계를 맺기 시작하면, 부모 자식 관계가 틀어진다. 부모 자식 관계가 망가지니 친구나 이웃과는 어떻겠는가? 우리는 그 결과를 치히로의 뚱한 얼굴에서 확인할 수 있다. 그래서 미야자키는 치히로에게 부모 구하기의 미션을 부여한다. 가장 자연스러운 관계랄 수 있는 가족, 부모 자식 사이의 관계도 힘들여 만들어야 하는 것임을 강조하기 위해서다. 가족이라는 관계는 너무나 원초적이어서 서로 사랑하고 돌보는 것이 당연해 보인다. 그런데 관계는 손으로 잡을 수 있는 어떤 것이 아니다. 관계는 '있는 것'이 아니고 만들면서 행해져야 하는 것이다. 아비로서 자식으로서 친구로서 이웃으로서 어떤 자격 속에서 구체적인 행동으로써 그 관계가 표현될 때에만 관계는 '있는 것'이 된다.

문제는 이 표현이 돈에 그칠 때 발생한다. 치히로의 아빠는 돈으로 사 주면 다 되는 것 아니냐고 생각한다. 하지만 내 돈으로, 누가 만든 어떤 음식을 먹이는지 생각하지 못하면, 그 관계는 돼지와 인간 사이밖에 될 수 없는 것이다. 이렇게 〈센과 치히로의 행방불명〉에 나오는 첫번째 공간, 즉 치히로 부모님의 자동차는 돈으로만 매개된 관계가 어떻게 우리를 무기력하게 하고 무도하게 만드는지를 보여 준다.

그런데 터널 너머에서는 치히로도 안전하지 않다. 숨을 곳도 없고, 무엇보다 가만히 있으면 몸이 없어진다. 치히로는 일단 자신부터 살려야 하는데 방법도 알 수 없다. 미야자키는 치히로가 관계 속에서 자기를 찾을 수 있도록, 소녀의 원초적 관계를 없애 버렸다. 부모를 돼지로 만든 것이다. 치히로는 완전히 맨땅에서 관계를 만들어 내야 한다.

부모를 구하기 위해 치히로는 신들의 나라에 있는 온천장에 취직부터 해야 한다. 이게 무슨 말인가? 나 혼자 힘으로는 돼지를 인간으로 돌려놓을 수 없다는 말이다. 다시 말해, 혼자서는 나의 부모조차 구할 수 없다는 뜻이다. 우리는 아주 넓은 관계의 망 안에서 서로 부모 자식 관계가 된다. 전통이나 역사 없이, 덩그러니 '우리 가족'만 있을 수는 없는 것이다.

그런데 취직이 어렵다. 관계망 안에 들어가야 내 부모를 구할 수 있는데, 관계망 안에 들어가기 전에 내가 사라질 판이다. 어떻게 나를 보존할 수 있나? 이 난처한 상황 앞에 갑자기 하쿠라는 소년이 나타나 치히로를 구한다. 이렇게 무조건적 호의로 하쿠와 친구가 된 덕분에 치히로는 온천장에 발을 들여놓을 수 있게 된다. 하쿠는 저승의 열매 하나를 먹이면서 그래야 사라지거나 부모처럼 돼지가 되지 않는다고 알려 주기도 한다.

여기서 미야자키의 관계학 하나가 나온다. 우리가 어떤 세상에 발을 붙이고 그 관계망 속으로 짜여 들어갈 수 있으려면 누군가로부터 뭘 받아야 한다. 이 세상에 처음 도착한 우리를 떠올려 보자. 우리도 누군가에게 먹을 것을 얻고 입을 것을 받으면서 이 세계에 들어왔다. 현실 세계에서 치히로에게 그런 호의를 보인 것은 부모다. 부모야 자기가 낳았으니 어떤 책임감을 느꼈을 수 있다. 그러나 신들의 나라에서 치히로는 자신을 잘 모르는 이의 호의를 받는다. 내가 존재하려면 자식이든 아니든 누구인지 따지지 않고 우선 도와주는 누군가의 호의가 반드시 필요하다. 이런 절대적 호의 없이는 관계가 개시되지 않으니, 살아가는 내내 나는 처음 손을 내밀어 준 그에게 감사해야 한다.

그런데 치히로에게 손을 내밀어 준 이는 하쿠만이 아니다. 온천장에 취직을 하려면 주인장인 유바바와 계약을 해야 하는데, 유바바 오피스까지 가는 동안 치히로는 많은 도움의 손길을 받는다. 치히로가 직원들 몰래 온천장 엘리베이터를 타야 했을 때는 손님으로 온 무의 신이 큰 몸으로 치히로를 가려 준다. 사실 무의 신에게는 아무런 의도가 없었다. 워낙 몸이 큰데 좁은 엘리베이터를 타고 있다 보니 자연스럽게 치히로가 숨을 수 있게 된 것이다. 계약을 앞두고는 유바바의 말썽쟁이 아들 보우가 난동을 부리는 통에 문제가 해결된다. 치히로를 미워한 마녀가 계약하기를 거절했는데 아들 때문에 경황이 없어져 자기도 모르게 취직을 허락하고 만다. 보우도 원래 하던 대로 떼를 부렸을 뿐이다. 그런데도 결과적으로는 치히로에게 살길 하나를 터 준 셈이 되었다. 많은 존재들이 그저 제 방식대로 살고 있을 뿐인데도 우리를 돕는다. 그러므로 우리가 받는 호의를 세자면 한도 끝도 없을 것이다. 그러므로 처음 호의를 보인 그만이 아니라 나를 지금 이 모습으로 있게 했을 모든 존재에게 감사해야 한다.

약속의 온천장

이번에는 미야자키의 두번째 관계학에 대해 알아보자. 나는 뭇 존재들의 무차별적인 호의로써 존재한다. 그런데 내가 이 호의 앞에 감사함을 가지는 것만으로는 안 된다. 그럼 수동적으로 닥치는 대로 다른 존재들이 이끄는 대로 살 수밖에 없다. 여기에서 필요한 것은 어떤 관계라도 받아들이면서 책임을 다하겠다는 '결단'이다. 치히로는 온천장 직원이 된다고 하는, 전체적 계약 관계에 들어간다. 이때 치히로는 이 온천장이 도대체 무엇을 하는 곳인지, 자신이 어떤 일을 해야 하는지 하나도 모른다. 하지만 마녀가 지배하는 온천이라도, 부모가 돼지로 잡혀 있고 나를 존재하게 하는 하쿠가 있으니 여기 외에 다른 가능성은 없다. 가끔 우리는 좋은 학교나 마을, 나라를 선택하고 싶다. 그런데 미야자키 하야오는 좋아도 싫어도 지금 여기 외에는 관계를 구성할 자리가 없다고 한다. 나는 주어진 악연과 인연의 거대한 사슬을 받아들이기로 결단해야 한다.

그런데 '어떤 관계라도'라고 했지만, 사실 만물의 관계함에는 어떤 법칙이 있다. 미야자키 하야오는 그것을 온천장의 복잡하지만 규칙 있는 모습을 통해 설명한다. 온천 건물은 크게 세 부분으로 나눌 수 있다. 첫째, 하단부인데 온천장을 작동시키는 데 필요한 모든 부속 시설이 들어가 있다. 직원 숙소라든가 주방, 여타 기계실을 비롯 온천물을 덥히는 가마까지 있다. 둘째는 온천장 중앙부로 신들을 위한 대중탕 몇 개와 개인탕이 있고, 욕장 바로 위에는 신들의 휴게·유흥 시설도 있다. 마지막으로 최상부에는 유바바가 아들을 키우는 집이자 직원을 부리는 집무실이 있다.

전체적으로는 수직으로 높이 솟은 한 채의 건물이지만, 어떻게 보면 신들이 노는 거대한 테마파크 같기도 하고, 또 어떻게 보면 열심히 물건을 생산하는 공장 같기도 하다. 그런데 온천의 세 부분들은 건축 양식적으로 완전히 다르고 독립적인 모습을 가졌다. 하단부는 메이지 시대에 출현한 근대적 공장처럼 증기기관이 쉭쉭 소리를 내며 작동하고 있어 온천 자체가 심장을 갖고 뛴다는 느낌을 준다. 중앙부는 욕탕 주변에 앉을 자리가 있다든가, 쉬는 방이 다다미식이라든가, 탕을 둘러싼 외벽 장식이 둥근 기와지붕 모습인 점으로 인해 일본 에도시대 전통 숙박시설 같다. 최상부는 복도는 화려한 청나라 도자기로 꽉 채워져 있고 사무실과 생활 공간은 아기자기한 양식 가구와 소품으로 꾸며져 있어 베르사유 궁전을 보는 것 같다. 온천의 세 부분은 역할도 모습도 다르다. 관계망으로서의 온천장이지만 그 전체가 잘 돌아가기 위해서는 부분의 고유한 역할이 중요하다. 치히로는 취직을 위해 온천장 밑바닥 가마부터 꼭대기 유바바 집 무실까지 올라가면서 각각의 부분들이 대단히 정교하게 배치되어 있음을 본다.

온천 구석구석은 대장 유바바의 지휘를 받는다. 온천물은 때에 맞춰 나와야 하고, 손님 오시기 전에 욕장은 청소되어야 한다. 때와 장소를 잘 맞추기 위해 직원도 쉴 때는 쉬고 사장도 놀 때는 논다. 유바바는 온천장의 각 부분들, 그것을 맡은 이들이 미션을 잘 완수하도록 일들을 설계하고 직원을 적재적소에 배치한다. 유바바가 정한 온천장 규칙을 따르지 않으면 신들을 손님으로 받을 수 없다. 신들이 온천에서 잘 쉬고 돌아가지 못하면 현실 세계도 잘 돌아가지 않는다. 유바바의 계산과 지휘는 이런 전체적 관계의 맥을 보고 이루어진다.

그래서 유바바라지만 뭔가를 함부로 할 수는 없다. 마녀지만 뱉은 말은 지켜야 하고, 계약서를 썼다면 그 당사자를 존중해야 한다. 온천장은 신들의 쾌적한 삶에 봉사해야 하므로, 신들의 질서에 종속되어야 한다. 그러므로 치히로의 '결단'은 '유바바 말을 잘 들을래요!'가 아니다. 유바바가 시키는 대로 잘하겠다는 것이 아니라, 신들의 나라를 지배하는 만물 관계의 전체적 법칙을 잘 배우겠다는 결심이다.

이런 결심을 지키려고 애써야 하니까 어딘가 부자유스럽다고 해야 할까? 온천장 직원들은 모두 유바바 말을 따른다. 하지만 이들의 숙소를 보면 이불 모양이 제각각이다. 군데군데 기워져 있고, 여기저기 취향대로 수가 놓여 있다. 밤에 일하고 낮에 자야 하는데 어떤 창문에는 가림막이 쳐 있고, 어떤 창문은 빛을 막을 생각이 없어 보인다. 개구리 아저씨들, 민달팽이 언니들 모두 엄격한 질서를 지키며 자기만의 방식으로 일하고 산다. 온천장의 구조 자체로만 보면 하부에서 상부를 지탱해 주는 일꾼들은 계층적으로 '낮다'고 해야 한다. 일꾼들은 전부 유바바의 지시를 받아 물건들을 정리했을 것이다. 하지만 유바바의 명령이 있었다 하더라도 그것을 어떻게 해내느냐는 전부 일하는 개구리, 민달팽이 씨들의 몫이다.

이런 합작품으로서의 온천장은 지위나 빈부로는 설명할 수 없는 삶의 연결을 생각해 보게 한다. 우리는 보통 어떤 규칙에 얽매이는 것을 자유롭지 않은 일이라고 생각한다. 하지만 새는 대기의 법칙에 따라 날고, 물고기는 해류의 법칙에 따라 헤엄친다. 새와 물고기가 공기나 물과 맺는 관계의 법칙은 다르다. 어떤 존재라도 허락된 관계의 법칙에 따라서 산다. 물고기가 폐호흡을 하려고 시도하면 그는 더 이상 물고기가 아니다. 치히로의 아빠처럼 자본의 법칙만을 맹목적으로 따라서도 안 된다. 내가 속한 관계의 망이 어떤 윤리를 보고 가는지를 이해하고, 그 너머에는 또 어떤 심원한 관계가 있을지를 생각해 보며 주어진 일을 해내는 것이 중요하다.

그래서 치히로는 저주에 걸린 하쿠를 구하기 위해 유바바의 허락을 받지 않고 늪의 마녀를 찾아갈 수 있었다. 하쿠는 유바바가 시키는 것을 잘했지만, 그것은 늪의 마녀를 곤란하게 하는 일이었기에 치히로는 자신의 사과로 하쿠의 잘못을 되돌리려 한다. 잘 몰라도 내가 선택한 관계의 질서를 일단 배우려고 할 것, 그러면서도 보다 큰 차원의 관계에 대한 궁금증을 놓치지 말 것! 치히로는 여기에 충실했다.

800만의 공간, 800만의 신, 800만의 인연

나는 치히로의 모험을 따라가면서 관계에는 어떤 법칙이 있음을 배운다. 과연 이 법칙을 정하는 이는 누구인가? 전작 〈모노노케 히메〉에서 미야자키는 일신교적 세계관을 비판했다. 자기 관점만이 옳다고 생각하고, 온 세상의 관계를 자기 식대로 끌어가려는 자는 스스로 신이 된다. 그런 신은 모두를 억지로 제압하면서 숲을 불모의 민둥산으로 바꾼다.

　두번째 세계와 세번째 세계를 주관하는 이들은 쌍둥이 마녀들이다. 이들도 일신교적인가? 두번째 세계인 온천장 주인 유바바는 담배를 뻑뻑 피우면서 새벽까지 책상 위에서 서류를 정리한다. 일 처리가 얼마나 확실한지 대충대충 하는 직원들은 꼼짝도 못할 것이다. 매사를 꼼꼼하게 처리하면서 800만 신들이 충분한 휴식을 취할 수 있도록 하기에 유바바가 제시하는 관계의 법칙은 그 자체로 충분히 배울 만한 것이다. 그런데 유바바의 집무실 인테리어가 우리 주의를 끈다. 너무나 화려한 고급 물품들이다. 유바바는 모든 손가락에 골프공만 한 보석 반지를 끼고 있다. 유바바 부엌 찬장에는 명품 식기 세트가 들어 있다. 800만 신들도 만족할 만하게 합리적이면서도 윤리적으로 관계를 만드는 것 같지만, 밑바닥 가마 할아범과 직원 숙소 이불이 군데군데 기워져 있는 것을 생각하면 뭔가 석연찮다. 좋고 화려한 것은 전부 온천장 꼭대기에 있는 것이 수상하다.

그리고 유바바는 자식 사랑이 유별나다. 밖에 나가면 온갖 못된 요괴가 설칠 것이고 병균도 득시글할 테니 아들아 너는 그저 좋은 방에서 괜찮은 장난감이나 갖고 놀라는 식이다. 자기 마음대로 물고 빨면서도 정작 보우가 작은 쥐로 변하자 알아보지도 못한다. 어딘가 치히로의 부모와 닮았다. 치히로의 부모도 자기 마음대로였다. 자식에게 비싼 문구나 안기고 마음대로 터널로, 새집으로 아이를 끌고 다니면서도 치히로의 이야기는 하나도 들어 주지 않았다. 유바바가 짜는 질서로부터는 어딘가 내 생각 내 질서(결국은 돈)의 옳음을 고집하는 냄새가 난다.

그래서 치히로는 유바바의 부당한 고용 계약에 붙들린 하쿠를 구하기 위해 늪의 바닥에 사는 제니바에게로 간다. 치히로의 전체 여정이 점차 하강하는 방식이니, 제니바가 있는 곳이 온천장보다 훨씬 더 근원적인 느낌이 든다. 치히로가 도착한 시간이 새벽으로 가고 있는 한밤중이라서이기도 하다.

이 마녀는 유바바와 쌍둥이지만 사는 모습이 전혀 다르다. 원룸의 낡은 오두막에서 허브를 말리고 화덕에서 스스로 밥을 해 먹는다. 집 밖에는 작은 텃밭이 있어 노파 혼자 먹고살기에 충분해 보인다. 소박한 제니바가 주로 하는 일은 실 잣기이다. 말 그대로 인연의 실을 잣고 푸는 것이 제니바의 임무다. 온천장 직원들은 신들에게 충분한 휴식을 주기 위해 유바바가 제시한 부당한 계약 조건도 지켰다. 억울한 치히로도 묵묵히 시키는 대로 대욕장 바닥을 닦았다. 그런데 그런 온천장도 실은 신들의 나라에 있는 부속 건물에 불과하다. 유바바는 신들의 왕이 아니라 단지 온천장의 마녀일 뿐이다. 유바바의 법은 한시적인 것이며 완전하지 않다. 제니바는 늪의 바닥, 신들의 나라 저 깊은 곳에서 실을 잣고 풀며 모든 관계를 짜고 푼다. 제니바는 신이 아니다. 제니바는 뭔가를 알고 지시하고 해결하는 존재가 아니라 다만 모든 것이 맺어지고 헤어지고 할 뿐임을 본다.

치히로가 늪의 바닥에서 돌아왔을 때 온천장 식구들은 (심지어 유바바의 아들 보우까지도) 치히로를 응원한다. 모두가 유바바가 치히로를 붙들기 위해 마련한 덫을 비웃었으며, 치히로가 현실로 돌아가게 되자 크게 기뻐한다. 치히로가 온천장에서 사귄 친구들은 유바바처럼 자기 인연이라며 꼭꼭 감춰 두지 않고, 치히로가 원한다면 얼마든지 여기를 떠나도 된다고 한다. 온천장이 허락한 방식으로 친구였고 동료였지만, 그 사이에 가마 할아범도 선배 린 언니도 온천장과 상관없이 치히로와 특별한 사이가 되었다. 그 각별한 우정은 다른 길을 걷게 된 서로를 기꺼이 축복한다. 아마 치히로는 현실 세계로 돌아와서 모든 것을 잊어버릴지도 모른다. 하지만 기억하지 못한다고 해서 사라지는 것은 아니다. 누군가의 동료와 친구가 되기 위해 애썼던 그 마음의 심장은 날마다 새롭게 뛸 것이다.

왜 하필 신들의 온천일까?

이 온천장에는 신이 800만이나 오신다. 한 번에 다 오시는 것은 아니지만, 무의 신, 양동이의 신, 병아리의 신까지 올 정도다. 현실에 존재하는 모든 동식물과 사물이 실은 신이다. 그들은 아주 열심히 일하고 가끔 단체로 계획을 세워 온천으로 휴가 여행을 온다. 쉬지 않으면 안 될 정도로 과로하고 있는 신들을 떠올리자. 신들의 영험한 능력 없이는 현실이 돌아가지 않는다. 여기까지만 생각해도 지금 내 책상 주변이 아찔하게 다가온다. 이들도 모두 과로다. 스테이플러나 지우개가 가만히 있는 듯해도, 필요한 때 쓰일 수 있도록 바짝 긴장하고 저 자리에 있다. 풀어 주지도 못하는 그 노고를 다독이며 회복시켜 주는 신들의 온천이 있다니 감사하다.

800만 신들만큼이나 온천 안에도 많은 물건이 있다. 미야자키는 치히로가 처음 가마터에 들어갈 때, 할아범의 낡은 시계와 오래된 도자기, 하도 많이 봐서 뚱뚱하게 부풀어 버린 책, 그리고 자주 사용하는 칫솔까지를 그려 보인다. 이 많은 물건들은 치히로의 모험이라는 일차적인 주제와는 아무 상관이 없다. 그런 사소한 것들쯤 없어도 가마 할아범이 말하는 내용만으로 온천장 상황 같은 것은 짐작할 수 있다. 하지만 미야자키는 바로 그런 사소한 것들이 중요하다고 한다. 왜냐하면 그 하나하나가 할아범이 살아 온 세월, 그의 됨됨이와 꿈을 말해 주기 때문이다. 그것들 없이는 가마지 할아범이 없고, 할아범 없이는 온천물이 없으니, 결국 피우다 만 할아범 재떨이의 꽁초가 온천장을 돌린다고 해도 과언이 아니다. 미야자키는 이런 방식으로 만물이 서로 의지하고 있음을 보인다.

이런 만물 의존성은 영화를 보는 내내 보이지 않아도 존재하는 것들도 생각하게 한다. 미야자키는 치히로가 유바바의 사무실에 올라갈 때, 두번째 엘리베이터를 타기 직전 신들의 연회장까지 이어지는 긴 복도를 보여 준다. 그곳에는 누가 정리했는지 알 수 없는 온천장의 기타 짐들——작은 교자상이라든가 큰 회의 테이블 같은——이 잘 정리되어 있다. 미야자키는 참으로 정성스럽게 신들의 온천장에 있을 법한 것들로 복도를 채운다. 그 자리에 있을 법한 물건들은 그 자리에 있게 한 누군가의 정교한 손놀림을 떠올리게도 한다.

그뿐 아니다. 치히로가 가마터에 내려갔을 때 우리는 입구 오른쪽 한편에 놓인 세면대와 수건을 볼 수 있다. 그 앞에는 얼굴 하나만 제대로 볼 수 있도록 하는 거울이 하나 있다. 세면대의 위치와 거울 높이를 대략 계산해 보았을 때 다리는 짧고 팔이 많은 가마 할아범이 이용하기에는 적합하지 않아 보인다. 그렇다면 저 세면대에서 닦은 수건을 걸어 놓은 이는 누구일까? 나는 모른다. 하지만 누군가는 있다. 이렇듯 하나의 공간에 참으로 많은 존재들이 있다.

이 세상에 누군가의 손길이 가닿지 않은 곳이란 하나도 없다. 치히로의 엄마는 온천장 앞 상가 거리에서 '아무도 없는 곳 같다'고 말한다. 하지만 밤에 그곳은 800만 신의 구미를 자극하는 번화한 상가가 된다. 터널을 빠져 나왔을 때 그곳은 그저 아무것도 없는 들판으로만 보였다. 하지만 밤에는 물이 흐르는 큰 강이 된다. 나의 편협한 시야로는 모든 것을 볼 수 없다. 하지만 아무도 없는 곳은 없다. 텅 비어 보이고 무의미해 보여도 누군가에게는 삶의 터전이다. 그들과 함께 나는 살아간다. 실로 나는 온갖 신들과 함께 숨 쉰다.

2.
인사의 마법
─거식증과 폭식증 치유법

네가 먹는 것이 바로 너

관계 속에서 자기 존재의 의미를 찾고 나아가 누군가에게 의미를 부여할 수도 있으려면 무엇을 해야 하나? 미야자키는 치히로를 통해 먹는 일, 인사하는 일이 관계 맺기에서 얼마나 중요한지를 말한다.

미야자키 하야오가 먹는 장면을 정성스럽게 그린다는 것은 잘 알려져 있다. 멋진 레스토랑에서 비싼 음식을 많이 먹어야 한다는 것은 당연히 아니다. 미야자키는 화려한 식탁이 아니라 풍성한 관계가 반찬이 되는 식사 자리를 좋아한다. 그러므로 만물 관계의 생명력을 논하는 자리에 먹는 이야기는 필수가 된다.

앞서 어떤 관계에 진입하는 데에는 타인의 호의가 꼭 필요하다는 이야기를 했다. 하쿠의 호의는 신들의 나라에서 만든 작은 경단이다. 하쿠는 아주 작은 경단을 만들어 치히로에게 주고 안심을 시킨다. 하쿠는 한 번 더 치히로를 먹이는데 유바바와 계약을 마친 다음 날 기운 나는 주문이 걸린 주먹밥을 준다. 치히로는 자기를 믿어 주고 격려해 주는 하쿠의 마음을 우걱우걱 먹는다. 그 응원을 받아 본격적으로 온천장 일을 한다.

이렇게 호의가 먹는 일에서 시작한다는 것은 만물이 먹는 관계로 다 연결되어 있다는 말이다. 대지가 나를 먹이고 나도 대지로 돌아가 누군가를 먹이게 된다. 일단 누군가가 나를 먹였다면, 나는 그에게 생명을 빚졌다 할 수 있다. 관계는 처음에는 모두 목숨 빚으로 시작되는 것이다. 그런데 생명을 빚졌다면 갚을 방법도 생명이다. 신들의 나라에는 이런 이치가 작동하기에 현금과 카드를 들이밀며 함부로 외상 음식을 먹었던 치히로의 부모는 먹는 자에서 먹히는 자로 바뀌고 만다. 반면 치히로는 큰 강의 신에게 받은 경단으로 가오나시와 하쿠 둘을 살리면서 자기 목숨의 빚을 갚기에 현실로 돌아온다.

그런데 먹는 것 자체만 놓고 보면 가오나시도 엄청 먹는다. 가오나시가 가짜 금으로 음식을 사서 문제가 되는 것일까? 가오나시는 대가를 바라고 금과 음식을 등가 교환하려 했기에 관계의 망 안으로 들어올 수 없었다. 상대가 누구인지를 굳이 따지지 않는 절대적 호의로 먹을 것을 얻지 못했던 것이다. 그래서 가오나시는 폭식을 한다. 한없이 먹어도 만족이 안 된다. 나의 딱한 처지를 외면하지 않고 돕는 선의의 손길로 받는 음식이어야만 배를 든든하게 하고 다리에 힘이 붙게 하는 것이다. 그리고 그런 호의의 음식만이 친구라는 관계를 열어 준다.

앗! 폭식자가 한 분 더 있다. 바로 큰 강의 신이다. 다들 친구들끼리 모여 예약도 미리 하면서 도착하는 온천인데 큰 강의 신은 최악의 컨디션으로 다급히 온천장을 찾는다. 온몸의 악취로 온천장 앞 레스토랑이며 가게들이 문을 다 닫을 정도다. 알고 보니 이 더러움은 현실 세계 사람들이 강에 함부로 아무것이나 계속 던졌기 때문이다. 이것은 호의와 아무 상관 없는 행동이다. 자기에게 필요 없는 것들을 아무렇게나 내팽개치는 사람들은 강을 뭐라고 생각했나? 강도 신인 줄을 모를 수는 있겠지만 이미 치명적으로 더러워져 있는 그 상태까지도 눈에 들어오지 않는단 말인가? 그들에게 강은 아무 의미 없는, 필요 없는, 아무것도 아닌, 그런 대상이다.

우리는 관계 속에서만 생명력을 얻는다. 따라서 관계가 끊어지면 불안할 수밖에 없고, 어쨌든 생명력을 확보해야 하니 먹을 것에는 더 집착하게 된다. 가오나시가 치히로에게 집착했던 것은 비 맞는 자신을 걱정하며 문을 열어 준 그 호의야말로 자기를 생기 있게 만들어 줄 것이기 때문이다. 사람들이 강에 마구 쓰레기를 버린 것은 그들이 현실에서 관계 맺을 능력을 잃어서다. 그들은 이미 관계 속에 있지 않은 것인지도 모른다. 강에 버려진 것들 대부분이 부서진 자전거나 상품 쓰레기라면 정말 그렇다. 그렇게 버릴 쓰레기가 많다는 것은 그 사람들도 허기에 차서 아주 많은 물건들을 샀다는 말이기도 하다.

가오나시와 큰 강의 신이 폭식을 한다면 하쿠는 거식증(拒食症)이다. 하쿠는 치히로에게 선의를 베풀지만 그 자신은 아무것도 먹지 않는다. 하쿠의 삐삐 마른 몸은 평소에도 그가 식욕이 없다는 것을 말해 준다. 하쿠는 왜 못 먹나? 하쿠 몸에는 유바바가 넣어 둔 마법 벌레가 있다. 그것 때문에 하쿠는 유바바가 시키는 일만을 한다. 덕분에 온천장의 2인자로 어디 안 다니는 데가 없지만 친구라고는 얻을 수 없다. 온천장 식구들에게 하쿠는 유바바보다도 만나기 싫은 사람이다. 관계에 대한 욕망 자체가 없어진 거식증의 하쿠는 가오나시보다 더 걱정스러운 상태라고 할 수 있는 셈이다. 치히로는 큰 강의 신에게 받은 경단으로 둘 모두를 제대로 먹이고 엉뚱하게 배 안에 들어가 있던 것들 토하게 해서 끔찍한 섭식 장애를 고친다.

이들과 달리 치히로는 점점 더 잘 먹는 아이가 된다. 하쿠의 경단에서 시작해, 린 언니의 찐빵, 제니바의 케이크와 차까지. 특히 늪 마녀 제니바가 소박하지만 우아한 찻잔 세트에 치히로와 그의 친구들을 대접한 것이 인상적이다. 마지막에 치히로는 우아하고도 품위 있는 관계 속으로 들어간다. 대왕 마녀 제니바와 얼굴 없는 괴물 가오나시와도 한 테이블에서 디저트를 나누게 된 것이다. 치히로는 모두와 친구가 되었다. 800만 신들이 깨끗하게 목욕을 할 수 있는 온천장에 작은 힘을 보태며 감사의 기운으로 자신의 오만을 씻었기에 잘 먹는 사람이 되었다.

모든 손이 필요하다

치히로는 온천장에서 일을 해야 했다. 그것은 욕탕 청소다. 치히로는 신들의 몸을 씻기거나 마사지를 할 수준도 못 된다. 온천물을 깨끗하게 받을 수 있도록 욕탕의 묵은 때를 벗기고, 신들이 편히 쉬실 수 있도록 연회장 마루 닦기가 할 수 있는 최대치다. 하지만 바로 이 일을 통해 치히로는 부모를 살릴 경단을 얻는다. 치히로의 밑바닥 생활, 그 누구도 주목하지 않는 그림자 노동의 목욕탕 청소는 무엇을 의미할까?

치히로는 온천장의 제일 막내, 청소하는 사람으로 고용되었다. 먼저 린 언니로부터 걸레 힘주어 짜기를 배운다. 그리고 서툴지만 온천장의 마룻바닥을 씩씩하게 두 손으로 기어다니며 닦고(남들보다 느리고 서툴러 미끄러지기도 하지만), 대욕장의 더러운 풀들을 걷어 내고 묵은 때까지 박박 문질러 벗긴다. 미야자키는 이 과정을 한 장면씩 구체적으로 세밀하게 보여 준다. 걸레를 짤 때 주룩 떨어지는 물을 보면 치히로가 가느다란 팔로 용을 쓰는 것이 느껴진다. 부모가 뭐든 다 해주었을 것 같은 금수저가 과연 걸레나 잡아 보았을까 싶지만, 의외로 치히로는 잘 배우고 무엇이든 열심히 한다. 뚱한 얼굴로 무기력했던 그 몸에 원래부터 걸레질쯤은 잘해 왔다는 듯한 자신감이 느껴진다. 이제 치히로가 못할 일은 없을 것 같다.

미야자키는 특히 더러운 오물을 뒤집어 쓴 큰 강의 신이 목욕할 때를 정성 들여 그린다. 치히로는 이 신이 도착하기 전 욕장에 약물을 내리는 방법을 배운다. 약재 표찰을 가마 할아범에게 내려보낸 뒤 물이 내려올 수 있도록 수도관을 줄로 잡아당겨 내려야 하는데, 탕 주변이 미끄러워 몇 번이나 뒤뚱거리며 넘어진다. 오물신이 도착했을 때에는 기포가 뽕뽕 올라올 정도로 걸죽하게 발효된 흙탕을 헤치고, 진흙으로 미끌미끌해진 표찰을 겨우 줄에 연결해 할아범에게 내려보낸 뒤 다시 수로의 줄을 당긴다. 치히로는 실수를 두려워하지 않고 해야 할 일에 집중한다. 그리고 시도 끝에 성공한다.

그런데 이제 시작이다. 맞이한 손님의 상태가 심상치 않다. 치히로는 큰 강의 신의 입에서 지독한 입냄새가 풍겨도 예의를 다한다. 더럽다 피하지 않고 두 눈을 부릅뜨고 맡은 바에 임한다. 그리고 신의 몸에 막대기 하나가 깊이 박혔다는 것을 알아차리고 물속에서 밧줄을 막대기에 묶는다. 치히로는 전에 다니던 학교에서 걸 스카우트 활동이라도 한 것일까? 매듭을 제법 단단하게 맨다. 덕분에 온천장의 전 직원이 치히로를 시작으로 밧줄에 매달려 막대기를 뽑아낸다. 이 전체 과정이 스릴 넘친다. 그런데 사실 마루를 닦고 목욕탕에 물을 받고 누군가의 몸에 박힌 가시 따위를 뽑는 일에 지나지 않는다. 세상 흔한 일이다. 하지만 치히로의 온천장 견습 생활은 그 어떤 모험 활극보다 흥미진진하다. 목욕탕 바닥이 미끄러워 넘어질 때 아찔하고, 맑은 약수를 받아 냈을 때 통쾌하다. 치히로에게 그 일이 처음이어서이기도 하다. 하지만 본질적으로는 집에서는 그림자 노동이고 밖에서도 그리 빛나지 않지만, 목욕탕 청소 같은 단순 반복의 육체노동이 갖는 박력 때문이다.

유바바의 온천에 대해 다시 생각해 보자. 온천은 신의 휴식을 담당하는 곳, 따라서 신들이 관장하는 만물의 평안을 기약하는 쉼터다. 온천장의 직원들이 깨끗하게 닦고 쓸지 않으면, 훌륭한 약물이 공급되지 않으면, 신의 피로는 가중될 수밖에 없다. 임금을 받고 하는 일이라지만 치히로가 맡은 단순한 청소는 신들이 관장하는 거대한 우주를 건강하게 돌리도록 하는 데 없어서는 안 될 일이다. 미야자키는 우리가 밖에 나가서 의젓하게 제 몫을 해내도록 하는, 그림자 노동의 숭고한 힘을 목욕탕 청소로 보여 준다.

치히로는 강의 신에게 '고맙구나'라는 인사와 함께 경단을 받는다. 온천장이 월급제 공장인 점을 감안하면 신이 굳이 인사를 할 필요는 없다. 치히로는 하쿠처럼 순수한 선의로 강의 신을 도운 것이 아니다. 그런데 신이 정말 인사를 안 해도 될까? 치히로가 목욕탕 청소의 우주적 의미까지는 몰랐겠지만, 어쨌든 신들이 목욕해야 한다는 것은 알았다. 이런 중대한 미션 앞에는 호의가 아니라 의무로 다가가야 한다. 치히로는 자신이 하는 일이 번듯하지 않다며 부끄러워하지 않았다. 온천장 식구들이 냄새나는 인간이 들어왔다며 차별을 해도 그들을 원망하지 않았다. 닦아야 하면 닦고 뽑아야 하면 뽑고 하는 식으로, 순간 순간 집중해야 할 일에 자기를 던지며 온천장과 신들의 세계를 알아 가는 것에 바빴다. 강의 신이 치유의 경단으로 치히로를 칭찬한 것은 자신에게 잘 대해 주어서가 아니다. 신은 어떤 일에든 정성을 다하며, 강의 신도 있고 돼지가 된 부모도 있는 이 우주를 돌보는 데 작은 손을 보탠 치히로를 이 세계의 소중한 한 부분으로 인정했다.

아빠 차 뒷좌석에서 편안히 이사하고 있었을 때 치히로의 얼굴은 땅땅 부어 있었다. 새집, 새 학교, 새 친구 모두 별로인 불만투성이였다. 의자에 누워 차에 과자 봉지를 함부로 버리기도 했다. 이런 치히로가 남을 위해 청소를 한다. 자기밖에 모르던 아이가 위대하고 훌륭한 신들 속에서 인정받는 존재가 된다. 치히로는 처음 가마터에서 나오게 되었을 때 "고맙습니다"라는 인사를 할 줄도 몰랐다. 부모와 함께 사는 동안은 할 필요조차 없었던 것이다. 그런 치히로가 위대한 신에게 "고맙구나"라는 인사를 받는다. 깊이 서로 의존하는 관계를 사는 이들에게 덜 중요하고 더 중요한 자리는 없다. 모두가 모두에게 고맙다.

치히로 부모의 죄는 무엇이었을까? 오만이다. 치히로는 아마 부모로부터도 '고맙다'는 말을 듣지 못했을 것이다. 미야자키는 남에게 참으로 많은 것을 받으며 이 삶을 시작했음을 잊은 자는 돼지라고 말한다. 그들을 구제할 길은 없다. 그들의 자식이 누군가로부터 감사를 받을 만한 존재가 되기 전까지는.

3.
10살 치히로
─이름이 많은 모험가

표정이 멋진 아이

미야자키 하야오가 〈센과 치히로의 행방불명〉에서 가장 공들인 것은 치히로 표정의 변화다. 무서운 유바바의 겁박을 이기고, 죽을 위기에 처한 큰 강의 신을 구하고, 제니바의 늪의 바닥까지 가서 하쿠를 대신해서 사과하는 이 모든 일을 해내는 과정에서 치히로는 달라진다. 그런데 온천장의 영웅이 되어 유바바 자리를 꿰차는 것도 아니고, 큰 강의 신의 부하가 되어 온 세계의 강물을 지휘하는 물의 신이 되는 것도 아니다. 치히로는 그저 표정이 좀 달라진다. 미야자키는 치히로가 어려운 모험 끝에 없던 능력을 장착해서 훌륭해진다고 하지 않고 좀 매력적인 얼굴이 되었다고 한다. 크고 반짝이는 예쁜 눈이라든가 오똑한 코나 갸름한 볼 같은 것, 입고 두른 값나가는 것, 이보다 만들기 어려운 것이 바로 매력적인 표정이라는 것이다. 멋진 표정이란 어떤 것이며 그런 얼굴을 하게 된다는 것의 의미는 무엇인가?

미야자키 하야오는 낯선 세계에 떨어진 뒤 전에 없던 문제에 부딪혀 분투하는 주인공의 이야기를 그린다. 나우시카는 멸망의 부해(腐海)를 어떻게 마주할 것인가 고민하며 오무와 함께 살길을 모색했다. 시타는 천공의 성을 없애지 않으면 하늘에도 땅에도 평화가 없을 것을 직감하고 목숨을 건 선택을 했다. 키키는 부모의 도움 없이 혼자 바닷가 마을에서 마녀 수련을 받았다. 아시타카는 인간과 숲이 돌이킬 수 없는 방식으로 전쟁을 벌이게 된 상황 속으로 홀로 걸어 들어갔다. 소피는 황야의 마녀 저주를 받아 순식간에 할머니가 되어 움직이는 성의 청소부로 취직하게 되기도 했다.

그런데 이런 미션을 수행한 결과 주인공이 슈퍼스타가 되는 일은 없다. 미야자키 감독에게는 인간이 '성장'한다고 하는 관점이 보이지 않는다. 그래서 통과의례를 거쳐 새로운 능력을 장착하게 되는 영웅의 서사는 찾아볼 수 없다. 치히로가 대욕장 청소를 하는 장면을 보면, 그 작은 몸 안에 온갖 일을 다 감당할 수 있을 만한 무궁무진한 잠재력이 보인다. 치히로에게는 원래 청소하고 잘 뛰는 능력이 있었다!

미야자키 하야오의 전체 작품 세계를 통해 조망해 보면 주인공의 재능은 갈수록 팍팍 줄어든다는 것도 알 수 있다. 나우시카는 생물학 박사, 정원사, 비행기 조종사, 정비사, 주술사, 치유자 등 모든 능력을 그 한 몸에 다 장착한 초인이었다. 그 뒤에 나온 〈천공의 성 라퓨타〉의 시타는 멸망의 주문을 외울 수 있을 정도로 마력(魔力) 면에서는 나우시카에 뒤지지 않았다. 그런데 키키는 중간에 마법을 잃어버리기도 하고, 아시타카는 아예 저주에 걸려 괴물이 된다. 마지막 작품 〈그대들은 어떻게 살 것인가〉의 주인공은 영웅은커녕 보통도 되지 못한다. 소년은 새엄마를 괴롭힐 뿐만 아니라 자해를 할 정도로 삶에 대해 부정적인 못난이다.

치히로는 영웅도 아닐뿐더러 능력도 없다. 자랑할 만한 재주가 없는 것은 물론이지만 부모를 구하기 위한 일도 겨우 청소다. 그 정도는 사실 누구라도 가지고 있는 능력 아닌가? 자기 몸을 움직여 씻고 쓸고 닦는 것이야 우리 모두가 매일같이 하는 일이다. 그런데 미야자키는 이런 평범한 아이에게서 위대한 생명력을 끌어낸다. 무엇 때문일까?

유바바 말대로 '굼뜬 응석받이에 머리 나쁜 울보'였던 치히로는 평범한 일상의 노동을 통해 멋진 표정을 가진 아이로 변한다. 멋진 표정의 근저에 놓인 자신감과 아름다움은, 그 누구라도 가진 능력에서 나온다. 나중에 치히로가 온천장의 영웅이 되기는 한다. 통통하고 작은 쥐로 변한 보우와 아기 까마귀가 치히로가 마법 도장에 붙은 주물(呪物)을 퇴치하는 것을 흉내 내며 노는 점, 작품 끝에 온천장 식구 전부가 치히로의 미션 해결을 축하한 점을 통해 이를 알 수 있다. 모두의 관심과 인기를 끌게 된 것이다.

하지만 치히로는 이렇게 얻은 평판을 모두 두고 다시 현실 세계로 돌아온다. 치히로는 개구리 아저씨와 민달팽이 언니들 틈에서 땀 흘리며 일했던 것, 바다 위를 기차로 달렸던 것, 용을 타고 하늘을 날았던 것, 그 어떤 일도 기억하지 못하고 다시 또 미숙한 열 살의 전학생이 되어 칭얼대며 하루를 보내게 될지도 모른다. 이처럼 미야자키 하야오는 경험이 우리를 성장시킬 것이라고 하는 전통적인 성숙의 서사를 거부한다. 대신 자기 표정을 만드는 이야기를 한다.

치히로 표정이 변하기 시작한 것은 하쿠가 준 경단을 먹고서다. 맨 처음 치히로는, 큰 위험에 처했지만 누군가 자신을 격려한다는 것을 알자 답하는 마음으로 부끄럽지만 힘을 조금 냈다. 온천장의 막노동을 하면서는 부모를 구하기 위한 책임감으로 더욱 결의에 찬 표정이 된다. 치히로가 완전히 씩씩한 얼굴이 되는 것은 큰 강의 신을 돕고 "고맙구나"라는 말을 들은 뒤부터다.

치히로는 저주로 괴로워하는 하쿠를 구하기 위해 유바바의 집무실, 그 높은 곳을 온천장 건물 외벽을 타고 올라가야 했다. 이때 마땅한 계단이 없자, 앞으로 튀어나와 있는 방들 사이의 환기통 위를 달릴 생각까지 한다. 처음 온천장에 도착했을 때에는 가마터까지 내려가는 계단도 제대로 못 디뎠다. 그러나 이제 치히로는 수직으로 아슬아슬하게 솟은 계단을 하나하나 잘 잡고 끝까지 올라간다. 처음 본 터널이 캄캄하다며 벌벌 떨던 그 아이는 이제 없다.

치히로는 죽어 가는 하쿠를 구하려면 늪의 바닥에 다녀와야 한다는 것을 알고 돌아오는 기차표도 없는데 길을 나서기도 한다. 그 사이 부모는 돼지고기 요리가 되어 신들의 식탁에 오를지도 모르지만, 지금까지 자신을 돌봐 준 친구를 죽게 내버려 둘 수는 없기 때문이다. 치히로는 서두르지 않고, '당장' 해야 할 일을 확실하게 하기로 한다. 이때부터 치히로는 아무리 빨리 뛰어도 넘어지지 않는 아이가 된다. 계산적이면서도 침착하다. 담대한 눈빛으로 사태를 주시한다.

늪의 바닥으로 떠나기 직전, 치히로는 비 오는 날 자신이 열어 준 문으로 가오나시가 들어와 온천장의 풍기를 해치고 직원들을 괴롭혔다는 것을 알게 된다. 치히로는 이를 문책하는 유바바의 심한 야단에도 끄떡없다. 일자리를 달라고 애원할 때 두 눈을 크게 뜨고 벌벌 떨었던 것과 확실히 대비된다. 엉망이 된 연회장에서 거대해진 가오나시 앞에 혼자 무릎 꿇고 앉아서도 당황하지 않는다. 이때 치히로는 가오나시에게 '너는 어디서 왔니? 부모는 누구니? 왔던 곳으로 돌아가야 해'라고 말한다. 아주 청산유수다.

시키는 일을 겨우겨우 해내기 바빴던 온천장 말단 직원의 입에서 어떻게 이런 근본적인 질문이 나올 수 있었을까? 치히로는 자신에게만 집착하는 가오나시를 이해하려고 온천장에 떨어져 무엇을 어찌해야 할지 모르게 된 자신을 떠올렸을 것이다.

치히로는 폭식 중인 가오나시가 느끼는 두려움을 짐작했을 뿐만 아니라 그 외로운 마음을 치유하기 위해서는 있어야 할 자리를 잘 찾아가야 함도 이해했다.

결국 치히로는 아무래도 온천장에서는 일자리를 찾을 수 없을 가오나시를 데리고 나오기로 결정한다. 치히로는 가마 할아범이나 유바바와도 의논하지 않는다. 온천장의 상황을 고려하면서 충분히 혼자 생각할 수 있었기 때문이다. 타인과 공생의 관계 전체를 고려할 수 있을 정도로 마음이 커진 것이다. 치히로가 그토록 다부지게 하쿠와 가오나시에게 경단을 먹일 수 있었던 이유는, 그 결과 하쿠의 상태가 더 악화되고 가오나시가 엉망진창으로 폭주하더라도 다시 또 도울 길을 찾겠다는 자기 믿음이 있어서다. 치히로는 자기가 몇 번이고 친구를 돕고 부모를 구할 것을 알았기에 어떤 결정에도 두려움이 없었다. 누군가를 도와야 한다는 정언명령에 집중하는 자는, 자기 과오를 감당하면서 계속 나아가게 되고 결국 친구나 가족을 살리게 된다.

치히로는 제니바를 찾아 늪의 바닥으로 갈 때 친구를 셋이나 책임지고 떠나게 된다. 떠나기 직전에는 자기를 걱정할 린 언니를 먼저 안심시킨다. 기차를 타고 가는 동안은 쥐가 된 보우와 아기 까마귀를 돌보고 가오나시를 잘 다독인다. 여섯번째 역에 제대로 내리기 위해 혼자 졸지도 않고 창밖을 주시한다. 이렇게 타인의 운명을 책임지면서 치히로는 누군가의 친구만이 가질 수 있는 멋진 얼굴이 되었다.

부르고 불리는 애니미즘

미야자키 하야오는 관계 속에서만 생명을 얻을 수 있다고 했다. 생명을 갖게 된 이는 이름을 얻는다. 이름이야말로 내 것이지만 나는 쓰지 않는, 누군가에 의해서만 의미 있는 존재가 되는 우리의 운명을 상징한다.

치히로는 신들의 나라에 와서 유바바 때문에 원래의 이름을 잃어버린다. 유바바는 치히로라는 이름 대신에 '센'이라는 것을 쓰라고 한다. 치히로(千尋)가 센(千)이 되었으니 지금부터는 그냥 천 명 중의 한 명이라는 의미밖에 가질 수 없다는 뜻이다. 학생은 학번으로 불리고, 군인은 군번으로 불린다. 이처럼 고유명을 잃고 번호나 직함으로 불리는 현대 세계를 살아가는 우리에게는 치히로의 안타까운 상황이 잘 이해가 된다.

그러므로 우리도 내가 누구의 자식이고 누구의 친구인지를 늘 마음속으로 생각하고 있어야 한다. 누구의 친구로서 부끄럽지 않도록 당당하고 멋진 모습으로 살면서 자긍심을 가져야 한다. 자기 이름에 긍지를 가지게 되는 것. 자기의 성품과 착한 마음을 믿는 것은 혼자서는 할 수 없는 일이다. 긍지라는 단어를 음미해 보자. 긍지는 자신의 능력을 믿음으로써 가지게 되는 당당함이다. 이 능력은 타인을 향한 헌신에 쓰인다. 자기 내면에서 이런 힘이 불쑥 솟아나온 것을 경험한 이는 자신을 믿게 된다, 사랑하게 된다. 그런 사람은 겸손한 확신을 갖고 행동하면서 관계 속에 있지만 특별한 이름을 갖게 된다. 이렇게 〈센과 치히로의 행방불명〉은 모든 존재에게는 이름이 있다고 하며 만물생명교를 찬송한다.

인류학자 에두아르도 콘은 숲의 애니미즘, 즉 다양한 생태계에서 활력 있는 삶을 살기 위해서는 타자의 관점을 경유하는 능력이 필요하고 동시에 반드시 타자에게 유의미하도록 읽혀야한다고 한다. 숲의 포식계를 생각해 보자. 재규어에게 먹히지 않기 위해서는 재규어처럼 생각할 수 있어야 한다. 재규어에게 먹잇감으로 보이지 않아야 하니 재규어처럼 느끼고 말해야 할 것이다. 사냥꾼이 인간의 입장만 고집한다면 그는 재규어의 먹이가 될 수밖에 없다. 숲에서 애니머시(animarcy), 즉 활기란 타자의 관점으로 들어가는 능력에 달려 있다. 에두아르도 콘은 만약이 능력을 잃는다면 그는 살아 있어도 살아 있지 않은 존재가되기 때문에, 혼맹(魂盲)이 되어 타자들의 먹이가 되고 활기를잃는다고 한다.

여기서 주의해야 할 점은 숲에는 재규어만 있지 않다는 것이다. 다양한 포식자들 앞에서 그들의 친구로 인식되지 않으면안 된다. 그러니 사냥꾼들에게는 참으로 많은 이름이 필요할 것이다. 〈센과 치히로의 행방불명〉이 가장 중요하게 다루는 테마인 '이름을 되찾다'는 콘의 애니미즘 논리에도 딱 들어맞는다. 유바바는 이름을 빼앗는 방식으로 상대를 포섭해서 온천장에묶어 둔다. 이름을 빼앗는다는 것은 그를 무수히 다양한 타자의 관점에 들어갈 수 없도록, 혹은 특정한 관점에서만 읽히도록 하겠다는 말이 된다.

그런데 자기 본명을 잊은 하쿠가 치히로라는 이름을 기억하고 있었다. 그 어렴풋한 기억에 의존해서 치히로를 도운 것. 센 역시 하쿠가 원래 '고하쿠'라는 이름의 작은 시내였다는 것을 기억함으로써 하쿠의 생명력을 되돌려줄 수 있었다. 미야자키 하야오의 애니미즘에서도 생명력(animarcy)은 타자의 관점에 친구로 읽히는 문제이다.

치히로는 이 타자들의 관점을 어떻게 얻는가? 누군가의 허락을 통해서가 아니었다. 치히로는 석탄을 잘 나르지 못하는 검댕먼지를 도왔고, 그럼으로써 가마지의 일터에서 일꾼으로 인정받았으며, 마침내 검댕먼지의 친구가 되어 신발도 몰래 맡길 수 있었다. 한번 가마 할아범에게 인정받은 뒤로는 할아범의 손녀가 되고, 인사하는 법을 잘 배웠다는 이유로 선배 린에게도 칭찬을 받게 된다. 치히로는 실로 많은 이들의 도움을 받으며 도울 줄 아는 사람이 되었다. 미야자키 하야오는 타자들의 관점을 경유하기란 타인을 도울 수 있는 능력을 통해서만 찾을 수 있다고 한다.

현실로 돌아간 치히로는 전학 간 학교에서 모든 것을 다시 시작할 것이다. 하지만 자기 내면에 깃들인 친절함을 꺼낼 수 있었기에 걱정 없다. 늪의 마녀 제니바도 '너는 괜찮을 거다'라고 격려했다. 미야자키는 이 점을 온천장을 씩씩하게 떠나는 치히로의 생기 있게 된 눈빛으로 확실하게 보여 준다. 슈퍼맨처럼 초능력이 있어야 영웅인 것이 아니다. 다만 네 마음의 선의를 믿으라. 감사함을 표하고 어려움 앞에 도망치지 않는 것만으로도 너는 누군가에게 없어서는 안 될 위대한 존재가 된다.

<하울의 움직이는 성>

: 청소가 필요한 마음

하울의 움직이는 성(ハウルの動く城, 2004)

○줄거리

　황야에는 예쁜 아가씨들의 심장을 먹고 산다는 마법사 하울의 '움직이는 성'이 있다. 모자 가게에서 일하는 소피는 뒷골목에서 우연히 하울과 동행하게 되는데, 이를 질투한 황야의 마녀가 소피를 아흔 살 할머니로 만들고 만다. 소피는 저주를 풀려다 움직이는 성에 들어가는데, 하울이 고독하고 쓸쓸한 마음을 주체 못해 더럽고 지저분하게 살고 있다는 것을 알게 된다. 움직이는 성을 깨끗하게 청소하는 소피 덕분에 하울은 도망치기만 했던 많은 문제들을 직면할 용기를 얻게 되고, 성에는 황야의 마녀를 비롯 다양한 존재들이 들어와 같이 살게 된다. 이들이 서로를 아끼고 돌보게 되면서 움직이는 성이 하늘을 나는 성으로 변신한다.

○주요 캐릭터

• 소피 : 해터스 모자 가게의 장녀로 과묵하고 우울한 소녀였다. 우연히 황야의 마녀의 저주로 90살 할머니가 된 뒤부터 하고 싶은 것 다 하고 가고 싶은 곳 다 가는 거칠 것 없는 마녀처럼 살게 된다. 청소가 장기다.

• 하울 : 움직이는 성의 주인으로, 최고 마법사가 되려다 별똥별에게 심장을 주고 말았다. 엄청난 힘을 지녔지만 마음이 없기에 어디에 쓸 줄을 모른다. 소피를 사랑하게 되면서 결국 마음을 되찾는다.

• 황야의 마녀 : 왕실 전속 마법사였지만 욕심이 많아 쫓겨났고, 한때 하울에게 마음을 주었는데 보답을 받지 못해 이래저래 원한이 단단히 쌓였다. 소피를 따라 움직이는 성에 객식구로 들어오게 되면서 느긋한 할머니가 된다.

• 설리만 : 하울의 옛 스승으로 자기 욕심을 채우기 위해 물불 가리지 않는다. 뒤끝 있고 무례하지만 하울이 멋진 가족을 꾸리는 것을 보고 갑자기 너그러워진다.

• 캘시퍼 : 호수에 떨어져 사라져 버릴 뻔한 별똥별이었는데 하울의 심장을 먹고 죽지 않게 되었다. 하지만 하울을 떠날 수 없게 되어 움직이는 성을 만들어 하울과 일심동체로 산다. 소피의 칭찬에는 사족을 못 쓴다.

• 허수아비 순무 : 이웃나라 왕자로 무 대가리를 단 허수아비가 되었다. 할머니가 된 소피가 황야에서 구해 준 것이 계기가 되어 소피를 돕고, 나중에는 움직이는 성이 부서질 때 가족들을 구하는 큰일을 한다.

1.
움직이는 성
—황야를 방황하는 욕망의 감옥

터지는 욕망, 텅 빈 마음

미야자키 하야오가 〈모노노케 히메〉를 통해 주의를 주듯 내 입장, 내 상식, 내 세계만이 옳다고 생각하면 주변 전체가 증오와 원망의 도가니가 된다. 지금의 내가 있기 위해서는 벗과 적이, 또 모르는 그 누군가가 반드시 있어야 한다. 모든 것은 모든 방식으로 연결되어 있다. 이 점을 명심하면서 다양한 관점을 고려하고 이해하자. 그래야 삶에 활력이 깃든다.

이런 애니미즘적 사고는 주체의 의지와 책임에 큰 무게를 두지 않는다. 애니미즘은 기본적으로 만물에 영혼이 깃들어 있다고 본다. 신체는 영이 잠시 머물다가 떠나는 어떤 장소이다. 영이 들어 있지 않으면 그는 아무것도 아니다. 야생의 부족들 사이에서는 종종 식인 관습이 발견되는데, 이들은 어떤 영혼(예를 들면, 훌륭한 사냥 능력이나 치유 능력을 가진)을 자기 안에 들이기 위해서 어떤 사람을 잡아먹는다. 그들은 '그 인간'을 먹는 것이 아니다. 그 인간 안에 깃든 생명력을 먹는다(에두아르두 비베이루스 지 카스트루,『인디오의 변덕스러운 혼』, 존재론의 자루 옮김, 포도밭, 2022 참고). 이처럼 애니미즘적 사고는 '주체'를 힘들의 교환 속에서 이해한다. '나의 욕망'과 '나의 소유물'을 챙기는 것보다 더 중요한 것은 다른 힘들을 받아들이고 내보내는 일이다.

그럼, 이렇게 창발하는 힘들이 들어왔다 나가기를 반복하는 자리인 '나'는 수동적이고 무기력한 처지에 있다고 해야 할까? 아니다. 다른 관점을 흡수하면 할수록 우리는 만나고 헤어지는 사람들이 많아지고, 같이 겪는 사건이 다양해지며, 경이롭고도 신비한 기억 속에서 충만하게 살아갈 수 있다. 미야자키 하야오는 〈하울의 움직이는 성〉에서 이런 생명력의 확장에 필요한 자기 비움의 수행성을 논한다.

미야자키 하야오는 〈하울의 움직이는 성〉에서 점점 더 많은 타자들을 품는 삶을 소개한다. 그러한 인생을 사는 이는 왕자나 전사가 아니라 어느 성의 청소부다. 그의 건물은 네 다리로 '움직이는 성'이고. 이 성은 황량하고 거친 들판을 목적 없이 배회하고 있었고, 청소부는 다만 몸을 녹이고 바람을 피할 곳이 필요해 몰래 찾아 들었다. 청소부는 우선 고마운 마음에서, 그 다음은 자신이 더욱 따뜻하고 편하게 있고 싶어서 성 안 여기저기를 치운다. 그러자 무겁게 뒤뚱거리기만 했던 성에 날개가 돋고 성의 식구 모두 웃으며 함께 날게 된다. 이 스토리를 애니미즘의 언어로 번역해 보자. 청소는 생명력 증진의 기예다!

우선, 움직이는 성에 대해 알아보자. 이 성은 그 안에 누가 어떤 욕망과 활동을 집어넣느냐에 따라 완전히 다른 모습, 다른 능력의 존재가 된다. 영력이 깃드는 바에 따라 정체성이 달라지곤 한다는 야생의 애니미즘적 사고가 그대로 구현된 공간이랄 수 있다.

그런데 잘 따지고 보면 정말 놀라운 설정이 아닐 수 없다. 미야자키 하야오는 소유의 상징인 성에 다리를 붙여 줌으로써 어떤 것도 제 자리에 있을 수 없다는 것을, 작품 첫 장면에서 충격적으로 보여 준다. 성은 모름지기 성주가 있고 그가 자기 소유물들을 적으로부터 지키기 위해 벽을 쌓아 올린 건물이다. 성이란 어딘가에 꼭 붙박여 있기를 좋아하는, 나의 자리를 고집하며 남을 잘 허락하지 않는 자가 사는 곳이다. 그런데 이런 성이 걸어 다닌다니? 이 성의 주인은 자기 위치 같은 것에는 큰 의미를 두지 않는 사람일까? 지킬 것도 별로 없고?

일단 이 성은 외형이 예사롭지 않다. 닭의 그것처럼 얇은 네 개의 다리가, 천문대 돔 같은 지붕이며 낡은 판잣집 같은 방이며 공장 굴뚝에다가 온갖 건축물 부스러기 같은 것들을 물고기 비늘 모양의 쇠 판자 사이사이에 붙여 만든 커다랗고 무거운 본체를 지탱해서 움직인다. 미야자키가 아주 재치있게 표현하는 부분은 성의 앞면인데 사람 얼굴을 닮았다. 커다란 눈과 코에, 벌어진 입으로는 흔히 우리가 지쳐서 피곤할 때 그런 것처럼 혀가 길게 나와 있다. 이런 모습으로 성은 헉헉거리면서 황야를 떠도는 중이다.

사실 이 성은 식구들이 원한다면 어느 도시와도 바로 연결될 수 있다. 성 안 뒤쪽 성문 옆에는 네 가지 색의 방향계가 있는데, 색깔을 돌려 맞출 때마다 항구나 수도와 같은 멀리 떨어진 장소와 바로 연결된다. 도시마다 성과 직통으로 연결된 가게라든가 주택이 있어, 방향계를 맞춘 뒤 성문을 열고 나가면 어시장에서 생선을 사 올 수도 있고 대도시에서 쇼핑도 하고 올 수 있다. 그런데 이렇게 어디든 갈 수 있는 그 성이 실은 황야를 방황한다는 것이 흥미롭다. 헉헉거리며 언덕을 올라가는 모습을 보면 그렇게 이 도시 저 도시 되는 대로 돌아다니는 것 자체가 너무 힘든 일이라는 점을 알 수 있다. 어디에서 무엇이든 할 수 있는 그 조건이야말로 황폐하고 쓸쓸한 상황인 것이다. 연결이 생명력이라지만, '어떤' 연결인지에 대한 고민이 없으면 산만하고 피곤할 뿐이라는 의미이다.

성 내부를 돌아보자. 아마 4층 이상은 될 것 같은데, 미야자키 하야오는 성주인 하울이 자고 씻는 2층을 제외하면 다른 부분은 거의 보여 주지 않는다. 성에 사는 꼬마 마르클의 방은 3층에 있는 듯한데, 불청객 소피도 2층 베란다까지밖에 청소를 할 수 없다. 성은 상당히 큰데도 여기저기가 다 똑같든지, 별볼일없든지 한가 보다.

물건은 또 얼마나 많은지 입구부터 발 디딜 틈 없이 음식물과 쓰레기로 엉망진창이다. 성의 더러움이 어느 정도냐 하면, 소피와 마르클, 하울이 처음으로 같이 밥을 먹을 때, 소피는 깨끗한 수저가 없어서 손으로 자기 스푼을 닦아야 했다. 개수대는 이미 설거지가 필요한 그릇들로 꽉 차 있고, 책상 위에는 마법서와 양초, 먹다 남은 사과 등이 어지러이 널려 있다. 소피와 하울은 그 틈새에서 베이컨과 달걀을 꺼내 요리를 한다. 거미줄이 착착 쳐져 있고 재가 쏟아지기 직전인 화덕 앞에서 세 사람은 이 빠진 그릇에 음식을 나눈다. 소피가 문 열고 들어갈 수 없는 성의 다른 방들은 이미 쓰레기로 꽉 차 있을지도 모르겠다.

이번에는 성주, 하울의 방으로 가 보자. 그 방이 압권이다. 정말 발 디딜 틈이 없다. 고급 쿠션이 셀 수 없을 정도로 뒹굴고, 이불도 몇 채씩 침대 위에 펼쳐져 있다. 하울의 미모는 장안의 화제였다. 심하게 잘생겼기 때문이다. 그런데 그의 방은? 그동안 꾄 여자들의 원망을 살까 봐 아무도 자신을 못 건드리도록 온통 부적으로 발려 있다. 화려한 침구와 알록달록한 침실 장식에도 불구하고 숨이 다 막힌다. 하나하나 보면 다 명품 같은데 마구 쌓여 있다 보니 과해서 역겹다. 게다가 그 과한 미모를 관리해 주는 하울의 화장실은 청소라면 자신 있는 소피조차도 코를 막고 눈을 뜰 수 없을 정도로 더럽다. 우아한 꽃무늬에 사기로 된 변기 커버가 있었지만 오물로 찐득하다. 으왝!

하울은 마법사다. 그는 원하는 모든 것을, 심지어 자신을 동경하는 뭇 여인의 마음도 얼마든지 얻을 수 있다. 그런데 그의 성은 왜 이리 지저분한가? 왜 또 헉헉거리며 황야를 방황하는가? 그는 성에서 제자 마르클과 함께 살지만 이 작은 아이의 아침밥도 챙겨 주지 않는다. 많은 물건을 가졌으면서도 여유가 없어 제자에게까지 야박하다.

움직이는 성이 방황을 하는 이유는 어디로 가야 할지를 몰라서다. 하울이 물건을 사 모으기만 할 뿐 버리지를 못하고, 쓰기만 할 뿐 닦지 못하는 이유도 자신에게 무엇이 중요한지를 정하지 못해서다. 마르클에게 차갑게 대하는 것은 아이나 제자를 대하는 방법을 몰라서다. 하울은 모든 것을 모든 방식으로 다 할 수 있는 능력을 가졌지만 아무것도 제대로 하지를 못한다. 왜 많은 물건으로도 훌륭하게 살 방법을 못 찾는가?

예쁜 것들의 전쟁 통

하울의 개인사를 살펴보자. 한때 그는 결벽증환자인 스승 설리만의 제자였다. 설리만은 왕국 마법사로 엄청 큰 온실에서 휠체어에 앉아 만사를 진두지휘한다. 대온실은 하울의 성과 완전히 대비된다. 투명 유리가 광택이 나도록 깨끗하고, 커다란 희귀 식물이 우아하게 늘어져 있다. 이 안에는 설리만의 말에 충성하는 어린 마법사들이 일사불란하게 시중을 들고 있다. 노쇠하기는 했지만 매끈한 피부를 자랑하는 이 예쁜 마법사의 왕궁은 엄청나게 화려하고 심하게 깨끗하다.

왜 '한때'인가? 하울이 설리만의 고집에 질렸기 때문이다. 설리만이 어느 정도로 무서운 에고이스트인지는 소피가 하울 대신 그녀를 만나러 갈 때 잘 나온다. 설리만은 완전히 독불장 군인 데다가 엄청난 마력까지 갖추었다. 그녀는 자기 미모를 지키고, 자기 말을 따르게 하기 위해 수단과 방법을 가리지 않는다. 그래서 할머니가 된 소피와 황야의 마녀를 초대해 놓고는 엄청나게 높은 계단도 도움받지 말고 스스로 올라오라고 한다든지, 별 안내도 없이 황야의 마녀를 방에 가둬 놓고 마법을 빼앗는다든지, 완전히 멋대로 행동한다. 설리만은 거짓말로 누군가를 속이고, 없는 말로 누군가를 협박하면서 아무 문제도 못 느낀다. 완전히 자기 마음대로인 것이다. 하울은 고집불통의 이런 독선가 밑에서 그가 시키는 대로 살기 싫어 도망을 쳤다.

한편, 궁금한 점이 생긴다. 설리만이 그렇게 안하무인 독재자인데도 사람들은 왜 나라 전쟁에 찬동하는 것일까? 잘 보면 도시 사람들은 모두 전쟁광이라도 된 듯 흥분하고 있다. 항구에 패배한 군함이 들어와도 겁을 내지 않는다. 미야자키는 이 전쟁이 얼마나 질이 나쁜지를 다음과 같은 장면으로 보여 준다. 첫째, 항구의 어시장을 보면 채소며 생선이 아주 많이 나와 있음을 알 수 있다. 그런데 또 골목골목이 지저분하고 거지도 많다. 아무 마법이라도 걸어 달라고 마르클에게 구걸을 하는 할아버지도 있다. 돈이 잘 흐르지 않는다는 것을 알 수 있다.

둘째, 소피의 이복 여동생 레티가 일하는 디저트 가게에는 청춘 남녀들이 꽉 차 있다. 예쁜 레티를 보러 온 남자들은 더 많다. 설리만이 사는 수도의 광장에도 젊은 군인들이 예쁜 아가씨들에게 정찰용 소형 비행기를 태워 주고 있다. 곧 전장에서 죽을지도 모르는 젊은이들은 찰나의 사랑에 안타까운 정열을 바친다. 그런 와중에 소피는 도시 뒷골목에서 휴가 나온 군인들에게 희롱을 당한다. 전쟁으로 청춘의 도덕관이 흔들리고 있다는 것을 알 수 있다.

이런 와중에 화려하고 세련된 화장으로 얼굴을 잔뜩 꾸민 레티가 소피에게 충고를 한다. '언니! 꿈은 스스로 정하는 거야!' 이것이 무슨 말인가? 외모에 자신 있는 레티는 지금 디저트를 팔고 있기는 하지만 나중에 뭔가 큰일을 하고 싶은가 보다. 레티의 꿈은 무엇인가? 소피의 양어머니이자 레티의 친어머니는 남편의 모자 가게에 거의 신경을 쓰지 않는다. 그렇지만 수도 킹스베리에 나가 최신식 모자를 사 가지고 와서 동네 사람들에게 자랑을 한다. 새엄마는 돈 많은 부자와 재혼에도 성공한다. 이런 정황으로 추측하면 외모가 엄마를 닮은 레티의 꿈도 부잣집에 시집가는 것 정도가 아닐까 싶다. 부자가 되어 남들이 누리는 것을 다 해보는 것이 레티의 꿈이다. 이때 핵심은 '남들이 누리는 것'에 있다. 디저트 가게의 청년들은 모두 예쁜 레티를 찾았다. 레티 자체가 누가 봐도 예쁜, 누구라도 사랑할 만한, 그런 소녀다. 레티는 스스로 꿈을 정해야 한다고 했지만 실은 자기가 모두의 꿈이 되기를 원한다. 모두의 꿈이 되기 위해 모두

<하울의 움직이는 성>
304

가 좋아하는 모습으로 자기를 치장한다.

　여기서 레티는 설리만과 닮는다. 레티도 설리만도 모두가 원하는 것을 가지고 싶어 하는 공통점이 있었다. 설리만의 명품 궁전을 떠올려 보자. 레티 모녀가 추구하는 부유함의 극단에 있는 사람이 설리만이다. 설리만은 자기가 가진 좋은 것은 하나도 뺏기려 하지 않는다. 설리만은 선생님으로서 제자인 하울을 키우지 않았고 자기 후계자로, 자기 재산을 물려줄 사람으로 하울을 탐냈다. 하울이 자기 말을 듣지 않자, 그럴 거면 차라리 죽어 버리는 것이 낫다고 생각할 정도니 정말 소유욕이 강하다 할 수 있다.

　그리고 설리만은 전쟁 때문에 옷에 파편이라도 튈까, 자기가 사는 궁전을 강철보다 단단한 유리로 에워싸서 총알이 인근 도시로 다 튕겨 나가도록 했다. 자기를 위해 충성하는 이들의 목숨 따위도 중요치 않은 것이다. 레티 엄마는 남편에게 못 가도록 한 설리만의 협박 때문에 의붓딸 소피에게 치명적일 마법 벌레를 주고 온다. 자기 잇속을 차리면서 딸 아이에게 닥칠 곤란 따위는 전혀 생각하지 않는다. 둘 다 자기밖에 모르는 욕심꾸러기들이다. 모두의 뜻에 자기를 맞추는 레티나 자기의 뜻에 모두를 맞추려는 설리만은 둘 다 세상을 '자기의 꿈'으로 도배하려는 에고이스트들인 것이다. 이런 자기중심주의자들은 끊임없이 남들에게 복종을 요구하기에 그 주변에서는 늘 전쟁이 벌어진다.

하울은 설리만의 세계로부터 도망을 쳤다. 설리만의 말로 도배되는 세상이 갑갑했기 때문이다. 그가 몰래 황야로 숨어든 것은 일단 잘한 일이다. 최소한 전쟁에 나가 남에게 상처를 주는 일은 안 할 수 있으니까. 하지만 이 도망으로 행복해지지는 못했다. 하울은 지저분하기만 한 성에 살게 되었고 어디 마음 붙일 곳 없이 여기저기 미소나 흘리면서 뒷골목에서 욕이나 먹는 처지로 떨어지고 말았다.

신체는 여러 마음의 복합체

소피가 청소로 움직이는 성을 장악하기 전, 피곤하게 황야를 걸어 다니는 성은 하울의 마음을 표현한다. 하울이 실연했을 때, 염색이 잘 안 되어 자기 외모에 실망했을 때, 성은 휘어지고 압축되면서 찌그러지기도 한다. 하울이 많은 물건을 그러모으는 이유는 무엇일까? 허해서다. 여기서 〈센과 치히로의 행방불명〉의 가오나시도 떠오른다. 가오나시는 친구가 없어 외로운 마음을 폭식으로 달랬다. 누군가와 아무런 관계도 맺을 수 없어서, 그 허허로운 마음을 채우기 위해 가짜 금으로 온천의 음식을 사먹는 만행을 저지르기도 했다. 그런데 아무리 먹어도 그의 텅 빈 마음은 채워지지 않았다. 하울의 성에 물건이 많다는 것은 그도 가오나시처럼 친구가 없음을 의미한다. 설리만의 싫은 명령은 버릴 수 있었지만 그 대신 어떤 명령으로, 어떤 관계로 자기 마음을 채워야 할지 몰라서 그냥 닥치는 대로 뭔가를 모을 수밖에 없었다.

바로 이런 바보 같은 자유주의자 앞에 소피가 나타났다. 소피는 하울 인생을 망치러 온 그의 구원자다. 소피는 성의 주인인 하울의 허락을 받지 않고 청소를 하고, 심지어 하울도 감당하기 어려운 마술에 걸린 무 대가리나 하울과는 철천지원수인 황야의 마녀, 적인 설리만의 애완견까지도 다 데리고 성으로 온다. 그런데 이렇게 뜻밖의 존재들과 함께 청소하고 밥도 먹으며 서로 돌보는 가운데 '움직이는 성'의 모습이 달라진다. 폴짝폴짝 가벼워 보이는, 이제는 '나는 성'이 된 움직이는 성에는 필요 없는 것은 다 버려지고 의미 있는 물건들이 가득 차게 된다. '싫은 것 버리기'보다 중요한 일은 '좋아하는 것 얻기'이다. 미야자키 하야오는 자유란 자기 마음대로 아무렇게나 사는 것이 아니라고 한다. 비로소 산뜻해진 성의 모습에서 알 수 있듯이, 정녕 가볍고 즐겁게 살기 위해서는 사랑할 만한 것을 진지하게 품어야 한다.

그런데 흥미롭게도 움직이는 성은 하울의 마음만 반영하지 않는다. 영화 뒷부분에서 불의 악마 캘시퍼가 화덕에서 분리되는데, 그러자마자 성이 무너져 내린다. 그런 점으로 보아 움직이는 성은 화덕에 사는 불의 악마 캘시퍼의 마음이기도 하다. 캘시퍼는 원래 하늘에서 추락해 사라질 뻔한 별똥별이었다. 강력한 마법사가 되고 싶었던 어린 하울이 자신의 심장을 별의 영력과 교환하자 둘 모두 난감한 처지가 되고 말았다. 하울은 능력이 출중하지만 마음이 없게 되었고 캘시퍼는 죽지는 않지만 하울을 떠날 수 없는 신세가 된 것이다. 능력이 있어도 쓸 이유가 없고, 살게는 되었지만 기생할 수밖에 없게 되다니! 이 캘시퍼가 이것저것 끌어다 모아 만든 하울-캘시퍼의 비밀 아지트가 움직이는 성이다. 그래서 성은 하울의 기분에도 반응하지만 캘시퍼의 컨디션에도 반응한다. 캘시퍼가 소피의 불꽃 칭찬을 받고 우쭐하게 힘을 내자 움직이는 성도 팔팔하게 솟은 힘으로 성큼성큼 산등성이를 넘는다.

여기서 끝일까? 움직이는 성은 하울의 마음도, 캘시퍼의 마음도 아닌 것 같기도 하다. 영화 첫 장면에서부터 등장하는 움직이는 성은 얼굴이 과장되어 있어서 보는 이로 하여금 의인화가 잘 일어나게 한다. 우리는 이 성의 인격을 짐작할 수 있다. 잔뜩 쓰레기를 먹은 상태로 황야를 터덜터덜 방황하는 모습이라든가, 소피의 대청소 뒤에 편안한 모습으로 호숫가에서 좀 쉬는 모습이라든가, 설리만을 만나고 돌아올 소피가 걱정되어 황야 끝에 마중 나가 발을 동동 구르는 듯한 모습이라든가, 마지막에 부웅 날아오르는 모습까지…. 이 모습들을 보면 성은 하울의 외로운 마음도, 캘시퍼의 갑갑한 마음도 견디며 자기 몫을 다하는 것 같다.

움직이는 성의 입장에서 생각하면 세 개의 마음이 따로 노는 정신 분열이다. 그리고 이런 성 안으로 소피가 온갖 친구들

<하울의 움직이는 성>

308

을 다 데리고 들어온다. 하울도 캘시퍼도, 또 이 둘을 담고 있는 그릇으로서의 움직이는 성도 소피와 다른 식구들을 품으며 함께 살게 된다. 나의 마음이 너의 마음일 뿐만 아니라, 우리 마음 안에 또 이런저런 마음이 들어와 있다. 그럴진대 어디까지를 나의 마음이라고 할 수 있을까? 미야자키 하야오는 많은 영들이 들어갈 수 있는 신체, 많은 마음이 만났다 헤어졌다 하는 처소로서의 신체를 움직이는 성으로 표현한 것이다.

신체라고 하면 머리에 의해 주관되는 사지 같은 것이 떠오른다. 그런데 미야자키 하야오의 이 성은 주재자가 따로 있지 않다. 뒷장에서 보게 되겠지만 하울은 소피를 만나기 전에 성이 어디를 걷는지를 파악할 힘이 없었다. 그런데 소피는 또 청소부일 뿐, 설리만처럼 성에 어떤 이념을 부여하는 여왕이 아니다. 성 자체에도 마음이 있고 그 내부를 채우는 사람들, 강아지, 화덕 위의 불까지도 마음이 있으니 이 성은 여러 가지 마음들의 복합체라고 할 수 있다.

이렇게 뒤죽박죽인 것 같아도 움직이는 성과 그의 식구들은 모두 편안하다. 엔딩 장면을 보자. 어느덧 테라스 쪽에 자리 잡게 된 캘시퍼는 산들바람을 즐긴다. 황야의 마녀는 그 앞에서 책을 읽는다. 마르클과 설리만의 개 힌은 테라스 앞 잔디밭에서 뒹굴며 놀고, 소피와 하울은 2층 발코니에서 뽀뽀를 한다. 각자 다른 마음으로 이 성 안에서 편안하다. 그리고 성도 나름대로 빨래를 말리며 새로 달게 된 날개를 퍼덕이는 즐거움에 빠져 있다. 이제 성은 누가 쓰다 버린 건축 자재를 이리저리 끼워 맞춘 것 같지 않고, 식구들 각자의 필요를 잘 맞추어서 멋지게 새로 지은 집 같다.

2.
늙음의 저주
—운명애를 가르치는 축복

내 발목을 내가 잡기

미야자키 하야오에 따르면 혼자 있으면서 자유로운 이의 마음은 황야에 있다. 초원과 호수에 있는 듯한 참된 자유와 행복은 내 인생이랄 것이 따로 없는, 모두의 마음과 함께인 어떤 상태 속에서만 찾을 수 있다. 그래서 미야자키는 〈하울의 움직이는 성〉의 핵심 사건으로 저주의 문제를 설정한다. 작품 속 캐릭터 대부분이 저주에 걸려 있고, 결국 그것을 풀게 되면서 즐겁게 이야기가 끝난다. 저주란 무엇인가? '내 마음'이 아니라 '남의 마음'대로 움직이게 되는 상황 아닌가? 미야자키는 이렇게 남의 운명에 말려 들어가는 과정에서 자기 운명을 발견하는 이야기를 만들었다. 마음이란 원래 내 것이 아니기 때문이다.

〈하울의 움직이는 성〉에 나오는 주인공들은 어떤 저주의 법칙에 묶이게 된다. 우선, 저주에 걸리는 사람은 따로 있다. 잘 보자. 저주 일 번 타자 하울 씨부터다. 앞에서도 잠깐 말했듯이 하울은 최고로 강한 마법사가 되려고 했다. 별의 영력이 있으면 될 줄 알고 하늘에서 떨어지는 별의 아이에게 자기 심장을 줘 버린다. 그렇게 마음 없는 상태에 빠져 설리만의 명령도 싫고, 다른 사람 간섭도 싫고, 하고 싶은 것도 딱히 없는 무기력한 상 태에 빠진다. 캘시퍼는 영생을 꿈꾸면서 하울의 심장에 의탁해 당장 살길을 도모했다. 그 결과 하울에게 완전히 종속되어 어디 다른 곳으로는 날아갈 수 없게 된다. 황야의 마녀가 갑자기 늙 어 버린 이유는 분명하다. 설리만 앞에서 자기 불명예를 씻고 자기를 농락한 하울에게도 복수하고 그렇게 모두가 우러러보는 마녀가 되고 싶어 욕심을 부리다 설리만의 꾐에 빠져 그만 마력 을 다 잃고 할머니가 된다.

소피는 순진무구하지 않았을까? 아니다. 소피도 실은 레티 처럼 예쁜 아가씨가 되고 싶은 욕심이 있었다. 소피가 레티의 디저트 가게에서 돌아올 때 어깨가 축 처질 수밖에 없던 이유는 인기 만점인 레티와 자신을 외모로 비교해서다. 황야의 마녀는 하필 이때 하울이 소피랑 시내에서 잠깐 산책한 것에 열 받은 채로 소피 앞에 나타났다. 여기까지 정리해 보자면 모두 자기 욕망을 쭈욱 따라가다가 저주에 걸린다고 할 수 있다. 이런 법 칙이 적용되는 것이라면 무 대가리가 왜 저주에 걸렸는지도 짐 작할 수 있다. 그는 설리만과 전쟁을 벌이고 있는 이웃 나라의 왕자였다. 그러니 아마 설리만 못지않게 제 욕심 채우려고 아등

바둥했을 것이다.

〈하울의 움직이는 성〉에서 저주는 타인의 악의 때문에 운 없는 자가 걸리는 불행이 아니다. 자기 욕망에 쭈욱 끌려간 이 들이 처하게 되는 진퇴양난의 국면이다. 마녀 배달부 키키가 마 법을 잃은 까닭도 누가 해코지를 해서가 아니라 자신을 초라하 게 생각한 그 마음 때문이었고, 마르코라는 비행사가 돼지-인 간으로 바뀐 까닭도 인간을 저주한 자기 마음 때문이었다. 그런 의미에서 왕좌를 차지하기 위해서 바람 계곡 따위는 태워 없애 도 된다고 생각했던 크샤나, 다타라 마을을 지켜야 하니까 숲은 불에 태워져도 된다고 생각했던 에보시도 저주에 걸려 있다고 볼 수 있다. 이들은 자기 욕망을 고집하면서 모두를 불행에 빠 트리기도 했지만 그 자신부터가 악마를 닮았다.

저주의 동화학

미야자키 하야오의 주인공들은 어떻게 저주를 풀게 될까? 저주 에 걸리는 것은 다 자기 때문인데 풀 때에는 반드시 남의 손을 빌려야 한다. 그런데 이때 '남의 손' 되는 자는 자기가 어떤 저주 를 푸는지를 몰라야 한다. 황야의 마녀는 소피에게 늙음의 저주 를 걸었지만 그것을 풀 줄은 몰랐다. 소피는 자신이 어떻게 저 주에 걸렸는지 아무에게도 말할 수 없어서 도와줄 이도 찾을 수 없었다. 결말에서 소피가 무 대가리를 다시 인간으로 되돌리지만, 그의 저주가 풀릴 것을 기대하고 볼 뽀뽀를 한 것은 아니었다. 왜 미야자키는 나와 무관한 이가 내 저주를 풀게 되어 있다고 할까?

이런 저주 해소의 법칙은 미야자키 혼자 발명한 것이 아니다. 백설공주도 그렇고, 개구리 왕자도 그렇다. 왕자는 키스를 하면 백설공주가 저주에서 풀려난다는 것을 몰랐다. 황금 공을 좋아한 공주는 깐죽거리는 개구리가 미워 발로 찼는데 그가 왕자로 돌아왔다. 저주에 걸리는 이유야 제각각이지만 풀 때에는 반드시 정황을 모르는 누군가의 개입이 필요한 것이다. 동화 인류학적으로 보면 저주는 기본적으로 저주를 거는 자, 받는 자, 푸는 자가 다 다른 3자 게임이다. 해결의 열쇠를 쥔 이는 반드시 '아무것도 몰라야' 한다.

갑자기 남의 문제에 끼어드는 이 세번째 존재, 저주를 푸는 자를 어떻게 해석해야 할까? 이런 저주의 동화학은 다음과 같은 이치를 가르친다. 우선, 내 운명은 내 것이 아니다. 그럼 누구의 것이냐? 나와 무관한 이의 것이다. 저주에 걸리고 그것을 푸는 과정에서 나는 그동안 무관했던 이들과 인연을 만든다. 저주에는 서로 관심 없어 보이는 이들을 어떤 운명으로 묶는 기능이 있는 셈이다.

그래서 소피와 황야의 마녀가 설리만 왕궁의 높은 계단을 함께 오르는 장면이 중요하다. 저주를 푸는 이도 중요하지만 저주를 걸어 준 이도 나에게는 고마운 존재가 될 수 있기 때문이

<그림의 움직이는 성>

314

다. 미야자키는 정말 어떤 결투보다도 진지하게 이 계단 대결 장면을 그렸다. 호호 할머니 두 사람은 엄청나게 높은 계단을 아무 도움도 없이 누가 빨리 오르느냐를 놓고 다툰다. 소피는 힌이라는 강아지를 하울이 변신한 것이라고 잘못 생각했는데, 다리가 짧아 계단을 오를 수 없는 힌까지 데리고 계단을 올라야 했다. 그런데 오르면 오를수록 허리에 힘이 들어가게 되어 황야의 마녀보다 훨씬 빨리 오르게 된다. 황야의 마녀는 평소 몸이 무거워 마법으로 부하를 부려 가며 마차로 이동을 했는데, 계단을 자기 다리로 오르려다 보니 죽을 맛이다. 그런데 이때 소피는 한 계단 한 계단을 비틀거리며 올라오는 황야의 마녀를 향해 응원을 보낸다. 자신을 늙게 만든 그가 혼자 다 오를 때까지 계단 끝에서 지켜보고 기다려 주기도 한다.

소피는 원망하지 않는다. 작은 도시 모자 가게 뒷방에서 일하던 아가씨가 무슨 수로 황야의 마녀 같은 괴물을 만날 수 있겠는가? 소피는 늙어 버린 뒤로 하울의 움직이는 성에도 가게 되고, 성 청소를 하면서 마르클이나 캘시퍼라는 친구도 얻어서 전보다 훨씬 더 씩씩해진다. 노파가 된 덕분에 하울을 사랑하게 되었으니 저주를 나쁜 일로 생각하지 않기로 한다. 그래도 상식적으로 생각하면 젊은 아가씨가 자신에게 노파의 운명을 준 이를 쉽게 용서할 수는 없는 일이다. 하지만 미야자키는 저주로 묶인 사이가 나쁜 사이가 아니라고 한다. 저주는 운명이 다른 방향을 틀 수 있도록 하는 계기가 되고, 그 덕분에 상상해 보지도 못한 삶이 다른 이들과 함께 펼쳐지게 하는 일이다. 그래서 소피는 저주 공동체로 묶인 황야의 마녀가 느낄 계단의 높이를 자신의 그것처럼 안타깝게 생각한다.

그런데 소피의 경우는 좀 특이하다. 소피가 하울과 캘시퍼의 저주를 풀어 주고 무 대가리의 저주도 풀어 주는 것과 달리, 소피의 저주를 직접 풀어 주는 이는 없다. 잘 보면 소피 혼자 허리를 폈다가 굽혔다가 한다. 그렇게 자신의 젊음과 늙음에 구애받지 않게 되면 저주는 풀린 것이다. 일단 첫번째로 소피의 저주가 풀린다고 할 수 있는 지점부터 보자. 소피는 염색이 잘 안됐다며 방에 틀어박혀 울고 있는 하울을 보고 짜증에 받쳐 성 밖에서 비 맞으며 실컷 운다. 자기도 정말 예쁘고 싶었다면서. 소피는 모자 가게에서 일할 때, 남들 몰래 가게에서 제일 예쁜 모자를 쓰고 혼자 거울에 자기 모습을 비춰 보았었다. 이때 너무 못나 보였는지 한숨을 쉬며 서둘러 모자를 벗었다. 예쁜 옷차림을 한 동네 손님들이 같이 놀러 가자고 할 때, 가게 문 대충 닫고 같이 나서고 싶은 마음을 꼭꼭 누르며 그들을 몰래 질투했었다. 소피는 겉으로는 아버지의 유산인 모자 가게를 지켜야 한다고 했지만, 실은 하나도 지키고 싶지 않았다. 이런 소피는 하울의 유치한 염색 불평을 보고 자신의 욕망도 별것 아니었다는 생각을 하게 된다. 그렇게 외모에 대한 자신의 콤플렉스와 장녀로서의 무게를 인정하자 마법이 풀린다.

두번째는 하울과 비밀의 정원에서 산책을 할 때다. 하울이 소피의 아름다움을 칭찬했다. 하지만 소피는 예쁘지 않아도 얼마든지 괜찮다고 생각한다. 그러자 조금 펴졌던 허리가 다시 굽는데 그렇다고 초라한 모습이 되지는 않았다. 허리가 굽어도 눈은 더욱 생기롭고, 주름이 깊어져도 표정에는 기운이 넘치기 때문이다. 소피는 장녀여도 상관없고 아니어도 상관없게 되었다. 아름다운 얼굴이어도 괜찮고 아니어도 괜찮게 되었다. 움직이는 성에는 청소하고 밥할 일이 계속 나오고, 자기는 설리만에게 시달리는 하울을 돕기도 해야 한다. 자신의 손이 필요한 자리가 있고, 손길 눈길 줄 때마다 반듯해지고 건강해지는 친구와 성이 있다. 그런 일들 속에서 존재감을 느끼게 되었기에 소피에게는 늙은 몸이 큰 문제가 되지 않는다. 그래서 사랑하는 하울이 예쁘다고 칭찬해도 '너는 그렇게 생각하는가 보지' 하는 마음으로 여유롭게 그 말을 듣는다.

이렇게 보면 소피가 스스로 저주를 푼 것 같다. 그런데 아니다. 역시 소피의 저주를 푼 이는 제3자다. 마르클과 캘시퍼, 그리고 왜 이런 저주에 걸렸는지 잘 알지 못했던 하울, 이 모두가 소피를 필요로 했다. 마르클은 소피가 원래의 가족에게 돌아가 버릴까 꼭 붙들고, 캘시퍼는 다시 별이 될 수도 있었지만 소피와 함께 사는 것이 좋아 성의 화덕 위로 돌아온다. 저주는 타인과의 관계 속으로 들어가는 것이 곧 운명임을 알려 준다. 소피에게 이들은 엮일 일 없던 제3자들이었다. 하지만 이 무관함이 깊은 의존 관계가 되면서 소피의 저주는 풀린다. 소피가 마음이 착해서 누굴 도왔던 것이 아니다. 소피는 자기를 필요로 하는 자리에 가 있으면서, 남들 사이에서 새로 시작하는 법을 배웠다. 그 덕분에 '남들'도 소피의 친구로서 새로운 자격을 부여받게 되고 그렇게 원래의 구속된 운명으로부터 자유로워질 수 있었다.

나이에 구애받지 않음이 자유

저주는 정말 나쁜 일일까? 〈천공의 성 라퓨타〉의 파즈는 지구를 파괴하려는 라퓨타를 막기 위해 자기 목숨을 걸면서, 그 운명을 긍정했다. 무시무시한 라퓨타가 있었기에 자신이 시타를 만날 수 있었다며 최악의 상황도 필연 속에서 받아들였다. 〈모노노케 히메〉의 아시타카도 재앙신이 된 멧돼지에게 팔을 뜯긴 것을 불평하지 않았다. 왜 멧돼지가 재앙신이 될 수밖에 없었는지를 이해하다가 서쪽 숲에서 제일 아름다운 소녀를 만나게 되었기 때문이다. 그 자체로 안 좋은 일이란 없다. 불행이라고 생각되는 사건은 우리를 보다 먼 곳으로 데리고 가 줄 비행선이다.

소피도 마찬가지다. 황야의 마녀는 은인이다. 해터스 모자 가게에서 일할 때의 소피가 더 할머니 같았다는 점을 떠올려 보자. 근근이 아버지의 부채를 책임지며 손님들 모자 장식에 파묻혀 있을 때의 소피가 행복할까, 움직이는 성의 청소부 소피가 행복할까? 저주라면 둘 다 저주다. 그런데 소피는 순식간에 90세의 할머니가 된 덕분에 가업을 이어야 한다는 부담감도, 예뻐야 한다는 청춘의 사명도 다 던져 버릴 수 있었다. 소피는 늙으니 잃어버릴 것이 없어서 좋다며, 걱정 없이 세상을 돌아다닐 준비를 했다. 그러다가 하울을 만나 사랑하게 되고 황야의 마녀와도 친구가 된다. 소피는 황야의 호수에서 빨래를 다 넌 뒤, 마르클과 해질녘의 차 한잔을 나누면서 감탄한다. '여기까지 와 보다니⋯.'

소피의 머리카락은 윤기 나는 갈색으로 돌아오지 않는다. 미야자키는 소피가 젊음을 되찾게 되는 이야기로 끝을 맺지 않는다. 그렇게 되면 늙음을 나쁜 일이라고 해석하게 되기 때문이다. 작품을 만들 때에 지브리의 많은 스태프들이 귀여운 여자아이가 아니라 할머니가 주인공이라는 점에 아연실색했다. 스태프들은 할머니라면 좀 더 우아하거나 예쁘게 그리자고도 했다. 하지만 미야자키는 쭈글쭈글한 노파여야 한다고 주장했다. 그래서 소피는 주름마다 에너지가 '뿜뿜' 한 할머니가 되었다. 소피는 할머니가 된 뒤로 나이를 잊고 살게 되었다. 이제 소피 할머니에게는 좋은 일도 나쁜 일도 없다. 모든 것이 받아들일 만하고 할 일은 언제나 있을 테니, 소피는 어떤 조건에서도 자유롭다.

여기서 할머니 소피의 웃기는 장기에 대해서 몇 가지 더 이야기하고 싶다. 할머니가 된 소피는 금방 능청스러워진다. 우리네 할머니들이 그렇듯 누구를 만나더라도 케미가 터진다. 특히 말솜씨가 대단하다. 모자 가게의 소피는 여동생과의 대화도 몇

마디 이어 가질 못했다. 우물쭈물, 뭐가 그리 생각이 많은지 뚱하기만 했다. 그런데 할머니가 되자마자 계단을 힘겹게 내려가는 자신을 돕겠다는 청년의 말이나 황야에 가는 것을 말리는 목동 부부의 말이나 다 유쾌하게 받아친다. '응, 알아서 할게'이다. 대꾸도 잘하지만 남에게 뭔가를 시키기도 잘한다. 캘시퍼를 협박하고 놀리며 성을 자신이 원하는 곳으로 움직이게 했다. 마르클을 잘 구슬러 장보기를 거들게 하고, 빨래를 함께 널게도 한다.

소피는 거짓말도 잘한다. 설리만의 성에 갈 때, 황야의 마녀를 만나게 되자 자기 옛날 모자 가게의 이름을 '펜드래건'(원래 이름은 레터스다)이라고 속이기도 하고 성에 가는 이유가 일자리 때문(원래는 설리만에게 하울을 좀 놓아 달라는 부탁을 하려고)이라고도 한다. 설리만 앞에 가서는 "우리 아들(하울)은 전쟁에 나갈 수 없답니다, 겁쟁이라서요"라는 식으로 자신이 소녀임을 숨기고 할머니인 척 연기도 잘한다. 하지만 필요하고 진실된 말을 하고, 약속을 하는 능력도 함께 커졌다. 감히 대마법사 설리만 앞에서 무례하다며 그를 질타하기도 하고, 별들의 호수에서 과거의 하울과 만날 때에는 미래를 약속하며 기다려 달라고도 한다.

노파가 된 소피는 누구의 허락도 받지 않고 산다. 타인의 삶에 개입하는 것에도 자신감이 넘친다. 마르클이 허락한 적 없는데도 식사 예절을 가르치고, 집 지키느라 악마 되기 직전인 하울을 말리기 위해 그와 의논 없이 성을 부숴 버리기도 한다. 미야자키는 이것이야말로 늙음의 매력이라고 한다. 할머니 소피는 자기 판단을 믿고 간다. 육체의 생기가 아니라 말의 생기로 사건의 맥락을 능동적으로 타며 문제를 해결한다. 늙음은 말에 힘이 실리게 한다. 그래서 할머니 소피는 관계에 따라, 적절하게 말하면서 모든 관계를 리드할 수 있었다.

미야자키 하야오는 늙으면 자유로워진다고 한다. 우리의 주름은 우리가 만나고 헤어진 모든 관계가 만든 인생의 무늬다. 그런 무늬는 관계를 엮고 풀 수 있는 능력에 따라 쭈글쭈글 개성이 생긴다. 새싹과 같이 푸릇푸릇 팽팽한 것으로 생명의 이미지를 떠올리기 쉽지만, 미야자키는 노년의 구부러진 허리에서, 자글자글한 주름에서 능동적으로 인생을 만들어 가는 생명의 힘을 본다.

3.
할머니 소피
— 날마다 예뻐지는 청소부

청소하는 인류

미야자키 하야오는 타인의 마음을 품으며 생명력을 키우는 활동을 어디 멀리서 찾을 필요는 없다고 한다. 청소를 하는 것만으로도 우리는 거칠 것 없이, 못할 말 없이 살 수 있다. 그 어떤 존재들과도 함께 말이다.

　미야자키는 이 청소하는 신의 모습을 할머니로 그린다. 왜인가? 소녀의 청소가 아니라 할머니의 청소여야 하는 이유는 무엇인가? 자연은 생식 능력이 끝난 암컷에게 오랜 삶을 허락하지 않는다. 거의 사피엔스급의 신경망을 가지고 있는 문어도 번식에 성공한 뒤 바로 죽는다. 그런데 오직 영장류, 그중에서도 인류는 할머니의 지혜와 모성성에 크게 의존해서 진화했다. 가족을 이루고 이웃을 만들어야 하는 인간에게는 생식 이상으로 관계적 사고가 필요했기 때문이다(세라 블래퍼 허디, 『어머니, 그리

<하울의 움직이는 성>

322

고 다른 사람들』, 유지현 옮김, 에이도스, 2021 참고). 미야자키 하야오는 만물 관계의 수행력을 청소에서 찾고, 그 고도의 수준을 할머니라는 존재에게서 본다. 〈하울의 움직이는 성〉의 포스터는 그냥 황야를 오르다 힐끗 뒤돌아보는 등이 굽은 할머니의 모습만 있다. 오른편 언덕 위 멀리 '움직이는 성'이 보이지만 뻑뻑 올라가는 검은 연기에서 피로가 느껴진다. 반면 호기심 가득한 할머니의 쭈그렁 얼굴은 관객의 호기심을 자극한다.

미야자키 하야오는 할머니 그리기를 즐긴다. 그리고 많은 작품에서 할머니를 주요한 조연으로 삼는데 여기에는 몇 가지 유형이 있다. 첫째 공동체의 수장 역할이다. 〈바람 계곡의 나우시카〉에서는 샤먼 할머니가 나와서 정복자 크샤나에게 '죽일 테면 죽여 보라!'고 달려들며 문명에 대한 광신은 틀렸다고 야단친다. 〈모노노케 히메〉의 샤먼 할머니는 당황하지 않고 멸망의 길로 들어서게 된 부족을 숲속으로 이끌어 자멸의 길로 걸어 들어간다. 에미시의 이 샤먼은 나고 죽는 생의 숭고한 법칙에 종사하도록 아시타카를 이끌며, 그가 받은 저주를 가여워하지도 않는다. 미야자키가 생각하는 할머니의 모습에는 이처럼 자연의 법칙에 충실하도록 사람들을 이끄는 지도자가 있다.

또 하나의 대표 유형으로 엄격한 코치형이 있다. 〈천공의 성 라퓨타〉의 공적(空賊) 대장 도라와 〈센과 치히로의 행방불명〉의 온천장 주인 유바바가 그렇다. 도라와 유바바는 그 화려한 치장에서도 닮았지만 자식이나 제자, 직원을 위기의 상황으로 내몰고 어떻게 하는지를 지켜보면서 그 분야의 인재가 되도록 확실하게 키워 낸다. 유바바가 얼마나 대단한 코치인지는 오물신의 방문 앞에 치히로가 어떻게 나설지를 지켜보는 장면에서 아주 잘 타나난다. 유바바는 일이 틀어져 온천장에 위기가 찾아오는 것쯤은 전혀 걱정하지 않는다. 유바바는 치히로의 성장 그 자체가 아주 흥미롭다.

마지막 유형으로 〈벼랑 위의 포뇨〉에서나 〈그대들은 어떻게 살 것인가〉에 나오는 할미들처럼 소년 소녀 들을 든든하게 보호해 주는 '가디언즈'가 있다. 〈그대들은 어떻게 살 것인가〉에서는 할머니가 일곱 분이나 나오는데, 그들은 모험을 떠난 주인공 마히토를 간절히 기다린다. 이들은 지혜를 알려 주지도 않고 기술을 가르쳐 주지도 않지만 지켜보면서 끝까지 기다린다. 우리도 바로 그런 할머니의 품 안에서 사고 치고, 다치고, 울면서 컸다.

소피는 어디에 속하나? 소피는 지도하지도 가르치지도 기다리지도 않으니 위의 세 유형에는 들어맞지 않는다. 소피는 다만 청소하고, 남이 아니라 자기 저주 풀기에 바쁘다. 그러나 할머니는 할머니이고, 모든 관계성의 주재자로서 작품 끝에 멋지게 위의 할머니 계열에 합류한다.

할머니의 청소에 대해 생각해 보자. 청소하는 할머니는 이전에도 있었다. 〈이웃집 토토로〉에는, 함께 빨래를 개면서 엄마의 늦어지는 퇴원을 걱정하는 아이들을 격려했던 이웃 할머니가 나온다. 간다네 할머니는 등장에서부터 새집 청소를 도와주셨다. 공간을 새롭게 하고 오래된 인연(검댕먼지)을 보내고 새 식구를 불러들이는 일은 할머니의 몫이었다. 〈천공의 성 라퓨타〉에는 본인은 전혀 청소를 하지 않을 것 같은 도라 할머니가 나온다. 하지만 도라는 해적선에 받아들인 파즈와 시타에게 주방일을 시키고 비행선 바닥의 엔진 수리를 맡겼다. 모두 해적선을 제대로 돌아가게 하는 그림자 노동, 청소와 같은 집안일이었다. 도라는 어른이 되기 위해서는 반드시 이런 살림 능력을 키워야 한다고 생각한다. 신들의 온천장을 운영하는, 유바바의 지도 아래 치히로도 욕장 청소를 배운다.

소피 청소의 특징은 무엇인가? 소피는 빗자루로 성의 주인을 바꾼다. 하울이 집을 비워도 '움직이는 성'에는 아무 문제가 없지만, 소피는 잠깐만 외출하고 돌아와도 큰일이 난다. 식구들 전부가 소피 없이는 놀 수도 없고 먹을 수도 없고 잘 수도 없게 된다. 이렇게 모든 이에게 없어서는 안 될, 식구들의 심장이 된다는 의미에서 소피는 진정한 성의 주인이다. 하지만 소피는 성 안에 자기 물건을 두지 않는다. 하울의 성이 아니라 소피의 성이 되었는데도 그녀는 옷도 한 벌, 앞치마도 한 벌뿐이고, 그 외에는 심지어 자기 침대조차 갖지 않는다.

움직이는 성의 새 성주는 어째서 아무것도 소유하지 않는가? 청소는 소유로부터 계속 멀어지는 일이고 관계 속으로 더 들어가는 일이기 때문에 그렇다. 왜인가? 청소는 더러움을 제거

하는 행위다. 우리는 뭔가 형태가 무너지고 풀어지면서 제 모습을 갖지 못하게 되는 상태를 더럽다고 본다. 그렇다면 이런 오염(汚染)은 만물의 숙명이다. 생물학자 후쿠오카 신이치는 '오염'이라고는 하지 않고 '분해'라는 말로 '다른 생물의 단백질을 먹고, 소화하고, 산산조각 냄으로써 그걸 자신을 구성하는 물질과 끊임없이 교체하는 활동'을 생명의 근간이라고 설명했다(후지하라 다쓰시, 『분해의 철학: 부패와 발효를 생각한다』, 박성관 옮김, 사월의책, 2022, 33쪽). 후쿠오카는 이를 '동적 평형'이라 부른다. 이처럼 생명 활동은 오염 활동과 나란히 갈 수밖에 없다.

청소를 인류학적 차원에서 풀어 보자. 만물의 숙명인 분해, 즉 형해화(形骸化)인 무질서화는 존재의 진행 방향이기에 막을 수가 없다. 이런 조건에서 인간이 인위적으로 하는 청소는 자연의 진행 방향에 어떤 질서를 부여하는 일이 된다. 개별 문화는 무질서를 관리하는 저마다의 방식을 계발한다. 그래서 더러운 물건이 문화마다 다르다. 손으로 음식을 집어 먹는 일을 훌륭하다고 권장하는 문화가 있으며, 그것을 불결하다고 말리는 문화가 있다.

청소는 변화무쌍한 우주 안에서 관계의 편중을 해석하고 교정하는 일이다. 무질서로 돌아가는 만물의 이치를 계속 보면서 사는 자리에 리듬을 계속 부여하는 노력이다. 그러므로 청소를 할 때에는 만물의 고정된 자리를 고집해서는 안 된다. 청소는 물건의 깨끗한 상태에 집착하는 결벽증과는 아무런 상관이 없다. 자연 안에 처음부터 끝까지 그 모습 그대로 가만히 있는 것은 없기 때문이다. 소피가 자신의 취향으로 성을 꾸미지 않은 이유는, '자기'의 무엇 무엇이라는 것이 고정되어 있지 않다고 생각해서다. 그런 자의식을 작동시켜 성을 '자기' 물건으로 채우려고 애쓴 이가 하울이었다. 하지만 그렇게 '자기'를 고집할수록 하울은 우울하고 불행했다. 청소를 잘하는 자, 만물의 관계에서 맺히고 풀어짐을 보는 자는 절대로 자신이 어떠어떠한 사람이라고 주장할 수 없다.

쓸고 닦는 능력

하울은 왜 청소를 못했나? 그 많은 물건들의 실제 쓰임이라든가 다른 물건들과의 관계라든가에 대한 안목이 없었기 때문이다. 하울은 일단 좋아 보이는 것은 다 갖고 보았다. 또 그것들을 갖고 있기 위해 온갖 방식으로 방어벽을 쳤다. 그래서 성이 잡동사니 천지가 되었다. 청소하는 능력은 물건을 많이 가지는 것만으로는 얻을 수 없는 것이다.

소피는 어떻게 청소했을까? 먼저 필요 없는 것을 버렸다. 마르클이 소피가 청소하는 동안 항구 도시에 있는 젠키스-마법 가게 앞에 끄집어낸 물건들은 할머니 청소부의 거침없는 손길로부터 겨우 살아남은 것들이다. 소피는 캘시퍼 앞에 산처럼 쌓여 있던 재를 확 긁어내 버렸고, 천장 위에 늘어진 거미줄도 확

걷어 냈다.

그런데 '필요'에 대한 결정은 누가 하는가? 소피는 성에 처음 왔는데 무엇이 어떻게 필요하고 하지 않은지 알 수 있는가? 이것이 바로 할머니의 능력이다. 긴 세월 사람들 속에서, 물건과 함께, 부대끼며 살아 본 경험은 가르친다. 이때에는 이것이, 저 때에는 저것이 필요하다고. 소피는 필요란 관계에 따라 계속 달라지는 것임을 직관적으로 이해했다. 그래서 무 대가리를 빨랫줄 고정 막대기로 쓰고, 자기가 침대로 쓴 소파를 늙어 버린 황야의 마녀에게 내준다. 청소를 잘하는 사람은 너는 이런 사람, 이 물건은 이런 용도, 이런 것을 따로 정하지 않는다. 필요를 결정하는 것은 우리 각자가 놓인 '그때그때'의 상황이기 때문이다.

소피 청소의 두번째 방법은 하나하나 씻고 닦기이다. 영화에서는 이 과정이 자세히 나오지 않지만 청소 직후에 모든 것이 반짝반짝해졌음을 알 수 있다. 하울이 모은 엄청난 그릇, 책, 여러 가지 장식품들을 일일이 다 꺼내어 씻는 동안 소피는 무엇을 느꼈을까? 그 하나하나를 욕심냈을 하울의 허전한 마음을 상상했을 것이다. 소피는 닦으면서 물건 자체의 생김과 쓰임에 대해서도 관찰했을 것이다. 소피의 씻고 닦기는 존재하는 물건과 그것을 쓰는 사람에 대한 이해를 낳았으리라.

소피가 다른 물건을 열심히 씻는 것과는 달리 하울은 자기 몸만 열심히 씻는다. 작품에서는 소피가 자기 얼굴을 닦는 장면조차 나오지 않는다. 아마 하울은 자기 몸을 닦으면서 새겨진 기억과 상처를 지우려고만 했을 것이다. 그 많은 염색약과 화장품들은 청소가 아니라 자기를 감추는 용도로 쓰였다. 그러므로 정성스럽게 그 물건의 의미와 가치를 생각해 주는 것, 그 물건에 새겨진 이야기와 상처를 알아보는 것이 중요하다.

소피의 세번째 청소법은 물건과 사람의 위치 찾아 주기이다. 이때 소피는 시행착오를 한다. 하울 목욕탕의 약 위치를 바꿔 놓는 바람에 하울의 머리칼 염색이 잘못되기도 했다. 하울이 어찌나 화를 크게 냈는지, 성이 다 휠 정도였다. 청소를 아무리 열심히 해도 구성원 전부의 필요를 다 계산할 수는 없는 것이다. 그렇기 때문에 매일의 청소는 모험이 된다. 그런데 머리 염색이 실패하고 원래의 얼굴을 찾게 된 덕분에 하울은 허세를 벗고 식구들 앞에 솔직한 표정을 짓게 되었다. 이래저래 청소는 남는 장사다. 위치 조정에 실패하면 실패하는 대로 또 신선한 활력이 생긴다.

마침내 하울도 성을 위해 자신이 해야 할 바를 찾게 된다. 하울이 소피를 사랑하게 되면서다. 자기 마음에 소피에 대한 사랑이 싹트자 하울은 자기 성 안에 아이와 노인, 개가 들어와 있다는 데에도 마음이 미쳤다. 삶에 무게 중심이 생기자 이 관계 전체를 볼 줄 아는 안목을 가지게 된 것이다. 그래서 하울은 시장이 가깝고 노인인 소피가 창밖을 보며 취미 생활도 좀 하고 소란스러움을 피해 조용히 명상할 수 있는 집을 구상하게 된다. 식구가 많아졌으니 화장실이 더 필요할 것까지도 머릿속에 떠오른다.

미야자키 하야오는 소피가 덜고, 손보며, 그 과정에서 물건의 위치를 계속 조정하는 과정을 청소로 보여 주었다. 그런데 결국 이 모든 것을 잘하려면 무게 중심을 잡을 수 있어야 한다. 누군가에게 필요와 쓸모 있는 사물이 어떤 위계를 따라 배치되어야 하는지를 종합적으로 판단하려면 우리가 어떤 사람들인지, 어떤 꿈을 공유하는지를 먼저 생각해야 한다. 소피는 할머니가 되자마자 이 능력을 바로 얻었고, 하울은 소피를 사랑하게 되자마자 이 능력이 필요해졌다.

고집을 버린 윤택함

이제 영화의 후반부다. 하울은 자신의 사랑과 가족을 지키기 위해 설리만에게 맞서기로 한다. 그런데 이때부터 하울과 소피 사이에 문제가 생긴다. 하울이 성을 지키기 위한 전쟁에 나서자, 소피는 집 자체를 지킬 필요는 없다며 아예 성을 부숴 버린다. 이때 소피는 하울을 사랑하지만 하울과 대립한다. 소피가 청소를 잘할 수 있었던 것은 다양한 물건들, 상이한 욕망들 사이에 길을 내는 능력이 있어서다. 할머니의 많은 주름은 그런 길이 많음을 상징한다. 즉 삶에 방향을 설정하는 것은 좋지만 그 방향을 절대화해서는 안 된다는 것이다.

소피의 이런 철학을 잘 보여 주는 장면이 있다. 소피는 설리만을 피해 킹스베리부터 황야까지 날아서 돌아왔는데 착륙하는 법을 몰라 타고 온 비행기를 성 안에 처박고 말았다. 한참 이 비행기를 치우고 부서진 성을 정돈해야 되는데 소피가 갑자기 이렇게 말한다. "모두들, 밥 먹어요." 치워야 할 것이 산더미지만 아이나 노인의 허기가 더 우선이다. 소피는 위계를 금방금방 바꿔 내면서도 끄달리지 않는다. 이때의 식사 장면을 보면 캘시퍼 앞에 재가 잔뜩 쌓여 있다. 아니, 우리 소피가 저것을 두고 본다고? 소피는 결벽증환자가 아니기에 경우에 따라서 어떤 더러움은 감수한다.

하울은 설리만의 제자다. 욕심쟁이 설리만은 결벽증환자였다. 대온실의 번쩍번쩍한 유리를 떠올려 보자. 하울은 소피를 지키려고 애썼다. 하지만 '지킨다'는 것이 좋은 식탁, 좋은 집에서 보호하는 일이 되어서는 안 된다. 사랑한다면 그 사랑으로 식구들이 더 넓은 세상에서 더 많은 것을 청소하면서 살 수 있기를 바라야 한다. 하울은 자기 사랑을 잃을까 하는 커다란 두려움 때문에 전전긍긍했다. 하지만 소피는 움직이는 성을 부숴서 하울이 더는 '집'을 지키지 않도록 했다.

성이 무너지는 과정에서 황야의 마녀는 성을 움직이는 캘시퍼가 실은 하울의 심장임을 알아 보았다. 그래서 순식간에 욕심에 사로잡혀 화덕에서 캘시퍼를 들어 올려 자기 손에 쥐어 버렸다. 소피는 황야의 마녀가 불에 타서 모두가 다 죽을 위기에 처하자 그만 그녀에게 찬물을 끼얹어 버린다. 그렇게 하면 하울이 죽을 수 있는데도 말이다. 하울도 구해야 했지만 당장은 마녀와 마르클과 힌이 죽는 일을 막아야 했던 것이다. 소피는 너무너무 마음 아프고 괴롭지만 자신이 하울을 죽였다는 사실을 인정한다.

미야자키 하야오는 사랑에 대한 맹목을 경계한다. 사랑에는 우리가 더 많은 존재들과 함께 살길을 열어 주는 의미가 있다. 사랑을 지키는 일이 아니라 사랑을 할 줄 아는 것이 중요하다. 소피는 하울의 죽음도 감당할 수 있을 정도로 자기 사랑의 능력을 믿었기에 다시 캘시퍼를 살리고, 하울을 살리고, 무 대가리까지 살릴 수 있었다. 그리고 이런 소피 곁에서 지내는 것이 좋아 황야의 마녀도 설리만의 개도 저주 없이 움직이는 성에 남는다.

미취학 아동과 강아지, 담배쟁이 할머니와 흰머리 아가씨, 그리고 고집쟁이 마법사. 이들은 이제 가족이 된다. 움직이는 성의 입구를 한번 떠올려 보자. 조류의 하복부를 연상시키는 성의 몸체 아래, 그것도 뒷부분에 성문이 있었다. 대충 그 위치를 짐작해 보면 동물의 항문이 연상된다. 성 안에서 나오는 이들은 모두 오물 같은 존재라는 말이다. 오물이니 더러운가? 그러나 모든 유기체의 배설물은 지구의 순환계 안에서 분해되며 재탄생의 길을 걷는다.

킹스베리 같은 대도시 사람들의 눈에는 별 볼 일 없는 가족들일지 모른다. 이들이 뭔가를 생산해서 팔고 돈을 벌지는 않으니까 말이다. 하지만 그런 모든 쓸모로부터 자유로운 이들은 서로를 돕고 이해하면서 계속 움직일 것이다. 그래서 도시 사람들은 한번도 살아 보지 못할 '움직이는 성, 하늘을 나는 집'을 누린다. 마지막에 성이 하늘을 날 때, 왼쪽 굴뚝에는 길게 빨래가 매달려 있다. 어제 열심히 일하고 논 흔적이다. 푸른 바람을 맞으며 보송보송 새로워진 옷으로 가족들은 다시 또 내일을 준비한다. 내일은 또 내일의 바람이 불겠지.

미야자키 하야오와 지브리 스튜디오는 도쿄 미타카에 지브리 미술관을 만들었다. 2005년 12월에 미술관 아래층 작은 영화관에서만 볼 수 있는 단편 영화 〈물고기 몽몽〉, 〈별을 샀던 날〉, 〈집 찾기〉의 상영에 앞서 미야자키는 스태프들에게 권고의 말을 했다. 청소를 열심히 하자는 것이다. 지브리 미술관은 해외에서는 입장권 구하기도 어렵고 일본 내에서는 한 달 전부터 예매를 서둘러야 할 정도로 인기가 많은 곳이다. 흘러내리는 듯한 외관이라든가 다채로운 외벽 색감이라든가, 구석구석 미로처럼 움직이게 해둔 내부 동선이 관람객을 즐겁게 한다. 무엇보다 압도적인 전시물의 양에 입이 떡 벌어진다. 2층에 재현된 미야자키 하야오의 작업실에는 실제 그가 쓰다 남긴 몽당연필이라든가 담배꽁초라든가가 자세히 전시되어 있고, 영화 준비를 위해 참고한 항공 서적, 군장비 서적, 그리고 다양한 탈것, 먹을 것의 모형 등이 있어 보는 이의 혼을 뺀다. 미야자키 하야오의 머릿속 같기도 하다. 미야자키는 매번 새로 스케치 같은 것을 그리고, 미술관 구석구석의 장식을 바꾸고, 어떤 때에는 초콜릿이나 장난감 같은 것을 숨겨 두어서 어린 친구들이 찾는 재미를 느낄 수 있게 한다.

이 맥시멀리스트는 미술관 스태프에게 왜 청소 이야기를 했을까? 사실 미술관 전시물들은 터질 듯이 많은 애니메이션 관련 물건들로 채워져 있어 대충 보면 아무도 정리를 안 하나 싶다. 그런데 이렇게 엉망으로 보이게끔 하는 것도 청소 때문에 가능하다. 하나하나의 물건들이 인접한 물건들과 매번 이야기를 새롭게 만들 수 있도록 미술관 스태프들은 조금씩 조금씩 위치 조정을 하는 것이다. 미야자키의 요구는 전시물에 내려앉은 먼지나 털라는 것이 아니다. 미야자키는 전시물들을 조금씩 움직여 가며 사물들 사이에 새로운 활기를 일으키자고 한다. 그렇게 미야자키는 가도 또 가고 싶은 윤택한 미술관을 꿈꾼다.

청소란 삶이 늘 움직임의 연속이라는 것을 보고 가는 행위이다. 중요한 것은 그 움직임에 방향을 부여하고 사물들 사이에 리듬을 조정하는 일이다. 사람은 그렇게 인내하며 나이를 먹는다. 소피처럼 청소를 하면, 우리도 생각지 못한 곳에까지 상상하지 못했던 방식으로 가 볼 수 있다. 그것이 생명의 길이다.

<벼랑 위의 포뇨>
: 경계에서 꽃이 핀다

벼랑 위의 포뇨(崖の上のポニョ, 2008)

○줄거리

바닷가 작은 마을, 언덕 위의 집에 다섯 살 소년 소스케가 엄마·아빠와 산다. 어느 날 해변으로 욕망 덩어리 물고기 포뇨가 유리병 속에 끼어 떠밀려 온다. 소스케가 병을 깨고 포뇨를 구하자, 포뇨는 소스케와 살고 싶어 바닷속에 농축된 태고의 생명수를 뒤집어쓰고 인간이 된다. 포뇨의 광포한 변신으로 바다에는 큰 해일이 일고 마을이 모두 물에 잠긴다. 포뇨와 소스케는 물에 빠졌을 엄마와 이웃 할머니들을 구하기 위해 모험에 나선다.

○주요 캐릭터

• 포뇨 : 두 발이 갖고 싶은 물고기다. 아빠의 걱정 따위 상관 않고 뭍으로 올라가 버린다. 물고기와 인간의 경계를 대책 없이 넘어 버리는 생명력 자체다. 좋아하는 것은 햄, 특기는 달리고 웃기기이다.

• 소스케 : 총명하고 친절한 아이로 벼랑 위의 집에 산다. 바다에 나간 아빠 대신 엄마를 격려하기도 하고, 물고기 포뇨도 인간 포뇨도 모두 아끼는 진실된 사랑꾼.

• 리사 : 소스케의 엄마로 노인들의 데이케어 센터에서 일한다. 낯선 포뇨를 식구로 받아들이고, 해일이 닥친 바닷가의 노인들을 구하러 나서기도 하는, 마음 따뜻한 엄마다. 포뇨처럼 햄을 좋아하고 겁나는 운전 실력을 가졌다.

• 그란만마레 : 포뇨의 엄마로 거대한 바다 어머니다. 자식을 낳지만 기르지 않는 모성으로, 포뇨가 물거품이 되어도 상관하지 않는다. 생명은 원래 물에서 왔다며 모든 존재가 사랑하고 사랑받는 것만으로 충분하다고 한다. 예쁜데 어딘가 무섭다.

• 고이치 : 소스케의 아빠. 선장이라 바빠 집을 잘 비우지만 가족을 사랑한다.

• 후지모토 : 한때 인간이었지만 바다를 더럽히는 사람들을 혐오하게 된 뒤로, 스스로를 바다 생물로 변신시켰다. 심해에서 순수한 생명을 연구하며 그란만마레와 함께 포뇨를 낳았다. 포뇨가 인간이 되는 것을 막기 위해 온갖 방법을 다 쓴다.

1.
해일의 바다
—한계가 출렁이는 곳

사라진 직선

'아이는 어른이 되고, 노력하면 업적이 쌓이고, 시간이 흐르면 뭔가를 이루게 된다'는 것은 인생에 대한 상식 중의 상식이다. 그런데 정말 아이는 어른이 되는 것일까? 단선적인 진화론에 따르면 단세포 생물이 다세포 생물로 진화한 결과, 더 나은 개체가 지구상에 출현했다고 할 수 있다. 그런 생명 진화의 연속선상에서 인간은 언제나 최후의 종착지로 간주되곤 한다.

그런데 미야자키는 이와 같은 발달과 축적의 서사를 좋아하지 않는다. 그가 보기에 생명이 그리는 궤적은 언제나 불연속적인 변곡점을 통과하는 변신의 드라마다. 메이와 사쓰키가 더는 토토로와 만날 수 없고, 치히로가 온천장에서의 일을 기억하지 못하게 되듯, 우리는 경험을 하나하나 쌓으며 성장하지 않는다. 다만 지금, '다른 조건', '다른 욕망', '다른 모습'의 삶들을 이리저리 살아 보는 중일 뿐이다.

미야자키의 이런 생각은 애니미즘과 공명한다. 애니미즘은 만물에 존재하는 영혼의 고유함과 상호 관계성에 주목한다. 그래서 존재하는 모든 것들은 서로 의존하며 자연의 완전함을 표현한다. 이러한 사고는 생명의 전개를 일직선 위에서 바라보지 않는다. 생명은 다양한 것들과 이루는 관계에 따라 그 정체성이 결정되고, 시시각각 중단함 없는 변화의 장에서 자기 정체성을 계속 바꾼다. 애니미즘적 사고에서 우리는 목적을 향해 일로매진하는 단자적 존재가 되지 않는다. 각자는 언제나 변화의 파도를 타며 운명처럼 주어지는 낯선 과제를 수행하는, 변신하고 또 변신하는 다양체가 된다.

〈벼랑 위의 포뇨〉는 다양성을 본질로 하는 생명의 모습을 잘 설명하는 작품이다. 미야자키는 인간이 되고 싶은 물고기를 통해 '진보적 세계관'을 가볍게 비틀고, 멋지고 새롭게 낯선 삶을 꿈꾸는 변신 방법을 제시한다. 특히 미야자키 자신의 이런 주장을 지금까지의 그림체를 버림으로써 아주 강렬하게 제시한다. 작품 공간 분석을 통해 그 점을 살펴보자.

〈벼랑 위의 포뇨〉를 보면 미야자키의 화풍이 달라졌음을 확실히 알 수 있다. 작품 전체가 곡선이다. 모든 선들이 굵기와 질감에서 자유롭다. 〈이웃집 토토로〉 같은 작품에서 미야자키는 철저히 실측(實測)에 바탕을 두고 배경을 그렸다. 건물의 실제 크기를 계산하여 정확히 비례를 맞추어 장면 하나하나를 사실적으로 표현했던 것이다. 그런데 〈벼랑 위의 포뇨〉에는 정확한 것이 하나도 없다.

예를 들어 보겠다. 주인공 아이들인 소스케와 포뇨가 언덕 위의 집에서 차와 라면을 먹을 때다. 두 녀석이 집에 들어오기 전, 엄마 리사가 어부 아빠의 귀환을 기다리며 시금치 삶을 때를 보면 아주 반듯하게 생긴 녹색 타일이 가스불 뒤로 가지런하다. 그런데 나중에 포뇨가 찾아와 바닥에 놓인 식탁에서 소스케와 라면을 먹을 때에는 그 너머로 개수가 줄어들었을 뿐만 아니라 크기도 달라진 타일이 보인다. 가스레인지 밑에 있는 오븐의 문도 윤곽이 조금 더 둥그스름해져 있다.

〈센과 치히로의 행방불명〉에는 실측 불가 규모라고 하는 온천장이 나온다. 이 작품에서 미야자키는 우리의 편협한 눈에는 모든 것이 다 들어오지 않는다고 말했다. 그런데 이제 미야자키는 소스케네 집을 보여 주면서 우리가 볼 때마다 모든 것이 다 변한다고 말한다. 오프닝 장면을 보면 파도가 계속 움직이는 모습이 나온다. 바람이 한순간도 멈추지 않듯 파도도 한순간을 멈추어 있지 않다. 만물이 움직인다, 모든 것이 변한다, 그런데 어찌 너만 가만히 있겠는가? 그래서 이 작품에서 물고기는 인간이 되려 한다.

미야자키는 〈벼랑 위의 포뇨〉에서 만물 변생을 만물 경계의 선명하지 않음으로 보여 준다. 우리는 〈벼랑 위의 포뇨〉 도입부를 주목할 수 있다. 둥근 보름달이 뜬 바다 아래로 양쪽에서 둥글게 휜 바다가 부드럽게 흔들리고 그 경계선 위로 어선들이 뿌웅 소리를 내며 작업 중이다. 직후 화면은 점점 더 아래로 내려가는데 해파리들이 피웅피웅 올라오는 것을 비춰 주다가, 더 아래에서 유영하는 많은 바다 생물을 보인다. 거대 오징어가 장엄히 헤엄을 치고 그 주위에서 팍팍 터지는 미생물들의 모습을 보면 오래전에 잊힌 바닷속이다. 그런데 바로 옆에서 에어 캡슐을 쓰고 마법사가 신비한 액체를 스포이트로 떨어뜨려 동식물을 진화시키고 있다. 미야자키는 자연과 인위 사이의 경계를 뭉갠다.

마법사 후지모토의 잠수정을 보자. 몇 분 동안 워낙 많은 바다 생물이 나와서 정신이 없지만 그 와중에도 선체를 더듬거리고 있는 삼엽충은 알아볼 수 있다. 이 바다 생물은 해양 절지동물의 일종으로 고생대에 살다 멸종했다. 위에서는 현대의 어부가 조업을 하고 있는데, 아래에서는 고생대가 펼쳐져 있는 셈이다. 미야자키 하야오는 과거와 현재라는 시간의 경계도 조류(潮流) 속에 섞어 버린다.

이때 놀랍게도 갑자기 괴물이 나타난다. 얼굴은 사람인데 짧은 팔에 하반신이 드레스 자락처럼 펄럭이는 인면어(人面魚) 포뇨다. 포뇨는 물고기도 사람도 아닐 뿐만 아니라 바닷속에서 태어났으면서도 육지를 꿈꾼다. 이 바다 자체가 인격을 지닌 생명체 같기도 하다. 나중에 포뇨가 밟고 뛰게 되는 이 바다는 수어(水魚)들로 넘쳐나는데, 물인데 물고기이고 물질인데 생명이다. 수어는 성격도 가졌다. 간교하기도 하고 순종적이기도 하다. 포뇨 아빠, 하지모토의 수하가 되어 그가 시키는 것을 비굴하게 할 때도 있지만, 인간이 되려는 포뇨를 응원하며 힘껏 해안가 도로를 함께 달리고 그 기쁨을 감추지 못한다. 미야자키는 종의 경계, 각자가 처한 삶의 한계 같은 것을 파도가 해변을 휩쓸고 갈 때처럼 쉽게 무너뜨린다.

놀랄 일이 하나 더 남았다. 미야자키는 포뇨가 바닷가 마을에 가까이 다가가는 과정에서 육지 가까이의 바다 바닥을 보여 준다. 이때 아주 많은 쓰레기가 나온다. 미야자키는 고생대 생물만큼이나 종류가 다양한 쓰레기를 그린다. 폐타이어, 싱크대, 자동차 옆문, 운동화, 마요네즈 병, 치약 통, 온갖 캔과 유리병까지 일일이 헤아릴 수조차 없다. 미야자키는 이 영화의 주된 관객을 다섯 살 아이들로 정했다고 했다. 미야자키는 관객들에게 너희가 살고 있는 이 세계가 쓰레기로 가득 차 있다고 말하고 싶은 것일까? 어린이는 순수하고 소중하므로, 귀하고 아름다운 것만 보여 주어야 할 것 같은데 미야자키 하야오는 그런 상식에도 과감하게 고개를 젓는다. 이처럼 미야자키는 인간과 자연, 과거와 현재, 물고기와 인간, 순수와 더러움이라고 하는 이분법을 온갖 수준에서 내려놓는다.

그리고 오프닝 장면. 바다를 평면적으로 표현하고 있는데, 병렬적으로 놓여 같은 패턴으로 움직이는 선들이 하나의 면처럼 보인다. 그런 면들이 파란색이나 핑크색의 그라데이션을 이루며 조합을 만든다. 여러 겹의 파도가 하나의 면 위에 동시에 표현된다. 어린 아이들의 조잡한 그림체를 흉내 낸 것 같기도 한 단순한 선들은 〈이웃집 토토로〉의 오프닝과도 닮았다. 하지만 〈이웃집 토토로〉에서는 메이가 깡통이나 벌레, 도마뱀과 나비, 고양이 모양을 계속 지나가는 식이어서 아이가 다양한 존재들과 만나면서 성장한다는 시간성이 부각된다. 반면 〈벼랑 위의 포뇨〉 오프닝은 파도의 느긋한 패턴이 모든 것을 움직인다는 점이 강조된다. 직선이 아니라 곡선이 강조되고, 그 곡선은 다시 다층적인 면을 이룬다. 그렇게 여러 층의 파도들 사이로 고래와 오징어, 크고 작은 물고기들이 지나가는데 전체적으로 느리고 우아한 반복이 보인다. 일견 유치해 보이는 이 파도들을 휘감는 것은 성악 가수의 울림이 큰 가곡 스타일 노래이다. 소박하지만 장엄한 노래 속으로 지상에 존재하는 모든 이분법이 용해된다. 이 바다는 모든 규범 위를 넘실거리므로 풍요롭고 다양하다.

벼랑, 탈영토화의 첨점

직선이 사라진 세계에서 사람들은 어떻게 사나? 바닷가 마을을 상징하는 공간은 두 곳이다. 하나는 유치원과 노인들의 데이케어 센터가 결합된 '보육+요양원'이다. 소스케는 놀고 배우기 위해 유치원으로, 엄마는 돌보며 일하기 위해 요양원으로 매일 등원한다. 유치원과 요양원은 어린이와 노인이 다니는 곳이라는 큰 차이가 있지만 실제로는 겨우 키 작은 나무들로 담을 쳤을 뿐이며 개구멍이 잘 뚫려 있다. 아이와 노인의 공간은 서로 여기저기 연결되어 있다. 그래서 소스케는 두 공간을 마음대로 오간다. 가끔은 유치원 시간인데도 몰래 빠져나가 할머니들과 시간을 보내기도 한다. 작품 안에 나오는 공간 자체로만 보면 유치원은 신발장까지만 보여 주는 데 반해 해바라기집(요양원)은 현관 입구라든가 할머니들이 쉬시는 발코니까지 고루고루 보여 준다. 이 마을에서는 나이에 따른 구별이 있기도 하고 없기도 하다.

소스케 입장에서 유치원 친구나 할머니들은 다를 바가 없다. 포뇨를 처음 보여 주었을 때 친구 구미코는 자기가 키우는 금붕어보다 못생겼다며 놀리고, 그 말에 기분 나빠진 포뇨의 물 뿌림 공격을 받자 울며 신경질을 낸다. 도키 할머니도 포뇨를 보고 '인면어'는 재수 없다며 벌벌 떠시다가 역시 물 뿌림 공격을 받아 까무러치신다. 아이나 노인이나 싫은 것, 두려운 것을 보면 설레발을 치면서 오버하는데 그 모습이 닮았다. 이들 앞에서 소스케는 모두를, 심지어 엄마까지도 이름으로 부른다. 소스케는 나이, 성별, 지위 같은 상식을 따르지 않고 모두를 동등하게 대하고 사랑한다.

사랑꾼 포뇨, 욕망 덩어리 포뇨 덕분에 생태계 교란이 와서 해일이 마을을 덮친다. 그런데 포뇨가 소스케의 집을 찾은 그 다음 날 아침, 벼랑 위 소스케 집 마당까지 들이찬 물은 평화롭기만 하다. 엄마가 차로 다니는 길은 물에 잠겨 데본기(Devonian Period)의 보트리올레피스, 딥노린쿠스가 느긋이 따라가는 길이 되어 있다. 데보넨쿠스는 물속에 잠긴 나무들 사이로 헤엄친다. 보트리올레피스나 딥노린쿠스는 실제 데본기에 활약하다 멸종한 동물이며 데보넨쿠스는 새로 창작해서 넣었다고 한다. 미야자키는 진짜 가짜라는 경계를 고집하지 않는다. 마법의 힘, 활력의 바다로 가득 찬 세상에서는 이상할 일도 없고 불가능할 일도 없다. 그래서 아이들이 장난감 배에 오르게 되고, 다이쇼기(1912~1926)에 살았을 것 같은 가족들에게 리사의 행방을 물을 수도 있다.

포뇨의 욕망 때문에 해일이 인다. 그 바람에 경계는 더욱 허물어진다. 전날 밤 소스케의 아빠가 탄 배는 거대한 해일에 휩쓸려 배들의 무덤 쪽으로 끌려가고 있었다. 하지만 그것도 잠시, 그란만마레의 풍요로운 헤엄으로 생명력 넘치는 황금 수어가 배 위로 쏟아진 덕분에 다시 순항하게 된다. 미야자키 하야오는 해일이 덮친 바다를 아이들이 좋아하는 입욕제 색깔로 표현하고 싶었다고 한다. 작품 속 해일은 인간이 고통받는 재난이 아니라 아이들이 즐거운 사건이 된다. 물속을 들여다보는 소스케와 포뇨, 두 아이의 눈빛이 신기해서 반짝인다. 여기와 저기를 나누지 않을 때, 좋은 일 안 좋은 일을 그 자체로 따지지 않을 때, 있어야 할 것들에 대한 고정관념으로 꽉 차 있었던 세계관을 내려놓을 때, 우리는 물고기와도 사랑을 나눌 수 있는 인간이 된다. 이것이 〈벼랑 위의 포뇨〉의 주제이다.

제목이 왜 '벼랑 위의 포뇨'일까? 벼랑은 소스케와 포뇨의 눈높이에서 제일 높은 곳이다. 하지만 아시타카가 출발했던 동쪽의 깊은 산도 아니고 맨눈으로는 확인할 수 없는 천공의 성 라퓨타도 아니다. 〈벼랑 위의 포뇨〉에서 벼랑은 어느 나라 해안가에서나 삐죽 솟아 있을 조금 높은 언덕에 지나지 않는다. 그런데 그 약간의 높이에 대한 포뇨의 욕망이 해일을 일으킨다. 해수면은 물고기에게 제일 높은 곳이었다. 바로 그 높은 곳보다 약간만 높은 곳을 보는 일로도 온 세상의 질서가 다 흔들린다는 말이다. 에베레스트처럼 누구에게나 어려워 보이는 봉우리를 정복해야만 세상이 변하는 것이 아니다. 자기 눈높이를 조금 높이는 것만으로도 삶에 지각변동이 찾아온다. 사소한 일상의 돌출부가 우리 일생을 변화시킬 것이다. 소피가 화덕의 재 하나 치웠을 뿐인데 움직이는 성의 걸음걸이가 훨씬 가벼워졌듯이 말이다. 그러므로 언제나 '작은 높이'를 존중하고 거기에 이끌리는 나를 사랑하자. 작은 벼랑은 붙박인 자리에서 내가 이탈할 수 있는 기회의 자리다.

곡선의 혁명

미야자키가 강조하는 것은 곡선이다. 포뇨에는 직선이 하나도 없는, 말 그대로 전체 그림을 인간이 손으로 하나하나 그려 냈다는 것을 환기시키는 움직이는 선들로 가득하다. 그래서 집이 그때마다 다른 모습으로 굴곡이 진다. 굴곡이 질 뿐만 아니라 크기도 달라진다. 이런 기법은 작화 도중 더욱 강화되어 결국 작화 감독은 크레용을, 미야자키는 파스텔을 잡게 되었다고 한다. 사물을 칼로 자르듯 나누는 직선을 없앤 것으로도 모자라 선들이 뭉개지면서 넓게 번지는 질감을 내는 크레용을 이용하기로 한 것이다. 이것이 작품 전면에 깔리면서 아포칼립스적인 상황도 따뜻하게 긍정하도록 만든다.

크레용으로 표현된 언덕이라든가 바다를 보면 여기저기 힘을 준 듯한 부분이 있어 누가 저렇게 힘을 주었을까 싶다. 미야자키뿐만 아니라 작품의 작화가나 채색가까지 떠올리게 된다. 파스텔 표현으로 감독과 그의 스태프, 애니메이터와 관객 사이의 거리도 무너지는 것이다. 이런 시도는, 그림 이면에 그것을 창조한 신의 손이 있음을 알리기 위해서가 아니다. 우리는 이런 표현 효과 덕분에 어떤 장면이든 애니메이터가 작품의 세부에 대해 해석한 결과임을 알 수 있다. 아마 애니메이터들은 자기 감정에 따라 크레용을 쥐고 과감하게 슥슥 그렸을 것이다. 포뇨의 세계에 대한 자신의 느낌을 충실하게 가져가려고 노력했을 것이다. 그래서 미야자키 하야오가 감독했지만 구석구석 다른 손길이 느껴진다. 다음의 인용문은 미야자키 하야오가 파스텔로 전환하면서 작품의 다양성을 애니메이터의 다양한 능력을 통해 완전히 꽃피웠다는 것을 말해 준다.

Q 미술감독으로서 각자에게 따로 지시를 하지 않으셨군요?

요시다 저도 시행착오를 거치며 작업하고 있으므로, 여기는 이런 느낌으로 재료는 이런 식으로 써 달라고 말할 수는 없어요. 저도 모르니까. 포스터컬러 위에 크레용을 칠하고 그 위에 또 포스터 컬러를 입히면 어떻게 될지 누가 알겠어요. 그런 것은 각자 애드 리브로 처리합니다. 그 결과 신중한 사람은 하나하나 예상을 해 가면서 그리고, 대담한 사람은 어떤 결과가 나올지 모르지만 일 단 해보는 등 제각각입니다.

Q 성격이 그림에 반영되는군요?

요시다 네. 성격이 드러나서 재미있어요. 하지만 기본적으로 레 이아웃을 중심에 두고 보드의 색감 같은 방향성을 잡아 두면 스 태프가 자유롭게 여러 가지 시도를 해도 통일성을 지킬 수 있 다고 생각했습니다. 그걸 감안하고 모두에게 모험을 시켰습니 다.(미야자키 하야오, 『벼랑 위의 포뇨』[지브리 아트북 시리즈], 학산 문화사, 2017, 24쪽)

미야자키 하야오는 〈벼랑 위의 포뇨〉에서 그때까지 지브 리가 추구했던 정밀한 정확성, 디테일의 사실성으로부터 극 단적으로 멀어진다. 이 무렵 일본의 애니메이션계는 자세히 더 자세히, 정확히 더 정확히 구현하기 위해서 디지털의 힘까 지 최대한 빌리는 것이 하나의 풍조였다고 한다. 미야자키는 그렇게 해서 도대체 무엇이 남는지를 다시 생각해 보고 싶었다. 그리고 '자세히, 더 정확히'라는 것에는 어떤 재미도 의미도 없다는 것을 발견했다(https://www.youtube.com/watch?v=0ZwpDJIRKnY&t=1760s; 13분 28초).

미야자키는 포뇨를 구상하며 애니메이션이란 본디 연필로 그리는 것이라는 점을 다시 확인했다. 그동안 지브리는 현실 구석구석을 자세히 그리려고 애썼다. 대충 보고 넘기는 많은 장면에 실은 깨알처럼 멋지고 소중한 것들이 있음을 보여 주려 해서다. 그런데 미야자키는 〈벼랑 위의 포뇨〉를 만들면서 이런 리얼리즘을 내려놓았다.

미야자키는 그동안 초당 프레임의 수를 되도록 줄이려고 애썼다. 애니메이션은 그림 장 수가 많아질수록 더 부드러운 동작 느낌을 줄 수 있다. 미야자키가 프레임 수를 줄이려고 했던 것은 지브리 애니메이션이 동급의 다른 스튜디오보다 월등히 장면의 수가 많아서다. 그런데 진짜 같은 이미지를 추구할수록 그림 장 수가 올라가고, 그림 장 수만큼 인건비가 들고, 그렇게 제작비가 높아지는 것을 감당할 수 없게 되면 결국 디지털로 전환할 수밖에 없다. 초당 프레임 수를 늘린다는 것은 현실을 있는 그대로, 보다 정교하게 포착하기 위한 강박, 자연스러운 재현에 대한 강박에 의해 추동된다. 이것이 결국 디지털이라는 계산 가능한 화면으로 직결되는 것이다.

미야자키는 자세히, 정확하게 그릴수록 세계가 쪼그라든다는 점을 깨달았다. 그래서 초당 그림 수에 구애받지 않고 스태프 각자 느끼는 대로 그려 보자는 결심으로 〈벼랑 위의 포뇨〉에 임했다. 재현해야 할 대상에 대한 객관적 이미지를 어디까지 내려놓을 수 있냐를 시험해 보고도 싶었다.

그림이란 어떤 활동일까? 애니메이션이란 뭘까? 그것은 결국 선으로 하는 작업이고, 펜을 든 인간의 손으로 하는 작업이며, 그 인간이 걷고 달리면서 느낀 세상을 다시 풀어 내는 일이다. 애니메이터에게 필요한 것은 대상을 해석하는 능력이며, 그 대상과 함께 변용되는 능력이다. 사물에 대한 깊은 감수성은 그 사물과 어느 정도로 구체적인 관계를 만드는가에 따라 나온다. 미야자키는 다시 손으로 선을 그리면서, 활발한 현실 속에서 단 한 순간도 정지함 없이 변용하고 변용되는 생명을 이야기하려 했다. 이러한 기조가 유지되어 최신작 〈그대들은 어떻게 살 것인가〉는 제작 기간 7년간, 전부 손으로 그리게 된다. 미야자키의 애니메이션의 철학에 감동하지 않을 수 없다.

재미와 의미는 내가 대상에 얼마나 공감하고 그것과 함께 변용되는지에 달려 있다. 만드는 이가 그런 변신으로 충만하게 되면 그의 작품도 변신의 에너지를 담뿍 담게 된다. 사실주의는 객관을 지향한다. 하지만 객관은 나와 대상 사이의 거리를 벌리기만 한다. 우리가 애니메이션을 보고 감동하는 지점도 언제나 그 풍경과 사건에 흠뻑 빠져 캐릭터와 하나가 되는 순간이 아니던가.

2.
물고기의 인간 되기
—달리고 먹고 웃겨라

인간과 비인간

〈벼랑 위의 포뇨〉 핵심 사건은 물고기의 인간 되기이다. 인간과
바다 어머니 그란만마레 사이에서 태어난 하이브리드 물고기
포뇨는 호기심에 이끌려 바다 표면까지 올라온다. 자기가 보기
에 육지에서 제일 높은 곳 벼랑 위에 이끌리다가 그만 벼랑 위
작은 집에서 내려오는 한 소년에게 반한다. 여기서부터 미야자
키 하야오의 '인어공주' 패러디가 시작된다.

그런데 확실히 다르다. 안데르센의 인어공주는 왕자를 구
하고, 그의 사랑을 얻어야만 하는 운명에 묶여, 온갖 질투에 시
달리다, 결국 물거품으로 돌아간다. 포뇨는 소스케에게 도움을
받고, 소스케를 먼저 사랑하고, 물거품으로 변하든지 말든지 두
려워하지 않는다. 포뇨는 동료 인어의 질투가 아니라 인간을 혐
오하는 아버지 후지모토의 염려에 시달린다. 원작에서는 왕자

가 인어공주를 알아보지 못하지만 소스케는 물고기든 인간이든 포뇨를 당장 알아본다. 덕분에 포뇨의 인간 되기는 반인간주의(아버지의 반대)와 비인간주의(소스케의 응원) 사이에서 길을 내는 이야기가 된다.

미야자키 하야오는 인간에 대한 분석을 다각도로 해왔다. 〈바람 계곡의 나우시카〉나 〈천공의 성 라퓨타〉에 나오는 왕들이 보이듯 가끔씩 인간들은 탐욕적이 된다. 〈센과 치히로의 행방불명〉에 나오는 먹보 부모들은 자기밖에 모르는 무뢰한이기도 하다. 미야자키가 가장 비판하는 인간상은 어리석은 자, 〈모노노케 히메〉의 에보시다. 산의 나무를 다 베고 나면 자기 살길도 막히는데 일단 눈앞의 이익밖에 챙기지 못하는 그 편협함에는 관객도 질린다. 모노노케 히메는 자식을 들개의 먹이로 던질 수 있는 인간이라는 종을 용서하지 않았다. 〈그대들은 어떻게 살 것인가〉에는 자해 청소년까지 나온다. 미야자키는 이 작품에서 이토록 엉망진창인 인간이지만, 인간은 자신을 이해하고 용서할 수 있어야 한다고 힘들여 말한다.

그동안은 부정적인 인간상을 제시하는 작품일수록 그 안에서 인간성을 회복하는 주인공들이 나왔다. 나우시카는 제 욕심에 다치고 지친 사람들을 치유했고, 시타는 한 사람이라도 불길을 피할 수 있도록 자신을 던져 천공의 성이 폭주하는 것을 막았다. 행방불명된 치히로는 친구와 동료와 부모에게 도움이 되려고 노력했다. 미야자키 하야오가 구원받는 자의 조건으로 내건 것은 헌신이었고 이는 청소 대마왕 소피가 잘 보여 준다.

미야자키의 이런 인간학 계보 어디에도 끼워 넣을 수 없는 작품이 바로 〈벼랑 위의 포뇨〉다. 포뇨는 자기밖에 모른다. 포뇨는 에보시의 후예다. 포뇨 사전에 '헌신'이라는 단어는 없다. 후지모토가 지어 준 브륀힐트라는 이름을 거절하고 소스케가 부르는 대로 불리겠다며 억지를 부린다. 〈센과 치히로의 행방불명〉에서 치히로는 유바바로부터 자기가 받은 이름을 부정하면 안 된다는 경고를 받았는데, 포뇨는 이름이야 내 맘이라며 아주 당당하다. 포뇨는 아빠가 주는 음식도 '싸가지' 없이 거절한다. 물고기인데 인간이 되겠다고 버둥거리며 반항하고, 키워 준 부모의 노고 따위는 가볍게 씹어 먹는 모습은 미야자키가 그린 아이들 누구한테도 없었다.

오직 자기가 원하는 바에만 집중하는 포뇨의 모습은 무섭다. 미야자키는 〈모노노케 히메〉에서 착한 목적론도 주변을 다 태워 버리는 광기로 전환된다고 했다. 포뇨도 마찬가지다. 포뇨는 인간이 되고 싶다는 일념으로 생명수가 저장된 지하실을 폭파시켰고, 자연계에 질서를 해쳤으며, 그 결과 무시무시한 해일을 일으키고 바닷가 마을을 순식간에 물에 잠기게 했다. 〈벼랑 위의 포뇨〉가 발표된 것은 2008년이다. 2011년 동일본에서 3·11 대지진이 일어나 쓰나미로 엄청난 피해가 닥친 바 있다. 해일이라는 자연의 사건이 원자력 발전소 붕괴라는 인간의 사건으로 전환되어 끔찍한 결과를 일파만파로 초래하는 과정을 지켜본 우리로서는, 인간이 되고 싶다는 포뇨의 욕망 안에 깃든 무책임한 혼돈이 아찔하게 다가온다. 포뇨는 미야자키가 생각하는 탐욕, 아집, 무지라는 비인간 3종 세트를 완벽하게 갖춘 괴물이다.

뛰는 파도

그런데 이 끔찍한 괴물은 사랑스럽다. 미야자키 하야오는 자기밖에 모르는 이 마녀가 인간화되는 순간 그 눈에 구면(球面)의 느낌을 부여해 발랄함을 표현하고, 몸은 갓 구운 빵처럼 하얗고 포동하게 만들어 그 살집으로부터 온통 당당한 에너지가 샘솟게 한다. 인간이지만 어린 아이에게는 면죄부를 준다는 말일까? 그럴 리가! 이유는 이야기를 잘 따라가 보면 알 수 있다. 포뇨가 되어야 하는 인간이 우리가 생각하는 이성을 갖춘, 무슨 덕이 있는 존재 뭐 그런 것이 아니다.

　포뇨는 처음부터 어떤 '인간'이 될 생각을 하지 않았다. 모든 일은 언덕 위의 그 집에 대한 호기심에서부터 시작되었다. 『벼랑 위의 포뇨』 아트북에는 소스케 집의 조감도가 나온다. 집은 그 현관을 정면으로 했을 때 관객의 눈에 왼편 뒤로 보이는 물탱크가 눈이 되는, 물고기 모양이다. 포뇨가 선택한 집답다. 그리고 포뇨는 언덕 위에서 뛰어 내려오는 한 소년을 본다. 마침 그 소년이 자신을 구해 주자 소년과 함께 놀 생각이 든다. 포뇨는 '인간'이 되고 싶었던 것이 아니라 그저 자신의 마음을 끈

것과 닮고 싶었을 뿐이다.

포뇨의 눈에 인간이란 어떤 존재로 보였을까? 포뇨는 인간을 달리는 존재라고 생각한다. 포뇨는 후지모토에게 다시 잡혀 바다농장 연구실 안에 갇히게 되었을 때 팔다리를 갖고 싶다고 말한다. 그리고 혼자 용을 써서 없던 손가락 발가락을 몇 개 만들어 낸다. 포뇨가 달리기를 얼마나 하고 싶었는지는 수어로 변한 동생 물고기들의 등을 이리저리 타면서 뛰고 또 뛸 때 알 수 있다.

포뇨는 어떻게 달리나? 포뇨의 발은 물 속에 살짝 잠겨 있다. 단단한 땅을 딛고 뛰는 것이 아니어서 물컹거리는 표면을 차고 오르려면 포뇨는 허벅지에 힘을 리드미컬하게 실어야 한다. 이런 포뇨를 응원하듯 수어는 포뇨를 밀어 올리며 힘차게 앞으로 나갈 수 있도록 한다. 포뇨가 탁탁탁이 아니라 '착착착' 물을 차며 재주를 부리는 장면을 보면 걷기란 꿀렁거리는 지면과의 합일이며, 섬세하고도 자신감 있는 발 동작이 필요한 활동임을 알 수 있다. 아주 많이 연습한 끝에 포뇨는 수어를 타고 달리며, 리사의 차 바로 뒤까지 따라와서 뛰게 된다. 얼마나 행복한지 활짝 입이 커진다. 이때 수어들도 펄떡펄떡 뛰는데 마치 많은 발들이 움직이는 듯하다. 포뇨도 파도도 달리고 싶다!

그렇지만 포뇨의 달리기는 자유로우면서도 위태롭다. 달리기란 나를 지탱하는 대지와 균형 잡힌 관계를 맺는 일이다. 수어들은 포뇨에게 그 점을 알려 준다. 미야자키 하야오는 수어

위를 달리는 포뇨의 역동성을 만들기 위해 정말 엄청난 양의 그림을 쏟아부었다. 대지와 관계를 맺기 위해서는 움직일 때마다 무게 중심을 잘 실어야 하며 넘어져도 넘어져도 일어날 수 있어야 한다.

미야자키는 거대한 해일을 일으키는 파도를 떠올리며 바다가 달린다고 생각했다. 〈벼랑 위의 포뇨〉를 보면 정말 바다가 높은 걸음으로 지상 위로 걸어 오르는 것 같다. 포뇨는 그저 육지를 욕망했을 뿐이다. 바다가 그런 것처럼. 그러므로 해일 자체는 나쁜 일이 아니다. 고인 물을 휘휘 저으면 물 안에 산소가 확공급되는 것처럼 어떤 바다 생물에게 해일은 도움이 될 수도 있다. 육지를 향한 바다의 욕망은 자연스러운 것이다. 파도는 선악을 넘어 친다.

인간만 걷지 않는다. 바다도 얼마든지 육지를 걷고 싶다. 인간이 이런 바다의 욕망을 이해하면서 걸으면 어떻게 될까? 바다에 이런 인간적 욕망을 투사하는 일을 과도한 인간중심주의라고 할 수도 있겠다. 영화의 후반부에 해일 덕분에 물속 나라에 가게 된 요양원 할머니들이 나온다. 자세히 보면 할머니들 입에서 거품이 뽀글뽀글 나오는데 거대한 공기막 안에 안전하게 폐호흡을 하시는 듯하지만 실은 아가미 호흡 중이시다. 여기서 할머니들은 십대 소녀들처럼 달린다. 포뇨가 파도를 타며 육지 위로 달려 나갔듯이 할머니들은 마치 운동장을 함께 뛰었던 학창 시절을 떠올리듯 바닷속을 함께 뛴다. 바다가 육지 위를 걷고 싫듯, 인간도 아가미가 그립다.

포크를 든 인어공주

인간이 되기 위한 포뇨의 다음 시험은 먹기에 있다. 미야자키 하야오에게 먹는 일은 중요하다. 미야자키는 캐릭터들을 절대로 혼자 먹게 하지 않는다. 먹기란 늘 친구와 가족과 함께 관계를 만드는 일이며, 공동 미션의 어려움을 덜고 피로를 다시 회복하게 돕는 모험의 필수 코스다. 포뇨의 먹기에는 미야자키 하야오가 생각하는 먹음의 '인간다움'이 아주 잘 나온다.

먼저 소스케의 집에 도착한 포뇨는 리사가 만들어 주는 차를 마신다. 셋 다 엄청난 해일을 타고 피하며 벼랑 위에 도착한 탓에 잔뜩 긴장한 몸을 좀 풀 필요가 있었다. 리사는 부엌에서 우유와 꿀과 그리고 컵, 스푼을 챙겨 온다. 리사가 데운 우유에 꿀 한 스푼을 넣고 천천히 젓고, 그것을 소스케가 따라 하면서 '잘 먹겠습니다'라고 말하고, 숟가락에 남은 꿀을 쪽 빨아 먹는다. 이 모든 것을 본 포뇨도 숟가락으로 컵의 꿀을 저어 녹이고 마지막에 빨아 먹으면서 감탄한다. 그다음 세 사람은 저녁을 들게 되는데, 리사는 인스턴트 라면을 굳이 뚜껑이 있는 사기그릇에 담아 면과 어묵, 햄이 익을 동안 눈을 감고 '기다리게' 한다.

일본에서는 '인스턴트 라면도 그릇에 넣고 먹는군!' 하며 넘어가지 말자. 미야자키는 유기농에 제대로 된 일본 가정식을 보여 줄 생각은 없다. 무엇을 먹더라도 관계 속에서 생각하는 일이 더 중요하다. 미야자키 하야오가 차 마시고 밥 먹는 이 장면들 전체에서 강조하는 것은 먹는 방법과 순서다. 미야자키 하야오는 〈이웃집 토토로〉부터 '요리'에 중점을 두었다. 자매와 아빠가 아침 도시락을 만들거나 저녁을 차리는 장면이 아주 생기로웠다. 〈하울의 움직이는 성〉 초반, 하울이 베이컨 여섯 조각, 계란 여섯 개를 프라이팬에 넣고 익히는 장면도 입안에 침이 돌게 하는 명장면이다. 미야자키는 이 두 작품에서 새집에 처음 들어온 사람들의 요리하기를 보여 준다. 이때 요리는 새로운 공간, 새로운 사람들, 새로운 인연을 넣고 섞어 하나로 만드는 제의적 의미가 있었다.

포뇨의 경우 먹는 과정이 클로즈업된다. 특히 중요한 것은 식기이다. 움직이는 성에서의 첫 식사에서 소피는 베이컨을 먹는 데는 불편한 숟가락을 선택하고 포크를 양보했다. 그리고 자기 손으로 숟가락에 묻은 더러움까지 슬쩍 닦았다. 미야자키는 식탁의 정리정돈이나 식기의 사용에 주의를 두는 소피의 모습 표현에 아주 많은 공을 들인다. 이뿐 아니다. 〈그대들은 어떻게 살 것인가〉에서는 마히토가 아랫세계에서 과거의 엄마를 만나 식빵에 딸기잼을 발라 함께 먹는 장면이 나온다. 이때 엄마는 세트로 된 찻주전자와 찻잔에 간식을 낸다. 이와 마찬가지로 포뇨의 엄마도 색깔을 맞춘 컵 세트와 라면기 세트를 아이들에게 차려 준다.

카레를 담을 때 쓰는 그릇과 우동을 담을 때 쓰는 그릇이 다른 것은 단지 숟가락으로 긁어 올리는 내용물의 차이 때문만은 아니다. 식기란 음식과 나의 '관계', 함께 먹는 이들의 '관계'를 물질로 표현해 준다. 그러면서 내가 '먹는 것'의 성질과 본성을 생각하게 한다. 포뇨의 엄마는 자식인 소스케와 손님인 포뇨에게 같은 모양의 그릇을 내준다. 먹는 이가 한편은 인간이고 다른 편은 괴물인데 식탁 위에서 동등하다. 리사는 세트로 그릇을 맞추면서 포뇨를 가족으로 받아들인다. 그렇지만 리사의 컵은 머그가 아니다. 우리는 리사가 어떤 차를 마시는지는 알 수 없다. 미야자키가 보여 주고 싶었다면 내용물을 보여 주었을 것이다. 여기서 중요한 것은 찻잔이다. 리사는 어른이니 그의 휴식은 아이들의 그것과 다르다.

인간으로서 먹으려면 자기 식기를 들고 양식에 맞게 다른 사람과 보조를 맞추어 먹어야 한다. 포뇨는 라면에 대한 기대가 너무 커서 익기 전에 부스러기 같은 것을 손으로 막 집어 먹는다. 그러나 이 장면 끝에 보면 포크도 아니고 젓가락을 들고 있다. 미야자키가 고급 식기에 집착하는 것이 아니다. 먹는 교양에 대해 무슨 특별한 취향을 자랑하려는 것도 아니다. 〈천공의 성 라퓨타〉에는 도망치는 와중에 파즈와 시타가 손으로 샌드위치나 사과를 먹는 장면도 나오지 않던가? 쫓기는 와중에 숟가락 포크까지 챙겨 올 여유는 없을 법하다. 나우시카도 전쟁에 바빠 치코 열매를 손으로 집어 먹었다. 중요한 것은 상황 속에서의 격식이다.

그렇게 보면 포뇨의 친부 후지모토는 이상하다. 그는 물고기 포뇨를 '브륀힐트'라고 부르며 올리브 같은 것을 이쑤시개에 꽂아 준다. 이쑤시개라니? 후지모토는 포뇨를 애완동물로 생각했던 것일까? 아끼고 사랑한다지만 나 없으면 아무것도 못할 무능력한 존재로 아이를 바라보는 후지모토의 이쑤시개보다 리사의 컵이 더 인간답고 훌륭하다.

마을이 전부 물에 잠기고 난 뒤, 사라진 리사를 찾기 위해 포뇨와 소스케가 모험을 떠난다. 이때 포뇨는 리사가 싸 준 샌드위치 도시락을 가방에 넣고 수프가 담긴 보온병과 컵 하나까지를 잘 챙겨 나선다. 자기밖에 모르는 포뇨였다. 내가 인간이 되고 싶다는데 부모가 무슨 소용이냐며 거침없었다. 하지만 길을 나설 때 컵 하나를 챙겨 갈 수 있을 정도로 주변을 볼 줄 아는 아이가 된다. 그리고 포뇨는 길을 나서자마자 이 컵에 수프를 담아 타인에게 건넨다. 인간으로서의 관계에 대해 비로소 생각하게 된 것이다. 미야자키가 정의하는 인간은 관계적 존재이다.

웃겨야 사는 인간

포뇨의 마지막 미션이 남았다. 안데르센에게 익숙한 관객에게는 소스케의 키스를 받을 수 있느냐 없느냐가 관건일 것 같지만, 포뇨는 예상 밖이다. 온통 바다가 되어 버린 세계에서 포뇨와 소스케는 갓난아이를 데리고 소풍을 나온 듯한 부부를 만난다. 자신은 포뇨이며 원래는 물고기였다고, 포뇨는 어느새 처음 만난 사람들에게 자기 인사를 먼저 하는 아이가 되어 있다. 그런 포뇨의 눈에 자기보다 어린데 왠지 뚱해 보이는 아이가 들어온다. 포뇨는 뭔가 해주고 싶은 마음이 든다. 그래서 자기라면 먹고 싶을 수프를 컵 하나에 가득 따라 준다. 컵 위로 찰랑거리는 따뜻한 수프의 온기에 해일이 덮친 세계의 공포가 녹는다.

포뇨는 아이에게 주려던 수프를 그 엄마가 먹는 것을 보고 놀라지만, 결국 엄마의 젖을 통해 아이가 먹게 된다는 것을 알게 된다. 여기에 감동한 포뇨는 햄이 빠진(포뇨가 출발할 때 다 빼먹었다) 샌드위치를 전부 아기 엄마에게 준다. 리사가 아이들을 위해 만든 음식이 어떤 엄마에게 가고, 그 엄마의 몸에서 젖으로 변해 아기에게까지 간다. 포뇨는 내가 누군가에게 베푼 선의가 돌고 돈다는 것을 배운다.

그렇게 인사 나누고 각자 가던 길을 가려던 찰나 포뇨는 다시 마음을 바꾸어 부부의 배로 되돌아간다. 물 위를 팍팍 뛰어 말이다. 아직도 뚱해 있는 아기가 마음이 쓰여 어쩔 수 없었던 것이다. 포뇨는 거의 물고기로까지 퇴화할 정도로 자신의 마력을 다 쏟아, 아이 볼에 제 뺨을 부비며 행복한 기운을 불어넣는다. 눈물 콧물 쭈욱 나온 아기의 얼굴이 기쁜 흥분으로 반짝이게 되었음은 물론이다. 칭얼대는 아기 때문에 걱정 많던 엄마의 얼굴도 활짝 피게 되었다. 타인을 즐겁게 해주고 싶은 마음도 일종의 '헌신'이기는 하다. 하지만 무 대가리와 소피, 하울처럼 목숨을 거는 일은 아니다. 이때 포뇨는 무엇보다 자기가 웃는다. 포뇨는 그 아이를 위해 무엇을 하지 않았다. 그저 포뇨는 자기가 즐거운 만큼 다른 이도 즐겁기를 바란다. 이렇게 포뇨는 삶의 목적도 수단도 웃음임을 알게 되었다. 함께 웃을수록 더 많이 웃게 된다는 것도 말이다.

포뇨의 식기 사용 레슨은 두 번 있었다. 머그컵과 라면기. 포뇨의 나눔 레슨도 두 번이다. 수프-샌드위치 주기와 볼 부비기. 인간이 된 포뇨에게 최종적으로 주어질 미션은 웃기였다. '인간이 될 거야!'만 외치던 포뇨는 모르는 아이의 불만을 해결해 주며 같이 웃는 따뜻한 존재가 되어 간다. 그래서 엄마가 없어 슬프고 괴로운 소스케를 천천히 위로할 수 있게 된다. 포뇨는 장난감으로 되돌아간 배의 물을 천천히 빼 소스케에게 돌려주면서, '눈에서 물이 나오는구나. 리사를 찾아보자'라며 어려운 길을 계속 같이 가자고 한다.

포뇨의 마력이 훅훅 떨어진 일차적 이유는 일단 DNA의 교란에 의한 일시적 인간화 때문이다. 하지만 결정적으로는 아기를 웃기느라 자기 능력을 다 써 버린 까닭이다. 포뇨가 물고기로 되돌아가고 있기 때문에 점차로 인간의 의식으로부터 멀어지게 되는 것처럼 보이기도 한다. 하지만 포뇨는 인간으로서든 물고기로서든 리사를 찾으려는 소스케와 함께할 것이다. 그런 포뇨는 물고기로 되돌아가도 '인간'이다. 달리고 싶고, 관계를 알고, 함께 행복하려고 하니까. 이 세 가지가 포뇨가 생각하는 인간의 조건이다. 미야자키는 기계도 나무의 자식이라고 했다. 멧돼지도 증오에 허덕인다고 했다. 이성을 사용한다는 둥, 언어가 발달했다는 둥, 역사와 국가를 가졌다는 둥, 이런 것들은 인간을 설명하는 부차적 요소일 뿐이다. 달리려고 하고 관계를 익히며 같이 웃는 존재라면 그는 누구라도 인간이다.

엔딩 장면은 앞으로 포뇨가 살아가게 될 세계를 보여 준다. 먼저 해일로부터 복구된 바닷가 마을이 나온다. 해가 바다 너머로 넘어가려는 늦은 오후, 둥근 바다 위로 조업하는 배들이 바쁘다. 해안가에 높이 올라간 크레인은 뭔가를 옮기거나 짓는 일을 한다. 멀리까지 떠 있는 다양한 종류의 배들만큼이나 바닷가 나무들 사이로 삐죽삐죽 보이는 집들의 모양이 알록달록 다양하다. 그러다 유치원과 데이케어 센터가 나오고 마지막으로 포뇨가 소스케와 리사와 함께 살게 될 벼랑 위의 집이 나온다. 원래 이 집 인근의 토지에는 '매매'(賣買) 광고가 붙어 있었다. 그만큼 인기 없는 땅이었다. 하지만 엔딩에서 보면 집 뒤로 빨래가 많이 걸려 있다. 포뇨와 소스케가 엄청 옷을 더럽히고 있다는 뜻이다. 그리고 더 눈에 띄는 것은 데이케어 센터 버스가 주차되어 있다는 점이다. 집 뒤쪽으로까지 할머니와 이웃 아이들이 뛰어 나와 즐거운 시간을 보내고 있다. 여긴 핫플레이스다.

벼랑 위를 지나면, 이제 오른쪽으로 다시금 높아진 파도 위에서 후지모토가 이들을 보고 있다. 밤이 되었는데 후지모토의 배 위에서 집 쪽으로 안심하라는 의미의 불빛이 나온다. 다시 오른쪽으로 해가 떠오르고, 그다음으로는 작품 맨 처음에 등장했던 해파리들이 밤하늘 별처럼 심연을 반짝반짝 채운다. 끝으로 바다농장에서는 포뇨의 동생들이 모험을 떠난다. 아마 이들도 포뇨처럼 '무엇무엇이 될 거야!'를 외치리라.

포뇨의 엄마 그란만마레는 인간이 되기 위해서 두 가지가 필요하다고 했다. 첫째, 지금까지 포뇨가 쓸 수 있었던 마법을 버려야 한다. 둘째, 소스케의 사랑을 받아야 한다. 포뇨는 첫번째에 대해서 아무런 미련 없이 '바이바이' 했다. 포뇨는 식기의 사용에서부터 마음을 나누는 법에 이르기까지 모든 것을 누군가와 함께 배우면서 행복을 찾아 나설 수 있었다. 포뇨는 이런 삶이 주어진 방식으로 헤엄치는 것보다 좋다고 확신한다.

소스케의 사랑 부분은 어떻게 하면 좋을까? 물론 소스케는 포뇨를 계속 사랑할 것이다. 미야자키가 이 조건을 통해 말하려는 바는 분명하다. 인간으로서의 네 존재의 의미는 다른 사람이 찾아 주게 되어 있다는 뜻이다. 두 손을 꼭 잡고 최후의 미션을 향해 긴 터널을 걸어 들어가던 포뇨와 소스케의 모습이 떠오른다. 천천히 함께 웃는 이들은 멋지다.

3.
포뇨와 소스케
—변화무쌍한 어머니와 그의 자식들

소년 시대

미야자키 하야오의 영화는 여성 주인공이 강세이다. 이 책에서
다루는 11편의 작품에서 남성이 주인공인 것은 끝의 두 편, 〈바
람이 분다〉와 〈그대들은 어떻게 살 것인가〉뿐이다. 여기에 나오
는 남성들은 또 성인이다. 그 앞의 9편의 작품에서 소년들은 조
연으로 나온다. 〈바람 계곡의 나우시카〉에 나오는 이웃 나라 왕
자는 이름조차 기억이 안 난다. 그는 나우시카가 왜 부해를 연
구하는지조차 이해할 수 없을 정도로 아는 게 없는, 혈기만 있
는 소년이었다. 〈천공의 성 라퓨타〉의 파즈는 유능한 기술자로
멸망을 두려워하지 않을 정도로 담대했지만 결국 그를 라퓨타
로 이끈 것은 시타였다. 〈이웃집 토토로〉, 〈마녀 배달부 키키〉의
이웃집 소년들은 존재감이 거의 없다. 〈붉은 돼지〉의 경우도 줄
담배에 와인을 즐기는 성인 남자 돼지가 주인공이기는 하지만

열일곱 살의 피오야말로 극을 이끄는 히어로다.

소년들이 능력이 좀 되는 경우도 있다. 〈모노노케 히메〉의 아시타카가 그러하다. 아시타카는 숲을 해치려는 인간도, 인간을 멸망시키려는 동물도 모두 이해하려고 한다. 어떻게든 함께 살아갈 길을 찾아보자고 외친다. 하지만 그의 외침은 사슴신도 엄마도 다 잃은 모노노케 히메에게나, 이제 더는 태울 나무도 녹일 철도 없는 다타라 마을 사람들에게 공허한 주장으로 들린다. 결국 아시타카는 모노노케 히메가 찌른 원망의 칼도 맞고 마을 사람들의 몰염치한 총도 맞으면서 모든 것을 자기 몸으로 때워야 했다. 숲과 마을이 모두 타 버린다는 의미에서 아시타카의 성적표는 초라하다. 물론 나중에 다타라 마을을 이끌 수도 있겠지만 그 뒷일을 상상하는 것은 관객의 몫일 뿐이다.

소년 능력자 중 최고는 움직이는 성의 마법사다. 물론 〈센과 치히로의 행방불명〉에 나오는 하쿠도 용으로 변신해서 하늘을 날고 온천장의 온갖 문제를 해결하는 능력자이지만, 그는 자기 이름도 기억 못하는 바보다. 하울은 일단 자신이 누구로부터 도망가고 있는지, 자기 과거의 이력과 미래의 전망은 어떨지 조금 생각은 하니까 하쿠보다는 낫다. 하울은 돌진하는 대포도 잡아채 딴 데로 내동댕이칠 수 있을 정도로 괴력을 가진 마법사다. 혼자 설리만의 군대와도 맞서 싸운다. 자신을 위협하는 적들을 은밀히 속여 가며 평생 도망다닐 수 있을 정도로 변신술에도 능하다. 그런데 한편 하울은 미야자키의 남자 주인공들 중 제일 소심하고 유약한 존재다. 그는 자신의 모든 능력을 도망가는 데 쓰기 때문이다. 매일 목욕을 하지만 집은 더러운 유치한 사나이다. 그래서 〈하울의 움직이는 성〉은 능력자 하울이 청소부 소피를 만나 팔자 고치는 이야기가 된다. 아무리 강력한 마법도, 누구를 위해 어떻게 써야 할지 고민할 수 없다면 쓸데없는 사치품에 지나지 않는다. 이 모든 설정은 미야자키 하야오가 소년의 능력을 폄하해서 나온 것이 아니다. 언제나 씩씩하게 자기 운명을 열고 또 여는 소녀 캐릭터가 주는 활력이 너무 강해서다.

포뇨의 남자 친구 소스케는 어떨까? 유치원생이니까 소년이라고 보기도 어렵다. 그런데 이 소스케는 포뇨가 걷는 변신의 길 이상으로 어려운 길을 걷게 된다. 모든 변화를 견디면서, 만남과 헤어짐을 맞이하면서, 그 스스로를 바다처럼 크고 따뜻하게 만들어 가는 인물이기 때문이다. 조력자지만 그 스스로의 과제도 만만치 않은 소스케의 이야기에 주의를 기울여 보자.

지키려는 자, 변하려는 자

미야자키는 소스케를 '수재'라고 칭찬했다. 그러나 능력자 소스케의 인생도 쉽지는 않다. 이것을 〈벼랑 위의 포뇨〉 속 두 명의 남자들을 통해 계산할 수 있다.

〈바람 계곡의 나우시카〉나 〈천공의 성 라퓨타〉, 〈붉은 돼지〉, 〈하울의 움직이는 성〉 등에서처럼 남자 주인공이 전적으로 여자 주인공의 욕망과 동선에 맞춰 성장하는 경우, 이들 주변의 다른 남성 캐릭터들은 아주 소극적으로 배치된다. 아예 남자 어른이 등장하지 않는 작품도 있다. 〈바람 계곡의 나우시카〉에 나오는 검술의 신 유파는 배우고 따를 만한 훌륭한 어른이지만 서사 안에서 차지하는 역할은 그리 크지 않다. 〈센과 치히로의 행방불명〉이라든가 〈하울의 움직이는 성〉의 경우 악마라도 좋으니까 무서워할 만한 남자가 나올 법한데 작품 전체가 힘 좋은 할머니들의 무대다.

이런 관점에서 생각하면 〈벼랑 위의 포뇨〉는 소스케를 분열시킬 수도 있을 두 명의 남자 캐릭터가 있어 흥미롭다. 첫째는 포뇨의 아빠 후지모토다. 둘째는 소스케의 아빠 고이치다. 두 사람은 여러 가지 면에서 다르다. 후지모토는 아내 그란만마레가 어딘가에서 돌아오기를 기다린다. 반면 고이치는 아내를 떠나 갑자기 어딘가로 간다. 후지모토는 약속이나 계율에 매달리기 때문에 정해진 바를 지키기 위해 애쓴다. 인면어로 태어났다면 인면어로 살아야 한다며 포뇨가 인간이 되는 것을 필사적으로 막는다. 고이치는 약속 따위는 신경쓰지 않는다. 벼랑 위에서 마누라와 자식이 저녁을 차려 놓고 기다리는 것쯤이야 가볍게 무시하고 다른 쪽으로 일을 선택한다. 그래서 후지모토는 결벽증에 시달린다. 더러운 것, 어지러운 것, 뭔가 헷갈리는 것을 못 참고 올바른 일에만 집중한다. 고이치의 배가 어느 정도로 더러운지는 모르겠다. 하지만 해일의 위험 속에서 배가 전복될 위험에 처했을 때 고이치는 크게 당황하지 않는다. 죽을 수도 있고 살 수도 있는 일 자체에 크게 끄달리지 않는 모습이다. 더러움, 무질서, 고이치는 이런 것들을 다 그냥 받아들인다.

소스케는 '지키는 자 후지모토'와 '어기는 자 고이치' 사이에 놓여 있다. 굳이 말하자면 소스케는 후지모토 쪽이다. 포뇨를 지켜 주기로 한 약속에 충실하기 위해 힘쓰기 때문이다. 소스케는 후지모토에 의해 포뇨가 다시 바다로 끌려가게 되었을 때 포뇨가 어딘가에서 울고 있지는 않을까 크게 걱정한다. 이런 소스케의 뒤통수를 치는 것은 사실 포뇨다. 포뇨는 울기는커녕, 바다 농장에서 후지모토와 세게 한판 붙고 있었기 때문이다. 스스로 팔다리를 만들며 알아서 인간이 될 궁리에 바쁘고, 아빠가 불러도 흥칫뽕! 대답조차 않는다.

그래서 사실 걱정이 된다. 소스케는 얼마든지 인간이 된 포뇨를 지켜 주려 할 텐데도, 나중에 포뇨 편에서 다리 대신 날개가 갖고 싶다고 외칠 수도 있을 테니까 그렇다. 그런 쪽으로 마음이 기울기라도 하면 포뇨는 소스케가 불러도 대답하지 않고, 단식 투쟁하다가 '벼랑 위의 집'을 가출할지도 모른다. 지켜 주고 싶지만 지킬 것이 남아 있지 않을 때 소스케는 어떻게 될까? 미야자키 하야오의 영화를 보면서 주인공 운명에 대해 거의 걱정해 본 적이 없는데, 나중에 소스케가 포뇨로부터 상처받지나 않을지 신경이 쓰인다.

미야자키는 관객의 이런 우려를 가볍게 불식시킨다. 미야자키가 소스케를 표현할 때 가장 중점을 둔 것은 소년의 둥글게 반짝이는 눈과 기쁘고 슬플 때 정직하게 커지고 작아지는 입이다. 소스케는 주변에서 일어나는 일들을 고루 보면서 서두르지 않고 문제를 푼다. 고이치가 갑자기 귀가를 미루게 되었을 때를 생각해 보자. 소스케는 아빠가 오늘 밤 오지 않는다고 짜증 내기보다는 안전하게 항해하기를 집에서 기다리는 것이 자기 일임을 안다. 모스 부호로 바다의 아빠 배와 인사를 주고받을 때, 소스케는 화가 난 엄마가 하지 않은 말 '건강히 잘 돌아와요'까지를 아빠에게 전한다. 넷플릭스로 이 장면을 보면 이 문장에 많은 한자가 들어 있음을 알 수 있는데, 소스케는 어른들이 쓰는 단어로 리사인 척 인사를 대신 전한 것이다. 배려심 많고 똑똑하다.

아빠의 미뤄진 귀가를 대하는 태도에서도 알 수 있듯 소스케는 변화를 능동적으로 받아들일 줄 안다. 그래서 인간의 얼굴을 하고 수어를 타고 달려오는 여자아이가 포뇨임을 바로 알아챌 수 있었다. 소스케는 그란만마레 앞에서 포뇨가 물고기이든 인간이든 모두 좋다고 대답한다. 소스케는 인간이 된 포뇨가 심해로 이어지는 터널을 통과할 때 물고기가 되자 곧바로 바다로 데리고 가 물속에서 살게 한다. 포뇨가 더는 인간이 아니라며 실망하고 어쩌고를 하지 않는다.

소스케는 약속을 지키는 자다. 하지만 자기 앞에 닥치는 어떤 변화에도 당황하지 않는다. 도키 할머니는, 해일이 일어났을 때에는 물속이 더 안전하다며 같이 가자고 후지모토가 손을 내밀어도 이상한 사람 말이라며 듣지 않는다. 도키 할머니는 앵커가 뉴스 보도를 제대로 못 한다든지, 정전이 된 센터의 미숙한 처신이라든지, 조금만 이상한 것이 포착되어도 온통 호들갑에 불평밖에 몰랐던 반면, 소스케는 엄마가 사라졌을 때에도 크게 울지 않는다. 노란 셔츠를 꼭 잡고 부들부들 떨지만 땅을 치며 억울해하지도 않고, 공포에 압도되어 걸음을 떼지 못하는 일도 없다. 오기로 약속한 엄마의 약속을 믿지만 결과를 견딜 준비를 한다.

다산(多産)의 미야자키

후지모토가 포뇨를 데리고 바닷속으로 다시 내려갔을 때 소스케는 자기 의지만으로는 되지 않는 일이 있음을 알았다. 그래서 소스케는 포뇨가 자신을 더는 사랑해 주지 않는 날이 와도 그 변화에 놀라지 않고 덤덤하게 겪을 것이다. 엄마 리사가 고이치가 오지 못했던 그날 밤, 조금 화를 내기는 했지만 금방 정신 차리고 용기를 내었던 것처럼 말이다.

따져 보면 소스케야말로 그란만마레의 아들이다. 후지모토는 사랑받지 못하면 물거품이 될 딸을 걱정했다. 이때 그란만마레는, 우린 어차피 모두 물거품에서 온 존재들이라며 쿨하게 포뇨 하고 싶은 대로 하게 응원하자고 한다. 포뇨는 엄마를 정말 좋아했다. 하지만 직접 마주했을 때는 조금 두려워도 했다. 그란만마레가 풍기는 무서움은 어디서 기원하는 것일까? 후지모토는 아내인 그란만마레의 행동에 어떤 이견도 개진할 수 없다. 그란만마레는 아마 많은 남편을 두고 바다 여기저기에서 많은 자식을 끊임없이 낳는 존재이리라. 죽은 배도 살리는 관세음보살의 화신일 정도로 그녀는 살리는 존재다. 하지만 품 안에서 자식을 키우지는 않는다. 죽든 살든 내버려 둔다. 이 모성은 낳지만 기르지는 않는다. 변화무쌍한 생명을 긍정하기에 한낱 물거품에서 시작된 모든 것에 어떤 애착도 갖지 않는다. 소스케는 받아들일 것이다. 포뇨의 변화, 그리고 어쩌면 자기 마음에도 깃들지 모를 변심을 말이다. 생긴 사랑에 감사하지만 그것이 물거품으로 사라져도 괜찮다.

포뇨는 리사와 많이 닮았다. 리사는 포뇨가 벼랑 위에 오고 난 뒤부터는 소스케보다 포뇨를 더 자주 부르기도 한다. 아들보다 포뇨를 먼저 닦아 주기도 한다. 두 사람 사이에는 공통점도 많다. 리사와 포뇨 모두 햄을 좋아하고, 리사의 운전이 아슬아슬 과감한 것도 포뇨가 수어를 타고 벼랑 위로 돌진하는 모습과 닮았다. 두 사람은 나란히 바닷길과 파도길을 달린다. 리사는 해일의 위험에 맞서 소스케를 안전하게 벼랑 위로 데려가려고 최선을 다한다. 포뇨는 바로 그 해일을 몰아 타고 벼랑 위까지 쫓아가 소스케와 만나려 한다. 리사는 집요하게 쫓아오는 파도를 두고 '물귀신' 같다고 했다. 두 사람 다 소스케를 목표로 지치지도 않고 달린다. 둘은 함께 소스케를 사랑한다.

포뇨는 앞으로도 그다지 큰 고민 없이 자기 뜻대로 움직일 수 있을 것이다. 벼랑 위에는 모든 것을 이해하려고 애쓰기보다 파악할 수 없는 일 앞에서도 침착하게 자식과 노인을 생각하는 리사가 있다. 바닷속에는 변화무쌍한 생명의 길에 아낌없이 정력을 쏟아붓고 있는 그란만마레가 있다. 그란만마레와 리사는 둘이 깊은 이야기도 많이 나누는 사이다. 이들을 해바라기집 할머니들이 또 응원한다. 여성성의 차원에서 포뇨는 어떤 선택을 해도 응원군밖에 없기에 무적이다. 그런데 소스케 앞에는 도망자인 고이치가 있고, 융통성 없는 후지모토가 있다. 그래도 소스케는 리사와 그란만마레의 아들이니 걱정이 없으리!

미야자키 하야오 감독의 영화를 본 많은 이들은 지브리 특유의 모성 과잉이 있다며 비판하기도 한다(우노 쓰네히로, 『모성의 디스토피아』; 오쓰카 에이지, 『이야기론으로 읽는 무라카미 하루키와 미야자키 하야오』, 선정우 옮김, 북바이북, 2017 참고). 그란만마레의 큰 가슴이라든가 지나치게 반짝이는 화려한 외모를 두고 감독 자신에게 결핍된 모성성을 대리 보충하려는 시도는 아닌가하며 의구심을 보이는 사람도 있다. 그런데 그란만마레가 대표하듯 미야자키의 모성은 오직 낳는 힘으로 충만하다. 샤먼(〈바람 계곡의 나우시카〉)도 코치(〈센과 치히로의 행방불명〉)도 훌륭한 인간 만들기를 소망했다. 그러나 기르는 데 있어서는 거의 방목에 가까웠다. 미야자키에게 모성은 낳고 죽이는 힘의 소용

돌이 자체다. 새끼가 알아서 크기를 원하는 모성이다.

〈벼랑 위의 포뇨〉를 개봉했을 때 미야자키 하야오의 아내는 '어머! 자기를 그렸네요!'라고 했다고 한다. 사랑스럽고 당당하며 모든 것을 놀랍도록 정확하게 통찰하고 결단하는, 한마디로 멋지고 훌륭한 남자 소스케가 미야자키 하야오다. 그런데 분석을 해보니 미야자키 하야오는 오히려 그란만마레다. 일단 그녀는 많은 남편을 두고 있다. 그녀의 크기와 화려함은 어떤 것과도 자식을 낳을 수 있는 광폭한 섭취력과 생산력을 의미한다. 워커홀릭 미야자키, 하면 무엇이 떠오르는가? 어떤 풍경, 어떤 사물에서도 무엇이든 빨아들이는 창작적 흡입력이 생각난다. 그는 보는 것 듣는 것 모든 것에서 인생의 의미를 해석할 수 있는 단서를 포착해 내며 멋진 작품을 만든다. 성이 날아다니는 하늘이라든가 수어가 걸어 다니는 바다 같은 것을 낳는 자는 모든 괴물들의 어머니 그란만마레라고밖에 할 수 없다.

미야자키 하야오는 새로 지브리 스튜디오를 개축하려 했을 때 전체 공간을 여성 애니메이터를 배려하면서 만들었다고 한다. 그 스스로 종종 자신은 페미니스트라고 하기도 하고. 스튜디오 뒤편에 유치원이 생겼을 때 참으로 기뻐했다고도 한다. 이런 미야자키 하야오에게서 발견되는 것은 어릴 적 결핵으로 아파서 자신을 잘 돌봐 주지 않았던 엄마에 대한 그리움이 아니다. 어떤 예술가가 결핍에서 시작할 수는 있다. 하지만 결핍으로만 창작할 수는 없다. 미야자키 하야오가 그린 것은 소년이 소녀를 만나 자기 찌질함을 극복하는 이야기가 아니다. 소년이든 소녀든 그란만마레처럼 세상에 놓인 모든 것을 적극적으로 빨아들이면서 자기다운 삶을 낳고 낳아야 한다. 최후에 그것이 물거품으로 돌아갈 것을 알고도 말이다. 우리는 모두 그란만마레의 자식이며 커서 그란만마레가 될 것이다. 그러니 어떤 변화도 받아들이면서 변신하자. 우리는 우리가 무엇이 될 수 있을지 결코 다 알 수 없다.

<바람이 분다>

: 모순을 껴안고 꿈꾸기

바람이 분다(風立ちぬ, 2013)

ㅇ줄거리
1차 세계대전과 2차 세계대전 사이, 대지진과 질병으로 모두가 살아가기 힘든 때에 호리코시 지로라는 소년이 비행기 설계사가 될 꿈을 꾼다. 이탈리아 비행기 설계사 카프로니 박사와 꿈속에서 끊임없이 대화하며, 엄청난 성실함으로 마침내 아름다운 비행기를 개발한다. 하지만 지로의 비행기는 가미카제 전투기로 전쟁에서 엄청난 죽음을 불러일으키는 도구로 쓰이고 만다. 젊은 시절 우정도 사랑도 부족함 없이 나누지만 결국 혼자가 된다.

ㅇ주요 캐릭터
• 호리코시 지로 : 비행기를 몰고 싶었지만 시력이 나빠 비행기 설계사로 꿈을 바꾼다. 가볍고 멋지게 사람들을 날아오르게 하고 싶다는 일념으로 평생을 하루같이 비행기 유체 역학 연구에 매진한다. 성실함과 순수함의 화신이지만 자기 꿈에 배신당한다.

• 사토미 나오코 : 관동대지진 때 지로와 같은 기차를 타고 가다 그와 만났다. 휴가지에서 지로를 다시 만나 사랑하게 되나 앓고 있던 결핵 때문에 짧은 신혼을 보내고 죽는다.

• 카프로니 : 꿈속에서 만나는 지로의 멘토로 이탈리아의 천재 비행기 설계사다. 큰 비행기에 마을 사람 모두를 태워 멋지게 하늘 구경을 시켜 주고 싶다는 꿈을 가졌다. 지로가 좌절하고 힘들어 할 때마다 꿈에 나타나 격려한다.

1.
푸른 하늘
—꿈과 광기의 왕국

새처럼 날고 싶어

생명은 관계 속에 있다. 그럼 관계는 어떻게 만드나? 〈하울의 움직이는 성〉의 소피는 움직이는 성에 사는 장난꾸러기 꼬마, 담배를 즐기는 노인, 비밀 많은 늙은 개, 고집쟁이 마법사 모두가 잘 지낼 수 있도록 집 안 구석구석을 쓸고 닦으며 청소했다. 소피는, 다른 욕망과 재능을 가졌지만 서로 돕고 사랑하는 가족을 꿈꾸면서 모두가 양보하며 자기 자리를 가질 수 있도록 했다. 청소는 행복한 가족에 대한 소피식 만물 관계학이었다. 소피는 가까운 존재들과 어떤 사이가 되고 싶은지 계속 생각했다. 관계를 만드는 데 필요한 것은 비전인 것이다. 사고 방법으로서의 애니미즘은 생명력 넘치는 관계를 촉발한다. 이 촉발의 핵심 동력은 비전에 있다. 당신은 누구와 무엇을 함께하며 살고 싶은가? 당신은 어떤 사람이고 싶은가?

〈바람이 분다〉는 비전 탐구의 애니미즘을 보여 주는 작품이다. 미야자키 하야오의 방식으로 바꿔 말하면 '꿈을 갖는다는 것'에 대한 이야기다. 미야자키는 줄곧 환상과 마법의 세계를 다루었는데 갑자기 이 작품에서 방향을 바꾸었다. 현실을 꿈으로 바꾸는 일, 자기 비전으로 세계를 꽉 채워 보려는 시도에 대한 애니메이션을 그리기로 한 것이다. 그런데 작품의 끝에는 화염으로 불타는 폐허와 주인공이 혼자 눈물을 흘리는 장면이 나온다. 미야자키는 〈바람이 분다〉를 통해 비전을 갖고, 추구하고, 이루는 것이 얼마나 어렵고 힘들고 곤란한 일인지를 진지하게 고민했다.

먼저 비전을 갖는 일에서의 주의점을 작품 배경을 분석하면서 알아보자. 비전을 찾기 위해서 가장 중요한 일은 자신이 무엇을 좋아하는지를 잘 생각하는 것이다. 〈바람이 분다〉는 호리코시 지로라고 하는 소년이 꿈을 꾸는 장면에서 시작한다. '바람이 분다, 살아 봐야겠다'는 폴 발레리의 시가 먼저 나오고 곧바로 어슴푸레한 새벽이다. 외출복에 교모까지 쓰고 손에는 흰 장갑을 낀 소년이 지붕을 조심스레 올라 처마에 매달린 새 닮은 비행기를 탄다. 멀리 높은 산이 보인다. 소년이 비행기를 몰기 시작한 순간 아침 해가 뜨고, 비행기가 날아가는 것에 맞추어 들판이 햇빛으로 아름답게 물든다.

소년은 비행에 대해 경건한 마음을 품고 있기에 장갑을 끼고 지붕을 오른다. 의관을 잘 갖추고도 있으니 그에게 비행은 최고로 훌륭한 일이다. 그런데 지로는 자신의 집 지붕 위에서 날아오른다. 날기 위해 필요한 것은 거대한 비행장의 활주로가 아니라 자기 집 지붕 위다. 참으로 소박한 이륙이지만, 이것은 가족들 품에서, 마을 위로, 일상 속에서 날기를 바라는 마음을 뜻한다. 지로는 자기가 발 딛고 있는 조건을 극복하기 위해 날지 않는다. 지로는 자기 집 지붕 위를 조심스럽게 오른다. 내가 서 있는 이 자리는 소중하기 때문이다.

지로의 멋진 비행기는 절대로 높이 날지 않는다. 작은 하천의 다리 밑을, 일하는 사람들을 방해하지 않고 낮게 날 수 있을 정도로 저공비행이다. 마을 사람들은 낮게 나는 비행기 안에서 활짝 웃으며 조종하는 아이를 볼 수 있다. 조종사도 구경꾼도 밝아 오는 아침을 기뻐하며 새날을 축복한다. 비행기의 외관도 주목하자. 지로의 비행기에는 새의 날개처럼 깃털 같은 것이 달려 있다. 바람이 불 때마다 깃털이 펄럭이듯 날개 끝부분이 펄럭거린다. 새처럼 가볍고도 즐겁게, 삶의 찬미자가 되리! 이것이 지로의 꿈이다. 지로는 가족과 이웃을 기쁘게 하고 싶다. 함께 웃으며 하루하루를 소중하게 만들고 싶다. 이런 의미에서 지로는 아이들을 한번 실컷 웃기고 싶었던 공중곡예사 '붉은 돼지'를 닮았다.

꿈을 갖는 데에는 자신이 무엇을 좋아하는지도 알아야 하지만 자신의 품성에도 주의를 기울여야 한다. 미야자키는 소년 시절 비행의 꿈을 갖게 된 지로를 그리면서 특별한 에피소드를 하나 집어넣는다. 하굣길에 상급생에게 괴롭힘당하는 저학년 동생을 도와준 일이다. 지로는 기본적으로 누군가를 돕고 싶어 하는 사람이다. 그렇다고 지로가 희생정신이 투철한 것은 아니다. 지로는 누군가의 어려움을 자신의 것처럼 느끼고 함께 그것을 해결하기를 좋아할 뿐이다. 그래서 지로는 모두를 즐겁게 하고 싶다는 마음에서 출발한 비행의 꿈을 점점 남을 돕는 데에 쓰기로 한다.

지로는 어떤 어려움에도 비행의 꿈을 놓지 않는다. 〈센과 치히로의 행방불명〉이나 〈그대들은 어떻게 살 것인가〉에서는 주인공이 어떤 미지의 세계에 들어갔다 나오면서 보다 멋진 삶을 사는 구성을 보여 주었다면, 지로에게는 그런 체험이 없다. 지로는 평생 어렵고 힘들 때마다 자신의 멘토 카프로니 박사가 나오는 꿈을 꾸면서 비행기 설계에 대한 자신의 희망을 붙들고 간다. 한번 구현해 보기 전까지는 절대로 비전을 포기하지 말아야 한다는 것이 미야자키의 지론이다.

구체적으로 들어가 보자. 지로는 학교에서 선생님으로부터 외국 비행잡지 『애비에이션』(Aviation)을 빌려 읽는다. 이 책을 갖고 돌아오는 하굣길에서 상급생이 하급생을 괴롭히는 장면을 목격했다. 그리고 그날 꿈에 이탈리아의 유명 비행기 설계사 카프로니 백작이 나타나서 자신의 비행기는 전쟁터에 나갔다가 더 큰 비행기가 쏜 총에 맞아 대부분 돌아오지 못했다고 한다. 현실에서도 힘이 센 아이가 약한 아이를 괴롭히고 있었다. 지로는 비행잡지를 읽으며 비행기를 둘러싼 이런 난감한 정황을 알게 되었을 것이다.

꿈에서 카프로니 박사는 지로에게 자신은 비행기 설계의 꿈을 접지 않는다고 한다. 왜냐하면 전쟁은 결국 지나갈 일이기 때문이다. 카프로니는 자신이 바라는 바는 손님 몇백 명을 태우고 대서양을 횡단하는 것뿐이라고 한다. 이런 카프로니 백작의 얼굴에는 확신이 가득하다. 카프로니 백작의 말처럼 비행기는 전쟁의 도구도 장사의 수단도 아니다. 붉은 돼지, 포르코도 같은 말을 했다. '나의 비행은 전쟁을 위한 것도 경쟁을 위한 것도 아니다.' 이런 카프로니의 주장을 뒷받침하고 지로의 꿈을 응원하는 의미에서, 꿈의 하늘은 더할 나위 없이 맑고 푸르다. 카프로니와 헤어지기 직전에는 맑은 달까지 떠올라 온 누리에 그 꿈의 빛나는 아름다움을 알린다.

청년이 된 지로에게 닥친 큰 위기는 관동대지진이다. 대학생이 된 지로는 기차를 타고 수도 도쿄로 가고 있다. 그런데 갑자기 지진으로 땅이 울려 기차가 탈선하고 차가 폭발할까 놀란 승객들이 들판으로 다 뛰쳐나와 불길을 피해 도망치기 시작한다. 이때 지로는 기차에서 만난 아가씨와 그의 유모를 돕게 된다. 지로는 피난 인파 속에서 발목뼈가 부러진 유모를 업고 도심 우에노에 있는 그들의 집까지 데려다준다. 하급생을 도왔던 것처럼 지로는 눈앞의 어려운 사람을 지나치지 않는다.

지로는 유모를 구한 뒤 곧장 학교로 돌아와 지진으로 무너진 건물 속에서 귀중한 책들을 열심히 꺼낸다. 이때 잠깐 쉬며 재가 날리는 하늘을 보다가 다시 카프로니 백작에 관한 환상에 빠진다. 불길 속에서 실제 카프로니 백작이 새 비행기 개발에 성공했다는 엽서를 우연히 발견했기 때문이다. 지로는 저 어딘가 이탈리아에서 계속 비행기를 실험하는 카프로니 백작을 떠올리며 책이 타고 학교가 무너져 내려도 꿈을 접을 수는 없다고 생각한다.

지로에게 닥치는 다음 위기는 실제 비행기 개발을 하면서다. 지로는 도쿄를 떠나 나고야에 있는 미쓰비시 내연기(內燃機) 회사에 취직한다. 지로는 대규모 폭격기 같은 것을 요구하는 회사 안에서도 작고 날렵한 비행기에 대한 희망을 놓지 않는다. 지로가 미쓰비시에 취직한 까닭은 자본 집약적인 제품인 비행기를 만들 수 있는 곳이 국가가 지원하는 대기업밖에 없었기 때문이다. 지로는 새처럼 작은 비행기를 꿈꾸지만 라퓨타처럼 대포를 갖춘 비행기를 원하는 회사에 들어갈 수밖에 없었다. 하지만 지로는 자신이 처한 이론 조건을 무시하지 않으면서 비행기 설계에 대한 소망을 놓지 않는다.

물론 회사에서의 연구는 쉽지 않았다. 일본의 비행기 설계 기술이 워낙 열등해서 큰 비행기는 고사하고 날개를 단 채 안정적으로 높이 날아오르게 하지도 못했기 때문이다. 결국 지로는 독일의 유명한 비행기 공장에 견학을 가게 된다. 그리고 그곳에서 인종차별을 당한다. 회사 안에서나 밖에서나 독일 사람들은 견학 온 지로와 그의 동료들에게 "일본인들은 꺼져!"라는 말을 반복했던 것이다. 기술이 발달하면 할수록 "꺼져! 꺼져!"라는 목소리가 커지고, 결국 실제로 누군가를 꺼지게 하느라 독일 군인이 사람들을 해치는 장면까지 나온다. 독일 항공기 회사 직원이 지로에게 꺼지라고 한 것은 기술 유출에 대한 위험 때문이었다. 기술은 고도화될수록 사유화되고 사람들을 억압하는 도구가 된다. 이 장면을 통해 미야자키는 큰 녀석이 작은 녀석을 괴롭히는 국가적 방식을 보여 준다.

그런데 지로는 독일에서도 다시 카프로니 박사의 꿈을 꾼다. 자신이 개발할 비행기도 누군가를 억압하고 괴롭히는 도구가 되지 않을까 의심이 되었지만 꿈속의 카프로니 박사는 여전히 환하게 웃고 있다. 꿈속에서 카프로니의 은퇴식 비행에서는 비행기 구멍마다 사람들이 꽃다발처럼 퐁퐁 튀어나온다. 비행은 함께 웃으려고 하는 일이다. 미야자키 하야오는 꿈의 아름다움을 배경이 되는 하늘이며 구름의 풍요로움과 햇빛을 받을 때마다 달라지는 다양한 색감으로 계속 강조한다. 비행기를 만들고 관리하는 사람들이 경쟁하면서 서로를 괴롭히는 일도 있지만 '함께 웃기'인 비행의 본질은 바뀌지 않는다. 지로는 어린 시절 자신의 지붕 위를 날고 싶어 한 그 마음을 소중하게 끝까지 가지고 간다. 이 정도의 집착이 멀리서 보면 광기처럼 느껴지기도 할 것이다.

꿈꾸는 자는 꿈처럼 산다

지로는 어렵고 힘들 때마다 카프로니의 꿈을 꾸면서 기운을 회복한다. 그렇게 '함께하는 삶'에 대한 희망을 놓치지 않았기에 지로에게는 그런 꿈의 동반자를 찾는 일이 어렵지 않다.

작품을 잘 보면 학교에서 성적을 다투는 친구들이나 재능을 질투할 법한 회사의 선배들 모두 지로를 좋아한다. 지로는 그 누구와도 경쟁하지 않고 자신의 꿈을 실현하기 위해 매진한다. 점심으로는 비행기의 선체를 연상시키는 고등어 반찬만 먹을 정도다. 지로는 모두를 즐겁게 할 비행기를 만들고자 하므로 그 과정에 함께하는 모든 이들을 소중하게 생각한다. 여기서 우리는 지로가 이상주의자, 즉 '이루어야 할 미래'에 강박적으로 매달리는 사람이 아님을 알 수 있다. 꿈을 꾼다는 것은 그 과정 하나하나가 다 꿈과 닮은 모습이어야 한다는 것이다. 미야자키 하야오는 좋은 사람이 되어 훌륭한 일을 하고 싶은 사람은 지금 이미 좋은 사람이고 어떻게든 의미 있는 행동을 하게 되어 있다고 한다.

그래서 지로는 멋지게 사랑도 한다. 지로는 우연히 회사 휴가로 높은 산의 휴양지에 가게 된다. 여기에서 대지진 때 도와준 그 아가씨 나오코와 재회하고, 둘은 금방 사랑에 빠진다. 기차에서 나오코와 지로는 바람에 날리는 모자를 서로 잡아 주면서 인사를 나누었는데 이때 둘은 폴 발레리의 시를 함께 읊었다. 발레리의 시는 영화 도입부에 이미 나왔었다. '바람이 분다. 어떻게든 살아야 한다.' 긴 말 하지 않고 간단히 시를 나누면서 두 사람은 어떤 바람이라도 맞으며 살기 위해 애써야 한다는 것을, 더 구체적으로는 어떤 바람도 맞을 수 있으려면 어떻게 살아야 하는지에 대한 생각이 필요하다는 것에 공감했을 것이다. 두 사람은 다친 유모를 돕기 위해 힘을 합쳐 모든 것을 다 했다.

휴양지에 도착한 직후 나오코를 만나기 전, 지로는 바람이 언제나 분다는 것을 확인했다. 그리고 강한 바람에 날아가는 양산을 주워 주면서 그 아래에서 그림을 그리고 있던 나오코와 재회한다. 나오코는 화가가 되어 바람 부는 언덕 위에서 풍경을 주시하고 있었다. 둘 사이를 매개하는 흰 양산은 사랑에 대한 기대로 부푼 두 사람의 마음처럼 둥실 하늘을 날았다. 둘의 사랑을 지켜 주기 위해 세찬 비를 온몸으로 막기도 했다. 하얀 옷과 하얀 와이셔츠, 하얀 모자를 쓴 지로에게 하얀 양산은 꿈속에서 그려 보던 하얀 비행기 그 자체가 된다.

여기서 끝이 아니다. 지로는 꿈에서 비행기로 사람들을 웃게 했다. 지로는 아픈 나오코를 기쁘게 해주기 위해서 비행쇼를 한다. 두 사람은 날아오르는 종이비행기를 잡기 위해 손을 이리 들고 저리 들고 하면서 같이 웃는다. 미야자키 하야오는 종이비행기도, 그 비행기를 잡으려는 청춘 남녀도, 바람에 살랑살랑 흔들리도록 그린다. 호텔 3층 발코니에서 희고 작은 비행기의 활강을 지켜보는 나오코의 얼굴에는 환한 웃음이 퍼진다. 확실히 지로는 고공비행을, 많은 무기를 싣고 하는 비행을 좋아하지 않는다. 작은 비행기의 저공 활강이 주는 즐거움이야말로 최고다! 지로는 하얀 양산, 하얀 종이비행기에서 자기 꿈을 다시 확인한다. 지로는 이렇게 나오코와 재회해 사랑을 나누게 되면서 자신의 꿈을 실현시킨다.

2.
기차 여행
—속도의 열정과 진보의 배신

레일 위의 종이비행기

지로가 꿈을 포기하지 않을 수 있었던 것은 그가 고집쟁이 몽상가여서가 아니다. 지로는 지진으로 폐허가 된 도시에서나 연구 개발이 잘 되지 않는 회사에서 단 한번도 비행기에 대한 자신의 꿈을 놓지 않았다. 그 이유는 무엇일까? 꿈이 아름다운 것에도 이유가 있었다. 그렇지만 더 결정적인 이유는 지로가 꿈과 현실의 관계에 대해 주의를 잃지 않았다는 데에 있다. 미야자키는 비전을 가진 사람에게 가장 요구되는 일은 그 꿈이 놓인 자리를 보는 것이라고 한다.

지로의 현실 인식을 살펴보자. 이 점은 사실 지로가 처음 새 비행기를 타고 마을 위를 날았을 때부터 확실하게 나온다. 어렸지만 지로는 자신이 모는 비행기 위에서 누가 포탄을 떨어뜨리고 있음을 본다. 비행이란 대단히 위험한 일인 것이다. 더 큰 비행기의 위협이라는 조건으로부터 비행기는 자유롭지 않다. 언제나 더 크고 더 높이 나는 것들이 아래로 폭탄을 떨어뜨릴 수 있다. 그럼에도 지로는 왜 비행기 설계의 꿈을 놓지 않는가? 왜 자신의 위험을 감수하는가? 미야자키는 지로가 계속 누군가를 보고 있다는 점을 강조한다. 설계사라지만 지로는 책상 앞에만 있지 않다. 이는 어릴 때부터다. 긴 복도가 있던 그 학교를 떠올려 보자. 교무실로 어떤 선생님은 들어가고, 어떤 선생님은 지로에게 잡지를 빌려주기 위해 나온다. 하교하는 길 지로의 눈에는 강가에서 다투고 있는 또래 아이들이 보인다.

스무 살이 되어 도쿄로 가게 되었을 때는 또 어떤가? 미야자키 하야오는 지로가 탄 3등칸을 자세히 보여 준다. 지로가 콩나물시루처럼 빽빽한 칸에서 물건을 든 아주머니에게 자리를 양보하고 나올 때를 보자. 아주 다양한 사람들이 기차를 타고 있다. 지진이 나서 기차에서 사람이 쏟아져 나오고 피난 행렬이 도심을 따라 쭉 이어지는 과정에서도 엄청난 숫자의 군중이 그려진다. 화재로 다 타 버린 도쿄가 빨리 복구가 되고, 여동생이 찾아와 배를 타고 바다를 건너는 과정에서도 지로의 눈에는 하차장에서 배를 기다리는 사람들이 들어온다. 취직이 되어 나고야에 가게 되었을 때 지로는 기찻길을 따라 걸어서 대도시까지 찾아오는 노숙자들을 본다. 그들은 공황 때문에 화가 나 있다. 지로는 회사 첫 출근 때 복도에서 여직원들과도 눈을 맞추는데, 호감이 있어서라기보다는 회사에서 함께 일하는 모두에게 마음이 갔기 때문이다. 설계 공장의 여성 노동자는 분명 허드렛일을 맡고 있었을 것이다. 지로는 낮은 자리에 누가 있는지를 계속 본다.

미야자키 하야오의 군상 그리기는 무엇을 의미하는가? 특히 이처럼 지진과 전쟁으로 형편이 어려운 사람들을 향한 지로의 시선 두기에는 어떤 뜻이 있는가? 지로가 일자리를 찾아 몰려든 가난한 사람들이 많은 대도시에서 학교를 다니다 보니 그럴 수밖에 없다고 할 수도 있다. 회사가 대기업이라서 직원이 많이 나올 수밖에 없다고도 할 수 있다.

미야자키가 군중 장면 그리기를 좋아한 것도 사실이다. 그런데 〈붉은 돼지〉에서도 그랬지만 〈하울의 움직이는 성〉에서도 군중은 모두 한 방향을 보면서 같은 표정으로 크게 환호하고 있었다. 〈바람이 분다〉는 다르다. 모두가 전쟁을 준비함에도 불구하고 학생들, 도시 사람들, 공장 직원들의 표정이 제각각이다. 이 각각을 따로 생생하게 그려 내기 위해 지브리 스태프들이 얼마나 애를 썼을지 아찔하다. 전체주의를 비판하는 방법으로 히틀러의 만행이나 제국주의자들의 추악한 횡포, 그에 고통받는 민중을 그리는 식만 있는 것은 아니다. 역사의 어떤 국면에도, 일상의 어떤 국면에도, 그 누구도 같은 얼굴로 있지 않다는 점을 볼 수 있는 방식도 있다. 지로가 꿈꾼 작은 비행기는, 각자 다르게 생긴 만큼 그 욕망 또한 다 다를 것이며 모두가 같은 시간에 같은 곳을 향해 날아오를 리 없다는 생각으로부터 나왔다.

그런 지로이기에 구체적인 얼굴 하나하나에 눈길을 둔다. 그리고 그들은 가난으로 고통받고 있었다.

대학 시절부터, 나고야 시절에서 독일의 데사우 호텔 방에까지 지로의 동료 혼조는 계속 '일본이 가난하다'고 한다. 지로는 가난한 사람들을 도와주고 싶다. 이 마음이 아주 확실해진 계기가 바로 대지진이다. 미야자키는 지진을 묘사하기에 앞서 기차가 일본 관동지방을 달리는 모습을 와이드 앵글로 보여 준다. 바로 다음, 황궁이 있는 도쿄 전체가 지진의 일격을 받아 차례차례 무너져서 타오르며 폐허가 되는 모습을 그린다. 어떻게 이 상황을 타개할 것인가?

기차가 탈선하자 사람들은 곧 폭발할 것이라며 비명을 지른다. 하지만 지로는 책에서 배웠기에 기차는 절대로 불에 타지 않는다며 침착하다. 또 부러진 유모의 발목에 자신의 자를 대어 주며 임시 치료를 한다. 지로는 지식이 자연재해를 직시하게 하고, 사람을 돕고 치유할 능력을 준다고 생각한다. 기술이 가난으로부터 벗어날 길을 열어 줄 것이며 우리를 보다 나은 삶으로 인도하리라! 지로는 현실을 직시하려고 애쓰면서 그만큼 기술에 대한 신뢰도 키워 갔다.

철마의 눈물

그러나 아이러니하게도 작품을 끝까지 보면 이런 자연재해에 맞서기 위한 과학기술이 그런 자연재해와 똑같은 인재를 낳는다. 전쟁 통에 폭격을 당한 도시 묘사의 마지막 장면을 보자. 장면 자체만 놓고 보면 원인이 지진인지 전쟁인지 알 길이 없을 정도다. 똑같은 구도, 번져 오르는 핏빛 구름과 불에 타 고통받는 대지, 그리고 쓰러진 기술의 잔해들이 나온다. 뫼비우스의 띠처럼 하나가 하나를 맞물고 있으며 끝은 모두 다 불에 타 버린다.

서서히 암시된 지로의 비극을 되짚어 보자. 나고야에 들어갈 때 지로는 구걸하고 노숙하는 사람들을 본다. 나고야 시내에는 은행으로 돈을 찾으러 몰려드는 사람들이 인산인해를 이루고 있었다. 이들 눈에는 사람이 사람으로 보이지 않았다. 나고야와 같은 선진 공업 도시에 왜 이렇게 인정물태(人情物態)가 엉망인가?

회사 생활을 하던 어느 날은 이런 일도 있었다. 퇴근길에 지로는 저녁도 못 먹고 일터에서 돌아올 부모를 기다리는 아이들을 만난다. 상점에서 산 카스텔라 몇 개를 먹어 보라며 건네지만 아이들은 겁을 먹고 도망을 간다. 정말 뛰어난 장면이다. 괴롭힘당하던 하급생을 도왔던 그 멋진 소년은 이제 카스텔라 하나 나눌 수 없는 처지가 되었다. 밤낮없이 가난한 이들을 돕기 위해 공부하고 공부했는데 말이다. 지로가 매진하는 기술의 꿈은 아이들을 만족시킬 수 없을지 모른다. 지로는 씁쓸하다. 하지만 지로는 포기하지 않는다.

미야자키는 비행기에 대한 이 욕망을 떠받치는 기술에 대한 믿음이 하나의 시대정신 같은 것이었다고 한다.

그래도 많은 젊은이가 공중의 병사가 되는 것을 동경하며 파일
럿에 지원했다. 진흙 속을 기어다니는 참호전의 병사가 되기보
다 낫다는 것만으로는 설명할 수 없는 열광에, 청년들은 홀려 있
었다. 하늘을 자유롭게 날고 싶다는 소망은, 하늘을 자재로 고속
으로 날아다니는 자유로 변하여, 속력과 파괴력이 젊은이들의 공
격 행동을 돋운 것이다. 오늘날 신호를 무시하며 질주하는 젊은
폭주족들을 보면 바로 이해할 수 있다. 사실, 속도야말로 20세기
를 몰아넣은 마약이었다. 속도는 선이었고 진보였으며 우월이어
서 모든 것의 기준이 된 것이다.(미야자키 하야오,『미야자키 하야
오 반환점 1997~2008』, 183쪽)

1923년 관동대지진이 일어났을 때 지로의 나이는 스무 살
이다. 지로는 1904년생이니 메이지 유신이 일어난 1868년으로
부터 이미 30년이 훌쩍 넘은 시점에 태어났다. 비행잡지를 읽고
이탈리아 설계사를 멘토로 삼을 정도로 근대의 가치 안에 푹 잠
겨서 나고 자랐다고 할 수 있다. 이런 지로에게 속도는 선한 것
이다. 우월함이고 진보이기 때문에 비행기야말로 지진의 불안
과 생활의 가난을 극복할 수 있는 대안이 된다.

그래서 작품에는 처음부터 근대적 속도를 상징하는 기차가
계속 등장한다. 첫번째 꿈에서 포탄이 떨어질 때에도 지로 왼쪽

편으로 기차가 달린다. 설계사가 되기로 결심했을 때 지로는 기차를 타고 상경한다. 물론 기차 안에서 나중에 아내가 될 나오코도 만난다. 나고야에 갈 때에도 기차를 타고 들어가는 장면이 길게 나오며, 나중에는 힘찬 기적 소리와 함께 독일 데사우에 입성한다. 이때 깔리는 행진곡과 기차 밖으로 보이는 서정적이고 아름다운 유럽 풍경, 그리고 도시에 들어서자마자 하늘을 보고 있는 지로와 동료들의 모습은 기차가 선이라는 점을 단적으로 제시한다.

지로는 현실을 냉정하게 바라보면서 버릴 수 없는 자신의 꿈을 생각한다. 그래서 지로는 어느 순간부터 희망과 불안감 사이에서 혼란을 느낀다. 속도를 따라잡아야 하지만 기계가 아니라 소가 비행기를 끌고 간다는 것이 좋다. 빠르지 않아도 가볍고 아름다운 비행기에 자꾸 마음이 끌린다. 결국 지로는 알게 된다. 비행기 속도를 높이기 위해서도 무기를 실어서는 안 된다는 것을. 그런데 국가와 회사는 내 속도, 즉 자기 문명이 더 우월하다고 자랑하고, 더 '빨리' 부를 얻기 위해서 무거운 무기를 싣고 날자고 한다. 나중에 동료들과 속도를 높일 연구를 함께하면서 지로는 무기를 버릴 수 없기 때문에 일본의 비행기는 늦을 수밖에 없다며 국가와 회사를 모두 비꼰다.

지로는 현실과 꿈 사이에서 중심을 잡아 가면서 속도가 지닌 모순을 파악해 간다. 미야자키는 이런 지로를 통해 모두가 추구하는 그 '속도'가 결국 전체주의와 연결된다는 점을 지적한다. 기차를 타고 도착한 기술자들이 우러러본 바로 그 하늘에 히틀러의 비행기가 잔뜩 날고 있었기 때문이다. 〈바람이 분다〉의 개봉 직후, 미야자키는 변절했다며 많은 비판을 받았다. 하울처럼 반전주의가 미야자키의 근본적 입장이었기 때문이다. 이 작품은 끔찍한 무기 개발자가 주인공으로 나오는데, 그는 아무런 벌을 받지 않는다. 심지어 이 작품에서 그려지는 비행기와 개발자의 성품도 너무 순수하고 아름답다. 도대체 미야자키는 왜 이렇게 전쟁 무기를 아름답게 그리는가?

하지만 〈바람이 분다〉에는 반전(反戰)의 메시지가 곳곳에 들어 있다. 미야자키는 속도의 신에 복종했던 지로가 느낀 모순이라든가 인식의 한계를 명확하게 지적한다. 미야자키는 그것 또한 '기차'로 표현한다. 기차가 고산 지대의 휴양지, 마의 산으로 지로를 데리고 가기 때문이다. 그곳에서 지로는 전화(戰禍)로부터 도망친 사람들을 만나 죽음이 없는 비행을 꿈꾼다. 그런데 지로가 손에 들 수 있었던 것은 겨우 종이비행기다. 철로 된 비행기는 절대 꿀 수 없는 종이비행기의 꿈은, 철과 천이 결합된 흰 양산으로까지는 승화된다. 양산은 바람 좋은 날 뒤집어서 잘 날리면 가벼운 물건 몇 개쯤 실어 보낼 수 있는 수송기가 될 수 있다. 양산으로 쏟아지는 장대비를 겨우 막으며 언덕을 함께 내려왔던 지로와 나오코의 모습은 흰 양산 비행기를 지상에서 사용한 것처럼 보이기도 한다.

그러나 행복한 마의 산으로 지로를 인도했던 기차는, 다음에 나오코를 고산 병원으로 데리고 간다. 고산 병원은 결핵 환자들의 요양소로, 나오코는 회복되어 내려오지 못한다. 환자들 여럿이서 침낭 안에 들어가 찬 바람을 맞고 있는 병원 장면의 첫 부분에서는 저 멀리 산 밑 오른쪽으로 기차가 지나간다. 장면의 병치로만 보면 나오코가 병원에 간 뒤로 지로는 연구에 박차를 가하게 되는데 딱 그만큼 나오코의 병색도 깊어진다. 중간에 나오코가 지로와 마지막 시간을 보낼 결심으로 산에서 내려왔을 때 그녀는 3등칸을 타고 나고야에 도착한다. 2등칸을 타고 다니던 소녀가 3등칸을 타게 되고, 신혼집 하나도 마련하지 못하는 처지에, 하루 종일 혼자 방 안에 누워 있다. 마지막에는 다시는 내려오지 못할 산으로 혼자 올라간다. 이것이 기차가 지로에게 선물한 운명인 것이다. 속도의 신이 지로를 데리고 가는 곳은 외로운 죽음이다.

결과적으로 보면 지로의 제로센은 불과 몇 년 사이에 발전한 다른 비행기의 출현으로 하늘의 통제권을 빼앗긴다. 전쟁 막바지에는 미 해군을 공격하기 위해 자살 특공대의 비행기로 쓰여 전멸한다. 비행기는 지로의 의도와 달리 끔찍한 전쟁의 수단이 되었다. 이런 결과만 놓고 지로의 30년을 어떻게 설명할 수 있는가? 중간에 혼조와 우정도 나누고 나오코와 사랑도 했으니 나쁘지만은 않았다고 해야 할까?

미야자키가 그런 식으로 문제를 슬쩍 회피할 리는 없다. 초반의 꿈에서 카프로니는 분명하게 말한다. 피라미드가 있는 세계와 없는 세계 중 자신은 피라미드가 있는 세계를 선택했다고. 비행기는 피라미드가 있는 세계, 즉 위계가 있고 위의 뜻에 따라 아래를 억누르게 되어 있는 곳에서 만들어진다. 지로는 어떻게 생각할까? 지로는 그 꿈을 꾸기 전, 학교에서 상급생이 하급생을 괴롭히는 것을 막아섰다. 지로는 피라미드가 없는 세계에서도 비행기가 만들어질 수 있음을 온 힘을 다해 증명해 보려 했다. 경쟁이 없고 사랑과 헌신이 있는 세계를 만들기 위해 지로는 카스텔라를 아이들에게 주려 했고, 결핵으로 고통받는 연인을 위해 비행쇼를 펼치기도 했다. 그러나 기차를 타고 이른 곳, 비행기를 개발하며 도착한 곳은 폐허였다.

3.
설계사 지로
—아름다운 지옥의 순교자

평범함의 무시무시함

〈바람이 분다〉는 호리코시 지로라는 한 인간의 일생을 다룬다. 그가 자신의 꿈을 어떻게 이루고 그 결과로 무엇을 받아들이게 되는지가 러닝타임 두 시간 내내 천천히 다루어진다. 작품 서사적 측면에서 보면 가장 큰 특징은 일생을 너무 길게 그린다는 점이다. 일단 지로가 열세 살 때부터 시작해서 마흔두 살에 영화가 끝나니까 30년 정도다. 〈바람이 분다〉는 한 인간의 일생을 다룬다. 〈그대들은 어떻게 살 것인가〉는 하루의 일이다. 이 정도 규모의 스케일은 13년 동안 간헐적으로 연재된 만화 『바람 계곡의 나우시카』 정도인데, 만화에서 나우시카의 모험도 30년 수준은 아니기 때문에 역시 시간적 스케일로는 〈바람이 분다〉가 가장 광범위하다.

그런데 30년의 시간 동안 또 뭔가 특별한 일이 있었는지를 보면, 부모가 돼지로 변한 적도 없고 저주에 걸려 지로가 할아버지가 되지도 않으니까 그저 평범하다고밖에 말할 수 없다. 지로가 가미카제 특공대가 타고 날아간 일본 해군 항공대 비행기 제로센의 개발자가 되는 이야기이기는 하지만, 실제 패전의 원인을 분석하는 장면 같은 것도 없다. 기술자이자 평화 사상가인 지로의 내적 갈등이 분출되는 구체적 지점도 없다. 결말에서 제로센의 비극도 시체가 나뒹굴고 피가 튀기는 식으로 눈살이 찌푸려질 만큼 비참하게 그려지지 않는다. 미야자키는 현실과 꿈을 포함해서 많은 시공간을 독자들로 하여금 감정이입할 수 없도록 원경(遠景)에서 잡는다.

여기에 지로의 성격도 한몫을 한다. 지로는 〈벼랑 위의 포뇨〉의 소스케처럼 자기 기분이 확실한 사람이 아니다. 영화를 다 보고 나면 열심히 연구하는 지로의 책상밖에 떠오르지 않는다. 나우시카의 변한 얼굴, 소스케의 기쁜 얼굴 등 얼굴이 아니라 책상만 남는다. 유튜브에 '스터디 위드 미'라고 집중력을 높이는 영상 등이 편집되어 올라오곤 하는데, 지로가 혼자 밤낮으로 연구하는 장면이라든가 미쓰비시 비행기 회사 연구실에서 연구원들이 들썩들썩 함께 뭔가를 토론하며 계산하는 장면 등이 지브리 대표 스터디 위드 미인 듯 많이 나와 있다.

매일매일 연구만 한 사람의 일생을 영화로 따라가는 것에는 어떤 의미가 있을까? 정직하고 성실한 한 사람의 인생이 왜 타인의 삶을 파괴하고 자기도 구원하지 못하게 되는 것일까? 제목처럼 바람은 멈추지 않을 것이니, 그런 인생은 온갖 간난신고를 겪으며 괴롭기만 할 것인데….

그의 일생을, 그 일상에 초점을 맞추어 살펴보자. 지로는 경제적으로 보면 2등칸을 탈 정도는 아니라 해도 집에 유모를 두고 있고 정원까지 있는, 시골에서는 그런대로 형편이 나쁘지 않은 집에서 태어났다. 이 집에 아버지, 형, 그리고 남동생도 있어 보이기는 하지만 지로에게 간섭하는 남자들은 나오지 않는다. 어머니는 아들이 친구들과 다투고 들어와도 조용히 말리고, 설계사의 꿈을 이야기하면 무조건 응원한다. 어린 여동생은 오빠를 따르며 밤에 지붕 위에서 함께 별을 볼 정도로 친하다. 지로는 학교 생활도 원만하다. 그 당시에 구하기 쉽지 않았을 외국 잡지도 선생님으로부터 쉽게 빌릴 수 있고, 하급생을 구하려고 다투지만 자기 싸움은 아니다. 이 점은 〈그대들은 어떻게 살 것인가〉의 마히토와 대비된다. 마히토는 동급생들의 시기와 질투 공격을 직접 받았다.

공부를 잘한 지로는 도쿄에 있는 대학에 진학한다. 항공기술학과가 있을 정도로 규모가 큰 학교에 가서 밤낮없이 공부하면서 친구도 잘 사귄다. 이때 사귄 혼조와는 평생 경쟁하며 우정을 나누는 사이가 된다. 꿈을 향해 일로매진하는 지로는 영화에서 설계도면의 선을 깨끗하게 그린다고 나온다. 얼마나 연습을 많이 했으면 그렇겠는가? 매사 깔끔하고 확실한 성격에 공부까지 잘했을 테니 지로는 무리 없이 나고야에 있는 일본 최대

군수 회사 '미쓰비시 내연기 주식회사'에 취직한다. 취직한 회사에서 동료들의 질투 섞인 따돌림 따위를 겪는 일도 없고, 5년 만의 파격 승진에도 누구 하나 불평하지 않는다. 나중에 지로는 사상범 전문 경찰에게 쫓기지만 이것도 과장님, 부장님의 보호 속에서 다 해결된다.

연애는 또 어떤가? 첫사랑과 무리 없이 결혼하는 스토리다. 장인의 서슬 퍼런 반대도 없다. 나오코는 본인이 결핵으로 고생함에도 비행기를 만들고 싶은 지로의 꿈을 백 프로 응원한다. 본인 치료도 마다하고 지로의 설계가 완성작품으로 탄생하기까지를 묵묵히 지킨다. 신혼집이 없어도 과장이 별채를 내주고, 과장님 댁 사모님이 아픈 아내까지 돌봐준다. 물론 나오코의 결핵으로 사랑은 짧게 끝난다. 하지만 꿈속에서 나오코는 늘 같은 자리에서 변함없이 지로를 응원하며 그가 만들어 낼 비행기를 기다려 준다. 지로는 하고 싶은 것 다 한다.

미야자키는 지로가 가장 크게 영향을 받는 역사적 사건으로 단지 1923년의 관동대지진만 언급한다. 지로의 제로센이 실제 쓰이게 된 것은 2차 세계대전이다. 일본이 태평양에서 전쟁을 벌이기까지 자체적으로 아시아를 정복하기도 했으니, 미쓰비시의 비행기가 여기에 협력하지 않았을 리 없다. 하지만 미야자키는 2차 세계대전의 전운이 감돌기 직전인 1931년에 이야기를 끝내고 지로가 42세가 된 전쟁 직후를 곧바로 보여 준다. 이때 지로가 꿈에서 카프로니에게 지난 10년은 지옥인 줄 알았다고 말한다. 지로는 나오코도 없이, 사람이 연료탱크를 모는 부품이 되는 것을 허망하게 바라보았을 것이다. 그런 끔찍한 시간은 작품에 나오지 않는다.

나오코는 심각한 결핵을 아침 화장으로 겨우 감추고, 마침내 지로의 설계가 세상에 빛을 본 순간 다시 고산 병원으로 올라간다. 이런 나오코를 보고 과장의 부인은 '아름다운 모습만 남기려고 했다'며 나오코의 그런 선택을 눈물로 격려한다. 미야자키 하야오 역시 지로 인생에서 아름다운 모습만 남겼다고 할 수 있다. 영화 내내 지로와 카프로니는 비행기의 꿈은 아름다운 것이며, 비행기도 아름답다고 말한다. 마지막 꿈에서 카프로니는 지로의 제로센이 아름답다고 결론 내린다. 물론 이 비행기들은 모두 하늘 무덤으로 날아가 버렸다(〈붉은 돼지〉와 〈벼랑 위의 포뇨〉, 그리고 최신작 〈그대들은 어떻게 살 것인가〉에서는 바다 위에 가득 몰려서 떠 있는 배나 하늘 한가득 몰려 날고 있는 비행기를 배와 비행기 들의 죽음으로 표현한다).

미야자키가 기술자들 간의 경쟁, 자금 부족과 날씨의 변덕으로 인한 시험 비행의 실패, 혹은 가미카제가 되고 만 제로센의 참상 같은 것을 다 뺀 이유는 무엇인가?

그런 일들이 지로에게는 아무런 영향을 미치지 않기 때문이다. 지로는 13세 때부터 42세 때까지 한결같다. 침착하고 성실하며 다정하기까지 한 엔지니어로, 꿈꾸던 유년의 그 모습 그대로 늙어 간다. 지로는 관동대지진 앞에서나 연인 나오코의 각혈 앞에서도 무너지지 않는다. 지로는 끝까지 침착함을 유지한다. 그 어떤 일에도 흔들리지 않는다.

휴양지가 있었던 높은 산의 별명은 '마의 산'이다. 지로가 사랑을 이루는 곳이 마의 산이라는 말이다. 지로는 그곳에서 아름다운 비행의 꿈을 확인했지만, 또한 기술의 위험과 성공의 광기에 대해서도 직감했다. 마의 산에서 그저 아름답고 기쁜 것에만 도취되고 말았다면 지로는 꿈의 이면을 도외시하면서 광폭하게 기술 개발에 몰두하는 엔지니어가 되어 버렸을 것이다.

이런 지로를 구한 것은 나오코다. 그녀는 건강한 모습으로 지로와 결혼하기 위해 본격적으로 결핵을 치료하려고 한다. 나중에는 고산 병원에서 가족도 없이 혼자 공기 치료를 한다. 미야자키는 깨끗한 얼음 나라에 고치를 틀고 누워 있는 것처럼 요양하는 고산 병원의 결핵 환자들을 보여 준다. 결핵은 이런 순백의 장소에서만 치유될 수 있는, 더러운 피의 병이다. 만약 나오코가 완치를 고집하면서 산 위 병원에 계속 머물러 있었다면, 지로는 그 심각성도 모르고 계속 비행기 설계에만 매진했을 것이다. 그런데 중간에 나오코는 단호히 결심을 하고 산을 내려와, 상사의 집 별채에서 변변한 살림도 없이 지로와 함께 지내기로 결심한다.

두 사람의 신혼집은 그동안의 지로의 공부방이나 직원 기숙사와 하나도 다를 바 없다. 지로는 아파 누워 있는 나오코 옆 책상 위에서 계속 연구를 기듭한다. 손 쓸 길 없이 죽어 가는 아내 옆에서 아름다운 비행기를 만든다. 그래서 지로는 전쟁의 수단도 산업의 도구도 아닌, 아름다운 비행의 꿈을 끝까지 놓지 않을 수 있었다. 비행기가 품고 있는 재앙도 도외시하지 않고 말이다. 지로는 망상가가 되어 자기 비행기 만들기만 고집하지도 않고, 재앙을 핑계로 꿈속으로 도피하지 않았다. 지로는 기술 개발에 매진할수록 아내의 죽음을 재촉할 뿐이라는 사실을 명확히 보고 간다. 하얀 비행의 꿈 안에 무시무시한 병균이 들어 있었다. 이 사실을 놓치면 악마가 될 것이다.

지로는 미야자키 하야오 주인공 중에서 제일 말이 없는 인물이다. 그는 외부 조건에 거의 영향을 받지 않는다. 지로는 오직 자신의 꿈과 대결한다. 미야자키 하야오는 앞의 아홉 편에서 모두 주인공이 외적 조건과 사투를 벌이는 일을 다루었다. 그것은 '저주'라는 방식이다. 〈바람이 분다〉에서는 아니다. 지로는 철마의 눈물을 알고도 모두가 행복해질 수도 있을 기술 개발에 전부를 건다. 자기 꿈의 모순을 알고서도 끝까지 붙들고 간다. 지로는 바로 이런 시간을 30년 동안 붙들고 있었다. 미야자키는 시종일관 자기 꿈을 밀어붙인다는 것의 힘과 무게를 보여 주려 했던 것이다.

어떤 바람도 탈 수 있는 날개가 되어

지로는 슬럼프를 모르는 운동선수처럼 단 한 시간도 허투루 쓰는 법 없이 항공 설계 기술을 익히기 위해 노력했다. 심지어 학생 시절에는 매일같이 고등어 반찬만 먹으며, 살이 다 발린 가시를 보고 그 우아한 탄성을 비행기에 적용시킬 생각을 할 정도였다. 회사에 첫 출근한 지로가 책상 앞에서 휜 비행기를 떠올리는 과정에서는 책상 위에서 작은 소용돌이가 치며 지로를 삼키는 것처럼 나온다. 지로가 얼마나 이 꿈에 매달리고 있는지를 알 수 있다. 지로는 나오코가 각혈을 했다는 소식을 듣고 나고야에서 도쿄로 가는 기차를 타야 했을 때도 가방에 도면 넣는 것을 잊지 않는다. 가는 기차 안에서도 계속 연구를 이어 간다. 아픈 아내 옆에서도 밤을 새며 설계를 한다. 작품 속에서 지로의 방은 어린 시절의 방, 도쿄의 하숙집, 나고야의 직원 숙소, 데사우의 호텔방, 신혼집이 되는 상사의 별채 이렇게 다섯 곳인데, 모두 다 지로스럽게 꾸며져 있다. 개인 취향이 담긴 물건이라고는 하나도 없고(사진 한 장이 없다), 전부 책과 설계 도면뿐이다.

그럼 지로의 투쟁 속으로 들어가 보자. 미야자키 하야오가 비행광인 것은 잘 알려져 있다. 〈모노노케 히메〉를 제외하고 〈바람 계곡의 나우시카〉에서부터 모든 작품 속 주인공은 한 번쯤 하늘 높이 난다. 미야자키 하야오는 멋진 비행 장면을 연출하기 위해 아군이든 적군이든 가리지 않고 모든 영화에서 다양한 비행기를 그려 냈다. 그동안 나는 이런 비행기의 외관적 다양함——도색이라든가 어떤 풍채 자체가 주는 느낌 정도——만 피상적으로 보았었다. 그저 미야자키에게 비행기를 이렇게 저렇게 그리는 취미가 있다고만, 즉 화가가 풍경화나 인물화에 대한 특별한 취향이 생기듯이 비행기 그리기에 몰두하게 되었을 뿐이라고만 생각했다.

그러다 〈바람이 분다〉에 나오는 비행기들이 그 자체로 특별한 방식으로 그려진다는 것을 발견하게 되었다. 미야자키는 지로가 비행기를 더욱 완전하게 만들기 위해 애쓴다는 것을 두 개의 관점에서 보여 주었다. 생명이 진화하듯 그의 비행기도 진화했는데 그럼에도 불구하고 두 가지 방향성만은 결코 포기되지 않았다.

첫째, 지로 비행기의 특징은 작다는 것이다. 카프로니가 만든 비행기는 모두 아주 많은 사람을 태울 수 있는 대형선이었다. 카프로니는 은퇴에 맞춰서는 납품 직전의 폭격기에 잔뜩 사람을 태우고 나타나기도 했다. 지로가 회사에서 소형 비행기 제작에 실패하자 결국 회사 쪽에서는 독일제 융커스(Junkers) 대형 비행기 제작을 수주하기도 했었다. 하지만 지로는 자기 꿈을 구체화하기 시작했을 때부터 소형 비행기 제작에 몰두한다. 왜 지로는 작은 비행기가 큰 비행기보다 더욱 아름답다고 생각하는 것일까? 우리 각자가 저마다의 방식으로 날아야 하기 때문이다. 어떤 꿈도 모두의 꿈이 되어서는 안 된다.

둘째, 지로는 비행기의 유체 역학에 관심을 둔다. 비행기가 최대한 바람의 저항에 거스름 없이 날아오를 수 있게 다양한 방법을 고민한다. 지로는 우선은 날개의 모습이나 각도에 초점을 맞춘다. 13세의 지로가 처음 날개를 단 비행기 꿈을 꾸었던 데에서 시작하자. 이 비행기는 1인승으로 비행기의 깃털 모양 날개는 하나하나 바람을 타고 움직이고, 동체는 그때마다 다른 모습이 된다. 뒷날개가 아니라 지브리 특유의 푸른 하늘색으로 채색된 옆 날개가 사람 손처럼 따로 논다는 설정이 재미있다. 그래서 이후의 비행기에서도 우리는 날개 모양에 주목해야 한다.

시간 순서대로 따라가 보자. 먼저 1924년이다. 막 취직한 지로는 머리에 돌풍이 일 정도로 자신의 비행기에 대한 생각에 몰입한다. 흰 새처럼 생긴 비행기인데 최종적으로 꺾임 없이 쫙 펴진 날개를 가진 '0식 함상 전투기'까지 발전될 모양을 하고 있다. 하지만 지로의 머릿속에서 비행기는 공기의 저항을 견디지 못하고 날개가 부서져 추락한다. 회사에서 지로는 계속 설계 실패를 하는데, 결국 미쓰비시가 소형기 제작을 포기하게 된다. 일단 지로는 독일 융커스 항공사에 기술 이전을 위해 견학을 가는데, 여기서도 오직 두랄루민(비행기 동체에 쓰이는 가벼운 물질)제 소형기 F13에 관심을 보인다. 실제 F13은 군용기로 개발되지만 나중에는 여객기로 쓰이게 되었다고 한다. 미야자키 하야오도 이런 사정을 알아 지로가 이 비행기 앞에 더 오래 머물게 한 것 같다.

지로는 독일에서 서유럽을 돌아 일본으로 오는 길 기차 안에서 카프로니의 꿈을 다시 꾸게 되는데, 이때 꿈속 지로의 흰 비행기 날개가 7시 정도로 꺾어 있다. 결국 지로는 독일에서 돌아와 7시(七試) 함상 전투기 개발에 성공한다. 이 테스트 비행에서 얼마나 긴장을 했는지, 지로의 걸음이 바람처럼 흔들렸다.

미야자키는 지로의 날개 집착을 통해 난다는 것의 어려움을 강조한다. 키키처럼 주문만 외우면 되는 일이 아니라, 목숨을 걸고 온 열정을 다해야지만 우리는 겨우 날 수 있다. 자기답게 하늘과 만나고 그러면서도 모두를 즐겁게 하는 일이란 그처럼 어려운 것이다. 미야자키는 우리 각자에게 '어떤' 비전을 가질 것을 요구하지는 않는다. 어떤 비전이라도 좋다! 다만 정말로 실현시킬 수 있도록 모든 노력을 다하지 않으면 안 된다.

그리고 그런 기쁨을 모두와 나누려면 우리는 바람을 거스르지 않도록 해야 한다. 유체역학이란 흐름 저항력에 대한 연구다. 강풍이든 약풍이든 어느 방향에서 어떤 속도로 불든 바람을 잘 탈 수 있는 도구로서의 비행기란 무엇을 뜻하는가? 대지진도 아내의 죽음도 설계의 실패도, 지로의 인생에도 너무나 많은 바람이 왔다 갔다. 바람은 거스르는 것이 아니라 타는 것이다. 바람을 타는 자는 북풍이든 남풍이든, 강풍이든 약풍이든 아무것도 선택할 수 없다. 그에게는 바람을 이해하고 그것을 이용해 더 멋진 풍경 속으로 들어갈 과제만 있다.

그대 오늘도 꿈꾸는가?

7시각 함상 전투기 개발에 성공한 뒤에 지로는 더욱 설계에 매진한다. 그러면서 관심을 날개에서 나사로 돌린다. 친구 혼조에게 비행기 점검구에 자신의 접시머리 나사를 사용하면 공기 저항을 줄일 수 있다며 개발품을 서슴없이 줄 정도로 자신이 넘칠 정도다. 여기에 더해 정교하게 점검구 해치의 아이디어라든가 계산한 스프링 탄성률도 알려 준다. 언뜻 생각하면 한 회사에서 승진을 다투는 개발자들인데 어렵게 발명한 나사를 기꺼이 주거나 덤덤히 거절하는 모습이 이해가 안 되기도 한다. 하지만 대형기든 소형기든 한 대 한 대 자체가 아주 어렵게 개발된다고 보면 한 개인의 어떤 부분적 성취를 가지고 크게 의미를 부여할 일은 아니었을 것이다. 비행이란 말 그대로 철이 하늘을 날아야 하는, 인간이 중력을 거슬러야 하는, 그러기 위해 설계사들이 마음을 모으고 바람도 잘 불어 주어야 가능한 시도일 것이기 때문이다.

지로는 계속 개발에 박차를 가한다. 동료들과 비공식 세미나도 왕창왕창 하면서 마침내 1935년에 완성하게 될 9시(九試) 단좌 전투기에 대한 설계를 만들어 간다. 지로가 동료들과, 또 실제로 설계 도면에 따라 재료를 만들고 붙이는 개발팀과의 협업을 하며 왁자지껄 의기 충만해서 연구하는 모습은 비행기 한 대에 얼마나 많은 사람들의 꿈이 담기는지를 보여 준다.

미야자키 하야오가 협업의 충만함으로 이와 비슷한 것을 그린 것은 〈붉은 돼지〉의 피콜로 씨 정비소였다. 여기서 설계사 피오를 비롯한 공장의 모든 정비사들이 활기차게 먹고 마시고 아이까지 키우면서 붉은 비행기를 조립하던 열기가 다시 환기된다. 물론 가장 큰 차이는 피콜로 정비소가 완전히 여성 일꾼들의 공간이었던 것과 달리 지로의 연구소는 전부 남자들만 일하고 있다는 점이다. 그렇지만 함께 뭔가를 만들어 가는 연구소-공장의 생기는 똑같다. 미야자키 하야오 본인의 꿈을 모두의 꿈으로 만들어 가는 지브리 스튜디오가 연상되기도 한다.

지로는 불철주야, 밤낮으로 담배를 뻑뻑 피우며 함상 전투기를 완성한다. 대학 때부터 고등어 반찬만 먹으며 생선 뼈의 탄성에 감탄해 왔던 지로가 그 우아한 뼈대를 철의 기술로 만드는 데 성공한다. 마침내 날개를 쫙 편 함상 전투기가 완성되고, 240노트로 수직 상승, 수직 하강, 공중회전까지 멋지게 시험 비행을 마친 뒤 지상으로 내려온다. 비행기는 부드러운 구름을 헤치고 태양이 높이 뜬 하늘 끝까지 올라갈 기세로 난다. 미야자키는 지로의 성공을 축하하는 마음으로, 이 비행기가 높이 날 때 그 배경으로 벚꽃이 가득 핀 도심을 보여 준다. 구불구불 강이 흐르고, 마치 열세 살 지로가 꾸었던 꿈에서처럼 하늘도 땅도 비행기를 축복한다. 비행기가 착륙할 때 날개에 햇살이 찬란히 반사되어 비행기의 아름다움을 더한다.

1인승 비행기를 성공적으로 개발한 지로에게 시험 비행기의 조종사는 "멋진 비행기였어요. 고맙습니다"라고 인사한다. 하지만 결말에서 밝혀지듯 이 비행사는 먼 하늘에서 돌아오지 못한다. 지로의 개발을 응원하던 나오코도 비행기가 무사히 착

류하는 그 순간 세상을 뜬 것처럼 암시된다. 결과만 놓고 보면 비극을 낳게 될 일시적 성공일 뿐이었다. 30년 동안 이어진 줄기찬 연구에서 지로는 단 하루도 쉬는 날 없이, 비행기가 추락할 수 있다는 공포와 싸웠다. 자신이 사람을 다치게 할까 두려워했다. 그것만으로도 무섭고 괴로운 일이었을 것이다. 지로는 자신의 비행기가 어떤 결말을 맞을지 완전히 모르지 않았으나, 그 꿈에 진심으로 매진했다. 언젠가 전쟁은 끝날 것이고, 밤 하늘 별처럼 따로 놓인 우리가 하늘에서 잠깐씩 연결될 일을 포기할 수는 없기 때문이다.

꿈이란 무엇일까? 나에게도 훌륭한 작가가 되고 싶다는 꿈이 있다. 이 꿈은 혼자 책상 앞에서 자기 생각만 키워 가면 되는 일이니 지로처럼 평생 꿈과 악몽 사이에서 괴로울 일은 없는 것일까? 미야자키가 비행기 설계사를 선택한 이유는 기술자로서의 자기 작업에 대한 반성을 위해서이기도 했다. 애니메이션 때문에 영상 매체에 아이들이 더욱 노출되는 결과를 만들기도 했을 것이기 때문이다. 어떤 꿈에도 예측하기 어려운 악마성이 따라붙기 마련이다. 〈바람이 분다〉에는 유바바나 설리만 같은 마녀가 나오지 않는다. 대신 천사이면서도 악마인, 사람을 기쁘게도 하지만 죽여 버리기도 하는 기술자가 나온다. 그런데 정말 따지고 보자. 지로는 성실한 기술자, 회사원, 가장이다. 둘러보면 만나게 되는 우리들의 초상인 셈이다. 지로의 꿈은 현대 생활을 하는 평범한 우리가 날마다 꾸는 그런 꿈과 근본적으로는 다를 바가 없다. 학위를 따야겠다, 승진을 해야겠다, 돈을 벌어야겠다, 자식을 낳아야겠다. 모두 마찬가지다. 이런 길 위에도 어떤 악마가 도사리고 있다.

지로와 나의 차이는 어디에 있는가? 일상적으로 꾸는 꿈 안에 깃든 악마성을 보고 가느냐 보지 못하고 가느냐이다. 훌륭한 작가가 된다지만 책을 만들기 위해서는 종이가 필요하고, 종이를 위해서는 나무를 베어야 하며, 찍어 나르기 위해서는 기계를 돌려야 하고 전기를 써야 한다. 물질만능주의를 비판하고 일상의 활기를 외친다지만, 그런 나의 주장도 기계 문명의 거대한 바퀴를 돌리는 데 한몫을 한다.

〈바람이 분다〉를 보기 전까지 나는 모험이라고 하면 부모가 '돼지' 정도는 되어야 하는 일이라고 생각했다. 하지만 자기 꿈을 하루하루 끌고 가는 것이야말로 모험이다. 왜냐하면 꿈을 추구하는 길에는 양립할 수 없는 희생과 고통이 따르기 때문이다. 어떤 비전도 세계의 이치를 전체적으로 볼 수가 없는, 그저 피조물에 불과하고 어리석은 한 존재의 관점에서 나온다. 그 부분적 인식의 한계 때문에 우리 각자의 비전에서는 어딘가 피의 냄새가 난다.

그렇지만 미야자키 하야오는 말한다. 자기 꿈의 이면을 주시하면서도 그것을 밀어붙이다 좌초하는 자는 아름답다고. 그 모든 결과의 비극을 감당할 정도로 아름다운 무엇을 만들고자 한다면 그 작품에는 반드시 어떤 의미가 깃들기 마련이라고. 어리석은 나를 계속 보면서도 꿈을 꿀 수밖에 없는 것이 우리의 운명이니까. 미야자키는 관객에게 이렇게 묻는다. 그대 지금 어떤 꿈을 꾸는가? 당신의 꿈은 아름다운가?

<그대들은 어떻게 살 것인가>
: 그대들은 어떻게 읽을 것인가?

그대들은 어떻게 살 것인가(君たちはどう生きるか, 2023)

○줄거리

화재로 엄마를 잃은 열한 살 마히토는 새엄마와 결혼하는 아빠를 따라 시골로 이사를 간다. 시골의 대저택에서 사람의 말을 하는 왜가리를 만나, 이끌리듯 집 뒤편의 탑으로 가게 되고 환상의 아랫세계를 경험한다. 항상 죽고 싶기만 했던 마히토는 아랫세계에서 태어날 준비를 하는 와라와라, 어쩔 수 없이 죽어야 하는 펠리컨, 순수한 삶의 목적을 주장하는 큰할아버지, 그리고 어린 모습으로 나타난 엄마를 만나면서 자기 삶을 소중하게 생각하는 사람이 되어 윗세계로 돌아온다.

○주요 캐릭터

• 마키 마히토 : 죽은 엄마를 그리워하며 극도의 무기력증에 빠져 있는 소년이다. 아랫세계에서의 모험을 통해 우정의 가치를 배운다. 깔끔하고 단정한 품성이었지만 친구를 사귀는 가운데 복장에 변화가 생기고 우울한 얼굴에도 점차 미소가 깃든다.

• 왜가리 남자 : 왜가리의 몸에 딸기코 얼굴, 벗겨진 머리를 가진 중년 남자다. 날기도 하지만 인간의 말도 한다. 지하 세계에서나 현실 세계에서나 다 살 수 있고 도서관이 집이다.

• 나쓰코(새엄마) : 의붓아들 마히토에 대해 연민과 적대감을 동시에 품고 있다. 정리정돈에서나 활쏘기에서나 마히토와 닮은 점이 많고, 마히토처럼 아랫세계로 떨어진 뒤 자신의 우울함과 싸운다.

• 히미/히사코(엄마) : 전쟁 통에 화재로 병원에서 죽는다. 지하 세계에서는 소녀의 모습으로 마히토의 모험을 돕는다. 불을 쓰며 생명들이 무사히 윗세계에서 태어나도록 돕는다.

• 큰할아버지 : 윗세계에서는 마히토 외가의 큰할아버지였다. 아랫세계에서 순결한 탑을 쌓으며 악이 없는 세계를 건설하려고 한다. 온갖 과오와 어리석음도 껴안으려는 마히토를 응원하게 되어, 결국 아랫세계가 파괴되는 것을 허용한다.

• 기리코 : 담배를 좋아하는 괴팍한 할머니로 윗세계에서나 아랫세계에서 마히토와 나쓰코, 히미를 응원하며 돌본다.

1.
사라진 하늘, 닫힌 터널
—진리 없는 세계

미야자키의 변신

미야자키 하야오의 신작 〈그대들은 어떻게 살 것인가〉가 2023년 10월 25일 개봉했다(한국 기준). 7월 일본 개봉 이후로 명작이냐 망작이냐를 두고 온 동네에서 다양한 평가가 나왔다. 지난 열 편의 미야자키 감독 작품들과 달리 대단히 압축적인 방식으로 전개될 뿐만 아니라 많은 디테일이 보충 설명 없이 펼쳐져 있었기 때문이다. 미야자키 스스로도 자기가 잘 모르는 부분도 많이 있다고 할 정도였다.

　개봉 첫날 아침에 영화관을 찾았다. 정말 한 방울의 정보도 없었기에 장면 하나하나에 푸욱 빠져서 볼 수 있었다. 그렇지만 나 역시 주인공 마히토의 고민과 결단, 그 주변 가족들의 행동방식, 왜가리-남자라는 독특한 캐릭터 등 어떤 것도 충분히 이해할 수 없었다. 선명하지 않았다. 극장 밖에서 혼자 공책을 펴서 줄거리를 정리해 보려고도 했는데, 도대체 마히토가 어디에서 어디로 움직인 것인지 동선조차 그릴 수 없었다.

그래서 영화관을 몇 번 더 찾았다. 크게 달라지는 것은 없었다. 그러다 문득, 어쩌면 이 막막함이야말로 미야자키 하야오가 관객과 나누고 싶은 정서는 아니었을까 하는 생각이 들었다. 세상은 점점 더 불확실해 간다. 무엇을 어떻게 해야 할지 그 누구도 정답을 알지 못한다. 날씨도 변덕스러워, 늦가을인데 어제는 반팔을 입고 출근을 하고 오늘은 패딩을 꺼내 입고 나가야 할 것 같다. 미야자키 하야오가 작품의 초안을 잡기 시작한 것은 7년 전이라고 한다. 코로나가 시작되기 전이고 뉴스에서 기후위기 등도 간간이 말해질 때였다. 이제 우리는 미야자키 하야오가 주목했듯이 정말 불확실한 시대 속을 휘청휘청 걸어간다. 막막하다. 어떻게 살아야 할까?

미야자키 하야오의 애니미즘이라는 관점에서 생각했을 때 〈그대들은 어떻게 살 것인가〉는 우리 각자가 생명력을 키우는 법, 즉 스스로 비전을 찾는 방법에 대해 보여 주는 작품이라고 할 수 있다. 지금까지도 미야자키가 생각하는 비전은 과학자가 된다거나 부자가 된다거나 하는 식의, 거창한 자격이나 성취에 있지 않았다. 미야자키는 주로 헌신적인 사랑에서 답을 찾아 왔다. 그런데 〈그대들은 어떻게 살 것인가〉에서는 완전히 자기에게 집중해서 비전을 탐구하는 이야기를 그린다. 타인과의 관계보다는 자신과의 관계 설정이 생명력 넘치는 삶에 훨씬 더 필수적이기 때문이다.

이번 장에서는 미야자키가 생각하는 '인생의 비전'이란 무엇인지를 살펴본다. 우리는 미야자키의 시선으로 자신을 사랑하는 일, 자기 삶을 돌보는 일이란 어떤 것이어야 하는지를 새롭게 배울 수 있을 것이다. 최신작을 다루는 만큼, 이전까지 미야자키의 전체 작품을 돌아보면서 그의 애니미즘에 초점을 맞추려 한다.

〈그대들은 어떻게 살 것인가〉는 애니미즘적 관점에서 볼 때 열 편의 전작과 상당히 다르다. 만물의 생명력을 표현하는 방식도 다르고, 비전 탐구의 방식도 다르다.

첫번째, 캐릭터들이 말을 별로 안 한다. 마히토가 예의 바른 소년이어서 어른들 앞에 잘 나서지 않는다고 보기는 어렵다. 극중에서 제법 중요한 장면이 되는, 마히토가 학교에서 친구들과 싸우는 대목은 아예 말소리가 무음 처리된다. 그냥 리듬감 있는 배경 음악이 깔린다. 물론 사태의 추이야 감상하는 관객 누구라도 짐작할 수 있지만 미야자키는 하나하나 디테일을 살려 설명해 주지 않는다. 새엄마는 지쳐 돌아온 아들을 물끄러미 내려다보는데 도대체 무슨 생각을 하는지 짐작하기 어렵다. 그다음에는 갑자기 새엄마를 미워하는 아들이 사라진 그녀를 구하러 가겠다고 활을 챙긴다. 마히토는 도대체 무슨 생각인 것일까? 가오나시가 불행했던 까닭은 말할 것도 말할 대상도 없어서였다. 생명력은 말에서 온다. 그러나 마히토와 그 주변의 존재들에게 말은 하거나 말거나 큰 문제가 되지 않는다.

두번째, 미야자키의 전작이 대부분 하늘을 배경으로 하는 것과 달리(〈모노노케 히메〉는 산을 타고 〈벼랑 위의 포뇨〉는 하늘처럼 푸른 바닷속을 헤엄친다) 신작에서는 하늘이 큰 비중을 차지하지 않는다. 비행기 조종사나 설계사로 나오던 주인공들과 달리 마히토는 꿈도 없고, 있다고 해도 비행과 관련된 일일 리는 없어 보인다. 마히토는 날지 않는다. 이처럼 하늘이 없다는 것은, 많은 존재들을 연결하겠다는 생각이 없다는 의미다. 뿐만 아니라, 오히려 마히토는 추락한다. 〈천공의 성 라퓨타〉에서 시타는 하늘의 보물이었고 그래서 소녀가 떨어질 때 지상의 모든 이들이 환영하며 반겼다. 하지만 마히토는 아무도 모르게 추락한다. 그가 도착한 아랫세계에서는 반기는 이도 없다. 하늘이 부정된 지상에서는 각자 자기 살길 찾기에만 바쁘다.

세번째, 〈그대들은 어떻게 살 것인가〉의 주요 사건은 '엄마 구하기'이다. 이 점은 망해 가는 지구를 구하거나 납치된 유치원생들을 구하거나 돼지로 변한 부모나 저주에 걸린 연인을 구하는 이전 작품 사건들의 계열을 잇는다고 할 수 있다. 하지만 마히토는 새엄마를 구하다가 이미 죽은 친엄마를 다시 죽음으로 이끌게 된다. '살리기'는 곧 '죽이기'이다. 그리고 작품의 마지막에 마히토는 엄마를 구하는 것보다 친구를 사귀는 일이 더 중요한 것처럼 말한다. 치히로는 돼지로 변한 부모를 인간으로 되돌리기 위해 온갖 간난신고를 겪으며 그 목적을 이루었다. 그런데 마히토는 엄마를 구하는 일이 엄마를 잊는 일이라는 역설에 이르고, 엄마는 됐고 자신에게 필요한 것은 친구라고 말을 바꾼다. 타인의 삶보다 자기 삶을 더 중요하게 생각하라는 말이다.

네번째 차이는 캐릭터의 형상화에서도 발견된다. 그동안 미야자키는 거신병이라든가 토토로, 가오나시 등 신비롭고 영적인 존재를 많이 창조했다. 〈그대들은 어떻게 살 것인가〉에서도 왜가리-남자가 나온다. 몸과 다리는 새인데, 윗부분이 머리가 벗겨지고 딸기코인 아저씨다. 앵무새인데 걸어 다니는 남자도 있고, 얼굴 없는 뱃사람들도 나온다. 하지만 이 모든 괴물보다 더 이해하기 힘든 자는 마히토와 새엄마 나쓰코다. 여기서 미야자키의 관점이 드러난다. 미야자키는 인물들의 심리를 묘사하지 않는다. 그들 표정에 변화가 거의 없다. 치히로의 표정이 풍부해졌던 것과 완전히 반대다.

미야자키 하야오는 매 작품에서 자신의 바로 앞 작품을 뛰어넘으려 했다. 착하고 예쁜데 의사이기도 하고 생물학자이기도 하고 메시아이기도 한 공주는, 바로 다음에 무능력한데 명함만 공주인 소녀가 된다. 다음에 그 공주는 신분이 하락해 날 수 있는지 없는지 본인도 잘 모르는 딱한 처지가 된다. 토토로가 사는 풍요롭고 아름다운 숲은 바로 다음 작품에서는 증오에 찬 동물들이 으르렁거리는 섬뜩한 공간이 된다. 그런데 〈그대들은 어떻게 살 것인가〉의 변화는 공간, 사건, 캐릭터의 측면에서 전체 작품에서 한 번도 본 적이 없는 방식이다. 모든 것은 불확실하며 주인공은 심드렁하다. 활력의 장인인 미야자키는 생명력 넘치는 애니미즘적 세계를 포기했는가?

모든 왜가리는 거짓말을 한다고 왜가리가 말했다

〈그대들은 어떻게 살 것인가〉는 미야자키 하야오가 은퇴를 번복하고 무려 7년 동안 황혼의 열정을 불태워 만든 작품이다. 3D를 넣지 않아 전부 수작업으로 그린 덕분에 100억이 넘는 제작비가 들었다. 그런데 2023년 7월에 공개되기 직전까지 어떤 광고도 티저도 나오지 않았다. 심지어 개봉 전, 세계 유수의 영화제에 초청되었음에도 불구하고 지브리는 상영을 전부 거절했다. 미야자키는 누군가의 친절한 설명 없이 온전히, 우리 각자의 감각으로 작품을 받아들일 수 있는지, 그의 관객에게 묻고 싶었던 것일까? 영화쯤은 어떤 사전 정보 없이도 과감하게 선택하고 느껴 볼 수 있어야 한다! 네 느낌, 네 생각 정도는 스스로 만들어 갈 수 있어야 한다! 그대들, 그러니 어떻게 볼 것인가?

프로듀서 스즈키 도시오는 많은 정보가 오히려 감상을 방해한다, 정보 과잉 시대에 자제할 필요가 있다, 미야자키 스스로도 모르는 부분이 많다 등으로 이 절제의 홍보 방식에 대해 설명했다. 영화에 모든 돈을 다 쏟아부어서 광고 만들 제작비까지는 없었다는 소문도 들린다. 그런데 광고에 극도로 금욕적인 태도를 취한 까닭은 광고비가 없어서라거나 홍보까지 생각할 여력이 없었기 때문이 아니다. 여기에는 미야자키의 변한 영화관이 깊이 반영되어 있다.

미야자키 하야오는 뛰어난 그림체는 유지했지만 스토리의 개연성을 파괴했다. 캐릭터의 성격, 사건의 전개에 어떤 일관성도 찾기 어렵다. 주인공의 심리나 사건의 모티프에 대한 설명도 거의 없다. 이처럼 정보를 자제하는 방식은 미야자키가 만든 앞의 열 편과는 완전히 다른 세계관 때문이다.

미야자키 하야오는 〈바람 계곡의 나우시카〉부터 줄곧 현실의 이치에 대해, 생명의 본질에 대해 묻고 답하려고 했다. 나우시카는 부해가 만물이 정화하는 필연적 과정의 산물임을 알게 된다. 시타와 파즈는 라퓨타로 승화된 인류 최고의 문명에 대한 호기심으로 그 고단한 여행을 했고 마침내 기계와 군사 결합체의 악마성을 이해하게 된다. 키키의 경우, 어린 마녀로서는 마법계의 미래에 대해 진단할 수 없겠지만 적어도 관객은 자본주의 시대에는 돈 없이 하늘을 날려고 하는 마녀가 용납될 수 없으리라는 점을 발견할 수 있다. 아시타카와 모노노케 히메는 생명이란 제 모습을 바꾸며 끝없는 길을 간다는 것을 깨닫게 된다. 센은 인사를 주고받는 힘으로 세상이 돌아간다는 것을 배우고, 소피와 하울은 사랑하는 마음만이 전쟁을 종식시킬 수 있음을 받아들이게 된다. 관객은 인간이 되고 싶은 포뇨의 이기심은 자연에 큰 해를 끼칠 수 있다는 것을 보게 된다. 엔지니어 지로는 비행의 꿈이란 필연적으로 죽음을 몰고 온다는 것을 이해한다. 이처럼 모든 작품에서 주인공이나 관객은 뭔가를 '알게 된다'.

〈그대들은 어떻게 살 것인가〉는 주인공이 뭔가를 알게 되는 구조를 갖고 있지 않다. 마히토가 앞으로 살아갈 세계는 서로 빼앗고 죽이는 무법한 세상일 것이다. 세상이 어찌될지, 마히토가 잘 살 수나 있을지, 이것을 확신할 수 있는 이는 작품 안에서나 밖에서 아무도 없다. 미야자키 하야오도 모른다. 전작들에서는 최소한 주인공들 자신은 그것을 예감할 수 있었다. 생명이란 나고 죽는다, 어떤 경우에도 바르게 처신하면 복을 받는다, 타인을 돕고 훌륭히 성장하라! 이 자명한 이치만 붙들고 있으면 노후 보장이었다.

신작에서는 윗세계인 현실에서는 전쟁의 결말을 장담할 수 있는 이가 없고, 아랫세계에서는 주재자 큰할아버지가 선하고 아름다운 세계를 건설 중이시라는데 굶어 죽어 가는 이들 천지다. 저 너머 바다에서는 파도가 크게 일어나곤 해서 전반적으로 분위기가 음산하다. 여기에 많은 이들이 참견을 한다. 왜가리-남자는 큰할아버지 앞으로 가려는 마히토에게 '어쩐지 예감이 안 좋다'고 말한다. 마히토의 죽은 엄마이자 아랫세계에서의 친구 히미는 자신이라면 '아랫세계의 금기를 깨는 일은 하지 않을 거'라고 하는데, 사실 이는 전부 잘못된 정보다. 위쪽 세계에서나 아래쪽 세계에서 뭔가를 다 알고 있는 이는 아무도 없다.

미야자키는 밝혀져야 할 '진실'이란 아예 없다고 하는 한편, 진실을 밝혀 줄 언어 자체도 별로 믿을 것이 못 된다고 한다. 왜가리-남자는 마히토에게 엄마가 죽지 않았다며 거짓말을 했다. 마히토는 그 말이 틀렸다는 것을 알지만 왜가리-남자를 따라 아랫세계로 빨려 들어간다. 그런데 참과 거짓의 문제 앞에서도 마히토는 당황하지 않는다.

작품 중반에 왜가리-남자는 자신은 진실밖에 말하지 않는 다며, '모든 왜가리는 거짓말을 한다고 왜가리가 말했다'고 한다. 이는 진짜인가? 가짜인가? 마히토는 이 말은 거짓이라고 한다. 왜가리는 이 말만은 진짜라고 한다. 그런데 서로 속이고 으르렁대었지만 둘은 친구가 된다. 진짜여도 가짜여도 어쩔 수 없고, 내가 걷는 길이 위선이고 내가 사귀는 이가 사기꾼이어도 괜찮다. 치히로는 진실된 말을 할 수 있어야 온천장에서 살아남을 수 있었다. 하지만 마히토에게는 말의 진실성 여부보다 지금 내가 누구와 같이 있는가, 그와 무엇을 하는가가 더 중요하다.

아랫세계에서 마히토는 어떤 불확실함, 어떤 오류에도 결과를 걱정하지 않는다. 엄마의 생사를 몰라도, 엄마가 살아 계시다는 말이 틀렸어도, 엄마를 찾으러 가지 않을 수는 없기 때문이다. 설령 내가 거짓을 따라가고 있다 해도 그 길에서 나만의 경험을 할 테니 괜찮다. 마히토의 엄마인 히사코는 아랫세계에서 유년의 히미로 나타나는데, 아랫세계를 버리고 윗세계로 돌아가겠다고 선언한다. 내가 죽겠지만 멋진 아들을 만나는 일은 그 자체로 의미가 있기 때문이다. 결과가 나쁠 것이면 그 일은 하지 않아야 하는가? 좋은 일, 훌륭한 사람만 쫓아가야 하는가?

내가 하는 이 선택이 나에게 최악의 결과를 불러올 것을 '알아도' 그것을 선택하지 않을 수는 없을 때가 있다. 그러니 참과 거짓, 진리와 오류를 다 따지지 말자.

여기서 〈천공의 성 라퓨타〉의 결말도 떠오른다. 파즈와 시타는 세계가 멸망할 줄을 알고도 '바루스'를 외쳤다. 하지만 라퓨타를 둘러싼 문명의 낡은 껍질이 부서졌을 뿐, 라퓨타도 세계도 부서지지 않았다. 우리가 생각하는 참과 거짓은 겨우 '우리'의 생각에 지나지 않기 때문이다. 우리 머리에서 나오는 것은 모두 부분적 인식에 불과하다는 뜻이다. 히미는 윗세계로 돌아가면 아이를 낳는 과정에서 큰 병을 얻게 될 것이다. 하지만 그런 병을 만나게 되는 이유가 출산 하나에만 있지 않다. 유전적 조건, 시대적 환경, 그리고 인간의 짧은 식견으로는 다 파악할 수 없는 우주적 인과로 히미는 죽을 수밖에 없다. 이런 광막한 필연의 장 안에 내가 그물처럼 얽혀 있다고 생각하면 옳고 그름이 뻔히 보인다 해도 '나는 다 알 수 없다'는 마음으로 계속 나아갈 수 있다.

지금은 누구나 모든 것을 알 수 있다고 가정하는 시대이다. 검색엔진을 돌리면 금방금방 세상 도처의 문제들이, 사실들이, 정보들이 쏟아진다. 모든 것을 알 수 있게 되었는데 세상은 더 작아지는 느낌이다. 더 이상 새로운 곳이나 신선한 인물이 없는 듯도 하다. 이런 풍토 속에서 미야자키는 우리가 절대로 모든 것을 알 수 없다고 한다.

미야자키는 〈이웃집 토토로〉에서 이 점을 이미 생각해 보았었다. 메이네 집 뒤 거대한 녹나무를 표현해야 했을 때 그는 전체를 다 보여 주지 않았다. 네 살과 열두 살 각각의 눈높이에서 이 나무가 어떻게 보일지, 또 식물의 정령인 토토로의 손끝에서는 이 나무가 어떻게 다가올지를 다각도로 보여 주었다. 그 결과 누구나 자기만의 녹나무를 보았고, 타인에게 그 나무가 다른 질감과 의미로 전달됨을 알 수 있었다. 그런 방식이었기에 한 그루 나무임에도 불구하고 엄청난 크기로 다가왔다. 대상의 크기와 깊이를 결정하는 것은 그것을 채우는 정보가 아니다. 그것에 대한 나의 인상과 느낌이다. 그리고 나는 주변 관계에 따라 계속 변한다. 그러니 미지로 남겨진 부분을 통해 작품 속으로 걸어 들어갈 자기만의 고유한 길을 찾자.

높이가 사라진 하늘

벌레를 사랑해야지(〈바람 계곡의 나우시카〉), 세상을 탐험할 거야(〈천공의 성 라퓨타〉), 씩씩하게 걷고 싶어(〈이웃집 토토로〉), 어른이 될 거야(〈마녀 배달부 키키〉), 누군가를 즐겁게 해주자(〈붉은 돼지〉), 생명을 돌봐야 해(〈모노노케 히메〉), 사랑하는 마음을 키우자(〈센과 치히로의 행방불명〉)···, 미야자키는 줄곧 '그대들은 어떻게 살 것인가?'를 물었고 그때마다 관객도 많은 답을 찾았다. 미야자키의 신작 〈그대들은 어떻게 살 것인가〉도 그 질문의 연장

선상에 있는 작품일까?

미야자키의 전 작품을 관통하는 질문은 한결같다. 그대들은 어떻게 살 것인가? 미야자키는 언제나 깨닫고 선택하는 인물을 힘차게 그려 왔다. 그러나 전작들과 신작에는 큰 차이가 있다. 이 질문이 놓인 배치, 이 질문의 위치가 다르기 때문이다. 전작들에서 인물들이 이런 질문을 품을 수밖에 없는 이유는 환경에 있었다. 지구가 썩어 문드러질 지경이고, 천공의 성이 온 세상을 불태울지도 모르며, 엄마가 죽을 수도 있다. 미야자키의 최후 작품이 될 뻔했던 〈바람이 분다〉(2013)에서도 성실한 비행기 설계사 지로의 발목을 잡은 것은 전쟁에 몰두한 전체주의 국가 일본이었다. 미야자키는 '어리석은 어른들 탓'에 황폐해지고 초라해진 세계, 그 안에서 어떻게 너는 소중한 꿈을 지키며 살 것인가를 물었다.

〈그대들은 어떻게 살 것인가〉는 이 구도를 내려놓는다. 세계의 악마성이 아니라 '그대'의 악마성이 문제가 된다. 때문에 현실에 대한 묘사가 현실적이지 않고 마히토의 무의식으로 여겨지는 아랫세계에 대한 묘사가 더 복잡하게 나온다. 전쟁 중이지만 전쟁 자체에 대한 묘사는 없고, '공습으로 병원이 불탄다'라고 하는 정도에 그친다. 전쟁이 왜 일어나고 무엇이 문제이고 어떤 피해를 주는지에 대한 분석은 없는 것이다. 갑자기 바다가 나오고 무덤이 나오고 앵무새의 대장간이 나오듯 마히토 마음의 풍경이 훨씬 더 자세하다.

작품에서 펼쳐지는 세계는 전쟁과 평화가 아니라, 마히토가 경험하는 위쪽과 아래쪽이다. 미야자키는 〈센과 치히로의 행방불명〉에서나 〈벼랑 위의 포뇨〉에서 이원 세계를 묘사해 왔다. '밤의 강'으로 나뉘지만 '낮의 터널'로 종횡으로 연결되는 것이 전자이고, 거대한 심해와 바닷가 마을처럼 상하로 나뉜 것이 후자이다. 이렇게 나뉜 두 세계는 서로 간섭하진 않지만 특별한 영향을 주고받으며 긴밀히 연결되어 있다. 치히로는 현실세계에 있다가 신들의 저편에 다녀오고, 포뇨는 생명의 심해에서 육지라는 표면으로 올라온다. 두 세계를 이동하기 위해 필요한 것은 상대를 공경하는 마음과, 생사의 이치에 대한 겸손한 마음이다. 저편 세계에서 길어 온 생명력으로 소녀들은 이편의 곤경을 씩씩하게 해결해 간다.

　　〈그대들은 어떻게 살 것인가〉도 이원 세계를 펼쳐 낸다. 표면적으로 보면 터널이라는 장치, 아랫쪽 바다는 〈센과 치히로의 행방불명〉과 〈벼랑 위의 포뇨〉를 종합한 것이라고 할 수 있다. 그런데 미야자키는 이 장치에 다른 의미를 부여한다. 아랫세계는 생명력의 보고가 아니라 악의 저장고임이 드러나고, 소년은 그 세계를 파괴하고 이편으로 귀환한다. 아랫세계가 완전히 붕괴된다는 설정은 확실히 전에 없던 것이다. 현실이 아무리 지옥이어도 꿈을 포기해서는 안 된다고 했던 지로의 결론과 달리, 마히토에게 중요한 것은 꿈이 아니라 오직 현실이다. 미야자키는 높고 푸르고 아름다웠던 희망의 저편을 내려놓는다.

두 세계의 이동 방식도 흥미롭다. 마히토는 계속 아래로 내려간다. 공습의 도쿄를 피해 지방으로 내려왔다가 집 뒤에 붙은 탑에서 저편인 바다 세계로 내려간다. 마히토가 도착한 시가누마의 대저택은 긴 복도가 인상적이다. 마히토가 처음 일곱-난쟁이가 아니고 일곱-할머니를 만나러 갈 때를 보자. 그들은 복도 끝 깊고 어두운 곳에서 꾸물떡꾸물떡 하고 있다. 그러다 할머니들 중 한 분이 긴 복도를 횡으로 스윽 지나가다, 갑자기 뒤로 쑥 빠지는 계단 위의 할아버지 한 분을 본다. 할아버지는 계단 '위'에 있지만 기리코 할머니 입장에서 보면 '뒤로 물러나' 있는 셈이 된다. 횡적인 면에 갑자기 깊은 구멍이 뚫리는 식이다. 종횡으로 모두 깊이감이 강조된다.

마히토는 바다가 있는 아랫세계에 도착해서는 먼저 무덤을 지나 기리코의 와라와라(아기 생명체) 데이케어 센터, 앵무새가 점령한 대장간, 히미의 오두막, 새엄마가 갇힌 탑의 지하 산실까지 넓고 깊게 계속 내려간다. 이때 터널과 같은 복도, 계단 등을 통과한다. 바다 세계에서 마히토는 꿈을 꾸게 되는데, 여기서 다시 아랫세계의 주재자인 큰할아버지의 명상실 같은 곳으로 더 깊게 내려간다. 미야자키가 몰두한 것은 '깊이'이다.

이전까지 미야자키에게 가장 문제가 되는 공간은 높이, 즉 하늘이었다. 포뇨에서는 바다가 주무대이지만 포뇨의 헤엄은 새의 비행과 마찬가지로 그려지고, 인간이 된 포뇨를 축하하며 하늘에서 축포처럼 햇살이 쏟아지는 점은 역시 하늘을 강조해서다. 두 다리를 갖고 싶은 포뇨나 신들의 숲에서 동물들과 함께 살기를 선택한 모노노케 히메도 있지만, 미야자키는 조종사와 비행기 엔지니어에 대한 사랑을 접은 적이 없었다. 미야자키에게 하늘은 지상의 모든 구획들, 법칙들을 뛰어넘어 다양한 삶의 경로를 그릴 수 있는 꿈의 무대였기 때문이다. 그런데 〈그대들은 어떻게 살 것인가〉에서는 이런 하늘이 나오지 않는다. 〈천공의 성 라퓨타〉의 시타처럼 마히토가 하늘에서 떨어져 바닷가에 이른다. 그의 무릎까지 파도가 차오른다. 마히토는 방향을 모르고 그 주변을 배회한다. 마히토의 깊이에는 방향도 없는 것이다.

올라갈 수도 내려갈 수도

이런 전체적 전개를 염두에 두고 크게 두 부분인 공간들의 공통점부터 보자. 두 개의 공간은 마히토의 말처럼 다르지만 닮은 점이 많다. 위쪽 공간의 물건들은 모두 사실적이지만, 부수어진 막대기가 버젓이 다시 꽂혀 있거나 왜가리가 인간의 말을 하는 등 시간이나 상황이 군데군데 뒤틀려 있다. 엄마가 죽지 않았다는 왜가리의 말에 당황한 마히토를 두꺼비들이 감싸 올라 먹어 치우는 듯한 모습도 대단히 환상적이다. 위쪽 세계에서는 이해할 수 없는 일이 아주 많이 일어난다. 반면 아래쪽 세계에서는 해가 진다든가 하는 태양계의 순환적 리듬이 정확하게 지켜진다.

그런데 두 세계의 공통점은 확실하다. 가장 크게는 둘 모두

낡았다는 점을 들 수 있다. 마히토가 이사간 어머니의 본가는 대저택이지만 건물이 관리가 잘 안 되는 것인지 오래된 느낌이 든다. 화려한 장식들은 낡아 색이 바랬고, 집 안 여기저기의 석등이나 돌장식에는 두꺼운 이끼가 짙게 퍼져 있다. 본채의 부엌 벽면에는 많은 사람들이 사용한 적이 있는 것처럼 보이는 이불들이 가득하다. 그러나 그들은 지금 어디에도 없다. 겨우 몇몇의 노인이 남아서 일을 하고 있다. 그들 중 한 사람은 아예 아파 누웠다. 낡음은 아픔이고 또한 궁핍이다. 부자 주인 나리가 도시에서 통조림 몇 개를 갖고 오기는 했지만 담배 한 갑 제대로 된 것이 집에 없을 정도다. 낡음은 늙음과 연결되고 다시 아픔과 연결된다. 이 집에는 재를 남기고 생명이 끝나는 담배를 찾는 이들이 많아 죽음의 냄새까지 풍긴다.

똑같은 일이 아래쪽에서도 벌어진다. 아래의 주재자인 '큰할아버지'는 자신의 죽음을 예감하고 있다. 여기에 딱히 아픈 이들은 없다. 하지만 모두가 굶주린다. 먹을 것을 구하지 못해 서슴없이 살생을 하는 펠리컨이라든가, 잡는 일에 목숨을 건 앵무새들 모두 허덕허덕 먹을 것을 찾는다. 아랫세계 기리코의 집에는 많은 물건이 있는데, 그가 맥시멀리스트여서 그렇다기보다는 필요한 물건이 잘 없어서 이것저것 모아 두고 아껴 쓰기 때문이다. 기리코는 '좋지 않은 차'를 대접한다며 미안해하고, 나중에 불의 신 히미가 마히토에게 대접하는 식빵도 소박하기 짝이 없다.

히미의 화덕 주위에는 검은 그을음도 가득하다. 움직이는 성의 소피라면 얼마나 열심히 쓸고 닦았을 것인가? 이 아래 세계는 굶주림 때문에 여유가 없다. 그래서 마히토가 걸어가는 숲에 입을 벌리고 있는 식충식물이 눈에 확 들어온다. 최소한 치히로가 일했던 저편의 온천장은 온갖 산해진미로 가득한 풍요로운 세계였다. 800만 신들이 먹고 마시고 실컷 쉬어도 아쉬움이 없을 정도였다. 하지만 마히토의 아랫세계는 모두 말라 시들어가고 있다. 생명력이 고갈되고 있다. 종합적으로 진단해 보면 아래에도 위에도 생기가 없다고 할 수 있다.

두 세계의 생명력이 전부 고갈된 이유는 무엇일까? 작품의 공간 설정에서 이 답을 찾을 수 있다. 위쪽 세계에서 마히토가 이사간 대저택은 커다란 본채가 있고 그 왼쪽으로 2층 양옥이 있다. 마히토네 가족은 양옥에 살고, 이 집의 할머니 할아버지 일꾼들은 대저택과 연결된 별당에서 지낸다. 이 왼쪽 양옥에서 다시 조금 뒤쪽의 왼편으로 4층 정도로 높이 솟은 탑이 있고 이 탑을 통해 마히토가 아래로 내려간다. 대강의 배치는 이렇다.

미야자키가 위쪽에서 강조하는 장소는 계단이다. 마히토는 도쿄에서 엄마 병원의 화재를 확인하기 위해 집안의 계단을 빠른 속도로 오른다. 그때 카메라가 마히토를 위에서 아래로 내려보면서 잡는데, 때문에 몇 개 안 될 수도 있는 계단이 좁고 가팔라 보이고, 오르는 일은 아주 어렵게 느껴진다. 이사를 간 뒤 마히토는 새엄마의 집 2층에서 머물게 된다. 첫날 잠을 잘 이루지 못하다 잠깐 내려와서 계단 아래를 내려다보는데, 이때 계단 아래로 불꽃이 밀려와 마히토에게 손을 뻗치며 도와 달라고 외친다. 엄마의 환영 목소리다. 곧이어 아홉 시 무렵 퇴근한 아버지에 의해 이 환시(幻視)가 깨지지만, 아버지와 새어머니의 뽀뽀쪽 소리에 당황해서 마히토는 조용히 자기 방으로 들어간다. 정리하자면, 마히토는 계단을 기준으로 올라갈 수도 없고 내려갈 수도 없다. 올라가면 엄마의 죽음을 봐야 하고, 내려가면 엄마의 환영이나 새엄마의 미운 얼굴과 마주해야 한다. 마히토는 오도 가도 못한다. 이것이 마히토의 위쪽 세계에서의 처지다. 탑의 정문으로 들어가려 했을 때에도 마히토는 아주 난감했다. 낡은 건물 안에서 토사가 쏟아진 탓에 계단이 막혀 올라가지 못했고, 등 뒤로는 돌아가기 싫은데 할머니들이 자꾸 찾고 있어서 곤란했다. 마히토는 위로도 아래로도 움직일 수 없다.

위로 올라가는 일이 어렵다면, 양옆으로 움직이는 일은 가능한가? 그것도 불가능하다. 마히토는 학교에 간 첫날 친구들과 다투고, 자기 머리를 돌로 찧는다. 그 뒤로는 집에서 치료하는데 아버지가 교장 선생님에게 기부금을 크게 낸 뒤로는 아예 학교 자체도 못 가게 된다.

그래서 미야자키가 그리는 현실 세계는 갑갑하다. 대저택이지만 정원에는 예쁜 연못이 아니라 늪이 있다. 이 고인 물에 왜가리가 날고, 마히토가 화를 내자 불길한 물결이 인다. 이 세계의 궁핍함의 일차적 원인은 전쟁에 있다. 한 발짝 더 물러서 보면 그런 전쟁은 아버지 같은 황금만능주의자의 이기심으로 뒷받침되고 있다. 이 숨막히는 상황을 어떻게 벗어날 수 있나? 마히토가 나갈 수 있는 유일한 바깥은 친구요, 학교인데 그쪽으로도 한 걸음 나아갈 수가 없다. 마히토는 전학 온 첫날, 친구들이 근로 봉사를 하는 운동장에 아버지의 고급 차를 타고 등교했기 때문이다. 아버지의 금력은 마히토가 친구를 찾을 길을 아예 봉쇄해 버린다.

그럼 아랫세계에는 왜 생명력이 없는가? 비밀은 큰할아버지의 돌탑에서 찾을 수 있다. 할아버지는 악이 없는 완벽하고 아름다운 세계 건설을 꿈꾼다. 매일매일을 걸고 탑을 쌓아 그 위업을 이루어 간다. 그런데 바로 그 위대한 주재자 큰할아버지의 세계에도 생명력이 없다. 아랫세계와 윗세계 모두 굶주리고 있다면 할아버지가 생각한 순수한 세계와 아버지가 생각한 황금의 세계가 닮았기 때문이 아닐까?

미야자키 하야오는 〈그대들은 어떻게 살 것인가〉의 배경을 전작 〈바람이 분다〉와 같은 시대로 했다. 때는 2차 세계대전 중이고 일본은 전쟁을 치르고 있다. 미야자키는 전작에서와 달리 전쟁의 비참은 한 장면도 그리지 않는다. 미야자키가 나이브해졌는가? 아니다. 그의 시선은 더욱 넓어져, 특정한 전쟁이 옳고 나쁘다를 논하지 않고 생명력을 빨아먹는 모든 사고를 전쟁의 원흉으로 지목하는 데까지 간다. 그것은 큰아버지와 아버지의 순진한 목적론이다. 황금 만능과 참된 진리를 향한 목적론적 태도가 세계의 활기를 죽이는 주범인 것이다.

2.
엄마를 살려라
—먼저 구해야 할 것은 자기

네 머리의 피를 보라

사방팔방이 막혀 있고 위로도 아래로도 더 나아갈 수 없는 마히 토는 무엇을 할 수 있을까? 마히토는 어떻게 큰할아버지와 아버 지보다 더 나은 길을 제시하는가?

마히토는 아래세계에서 와라와라를 살리고, 나쓰코 엄마 를 깨우고, 히미를 구출하는 가운데 드디어 탑의 계단을 오를 수 있게 된다. 벽을 타고 위로 오르기도 하고, 앵무대왕을 쫓아 거침없이 탑 내부 계단을 오르게도 된다. 이번 작품에서 하늘을 그리지 않은 미야자키는 대신 마히토에게 계단을 오르내리게 한다. 하늘 없이, 고작 계단을 내려가고 오를 수 있을 뿐이라는 것이 무슨 말일까?

〈그대들은 어떻게 살 것인가〉는 줄거리를 붙잡기가 난해하 다고 하지만 중심 사건은 세 가지이다. 윗세계에서 마히토가 자신의 머리를 돌로 쬩은 것, 두번째는 아랫세계에 내려가 기리코와 함께 와라와라를 구한 것, 마지막은 그 밑의 산실에서 나쓰코를 깨운 것이다. 이 세 가지 사건은 그 자체로는 개연성이 없다. 하지만 마히토의 모험 전체가 무엇을 위한 여행인지를 염두에 두면 이 사건들은 서로 필연적 의미를 갖게 된다.

마히토가 하굣길에 돌로 머리를 쬩은 것은 이사를 온 그 다음 날이다. 오프닝의 화재 장면이 지나고 얼마되지 않아 터지는 소년의 피여서 관객은 누구라도 큰 충격을 받을 수밖에 없다. 특히 소년의 머리에서 피가 꿀렁꿀렁 철철 흘러내리는 모습은 〈모노노케 히메〉에서 증오에 찬 돼지의 신이 온몸으로 분노를 뿜는 장면을 바로 연상시킨다. 괴롭고 힘들고 주체할 수 없을 정도로 화가 난 마음이 붉게 흘러내린다고 할 수 있다.

분노한 마히토는 남을 괴롭히고 싶다. 미야자키에게 이런 인물은 처음이다. 〈천공의 성 라퓨타〉의 시타와 파즈는 자신의 죽음을 감내하면서까지 라퓨타의 공포스런 무력 행사를 저지하려 했다. 네 살 메이가 옥수수 하나를 전달하기 위해 아픈 엄마를 찾아가는 여정은, 본인이야 잘 몰랐다 하지만 그날 밤 집에 돌아오지 못할 수도 있는 아찔하고 무서운 길이었다. 치히로는 돼지로 변한 부모와 저주에 걸린 친구를 구하기 위해 마녀 제니바의 집까지 아득한 여행을 했다. 소피는 자신을 할머니로 만든 황야의 마녀를 돌보기도 했고. 욕망쟁이 인어공주 포뇨는 자기가 인간이 되고 싶은 마음에 부모도 다 버리고 떠나오지만, 죽음의 심연 속으로 들어가야 했을 때 배고파 보채는 아기를 위해 자기 샌드위치를 양보할 줄도 알았다. 모두 타인을 기쁘게 하기 위해 몸을 움직였다. 그런데 마히토는 학교 친구를 곤경에 빠트리기 위해 자기 머리를 찧는다.

자해하는 주인공은 미야자키 영화에서도 처음이지만 사실 상상하기 쉽지 않은 설정이다. 보통 드라마나 영화의 주인공들은 본인은 선한데 주변 환경이 어쩔 수 없어 곤경에 처한다. 그런데 마히토는 남이 틀려서나 환경이 나빠서가 아니라 그냥 자기 악의를 감당 못한다.

그럼 이 자해를 분석해 보자. 마히토가 자기 머리를 찧을 수밖에 없었다고 생각되는 가까운 원인은 학교에서의 다툼이다. 마히토는 전학 온 첫날부터 그 누구의 환영도 받지 못한다. 선생님이 마히토를 학급에 소개시켜 주고 난 뒤 맨 뒷자리 자기 책상에 가서 앉을 때까지 학급 전체가 화난 얼굴로 전학생을 흘겨보고 비웃는다. 결국 바로 그날 하굣길에 마히토가 혼자 텅 빈 운동장을 가로질러 가는 것을 본 친구들의 시비로 싸움이 벌어진다. 마히토가 머리를 크게 다치고 오자 아버지는 학교 친구들이 머리를 쳤을 거라고 금방 의심한다. 정말 마히토가 자기에게 시비를 건 친구를 곤경에 빠트리려고 머리를 돌로 찧었을까?

조금 먼 원인에 대해 생각해 보자. 마히토는 왜 친구들에게 미움을 받았나? 전학 온 첫날 아버지는 아들을 멋진 자동차에 태운다. 다른 아이들은 모두 근로 봉사에 땀을 뻘뻘 흘리며 일을 하고 있다. 차에서 내린 아버지를 보고 근로를 지도하던 교사가 크게 고개 숙여 인사한다. 아버지는 학교 선생님보다 신분이 높다. 그래서 마히토가 왜 다쳤는지 말하지 않자, 자신이 문제를 해결하겠다며 교장 선생님을 찾아가 300엔을 기부하고 아예 학교 따윈 갈 필요도 없다고 크게 웃고 만다. 이 젊은 아버지는 군수공장을 운영해야 해서, 같은 나이의 다른 남자 어른이 다 나가야 했던 징용을 피했다. 전쟁터에 있는 군인들이 보면 부럽기 짝이 없는 팔자다. 아버지는 자동차를 타고 돌아다니거나 큰돈을 기부하면 사람들이 자기 앞에 머리를 굽힌다는 사실을 잘 알고 있다. 굶어 죽어 가는 전쟁 통의 사람들이 보면 이 역시 부럽기 짝이 없는 팔자다. 마히토는 바로 이런 아버지가 싫다. 그래서 300엔을 기부했다는 아버지의 말이 듣기 싫어 차가운 수건을 눈 위에 덮고 아버지 말씀에 아예 대답하기를 피한다.

비슷한 눈길 피하기가 오프닝 장면에서 새엄마 나쓰코를 만났을 때도 나온다. 처음 만난 사이나 다름없는데도, 나쓰코는 마히토의 손을 일부러 배로 끌어 태동하는 아이를 느끼게 한다. 이때 마히토의 눈은 모자에 가려져 있다. 마히토는 나쓰코가 자신을 만지는 것도 싫고 태어날 동생을 느끼는 것도 싫다. 나쓰코가 싫은 것도 싫은 것이지만, 생명의 느낌 자체가 혐오스러운 모양이다. 돈밖에 모르는 아버지 밑에서 커야 한다는 사실에 마히토는 이미 질려 있었다. 그런 아버지 밑에서 태어난 것도 싫은데, 그 아버지 밑에서 또 누군가가 태어난다는 사실을 받아들이기가 쉽지 않다.

그래서 마히토는 죽은 엄마에게 더욱 매달린다. 살아갈 어떤 이유도 없는데, 먹어라, 배워라, 사귀어라 등 주변에서 요구하는 일은 너무 많다. 그러니 피곤하고 힘들어서 돌을 들고 머리를 찧으려 할밖에. 마히토의 적의는 자기 자신에 대한 부정이다. 사랑할 만한 것이 없으니 죽고 싶다는 마음이다. 마히토는 사랑할 수 없는 이 세계에 갇혀 있다. 윗세계에서 마히토가 가장 높이 올라간 곳은 도쿄 집의 경우 2층까지였고, 이사를 간 새 집의 탑에서는 단 한 개의 계단도 불가능했다.

내일의 잼을 먹자

이 자해의 악의는 아랫세계에 가서 비로소 긍정적인 의미로 전환된다. 마히토는 탑을 통해 의식의 밑바닥 세계로 떨어진다. 그곳에는 큰 바다가 있고 한 번씩 크게 파도가 일어나 온 세계가 동요했다가 잠잠해진다. 여기에서 마히토는 기리코라는 어부를 만나게 되는데(젊은 시절의 기리코 할머니다), 기리코 아줌마의 난파선이자 집에서 많은 변화를 겪는다. 이런 여러 상황을 주도하는 핵심 이벤트는 먹음이다. 먼저 마히토는 아랫세계에서 거대한 무덤, 그 무덤 앞에 닫힌 황금 문을 본다. 먹을 것이 남아 있지 않아 굶주린 펠리컨들이 갑자기 나타난 마히토라도 먹기 위해, 무덤의 문을 밀치면서 마히토를 덮친다. 기리코는 무덤 문을 다시 닫기 위해 나서고 마히토도 구한다. 그다음 아무렇지도 않게 마히토에게 바닷속 대왕 물고기를 자신과 함께 잡도록 하고, 성숙해지면 윗세계에서 아기들로 태어난다고 하는 와라와라에게 내장탕을 먹게 한다.

마히토 입장에서 가장 큰 일은 기리코가 대왕 물고기의 배를 가르라고 시킨 것이다. 생물을 처음 해체해 보는 마히토는 칼질을 잘하지 못해 물고기 내장이 마구 튀어나오게 된다. 이때 갑자기 튀어나온 장기들에 맞아 그만 피를 다 뒤집어쓰고 기절하고 만다. 깨어난 마히토는 이 물고기의 몸을 먹고 와라와라가 자란다는 것을 알게 된다. 마히토는 자신이 잡은 물고기의 내장탕을 먹고 생기를 얻은 와라와라들이 하나둘 하늘 위로 떠오르는 것을 보고, 작품에서 처음으로 큰 미소를 짓는다.

그런데, 행복도 잠시 갑자기 다시 나타난 굶주린 펠리컨들이 이번에는 와라와라를 삼켜 버린다. 그러자 불의 수호신 히미가 나타나 밤하늘에 불꽃을 쏘아서 펠리컨을 쫓아 와라와라 몇 마리를 겨우 살린다. 처음에 마히토는 히미가 와라와라를 태워 죽이는 줄 알고 "그만 둬!" 하고 외치지만, 결국 히미 덕분에 살아 남을 수 있었던 와라와라가 하늘로 올라가는 것을 보고 기뻐한다.

살기 싫어 자기 머리를 찧기까지 했던 마히토다. 그런데 누군가 죽을까 온몸으로 막으며 탄생의 기쁨을 놓치지 않으려 한다. 마히토는 누군가의 죽음이 다른 누군가의 삶이 된다는 것을 경험한다. 와라와라는 토토로의 친구인 검댕먼지나 모노노 케 히메의 친구인 숲의 정령 고다마가 떠오르기도 하는, 풍선처 럼 부풀어 오르는 빵빵하고 귀여운 생명의 정수이다. 마히토는 윗세계가 불타는 전쟁 통이어도 배금주의로 엉망인 세상이어도 태어난다는 것 자체가 멋진 일임을 감동적으로 맛본다.

이 지점에서 마히토는 엄마를 태운 그 불꽃, 그 화염의 의미 를 다르게 생각하게 되었을 것이다. 기리코는 무덤의 주인이 깨 어나지 못하도록, 무서운 펠리컨으로부터 마히토를 지키기 위 해 불꽃 지팡이를 휘둘렀다. 히미가 쏘아 올린 불꽃은 펠리컨을 죽였다. 그런데 이때 어쩔 수 없이 와라와라 몇몇도 죽이게 된 다. 그런 와중에 살아남은 와라와라들이 겨우 윗세계로 올라갈 수 있었다. 생명은 다른 생명의 죽음과 언제나 함께 간다. 삶은 언제나 죽음과 함께이다.

그래서 와라와라의 승천을 보고 난 뒤, 식탁 밑에서 잠을 자 다가 자기를 지켜 주는 할머니 부적을 보고 "할머니들, 미안해 요"라고 말하는 장면이 중요하다. 자기밖에 몰랐기에 자기 따 위는 죽어 버려도 좋다고 함부로 생각하며, 죽음으로 계속 이끌 리던 마히토였다. 이 마히토가 자기가 없어진 것을 알고 걱정할 윗세계의 할머니들을 생각하게 된 것이다. 〈그대들은 어떻게 살 것인가〉는 작중 인물들의 대화가 서로서로 공명하는 방식으로 진행되지 않는다. "나는 네 친구도 적도 뭣도 아니야!"라고 버럭 화를 내는 왜가리를 보면서 "그래 그건 그렇고, 도대체 어디가 아픈 거야?"라고 묻는 마히토였다. 탑이 더 이상 지탱되기 어려우니 일단 돌을 쌓으라고 재촉하는 큰할아버지도 정말 마히토가 쌓을 수 있다고 생각했을 리 없다. 이런 식이어서 갑자기 왜 위쪽의 할머니들에게 미안하다고 하는지 말놀이처럼 느껴진다. 하지만 이런 동문서답은 미야자키의 깊은 이해가 담긴 설정이다.

마히토에게 한 손으로 인사까지 하며 승천한 와라와라지만 윗세계에서는 마히토를 기억할 리 없다. 마히토는 자신이 누군지 알아 주지도 않을 그 와라와라의 안녕을 온몸으로 바랐다. 그러니 할머니들이 어찌 떠오르지 않을 수 있겠는가? 내가 훌륭한 인간이어서가 아니다. 핏줄이어서는 더더구나 아니다. 그저 어떤 인연으로 돌보게 된 누군가를 걱정하는 이가 있다. 마히토는 목숨이 자기 것이라고 생각하면서 자기 머리를 돌로 내리쳤다. 하지만 마히토의 목숨은 할머니들의 것이기도 하다. 탑에 들어가면 안 된다고 온몸으로 막아서던 그 든든한 어른들이 계시다는 사실, 내가 없어진 것을 알면 너무 마음 아파하실 거라는 사실, 마히토는 자기 안녕이 아니라 '자기 안녕을 걱정할 그들의 안녕'이 걱정된다. 와라와라가 자신이 잡아 준 물고기의 내장을 먹고 성숙할 동안, 마히토는 할머니의 걱정을 먹고 자신이 컸음을 깨달았다. 딱한 나를 지키려고 어딘가의 할머니들이 애쓴다. 그러니 못나고 어리석어도 나는 살아가야 한다.

외롭고 슬플 때는 나를 걱정했을 수많은 이들을 떠올리자.

슬프고 괴로운 일이야 많고 많지만 그런 나를 걱정하는 이는 더 많다는 사실을 이해할 때, 사람은 큰다. 마히토는 죽음이 삶과 나란히 간다는 것을 알게 된 뒤, 수많은 죽음과 수많은 생명이 서로 연결되어 있음을 느낀다. 그리고 죽고 싶다고 생각한 자신의 어리석음을 '미안해'한다. 그것은 반성이 아니라 죄송이다. 자살과 같은 나쁜 생각에 대한 후회가 아니라, 엉망인 내 삶도 응원했을 누군가가 있다는 사실에 대한 고마움이다. 나를 사랑해 준 누군가가 있었다는 사실만으로도 우리는 힘 내며 살아갈 수 있다. 미야자키는 줄곧 관계의 애니미즘을 강조했다. 이때 관계를 이루는 것은 모두 구체적인 친구요, 가족이었다. 마히토의 관계는 더욱 확장된다. 기억 저편의 엄마와 자신을 잘 모르는 많은 어른들, 그리고 마히토를 모를 수많은 아이들까지 말이다.

그리고 기리코가 사는 낡은 배는 마히토가 생명의 소중함, 인연의 광대함을 배우게 되는 학교다. 기리코는 마히토에게 거대한 물고기의 배를 갈라 보게 했다. 북극의 사진사 호시노 미치오는 에스키모 아이들이 부족의 일원으로서 어른들과 함께 큰 고래를 잡고 해체해 보는 경험을 부러워했다(星野道夫, 『魔法のことば』, 文藝春秋, 2010). 단지 칼로 짐승의 배를 가르는 일 같아 보이지만, 마을 사람들 전부를 먹일 거대한 고래를 남김없이 해체해 나누는 일은 큰 감동을 주기 때문이란다. 아이들은 생명의 숨이 모이고 흩어지는 과정에 나 자신을 온전히 던져야 함을 깨닫는다.

여기에는 교육적 효과도 있다. 막상 칼을 처음 쥐게 된 아이들은 거대한 고래 몸 어디서부터 칼을 찔러 가야 할지 알 수 없기 때문에 연장자의 경험에 의존해서 따라 해보게 된다. 칼로 고래를 찔러 보는 일 자체를 가지고, 에스키모식 교육은 잔인하다고 할 수는 없다. 죽음과 삶의 경계에 생생히 서 보게 되는 경험으로부터, 그 자신이 누군가의 죽음에 어떤 책임을 지고 있다는 감각으로부터, 에스키모 아이들은 생명과 삶의 존귀함을 실질적으로 깨달을 수 있다. 마히토가 했던 경험도 마찬가지다. 마히토는 기리코의 주방에서 엄마가 불에 타서 돌아가셨다는 고통스러운 기억은 자신의 상상에 지나지 않으며, 어떤 죽음도 온 생명을 향한 남김 없는 기투라는 것을 이해했으리라.

마히토는 물고기 배를 가르고 나서, 와라와라를 응원하게 된 뒤, 히미의 불꽃 공격을 받아 날개를 다쳐 쓰려져 죽게 된 펠리컨까지 묻어 준다. 죽을까 했던 소년이 자신에게 해를 끼쳤던 펠리컨의 죽음을 경건하게 바라본다. 어떤 죽음도 벌이 아니다. 나쁜 일이 아니다.

그런 의미에서 펠리컨이 죽는 자리가 화장실 옆인 것도 의미심장하다. 미야자키는 이전에도 한 번 화장실 장면을 그렸었다. 키키가 오소노의 빵집 2층에서 하숙을 하게 된 다음 날, 마당에 있는 화장실에 들어갔다 나오는 데에서다. 〈바람 계곡의 나우시카〉나 〈천공의 성 라퓨타〉를 보고 누군가 지브리 공주들은 화장실도 안 가는 깔끔쟁이라고 비난을 했다 한다. 미야자키는 공주도 마녀도 화장실을 가지 않을 수 없는 일상적 존재임을 부각시키기 위해 굳이 화장실 장면을 집어넣었다.

그런데 마히토의 오줌 누기 장면은 일상성의 강조를 위해서 삽입되지 않았다. 관객은 오줌을 누고 있는 마히토의 상반신만 볼 수 있다. 오줌을 누는 마히토에게 화장실 창문 밖으로부터 찬란한 달빛이 쏟아진다. 배설은 더러운 일이 아니다. 온 생명의 순환에서 보면 들어간 것은 나와야 하고, 먹은 것은 뱉어져야 하며, 산 것은 죽어야 한다. 이 이론을 뒷받침하기 위해 작품의 결말에서는, 붕괴된 탑을 통과해 앵무새들이 쏟아져 나오면서 나쓰코와 마히토의 몸에 새똥을 잔뜩 묻히기도 한다. 새 삶은 새 똥을 필요로 한다.

기리코의 집에서 훌륭하게 물고기를 해체하는 법을, 다시 말해 서로 죽이며 살리는 이들의 장엄한 운명을 배우고 난 뒤, 마히토는 앵무새-대장간에 이른다. 이때 굶주린 앵무새들이 칼을 들고 위협하면서 마히토를 빈 식탁 위로 유인한다. 여기서 마히토는 이제 그 자신이 잡아 먹힐 처지에 놓이게 된다. 기리코의 주방에서, 누군가를 죽인 자는 누군가에게 먹힐 수 있는 자가 된다. 능력 업그레이드다!

이때 히미가 나타나 앵무새의 식탁에서 히미네 집 부엌 화로로 이어지는 불의 길을 따라 마히토를 구한다. 두 사람은 히미가 정성스럽게 준비한 식빵에 버터와 잼을 발라 먹으며 힘을 내는데, 마히토 얼굴이 온통 잼으로 뒤범벅이 된다. 이 피가 최종적으로 마히토가 불로부터 자유로워지게 하는 계기가 된다. 왜냐하면 그 잼 병에 'TOMOR'이라는 단어가 보이기 때문이다. 그 잼은 내일(tomorrow)의 잼이다. 피는 내일을 향한다. 죽은 엄마를 태운 화염은 이제 여기서 맛있고 단 간식이 된다. 아랫세계에서 불과 피, 피와 잼은 이어져 죽음과 삶이 연결되어 있음을 가르친다.

분신(分身)을 찾아라

마히토에게 마지막으로 중요한 사건은 나쓰코 엄마 구하기이다. 윗세계의 기리코 할머니는 나쓰코를 구하러 가겠다는 마히토를 말린다. 이때 마히토는 두 개의 이유를 들어 탑으로 들어가야만 한다고 주장한다. 첫째, 나쓰코를 구할 수 있는 이는 같은 피를 공유하고, 탑 주인의 음성을 들을 수 있는 자기밖에 없다. 둘째, 엄마가 살아 있다는 소식을 확인해야만 한다. 마히토는 엄마를 구한다라는 말로 친엄마와 계모를 구하는 일을 동시에 표현하지만, 친엄마를 구하면 계모는 계모일 수 없기 때문에 이 말은 모순이다. 마히토는 왜 '엄마를 구해야 한다'고 말하는 것일까? 모순을 풀어 보자.

우선 이 말 자체는 탑에 들어가자마자 해결된다. 탑 안에서 왜가리-남자는 등 돌리고 누워 있는 엄마를 보여 준다. '함정'이라며 기리코 할머니가 말려도 마히토는 성큼 다가선다. 이 엄마는 왜가리-남자가 만든, 찐득하게 녹아내리는 허상이었다. 엄마 구하기란 일단 여기서 해결된다. 그리운 엄마, 괴로운 엄마의 죽음, 이 모든 것은 내 마음이 빚은 허상인 것이다. 왜가리-남자의 말대로 마히토는 엄마의 시신을 보지 못했다. 엄마가 불속에서 고통받았으리라는 것은 자신의 상상이다. 마히토는 이 허상에 매달려서 현실도피를 했었다. 마히토는 녹아내리는 엄마를 확인하는 끔찍한 일을 꾹 참고 해내면서 '나를 사랑했고 내가 사랑하는 그 엄마'란 과연 무엇이었나를 다시 생각해 보게 된다.

구해야 할 '어떤 엄마'란 따로 없다. 이제 마히토는 큰할아버지가 불러서도 아니고, 왜가리-남자가 잡아 끌어서도 아니고, 스스로 결심하고 아랫세계로 내려간다. 이는 기리코가 내려가지 않기 위해 발버둥 친 장면과 비교해 보면 마히토의 심정이 대단히 확고하다는 점을 알 수 있다. 마히토는 왜 아래로 내려가는가? 구해야 할 두번째 엄마인 '나쓰코'의 의미는 무엇인가?

이 문제를 해결하기 위해서 마히토가 탑으로 들어오기 전으로 장면을 돌려 보자. 불탄 도쿄를 피해 시골로 이사 간 마히토 부자를 맞아 주는 것은 아름다운 외모에 단호한 목소리가 인상적인 새엄마 나쓰코다. 마히토는 나쓰코를 보자마자 '이 사람은 엄마를 완전히 닮았다'고 말한다. 그런데 시골 저택에 도착한 마히토를 보고 어릴 적 히사코와 나쓰코를 돌본 적이 있는 할머니들은 '완전히 제 엄마를 닮았다'고 한다. 정리하면, 히사코-나쓰코-마히토는 똑 닮은 것이 된다.

마히토와 나쓰코는 실로 닮았다. 두 사람 모두 신발 정리를 잘한다. 두 사람 모두 활을 쏜다. 두 사람 모두 아버지이자 남편 인 남자에게 어떤 불만을 품고 있다. 뿐만 아니라 둘은 서로를 잘 이해한다. 특히 머리를 다치고 돌아온 아들 앞에서 '누가 해코지를 했는지 찾아서 가만두지 않겠다!'고 윽박지르는 아버지를 말리려는 나쓰코의 모습은, 나쓰코가 마히토를 이해하고 있음을 잘 보여 준다. 적어도 나쓰코는 그렇게 아버지가 아들 학교에 가서 분란을 일으키는 것을 마히토가 싫어하리라는 점을 충분히 짐작한다.

마히토도 나쓰코가 탑으로 간 이유를 짐작한다. 자신이 원해서가 아니라, 뭔가에 이끌려서 들어간 것이라고 말하기 때문이다. 이사 온 첫날 마히토도 탑으로 이끌리듯이 걸어 들어갔었다. 함께 살고 싶지 않은 이들이 있는 집을 등지고 계속 멀어지고 있었다. 그런 마히토가 나쓰코의 심정을 잘 이해한다는 것은 나쓰코 역시 지금 살고 싶지 않다는 것을 의미한다.

장면이 사람만 바뀌고 반복될 때도 많다. 마히토가 돌로 다친 머리 때문에 쓰러지자, 나쓰코도 피곤해서 방으로 물러간다. 표면적으로는 입덧 때문이라고 하지만 동시 사건이다. 마히토가 사라지자 나쓰코가 일곱 할머니들과 함께 활을 들고 마히토를 찾아 나선 적이 있었다. 나쓰코가 탑으로 사라진 뒤, 이제는 마히토가 일곱 할머니들과 함께 나쓰코를 찾아 나선다. 이처럼, 외모뿐만 아니라 여러 가지 설정으로 보아 나쓰코는 마히토의 분신이다.

그래서 엄마를 구한다는 말은 자신을 구하겠다는 뜻이 된다. 환영의 엄마가 아니라, 즉 아버지가 바라고 시대가 바라는 어떤 환영의 나가 아니라, 어떻게 살아야 할지 스스로 묻고 답해야 한다는 과제를 해결하기 위해 마히토는 아래로 내려갔던 것이다. 그럼, 엄마를 구하기, 즉 나를 구하기가 이루어지는 장면은 어디에 있는가?

답은 나쓰코의 산실에 있다. 나쓰코는 아랫세계에서 아이를 낳으려 한다. 사실, 그런 아이는 태어나서는 안 된다. 아이가 태어난다는 것은 와라와라처럼 생명의 정기로 품고 윗세계에서 새 숨을 부여받는 일이어야 한다. 기리코는 오직 이런 생명만을 눈물로써 먹이고 키우며 응원한다. 히미의 불꽃 전쟁도 와라와라를 지키기 위한 것으로서 최종적 승천에 대한 기도였다. 맨 처음 아랫세계에 도착한 마히토는 어떤 무덤 앞에 이른다. 이때 항해 중이던 기리코가 갑자기 나타나 굶주린 펠리컨에 의해 열린 그 문을 닫는다. 기리코는 절대로 그 문이 열려서는 안 된다고 했다. 이 무덤이 고인돌을 닮았고, 나쓰코의 산실 역시 고인돌의 모습을 하고 있다. 아랫세계의 수호자인 히미와 기리코의 입장에서 보면 고인돌에서 뭔가가 나와서는 안 된다. 즉 나쓰코가 아랫세계에서 출산해서는 안 된다.

나쓰코는 이런 금기를 어기고 죽음에 이끌리듯 아랫세계에 내려와 아이를 낳으려 하는데, 이럴 때에 마히토가 들이닥쳐 나쓰코를 깨운다. 위로 돌아가야 한다고 외친다. 그러자 다정하기 이를 데 없었던 나쓰코가 세상 무서운 얼굴로 마히토에게 경악하며 소리친다. '네가 정말 싫다!' 그런데 이 말을 들은 마히토의 입에서 나쓰코를 향해 '엄마'라는 말이 터져 나온다. 미야자키는 히사코=나쓰코=마히토의 방식으로 캐릭터를 응축했다. 나쓰코의 '네가 싫다'는 말을 바꾸면 '내가 싫다'가 된다. 만약 나쓰코와 마히토가 윗세계에서 받은 스트레스가 같은 것이라고 한다면 둘 모두 살기 싫은 상태였다고 할 수 있다. 이 모양 이 꼴로 여기 이렇게 있어야 한다는 것이 너무 싫은 것이다.

산실에서 나쓰코와 마히토는 둘 모두 금기의 흰 실로 칭칭 감긴다. 생명을 흰 천으로 꽁꽁 감싸고 싶은 상태 속으로 둘 다 들어간다. 이때 둘은 다시 도플갱어처럼 같은 옷을 입은 같은 존재가 된다. 마히토가 '네가 싫다'라는 말을 듣고 엄마에게 위로 올라가자고 했다면, 그것은 못나고 미웠던 자신을 직시하게 된 뒤 새롭게 살아가리라 결심할 수 있어서다. '엄마, 돌아가자!'라는 말은 그 자신에게 하는 말인 것이다. 뜻은 이렇다. 이제, 살아가자!

여기서 다시 떠오르는 설정이 있다. 작품에 고인돌 모양의 침실이 하나 더 나온다. 바로 기리코네 주방에서 마히토가 잠들었던 식탁이다. 고인돌과 식탁 모두 아래에 발, 위에 상판을 가진 구조로 되어 있다. 건드려서는 안 되는 금기의 주물(呪物; 무덤의 경우라면 황금 문이나 흰색 띠이고 식탁이라면 할머니 인형들)

에 의해 보호받는다. 이 식탁 아래에서 마히토는 몇 번이나 깨어난다. 기리코는 무덤 주인이 깨어나면 안 된다고 했다. 무덤의 주인은 누구일까? 나쓰코이고 마히토다. 하지만 둘 모두 금기를 깨고 일어난다.

마히토가 아랫세계로 처음 내려 왔을 때, 그는 거대한 무덤 앞의 황금 문 앞에 섰다. 거기에는 이런 글귀가 써 있었다. '나를 배우는 자는 죽는다.' 마히토가 무덤에서 깨어났다면 그는 이제 배우지 않는 자, 따를 무언가가 없는 자, 허상인 뭔가를 좇지 않는 자가 되었다고 할 수 있다. 마히토는 허상을 내려놓고 자기를 부정했던 자신을 직시하게 됨으로써, 비로소 살아갈 힘을 얻는다. 미야자키 하야오는 자기 안의 어둠, 밉고 싫은 것을 많이 품은 자신을 정면으로 바라볼 수 있을 때 삶을 사랑할 수 있게 된다고 말한다.

미야자키 하야오는 〈천공의 성 라퓨타〉에서부터 줄곧 모성을 탐구했다. 그 스펙트럼이 대단히 넓지만 한쪽 끝에는 강하게 키우는 훈련사 같은 도라(〈천공의 성 라퓨타〉) 할머니가 있고, 다른 쪽 끝에는 모든 것을 품어 안는 그란만마레(〈벼랑 위의 포뇨〉)가 있다. 미야자키는 낳는 자도 키우는 자도 전부 이런 거대한 모성성으로 표현해 왔다. 〈그대들은 어떻게 살 것인가〉에는 표면적으로는 '엄마를 찾는다'고 하지만 실은 미야자키가 그려 왔던 그런 엄마가 없다. 새엄마 나쓰코는 마히토의 분신이고, 친엄마 히미도 엄마가 아니라 친구로 나온다. 미야자키는 낳거나 키우는 일이 더는 불가능한 시대라고 생각한 것일까?

그런데 전통적인 모성성이 그려지지 않음에도 불구하고 와라와라나 마히토의 남동생이 태어나는 등, 생명 탄생의 이야기는 그 어떤 작품에서보다도 풍부하다. 가장 성숙했던 나우시카도 비행에, 치료에, 연구에 바빠 결혼할 생각이 없어 보였다. 치히로가 사랑한 소년은 작은 강물의 신이었다. 소피는 하울과 사랑을 나누지만 그들에게는 이미 황야의 마녀나 마르클과 같은 자식 아닌 관계들이 있었다. 그런데 마히토에게는 피를 나눈 동생이 생긴다. 엄마에 대한 형상화 없이도 말이다.

물론 이 동생과 형제애를 나누라는 작품은 아니다. 마히토는 아랫세계에서 자신의 악의를 온전히 품고 어떻게 살 것인지 질문하면서 나아가야 함을 배운다. 하지만 엄마나 형제와 '함께'는 아니다. 그렇다면 미야자키가 수많은 마히토들에게 던지는 '그대들은 어떻게 살 것인가?'에 대한 답은 무엇인가?

3.
방랑자 마히토
─책의 벗, 길 위의 우정

미야자키를 찾아라

〈그대들은 어떻게 살 것인가〉가 개봉하고 많은 이들이 작품을 감독의 자전적 이야기로 해석했다. 여기에는 한국 개봉일 직전에 일본 지브리에서 진행된 스즈키 도시오의 인터뷰(https:// www.youtube.com/watch?v=_vbC9lw1q2Q)도 한몫을 했다. 스즈키 도시오가 주인공을 이끄는 왜가리-남자는 자신이며, 순수하게 탑을 계속 쌓아 나가라고 격려하는 큰할아버지는 미야자키 하야오의 선배인 다카하타 이사오라고 언급했기 때문이다. 마히토가 일찍 돌아가신 엄마 때문에 괴로워한다든지, 그의 아버지가 전쟁 중 군수공장을 운영하는 허풍쟁이 바보처럼 나오는 것도 자전적 요소를 반영하는 것처럼 보인다. 미야자키는 정말 작품에 자신을 투사했을까?

작품에 미야자키의 '얼굴'이 직접 나오는 것이 한 편 있다.

바로 〈마녀 배달부 키키〉이다. 키키가 하늘에서 성공적으로 톰보를 구하고 내려오는 모습을 쇼윈도우의 텔레비전에서 보고 환호하는 군중 중 한 명이라고 한다. 자세히 보면 티비 앞, 오른쪽 상단에 얼굴이 둥글넓적하게 큰 아저씨가 입을 크게 벌리며 기뻐한다. 미야자키 자신도 몰랐다고 하는데, 스태프 중 한 명이 무엇이든 즐겁게 바라보는 미야자키의 얼굴을 슬쩍 끼워 넣었다고 한다.

미야자키 자신이 스스로를 투사한 작품은 두 개다. 하나는 자신의 현실을 그린 것으로, 과로로 머리가 두부처럼 푸석해진 중년 남자를 그린 〈붉은 돼지〉다. 전체 연령 관람가임에도 불구하고 붉은 돼지가 담배를 뻑뻑 피우고, 새빨간 와인을 캬~ 들이켜기까지 한다. 다른 하나는 자신의 이상을 그린 것으로 〈벼랑 위의 포뇨〉의 소스케다. 아버지 없는 집안을 씩씩하게 돌보고, 인어도 인간도 사랑할 수 있는 마음 넓은 '싸나이'! 쓰나미로 실종된 엄마를 구하기 위해 먼 길을 나서고, 인간의 길을 걷기로 한 인어를 응원하다! 미야자키는 사려 깊고 헌신적인 소년에 자기를 투사했다.

미야자키와 가장 거리가 먼 남자 캐릭터로도 역시 두 사람이 있다. 하나는 자기 외모에만 집착하는 〈하울의 움직이는 성〉의 하울 씨다. 하울은 자기 방에 온갖 알록달록한 보석들을 늘어놓고 미모만 관리한다. 자고 싶으면 자고, 놀고 싶으면 놀고, 먹고 싶으면 먹는 제멋대로의 불규칙한 생활 때문에 집안도 엉망이다. 미야자키는 엄청 성실하고 자기 한계를 밀고 또 밀고 나가는 감독으로 유명하다. 현실에 하울 같은 인간이 나타났다가는 한 소리 들을 것이 뻔하다. '너밖에 모르는 인간, 꺼져!' 〈붉은 돼지〉에도 잘 나오지만, 미야자키가 애니메이션을 만드는 이유는 아이들을 웃기기 위해서지 자기 그림 실력을 뽐내기 위해서가 아니다. 자기의 이쁜 모습밖에 보지 못하는 하울이야말로 미야자키가 딱 싫어하는 인간형이다.

다른 하나는 너무 비현실적이어서 미야자키와 거리가 먼 〈모노노케 히메〉의 아시타카다. 아시타카는 자기가 저지르지도 않은 죄 때문에 저주를 받는다. 그럼에도 누구도 원망하지 않고 이웃을 돕고 소녀를 구한다. 공평무사한 시선으로 멀리 더 멀리 바라보며, 어떻게 하면 모두가 잘 살 수 있는지를 고민 또 고민한다. 정말로 자기애라고는 한 방울도 없어 보인다. 이토록 순수한 아시타카야말로 〈그대들은 어떻게 살 것인가〉의 큰할아버지 뜻을 이어받아 '악이 없는 순수한 탑'을 쌓아 올릴 만하다.

그런데 미야자키, 하면 역시 '담배'다. 미야자키의 작품에는 실제로도 담배 피우는 인물이 많이 나온다. 〈천공의 성 라퓨타〉의 도라 할머니라든가 〈센과 치히로의 행방불명〉에 나오는 온천장 마녀 유바바처럼, 담배에 찌들어 있는 중년 아저씨보다 담배를 즐기는 할머니들이 미야자키와 더 닮아 보인다. 굳이 남자 캐릭터에서 미야자키를 찾지 않아도 된다면 줄담배꾼들이야말로 미야자키가 아닐까? 그렇게 보면 〈그대들은 어떻게 살 것인가〉에서 담배쟁이는 기리코 할머니이니까 미야자키는 자신을 기리코에 빙의시켰을 수도 있다. 〈붉은 돼지〉에서는 좀 지쳐 있기는 했지만, 담배를 피우는 어른들은 모두 아이들을 돌보았다. 그것도 트레이닝을 시키면서 말이다. '붉은 돼지'는 어린 정비공 피오에게 훌륭한 엔지니어가 되는 방법에 대해 조언했고, 도라는 파즈와 시타에게 멋지게 전투를 치르는 법과 함께 비행하는 법을 가르쳤다. 유바바는 성실하게 제 몫을 해내는 법, 인사하는 법, 약속을 지키는 법을 치히로에게 알려 주었다.

기리코는 무엇을 가르쳤나? 기리코는 배를 모는 법, 커다란 물고기를 잡는 법, 잡은 물고기 배를 칼로 가르는 법을 하나하나 알려 주었다. 이 가르침 하나하나는 마히토에게 살아가는 근본에 대해 생각하게 했다. 갑자기 치히로가 온천장을 나오면서 '할머니 감사해요'라며 유바바에게 푹 안겼던 장면이 떠오른다. 같은 방식으로 마히토도 난파선을 떠나면서 기리코를 꼭 안고 '감사해요'라고 인사한다. 미야자키의 담배쟁이들은 모두 선생님이다. 미야자키는 어른의 표상으로 선생님을 그렸고, 그 자신 역시 뭔가를 가르칠 수 있는 존재가 되어야 한다고 생각했을지도 모른다.

하지만 아이러니하게도 이 아랫세계에서는 '나를 배우는 자는 죽는다'라는 금언이 작동한다. 누군가에게 뭔가를 가르칠 수 있지만, 그로부터 제자가 배울 것은 '그 가르침'이 아니다. 선생은 가르쳐야 하지만 제자는 배워서는 안 된다는 것이다. 이런 구도로만 보면, 영화 속에서 미야자키는 기리코의 모습으로 있지만 자기 존재를 부정하고 있다.

남자 캐릭터의 계보에서 미야자키의 분신들을 찾을 때, 하나 더 고려해야 할 점이 있다. 모든 남자 캐릭터는 혼자가 아니었다. 모두 소녀들로부터 엄청난 지지를 받으면서 자신의 숨겨진 능력을 발견했다. 붉은 돼지는 피오와 함께 있으면서 자신이 누군가를 기쁘게 할 수 있다는 점을 발견했다. 소스케는 인간이 되고 싶은 포뇨를 지키는 과정에서 자기 안의 용기와 재치를 끄집어냈다. 엉망진창인 하울도 청소 잘하는 소피를 만나, 자신의 마법을 남들을 돌보는 데에 쓰게 된다. 완벽한 아시타카도 원한에 찬 모노노케 히메 덕분에 자기 이상의 한계를 깨닫고 성숙하게 된다.

〈그대들은 어떻게 살 것인가〉의 마히토에게는 소녀가 없다. 마히토는 성실하지도 않고, 꿈도 없으며, 거칠고 이기적이기까지 한데, 격려하는 소녀도 없다. 잘 생각해 보면 사실 마히토는 미스터리하다. 가오나시보다도 말이 없으니까. 꾹 다문 그 입 밖으로 마히토의 슬픔과 기쁨 어느 것도 터져 나오지 않는다. 마히토는 타인의 인정이나 응원을 필요로 하지 않는 고독자다.

빛이 없는 길을 친구와 함께

마히토는 악의 '있는' 아이에서 악의 '없는' 아이로 성장하지 않는다. 도대체 이 소년은 어떤 청년이, 어른이 되어 갈까? 우리는 마지막 장면에서 마히토의 얼굴을 볼 수 없다. 치히로처럼 씩씩해졌는지 어쩐지 확인할 수가 없다. 쿠키 영상을 가득 풀어 줄 법도 한데, 온통 푸른색으로만 도배된 엔딩 크레딧을 봐도 마히토의 운명은 미지수다. 이전까지 미야자키는 늘 '다음'(next)을 생각해 왔다. 멸망이 도래하더라도 그때까지 갈 길은 상당히 멀다고 했던 〈바람 계곡의 나우시카〉에서부터, 네가 꾸는 꿈이 어떤 죽음을 부르더라도 계속 살아가라며 '꿈'의 중요성을 설파했던 〈바람이 분다〉에 이르기까지. 인물들은 한결같이, 어쨌든, 앞으로 나아갔다. 그러니 자기가 만든 비행기로 전쟁이 벌어지는 흉측한 꼴을 보았다 해도, 지로가 행려병자가 되어 거리를 떠돌지는 않을 것이라고 짐작할 수 있다.

마히토는 어떤가? 마히토의 미래는 그 누구도 모른다. 마히토가 가장 관심 없어 하는 것이 바로 미래다. 미야자키가 정말 '마히토'를 자신으로 삼아 그렸다면 이 결말이야말로 충격적이다. 1942년생인 미야자키가 80대 중반에서 자기의 미래를 '모른다'라고 하는 것이기 때문이다. 미래가 없는 것도 있는 것도 아니다. 그것은 모르는 것이다. 미야자키는 자기의 미래만이 아니라 자기 작품이 낳았을 수많은 애니메이터들, 영화감독들, 그리고 지금 글을 쓰는 나까지도 모르는 존재, 모르는 일이라고 말한다.

알 수 없으니 가능성으로 충만하다고 나이브하게 결론 내려서는 안 된다. 그 미래에는 이빨을 드러낼 흉포한 것들, 눈물을 낳을 아찔한 고난들, 무릎을 꺾고야 말 정도의 아픔들이 우글우글 들어 있을 것이기 때문이다. 왜냐하면 모험을 끝내고 돌아온 윗세계에서는 돈밖에 모르는 허풍쟁이 아버지가 여전히 두 눈 반짝이며 자식을 반기고 있으니까. 그런 아버지가 떠받친 전쟁이니, 앞으로도 많은 전쟁이 있을 것이다.

하지만 미래가 '모르는 것'이라 해서 당황할 필요는 없다. 미야자키가 마히토의 각오를 확실히 밝히기 때문이다. 마히토는 순수한 탑을 쌓지는 않겠다고 했다. 바보 같은 아버지 대신에 자신이 훌륭해져서 멋진 세계를 일으키겠다고 하지 않는다. 마히토의 이런 선언과 함께 순결한 이상으로 빛나던 탑의 세계는 무너진다. 마히토의 대안은 '기리코와 히미와 왜가리-남자와 같이 친구를 만들겠다'이다. 전 작품에서 일관되게 트루 러브를 외쳤던 미야자키는 아무것도 알 수 없는 세계에서 필요한 것은 사랑이 아니라 우정이라고 한다. 왜 우정일까?

답은 기리코, 히미, 왜가리-남자의 캐릭터성을 풀어 보면 알 수 있다. 첫번째 친구는 기리코다. 기리코는 바로 앞에서도 다루었지만 선생님이다. 마히토는 기리코 옆에서 새 생명의 소중함, 죽음의 숭고함을 알게 된다. 딱히 무엇을 배웠는가 꼭 집어 말할 수는 없지만, 분명히 기리코의 집에서 먹고 자는 동안 마히토는 웃게 되고 너그러워진다. 여유가 생긴 것이다. 기리코가 딱히 마히토에게 무엇을 해준 것은 없다. 자기가 하는 일인,

생명의 고기잡이에 끼워 주었을 뿐. 하지만 그 덕분에 자의식에 갇혔던 마히토는 태어날 와라와라와 죽어 갈 펠리컨을 동시에 볼 수 있을 정도로 마음이 커진다.

그다음 히미를 보자. 히미는 윗세계에서는 이미 죽고 없는 엄마의 아랫세계 버전이다. 마히토가 친구로 삼은 히미는 죽은 엄마가 아니다. 하지만 사랑을 나눌 소녀도 아니다. 히미는 무엇을 하는가? 불로 생명의 길을 낸다. 히미의 불길은 마히토를 앵무새의 대장간에서 자신의 방으로, 다시 나쓰코 엄마가 있는 산실로 이어진다. 그러므로 히미는 안내자다. 이 안내자는 자기라면 산실에 들어가는 위험은 무릅쓰지 않겠지만, 마히토가 들어가겠다고 하자 말리지는 않는다.

잘 생각해 보면 마히토는 늘 누군가가 이끄는 대로 움직였다. 도쿄에서 시골로 이사했을 때는 아버지가 안내해 주었고, 새집의 복도는 나쓰코를 따라갔다. 왜가리-남자의 목소리에 끌려 탑으로 들어갔고, 기리코의 도움으로 와라와라와 만나게 되었다. 왜가리-남자를 따라 앵무새의 대장간까지 가고, 거기서부터 또 히미의 도움을 받아 나쓰코의 산실이나 큰할아버지의 테이블까지 갔다. 마히토는 아무 길도 몰랐다. 다만 따라갔을 뿐이다. 이는 히미 편에서도 마찬가지였다. 히미는 마히토처럼 훌륭한 아이를 만난다는 것이 얼마나 멋진 일인지에 감탄하며 불에 타 죽을지도 모르는 그 미래를 따라간다.

영화에서 가장 감동적인 장면이라고 해도 손색이 없을, 엄마와 아들이 짧게 포옹한 뒤 각자의 문을 열고 자기 운명을 향해 나아가는 대목을 보자. 히미는 훌륭하게 클 이 아들을 볼 수 없을 것이다. 하지만 아랫세계에서 마히토를 만나 그런 삶으로 인도된다. 왜가리-남자도 마히토를 이끌었지만, 그 또한 마히토와 함께 걷다가 신이나 다름없는 큰할아버지의 높은 정원에 이르게 된다. 그곳은 왜가리-남자가 단 한 번도 방문해 보지 못한 곳이었다. 미야자키 하야오는 우정을 서로 인도하고 인도되는 일이라고 한다.

나를 배우는 자는 죽는다

마지막 친구는 문제적이다. 왜가리-남자는 자신이 친구로 지목되자 깜짝 놀라기까지 했다. '내가 네 친구야?' 그렇지만 그도 마히토와 헤어질 때 '잘 지내라고 친구야!'라고 인사를 남긴다. 각국의 영화 포스터에 빠지지 않고 등장할 정도로 중요한 이 캐릭터, 왜가리-남자는 어떤 친구인가?

　잠깐 미야자키가 창조한 놀라운 캐릭터들을 떠올려 보자. 중장비 외관을 한 정원사-거신병이 있었고, 푹신한 초록의 신 토토로가 있었다. 가분수 얼굴 대마왕 유바바가 있었고, 얼굴 없는 가오나시가 있었다. 왜가리-남자는 반인반수로 변신을 잘한다. 세상 둘도 없이 우아한 몸짓으로 늪 위며 복도를 날다가, 돌연 대왕 딸기코에 옥수수처럼 고른 치열의 거대한 입을 자랑하는 머리 벗겨진 중년 남자가 된다. 화려한 날갯짓과 뒤뚱뒤뚱 거리는 걸음이 기묘하게 조합된 존재인데, 그중에서도 충격적인 것은 이빨이다. 우리는 보통 말 잘하는 사람을 비유할 때, '이빨이 세다'고 하는데 왜가리-남자야말로 이빨이 세다. 말이 진짜 많다. 영화 홍보의 어떤 영상에서 스즈키 도시오는 자신이야말로 왜가리-남자라며 환하게 웃었는데, 모르긴 몰라도 말씀이 아주 많으신가 보다.

말이 많은 왜가리! 그래서 왜가리-남자는 책의 수호신이다. 갑자기 왜 책으로 튀냐고? 그의 출현에 주의를 기울일 필요가 있다. 그의 집은 책으로 된 탑이며, 그는 탑의 입구를 장식하는 벽면의 그림에서 튀어나왔다. 영화의 주요 배경이 되는 이 탑은 여러 세계를 넘나들 수 있는 문인데, 위쪽 세계에서는 도서관의 형태였고 아랫세계에서는 많은 문들의 복도였다. 이 복도의 각 문들을 열면 완전히 다른 세계로 나갈 수 있는데, 그런 의미에서 문들의 복도란 책들이 가지런히 놓인 서가라고 할 수 있다. 큰할아버지가 책의 신이고, 큰할아버지의 피를 이어받은 히미의 벽난로 앞에도 책이 있다. 마히토가 불길을 따라 앵무새의 식탁에서 히미의 화덕으로 오게 되었을 때, 도착하자마자 화덕 앞 의자에 부딪쳤는데 이때 책 두 권이 아래로 떨어졌었다. 그러니 히미는 책의 영기를 받은 존재다. 히미의 부하이자 역시 불을 쓰는 기리코의 집에도 책이 놓여 있었다. 미야자키가 설정한 윗세계와 아랫세계를 연결하는 고리는 바로 책인 것이다. 이

두 세계를 자유자재로 돌아다닐 수 있는 존재가 바로 왜가리-남자이다.

왜가리-남자가 책의 정령이라면, 우리는 마히토가 책을 읽고 눈물을 펑펑 흘리는 장면으로 급히 돌아가야 한다. 치히로와 가족들이 터널을 통과하게 되면서 저편 세계가 열렸던 것과 달리, 마히토에게 아랫세계는 엄마가 남겨 주신 책을 읽으면서 시작된다. 책으로 된 탑으로 걸어 들어가기 전, 이때부터 마히토는 책을 읽은 자로서 새롭다. 엄마가 남겨 주신 책은 쇼와 12년, 1937년에 요시노 겐자부로(吉野源三郎, 1899~1981)가 출간한 것으로 제목이 『그대들, 어떻게 살 것인가』이다. 작품의 주제는 우정이다. 세 친구가 서로 오해하고 상처 주면서 함께 웃고 놀며 커 나가는 이야기이다.

마히토가 눈물을 흘리는 그 장면에 차 한 대가 구부러진 길 위를 달리는 삽화가 그려져 있는데, 원래 책에도 나와 있는 삽화로 소설의 결말 부분에 해당한다. 마히토는 책을 끝까지 읽고 펑펑 운다. 엄마가 그리워 이불을 적시던 것과 달리 말이다. 자기 그리움을 부여잡고 가슴을 뜯던 소년은, 친구 때문에 울고 웃으며 어떻게 하면 훌륭한 사람이 될 수 있을까를 고민하는 이야기를 읽고 답답했던 마음을 연다. 대동아전쟁으로 치닫기 직전에 '모두가 사이좋게 지내자'라고 하는 우정론을 강조했다고 해서 이 책은 금서로 지정되었었다. 미야자키는 제작 초입에 지브리 스태프 모두와 함께 이 책을 읽었다고 한다. 모두 큰 감동을 받았는데 그 인상이 이번 영화에 고스란히 다 녹아 있다고 한다.

영화에서는 이 책 표지에 새 한 마리가 그려져 있다. 왜가리 인지는 알 수 없다. 하지만 새는 한 권의 책을 상징한다. 이 소설 자체에 어떤 슬픈 사건도 없다. 소설에는 어머니가 아니라 아버지가 죽고 없지만, 소년은 아버지의 부재에 괴롭지 않다. 그렇다면 마히토는 왜 이런 책을 읽고 우는가? 자기 안에 갇혀 있던 마히토, 돌로 머리를 찧어서도 해소되지 않았던 그의 갑갑함은 한 권의 책과 함께 풀린다. 왜? 책이란 수많은 타인들이 살고 죽는 이야기로 되어 있기 때문이다.

책은 본디 타인의 삶, 타인의 생각, 타인의 정서를 품는다. 타인의 삶에 눈을 돌리게 된 자는 자기 머리를 찧는 대신 타인을 구하러 가게 된다. 마히토가 나쓰코를 구하려는 이유는 나쓰코가 훌륭해서도 아니고, 나쓰코를 좋아해서도 아니다. 미야자키에 따르면, 책을 읽는 자는 누군가를 돕게 된다. 그이가 누구라도 말이다. 타인의 삶에 이끌리며 타인을 자기 삶으로 이끄는 일이 벌어진다는 것이다. 우리는 좋은 사람 나쁜 사람을 가려 우정의 길을 닦을 필요가 없다. 이끄는 길 위에서 만나고 헤어지기를 중단 없이 할 뿐이다.

그런데 왜가리-남자는 '모든 왜가리는 거짓말을 한다'고 했다. 그러니 책은 진리의 보고가 아니다. 그것은 그저 '타인의 삶'에 불과하다. 마히토가 아랫세계에 처음 도착해서 발견한 무덤의 문에는 '나를 배우는 자는 죽는다'고 되어 있었다. 아랫세계

역시 책의 세계라고 했을 때, 책은 배워야, 즉 베껴야 하는 대상이 아니라 나를 안내하는 대상이다. 다시 영화 속의 책『그대들, 어떻게 살 것인가』로 돌아가면, 엄마가 '자란 마히토에게'라고 글씨를 써 남긴 책의 첫 페이지 왼쪽에는 밀레의「씨 뿌리는 사람」이 그려져 있다. 그러니 책이란 한 알의 씨앗이다. 그런 의미에서 씨앗을 키우던 토토로가 한밤중에 아이들과 추던 정령의 춤도 떠오른다. 두 손을 모으고 힘차게 하늘로 쑤욱! 토토로 이마에 커다란 땀방울이 송글송글 맺히던 모습이 생생하게 생각난다. 같은 동작을 히미가 불꽃을 쏘아올릴 때 한다. 책의 영기를 부여받은 자들은 씨를 뿌리고 씨가 싹트게 하는 이들인 것이다. 다만, 그들도 싹 터 오를 것이 어떤 모습일지는 모른다. 좋은 식물 나쁜 식물이 따로 있지 않듯, 씨앗으로서의 책이 품고 키우고 드러낼 모든 것들은 선악을 넘어선다.

　마히토가『그대들, 어떻게 살 것인가』를 집어 들기 직전에 무엇을 하고 있었던가? 마히토는 활과 화살을 다듬고 있었다. 그의 손에는 칼이 들려 있었다. 칼, 활, 모두 타인을 해치기 위해 드는 무기이다. 하지만 책을 들게 되면서 활은 부러지고, 칼은 왜가리-남자의 뚫린 부리를 치유해 주는 도구가 된다. 책을 읽은 자는 아는 자가 되지 않는다. 난처한 장소에 이를 수도 있지만 누군가를 도울 수도 있다. 책을 읽으면 어떤 문제와도 함께할 수 있을 정도로 마음이 커진다. 어떤 일도 겪을 수 있는 사람이 된다.

질문을 품고 인연을 따라가라

미야자키 하야오의 모든 작품이 환상적이다. 우리가 현실적이라고 생각하는 상식 너머의 캐릭터들이 버젓이 활보하며 생명력을 뽐는다. 거대벌레 오무라든가, 천공의 성 라퓨타라든가, 얼굴 없는 가오나시, 인간이 되려는 물고기 등. 미야자키는 현실로 포착되는 것들 너머에서 살아 숨 쉬는, 신기하지만 엄연한 존재들에 대해 끊임없이 탐구해 왔다. 미야자키에게 현실이란 시계로 끊을 수도 자로 잴 수도 없는 시공간이다. 우리 한 사람 한 사람이 살아가야 하는 이 세계의 넓이와 깊이란 이처럼 광대하다.

미야자키는 이 심오함을 이원 세계로 그리기도 했다. 〈이웃집 토토로〉, 〈센과 치히로의 행방불명〉, 〈바람이 분다〉를 보자. 〈이웃집 토토로〉의 경우 일생에 한 번 토토로를 만날 수 있는 사람이 있고 그렇지 못한 사람이 있다는 식이다. 고양이 버스가 들판을 달리는 것을 수확에 바쁜 어른들은 보지 못한다. 오직 어떤 목표에도 구애받음 없이 지금에 충실한 아이들 눈에 토토로와 고양이 버스는 나타난다. 그러므로 〈이웃집 토토로〉의 경우, 두 차원의 세계라고까지는 할 수 없고 인간의 세계와 정령의 세계가 한 차원에 놓여 있기는 하지만 보통의 어른들은 정령적 세계의 차원으로부터 소외되어 있는 방식이라 할 수 있다.

〈센과 치히로의 행방불명〉은 이원 세계가 정확히 나뉘어 있다. 현실 세계에서 아버지는 돈이면 만사 오케이라고 외치지만, 저편 세계에서는 그런 탐욕과 무지 때문에 돼지가 된다. 치히로는 저편 세계에서 신들을 모시고, 공경함을 배우고, 우정에 헌신하는 아이가 되어 이편으로 귀환한다. 저편 세계는 배움터다. 〈바람이 분다〉에서도 두 개의 세계가 확실히 분리된다. 하나는 현실이고 다른 하나는 꿈이다. 현실 차원에서 엔지니어 지로는 날렵한 비행기를 만들어 사람들을 기쁘게 해주고 싶지만, 인간이 무기가 되어 죽음을 부르는 비행기를 만들고 만다. 그러나 현실에 절망해서도 지로는 계속 꿈을 꾼다. 꿈에서 그는 영원히 날고 온전히 사랑하며 계속 비행의 아름다움을 찬미한다. 저편 세계는 희망터다.

〈이웃집 토토로〉, 〈센과 치히로의 행방불명〉, 〈바람이 분다〉는 모두 이원 세계를 제시할 뿐만 아니라, 현실 너머가 지닌 생명력과 질서, 아름다움을 강조한다. 현실에서는 아픈 엄마가 병원에서 퇴원을 못하고, 세계는 물질만능주의에 빠져 쓰레기로 신음하며, 전쟁으로 이뤘던 모든 것이 다 파괴되어 버린다. 하지만 저편에서 우리는 토토로와 함께 하늘을 날고, 잃어버린 친구를 찾고, 사랑하는 아내와 함께 계속 바람을 맞을 수 있다.

〈그대들은 어떻게 살 것인가〉는 이 구도를 무너뜨린다. 탑을 통과한 마히토는 두 세계를 경험한다. 현실과 현실 아래이다. 이 아랫세계는 상승을 모르고 끊임없이 하강한다. 궁핍에 절망이 더해지고 더해진다. 그리고 결국 부서진다. 저쪽 세계가 현실보다 훨씬 더 웅장하고 화려했던 것과 달리, 마히토의 지하 세계는 식충식물의 정원이며 치우지 못한 쓰레기 밭이다. 심지어 불의 사신인 히미의 마당에는 쓸지 못한 낙엽이 무성하게 쌓여 있다. 미야자키는 마히토의 죽은 엄마를 통해 현실 너머의 그 세계란 환영이라고 한다. 현실을 떠받치는 꿈과 희망의 심해가 아니라, 현실을 갉아먹는 허망한 늪이라고까지 말한다. 그리고 이런 아랫세계는 그 자체의 무게로 무너지게 되어 있다고 한다.

〈그대들은 어떻게 살 것인가〉는 탑 안으로 들어가기 전의 현실 묘사를 아주 길게 한다. 〈센과 치히로의 행방불명〉에서 곧바로 유바바의 온천장이 나오는 것과 대비된다. 미야자키는 전적으로 현실에 집중한다. 왜인가? 생사의 심연이나 꿈이 문제가 아니라, 정말로 살아야 하는 여기 이 자리의 문제이기 때문이다. 다른 작품들과 달리 〈그대들은 어떻게 살 것인가〉에서는 일상에 대한 묘사도 거의 없다. 물론 위쪽 세계에서나 아래쪽 세계에서 밥 먹는 장면이 변함없이 나오지만, 위에서 마히토는 깨작깨작 먹을 뿐 아니라 '맛도 없다'며 불평한다. 아래쪽 세계에서는 물고기 내장탕이 차려지지만 먹는 장면은 없고 신나게 먹는 것은 빵에 바른 버터와 잼에 불과하다. 마히토가 식빵을 먹는 모습은 일상적 식사라고 보기가 어렵다. 허겁지겁일 뿐만 아니라 얼굴 전체가 잼으로 도배되는데, 그 누구도 식빵을 이렇게까지 뜯고 씹지 않는다. 기괴한 식사에다가 정겨운 빨래 개기 같은 것도 없는 탓에 일상에 대한 미야자키의 애착은 거의 확인할 수 없다. 사실 미야자키는 밥하고 빨래하기가 아니라 책 읽기의 일상학을 도입했다. 미야자키가 여전히 견지하는 것은 현실의 힘이고, 일상을 살아 내는 자의 능력이다.

이렇게도 살 수 있고 저렇게도 살 수 있다. 그리고 그 모든 길을 두려워할 필요가 없다. 왜냐하면 왜가리-남자, 즉 책이 있기 때문이다. 책이란 우연처럼 다가오는 어떤 만남이다. 타인의 어떤 삶이다. 그것은 한 번의 만남일지라도 나의 시야를 넓힌다. 읽어야 할 것, 만나야 할 스승이 따로 있지 않다. 다만 펼쳐질 어떤 우연을 긍정하라. 이런 답도 저런 답도, 찾았다가 잃어 가며, 계속 친구를 사귀듯 읽으라. 부서지는 것은 도서관이라는 탑이지 책이 아니다.

미야자키는 도대체 어디로 가려는가? 사실 나는 하늘도 없던 이 작품에서 아랫세계마저 붕괴되는 것을 보고 극장에서 혼자 망연자실하게 앉아 있었다. 그런데 미야자키가 미래란 모르는 것이라고 말했다는 생각이 들자, 오히려 그 '다음'이라는 것에 기대가 갔다. 우리는 미래를 알 수 없다. 친구인지 적인지 불확실하고 좋을지 나쁠지 한 치도 짐작이 되지 않는다. 하지만 주변을 돌아보자. 우리는 다 모르지 않는다.

왜가리-남자는 무사히 이편으로 돌아왔다. 마히토에게 저쪽에서 있었던 일을 잊으라고 충고하지만 마히토의 기억에서 모두 사라지는 일은 아닐 것이다. 왜냐하면 시골집을 떠나는 마히토의 가방이 커져 있기 때문이다. 책을 읽으면 마음이 커지고, 가끔은 누군가를 어떤 곳으로 이끌게 될 수도 있다. 〈그대들은 어떻게 살 것인가〉는 현실밖에 없다는 냉정한 세계관으로 뒤통수를 치는 작품이다. 하지만 이 현실 여기저기에 나를 기다리고 있을 책들, 낯선 인연은 참으로 많다. 지금 바로 이 인연을 따라가라. 삶의 비전은 내가 찾아내는 것도 만드는 것도 아니다. 좋든 나쁘든 나에게 다가오는 모든 인연이 비전의 여러 길을 안내한다. 천천히 그 하나하나를 따라가 보며 때때로의 인연과 함께 생명의 길을 찾자.

보론
애니메이션, 물신주의를 강타하는
활력(animacy)의 태풍

애니메이션,
물신주의를 강타하는 활력(animacy)의 태풍

나는 미야자키 하야오에게서 일상의 애니미즘을 배운다. 그런데 미야자키 하야오는 왜 애니메이션을 만들게 되었을까? 활력의 마법사인 이 감독에게 애니메이션이 갖는 의미는 무엇일까? 보론을 통해 애니메이션의 애니미즘에 대해 생각해 보자.

　미야자키 하야오 영화의 특징은 가마 할아범 작업장에 놓인 칫솔까지 그려 낼 정도의 디테일과 캐릭터 하나하나가 품고 있는 서사적 박진감이 주는 활력에 있다. 디테일 전체가 역동적이고도 풍성하게 펼쳐지기 때문에 관객은 주인공의 고난에 더욱 깊이 몰입하게 되고, 결말에 이르러 삶에 대한 보다 넓은 시야를 얻게 된다. 이 모든 것을 떠받치는 것은 미야자키 하야오의 비전이다.

　미야자키는 〈그대들은 어떻게 살 것인가〉(2023)에 이르기까지 열한 편의 장편 영화를 만들었고, 그때마다 다른 스타일과 주제로 비전 만들기의 과제를 펼치고 닫았다. 그가 완성된 작품 앞에서 매번 은퇴를 선언했던 것은 작품 속에 이런 고민과 능력을 다 쏟아부었기 때문이다. 비워지고 새로워진 까닭에, 그는 매번 다시 장편으로 복귀해 왔다. 참고로, 미야자키의 은퇴 선언은 '장편 영화' 작업에만 국한된 것이다. 도쿄 미타카에 있는 지브리 미술관에 들어갈 그림이라든가 그곳에서만 상영하는 단편 영화라든가, 몇몇 잡지에 연재하는 단편 만화 등, 다양한 작업에 대한 열정은 결코 식은 적이 없다.

왜 애니메이션인가?

왜 만화영화일까? 디테일의 장인으로 봉준호 감독도 떠오른다. 봉준호 감독은 〈기생충〉(2019)에서 부잣집과 반지하를 계층적으로 분할해 치밀하게 세부를 구성했다. 특히 가정부 문광이 남편을 숨겨 놓은 지하 방공호에서는 박 사장을 찬양하는 온갖 광고지, 책들, 그리고 쌓아 올린 캔이 계층 상승의 욕망을 기겁할 정도로 보여 준다. 디테일에 관심이 있다면 미야자키에게는 실사(實寫映畵; live action film)로의 길도 있었다. 실제로 연상호 감독처럼 애니메이션(〈서울역〉, 2016)에서 실사영화(〈부산행〉, 2016)로 양쪽을 자유롭게 넘나드는 경우도 있다.

　미야자키에게 애니메이션은 어떤 의미가 있는 것일까? 그는 디지털이 광속으로 개발되는 시대에 더욱 손그림을 고집한

다. 그는 어려서부터 그림 실력이 뛰어났다고 한다. 대학을 졸업하고 취직한 첫 애니메이션 회사 토에이(東映アニメーション)에서는 입사 당시 천재가 들어왔다며 큰 화제가 되기도 했다 한다. 그림 자체로만 놓고 보면 만화책을 만드는 만화가가 되었어도 전망이 있었던 것이다.

미야자키가 애니메이션에 기대를 건 이유는 무엇일까? 일단 영화적 측면에서부터 생각해 보자. 미야자키의 말에 따르면 만화책은 언제든 열고, 필요한 곳에서 닫을 수 있으며, 원한다면 머무르고 싶은 장면으로 쉽게 돌아갈 수 있기 때문에 '안 된다!'. 미야자키에게 애니메이션이란 돈으로 표를 산 뒤 컴컴한 극장에 들어가 끝날 때까지 꼼짝없이 앉아 오롯이 다 보고 나와야 하는 어떤 예술적 체험이다. 미야자키는 '읽고 싶지 않으면 읽지 않아도 된다', '좋아하는 것은 선택한다'고 하는 주체의 의지적 선택이 강조되는 시대의 분위기에 동조하고 싶지 않았다. 극장이야 버젓이 현실 안에 있지만 막이 올라가는 그 시간은 완전히 현실 바깥이며, 그런 세계에 붙들릴 수 있다는 것이 예술적 체험으로 중요했다.

미야자키는 정보의 홍수 속에서, 모두가 알 만한 것들을 향해 머리를 들이밀지 말라고 한다. 잘 생각해 보라. 우리가 원한다고 취사선택할 수 있는 것은 그리 많지 않다. 내 앞에 난데없이 불쑥 나타나는 어떤 경험이란 것이 있다. 그런 돌발적인 사건과 함께 비로소 당연했던 일상은 흔들리고, 미처 보지 못했던 삶의 구석구석이 눈에 들어온다. 이 순간을 '알 만한 것들'로 눌러 버리지 말자.

손그림 문제도 살펴보자. 앞서도 말했지만, 영화라면 사람이 직접 움직이는 실사도 있다. 실제로 미야자키는 〈마녀 배달부 키키〉(1989)를 제작할 무렵 실사영화 '제작'을 고민하기도 했다. 2023년에는 지브리 자체적으로 다카하타 이사오의 〈귀를 기울이면〉(2007)을 실사화하기도 한다. 하지만 미야자키 자신은 감독으로서 반드시 애니메이션만을 만든다. 이를 그의 출중한 그림 실력 탓으로만 돌릴 수는 없다. 미야자키가 만화의 영화화로 시도한 것은 무엇인가?

애니메이션은 만화 그림의 연속이다. 일 분에 몇 컷이냐에 따라 움직임의 자유도가 결정되는 만큼, 수많은 그림들이 연속을 이루면서 장면의 전체의 역동적 움직임을 이끌어 낸다. 문제는 아무리 많이 그려도 현실의 동작을 다 채울 수 없다는 점이다. 만화영화에서는 그림과 그림 사이에 반드시 빈 공간이 들어간다. 미야자키가 정말 느끼고 싶고 나누고 싶은 부분은 바로 이 여백이다. 장면과 장면 사이의 이 '공간'은 종이 물질성 사이의 공간적 여백이기도 하고, 감상자의 지각에서는 착각으로 처리될 시간적 공백이기도 하기 때문이다.

이 '사이'가 의미하는 바는 무엇인가? 우리 지각의 한계다. 보이는 그대로의 세계, 있는 그대로의 세계가 가진 이 틈이야말로 '이것만 있을 리 없잖아' 하는 식의, 현실이란 늘 존재하는 것이상의 잠재성을 품은 시공간임을 알려 주는 증거이다.

애니메이션에 나오는 연속하는 그림을 작화(作畫)라고 하는데, 작화는 기본 이미지를 제공하는 원화(原畫)와 그 원화의 움직임을 보충하는 동화(動畫)로 이루어진다. 애니메이터는 원화에 바탕을 두고 엄청난 넓이와 깊이감을 창조하는 동화를 그려 내어, 장면들 사이의 불연속을 연속으로 전환해야 한다. 그런데 바로 이 연속화 과정이 품고 있는 불연속이야말로 애니메이션의 움직임과 활기를 결정한다. 장면에서 장면으로 전환될 때, 애니메이터는 손으로 페이지 사이에 공기를 불어 넣는 것이나 다름없다. 그리고 이 공기란 역설적으로 사실 현실의 기묘한 불연속을 증명해 주는 장치가 된다. 우리가 살아가는 이 현실에는 구석구석 틈이 있다. '지금 여기'란 언제든지 난입하고 돌입하는 많은 것들에 의해 부서지고 변형될 수도 있는 세계이다.

바람이 분다

나는 어릴 적 책장에 연속그림을 그리면서 자주 놀았다. 대학에 가서도 이 버릇을 놓지 못해, 수업 시간에 페이지마다 그린 연속그림이 있던 내 책은 다들 빌리는 재미가 있다고 좋아했다. 책장마다 그림을 그리려면 앞뒤로 계속 연속을 확인해야 한다. 쪼잔하게 페이지를 넘겨 가며 그림을 그렸는데도 답답하거나 지루하지 않았다. 미야자키 하야오를 공부하니, 책장 사이로 스르륵 펼쳐지며 일어나는 바람에 다시 주목하게 된다.

미야자키의 큰 주제 중 하나는 바람이다. 비행사의 모험이나 다름없는 〈천공의 성 라퓨타〉, 〈마녀 배달부 키키〉, 〈붉은 돼지〉를 떠올리자. 아예 제목을 '바람'으로 삼은 것도 있다. 〈바람계곡의 나우시카〉, 〈바람이 분다〉다. 그의 작품에는 날지 않는 이를 찾기가 어려울 정도다(단 하나의 예외가 〈모노노케 히메〉다. 대신 모노노케 히메는 바람처럼 숲을 달린다. 포뇨는 바닷속을 헤엄치니까, 물속의 비행이라고 할 수 있다). 왜일까? 마땅한 것들로 꽉 채워져 있는 것처럼 보여도 대지에는 늘 바람이 분다. 멈춰 있는 것은 없다. 자명한 것은 없다. 모든 것은 바람과 함께 움직이고 변한다. 그렇기에 미야자키의 작품에서 집을 떠난 주인공들은 원래 자리로 돌아오지 않는다. 만화영화 자체가 이러한 바람을 품고 있기에 미야자키의 작품 속 활력은 더욱 역동적일 수밖에 없다.

애니메이터는 바람 사이의 그 간극을 자기 손으로 메운다. 애니미즘이란 영들의 활력을 주시하는 세계관이다. 애니미즘에서는 존재하는 모든 것에 마음이 들어 있어, 고유한 욕망을 갖고 제 살길을 모색한다고 본다. 애니미즘을 따르는 사람들은 뜨고 지는 해에서부터 머물지 않는 바람, 구르는 돌과 들판의 풀 하나까지도 귀한 생명으로 여긴다. 미야자키 하야오가 기본적으로 만물을 이런 시각에서 바라본다는 것은 확실하다. 미야자키는 종이와 종이 사이에서 전에 없던 활력을 생기게 할 수 있다고 보기에 활력(animacy) 자체를 탄생시키는 애니미즘을 꿈꾼다고 할 수 있다.

이런 애니미즘을 시도하기 위해서는 그려야 할 그 존재의 동기, 상황에 대한 통찰이 필요하다. 작품에 돌입한 미야자키의 마음이 되어 보자. 단지 이 동작과 저 동작을, 신체의 이러함과 저러함 사이의 연속을 만든다고 해도 간단한 일이 아니다. 달린다고 해도 단거리 선수와 장거리 선수의 움직임이 다를 것이고, 유치원 아이와 회사원의 움직임이 다를 것이기 때문이다. "엄숙한지 요란법석인지, 일상적인지 비일상적인지, 그 인물의 포즈, 무거운지 가벼운지, 즐거운지 죽도록 미친 건지, 쫓는지 쫓기는지, 연령은, 운동신경은…"(미야자키 하야오, 『미야자키 하야오 출발점 1979~1996』, 60쪽) 주인공이 누군지, 그의 욕망과 처지에 따라 다양함 움직임이 설정될 수밖에 없다. 미야자키는 그에 따라 컷과 컷을 통해 강세를 부여했을 것이다. 그런데 한 컷에 한 인물만 들어 있는 경우란 거의 없다. 구겨진 칫솔도, 벽에 걸린 그림 한 장도, 바람에 따라 움직일 것이기 때문이다.

이런 활력을 일으키기 위해서는 장면 속의 무수한 세부들이 갖는 물리적 조건과 심정적 동기를 이해해야 한다. 그러므로 손으로 그리는 애니메이터는 이 세상에 존재했고, 존재하고, 존재할 무수한 존재들이 지닌 생의 의지를 포착해야만 한다. 그런데 바로 그런 생들의 의지란 어디 확인할 곳이 따로 있지 않다. 그것은 그림을 그리는 자가 대상 하나하나에 부여하는 동기일 것이기 때문이다.

반복해서 그린다, 많이 그린다, 계속 그린다

대상 하나하나의 모티프를 이해하기란 세계 전체가 어떤 모습으로 움직이는지에 대한 이해와 함께 갈 수밖에 없다. 미야자키는 우리가 살아가는 이 세계를 어떤 눈으로 볼까?

미야자키는 세계에 대한 자신의 생각이 따로 있지 않다고 할 것 같다. 그는 작품을 완성한 뒤에도 늘 자신이 무엇을 그리게 될지 몰랐다고 하기 때문이다. 독특한 논리다. 그는 자신의 그림 콘티만을 바라보고 있는 엄청나게 많은 스태프를 데리고 영화를 만들어 낸다. 막대한 제작비가 드는데, 자신이 뭘 만들게 될지 몰랐다고 하는 것이다. 그럼 어떤 확신에서 미야자키는 스토리보드 없이, 시나리오도 쓰지 않고(스즈키 도시오, 『지브리의 철학』, 황의웅 옮김, 대원씨아이, 2024, 298쪽) 애니메이션을 만드는 것인가?

미야자키는 애니메이션을 만드는 자기만의 기술을 다음과 같이 간단히 정리한다. '반복해서 그린다, 많이 그린다, 계속 그린다.' 헉! 반복해서 그리기란 자신이 찾아 내야 할 이미지를 발견하기까지 특정한 모티프를 거듭 표현해 본다는 의미이다. 많이 그리기란 그렇게 포착한 이미지를 입체적으로 정교화하는 과정이다. 계속 그리기란 형상 하나가 만들어지고 난 뒤, 그 주변으로 수많은 디테일을 붙여 가며 비전으로 꽉 찬 세계를 완성하기이다. 미야자키에게 세계관은 없지만 작화관은 있는 셈이

다. 미야자키는 자신이 그려야 할 세계가 자기 펜 아래 있다고
한다. 미야자키는 그림 콘티를 만들어 가면서 이야기를 찾아 나
서는 방식으로 간다. 그림 콘티가 계속 수정되는 가운데 드러내
야 할 이야기(시나리오)가 모습을 더욱 갖추어 가는 방식이다.

　이런 방식 자체가 다시 그림 속에서 '바람'이 일어나는 이유
가 된다. 왜냐하면 이런 그림 콘티란 사실 영원히 완성될 수 없
기 때문이다. 그려야 할 세계를 정확히 설정하지 않기 때문에
애니메이터들은 얼마든지 장면을 수정하며 덧붙여 갈 수 있다.
바로 이것이 미야자키의 세계관이다. 우리 누구도 전부를 알 수
없는 것이 바로 이 세계다. 그래서 미야자키의 작품은 압도적인
디테일을 자랑하지만 신이 그의 피조물을 바라보듯이 아래를
조감하는 듯한 장면은 나오지 않는다.

　그런데, 사실 애니메이터의 펜 아래란 사실 그의 머리 위이
다. 우리 각자의 기억은 그것이 아무리 독특해 보여도 집단 전
승된 것으로서 상당히 누적된 상태로 작동한다. 미야자키는 자
기가 직접 영향받은 많은 동화나 작품이 있지만 원천적으로
는 상당히 넓고 깊은 인류의 무의식에서 영감을 길어 올린다
고 말한다(미야자키 하야오, 『미야자키 하야오 반환점 1997~2008』,
228~229쪽). 발상은 나 이전부터 있었다는 것이다. 그것은 의식
의 주름에 깊게 새겨진 '모든 것'이다. 원작이 있기도 하고 누군
가의 조언에 따라 시작될 때도 있지만, 그것은 모두 방아쇠를
당긴 것에 불과하다. 그 방아쇠에 촉발되어 자기 안에 있는 것,

축적해 온 많은 풍경이나 표현하고 싶은 사상, 감정이 용솟음치게 된다. 거신병(《바람 계곡의 나우시카》)이나 가오나시(《센과 치히로의 행방불명》)처럼 여간해서는 상상하기 어려운 캐릭터도 미야자키라는 천재의 머릿속에서 바로 끄집어낸 무엇은 아니다.

미야자키는 그림을 그리는 과정을 열어서는 안 되는 자기 머릿속 뚜껑을 여는 일에도 비유한다. 이 뚜껑을 열면, 삼라만상의 모든 길과도 연결되는 광활한 이야기의 네트워크가 펼쳐진다. 이 네트워크는 완전히 현실이다. 완전히 닫힌 정신으로는 절대로 열 수 없는 것이 그리고 또 그리면 열리게 된다. 그래서 일단 작게라도 그리기 시작하면, 그때부터는 그려진 그 세계 쪽에서 정합성을 주장하면서 우리를 압박하게 된다. 미야자키는 열심히 그리고 또 그려서 만난 그 세계가 허구가 아니라 참으로 있음직한 세계, 정말로 잠재적으로 펜 아래 혹은 각자의 머리 위에서 숨죽이며 깨어날 때를 기다린 세계라고 한다. 그래서 그는 확신을 갖고 자신이 만나게 될 그 세계를 향해 그림을 그릴 수 있었다.

판타지야말로 리얼하다

미야자키의 팬들은 종종 SNS에 작품과 똑같은 현실을 찾아 함께 올리곤 한다. 작품과 현실을 일대일로 매치시키려는 이런 시도는 정확히 미야자키의 세계관에 반대되는 일이다. 미야자키가 '있는 그대로'의 세계를 그리려고 하지 않기 때문이다. 있는 그대로의 세계를 고집하는 것이 물신주의이다. 만물 어떤 것이든 변화 속에 있음을 놓치면 사물이나 사건이나 사람에 대해서 '너는 이러저러한 모습이어야 한다!'고 강요하게 되고, 그 요구가 잘 받아들여지지 않으면 불쾌해지며 화가 난다. 미야자키가 그리고 싶은 것은 있었으면 하는 세계, 즉 비전으로서의 세계다. 그리고 그 세계는 잠재적으로만 현존한다.

미야자키는 작품에 본격적으로 들어가기에 앞서, 늘 공간 헌팅을 간다. 때로는 여비가 부족해서 지브리 굿즈를 새로 기획해 팔기도 했다고 한다. 배경이 될 시공간을 발견하는 일은 작가의 펜으로 만드는 공상, 애니메이션 제작에서도 핵심이다. 그런데 정작 유럽이나 일본의 낯선 시골에 가서도 미야자키는 절대 사진을 찍지 않는다고 한다. 미야자키는 오직 자신의 경험을 그린다. 스즈키 도시오가 탄복하듯이, 미야자키는 아무것도 잊어버리지 않는다고 한다. 스태프들과 함께한 시골 여행의 풍경이, 어느 틈엔가 〈모노노케 히메〉에 나오는 에보시의 제철 마을이 되어 있는 식이라는 것이다. 그는 과거의 인상들을 자기 안에서 녹여 미래를 빚는다.

미야자키는 오래 바라보며 음미하고 숙고한다. 그리고 자신의 아틀리에나 스튜디오 책상으로 돌아와서 떠오른 것을 그린다. 도쿄 미타카의 지브리 미술관에 가면 미야자키의 작업실을 모형화한 것이 있다. 거기에는 정말 다양한 구름을, 각종 병기들을 연구한 책이 있다. 이런 전시물도 미야자키의 계획 아래에 주기적으로 조금씩 바뀔 것이다. 이런 연구서들은 구름이나 기계의 원리를 이해하기 위한 것이지, 따라 그리기 위한 자료는 아니다. 미야자키가 그린 천공의 성 라퓨타라든가 치히로의 온천장은 상상이 아니다. 경험한 것의 표현이라는 점에서 미야자키에게는 철저히 리얼한 것이다. 물론 이런 리얼리티는 '있는 그대로의 객관 현실'에는 없다. 경험으로서의 실재이고, 그 경험도 한 인간 미야자키에게만 고유한 것이기 때문이다. 미야자키는 이 개인적이고 특수한 경험으로부터 보편적 장면을 추출해서 영화를 보는 모두의 마음에 바람을 일으킨다. 그것도 대단히 과감하게 말이다. 이 결정에서 필요한 것은 오직 그리고 또 그리는 일뿐이다.

많이 그리는 것, 가능한 한 많이. 차츰 하나의 세계가 만들어진다. 하나의 세계라는 것은 모순되거나 반발하는 다른 세계를 버리는 것을 뜻한다. 매우 소중한 것이면 그것은 언젠가 다시 쓰일 날을 위해 마음속으로 쏙 넣어 두면 좋겠다.

자신 안에서 그림이 기가 막힐 정도로 나오는 경험을 가진 사람이라면, 그때를 느낄 수 있다.

그때란 일찍이 자신이 몽상한 그림의 찌꺼기, 조립하는 과정에서 나온 이야기 조각의 줄기, 어느 소녀를 향한 동경의 기억, 취미로 깊이 연관된 분야의 지식 등이 각자의 역할을 갖고 하나의 올가

미를 짜 나가는 것. 당신 안에서 뿔뿔이 흩어져 있던 소재가 하나의 방향을 발견하고 흐르기 시작하는 때이다.

이윽고 허구 세계의 원형이 완성된다. 그것이 스태프 전체의 공통 세계가 되어 간다. 그것은 이제 거기에 존재하는 세계다.(미야자키 하야오, 『미야자키 하야오 출발점 1979~1996』, 52쪽)

이렇게 그려 가면서 알게 되는 그 세계, 그 세계를 발견하는 일은 시도와 실패의 연속을 덤덤히 감당하는 가운데에서만 가능하다. 미야자키 하야오는 왜 디지털을 선택하지 않는가. 디지털은 계산 가능성의 세계이고, 계산 가능함이란 원형과 모델을 두고서만 가능하다. 계산에 앞서 구현해야 할 대상이 먼저 존재하고, 그것을 떠올리면서 완벽하게 재현하는 것이 계산 가능성의 논리다. 그런 논리는 실패를 거절한다. 그런데 바람은 모든 실패 위에서 분다. 미야자키는 온갖 실패를 기꺼이 품고 현실 너머의 현실로 날아가려고 한다. 현존했으나 미처 드러나지 못한 광활한 잠재성의 일부를 조금씩 드러내면서 그렇게 한다.

판타지에 대한 그의 사랑은 합리의 세계를 뚫고 더 넓은 광야로 나가 보려는 욕망 때문이었다. 미야자키는 철저한 작업을 통해 평소 열지 않는 자신의 머리 뚜껑을 연다고 한다. 보이는 세계(리얼리즘적 세계)로 모든 것을 설명하기보다는 다른 논리와 가능성을 허락하는 열린 마음이야말로 활력을 불러일으킨다. 나는 바로 이런 열린 마음이 애니미즘적 세계관의 본질이라고 생각한다.

미야자키 하야오는 산책을 좋아한다. 미야자키는 자신이 그린 괴상한 세계와 별스런 존재들이 결국 매일 집에서 아틀리에 사이를 오가는, 동네 하나 정도를 돌아다니는 정도의 산책으로부터 나왔다고 한다. 그는 지브리 스튜디오의 옥상에서 지는 노을을 바라보며 아름다움을 느끼는 일 이상으로 즐거운 것도 없다고도 말한다. 매일 뜨고 지는 것이 해인데도 볼 때마다 경이롭다는 것이다. 당신은 멀리 가지 않아도 된다. 당신 머리 위의 높고 푸른 하늘에는 쉬지 않고 바람이 분다. 일어날 일, 겪을 일은 차고 넘친다. 당신은 어떤 삶을 꿈꾸는가? 미야자키의 이 질문에 답하는 일은 즐겁다.

참고한 자료들

▶미야자키 하야오의 저작들

宮崎駿,『ジ·アート·オブ 君たちはどう生きるか』德間書店, 2023

宮崎駿,『ジ·アート·オブ 紅の豚』德間書店, 1992

宮崎駿,『宮崎駿の雑想ノート』大日本繪畫, 1997

宮崎駿,『飛行艇時代―映画『紅の豚』原作』大日本畫面, 2004

宮崎駿,『風立ちぬ』(スタジオジブリ繪コンテ全集 19), 德間書店, 2013

미야자키 하야오,『마녀 배달부 키키』(지브리 애니메이션 시리즈), 대원씨아이, 2018

미야자키 하야오,『모노노케 히메』(지브리 아트북 시리즈), 학산문화사, 2013

미야자키 하야오,『미야자키 하야오 반환점 1997~2008』황의웅 옮김, 대원씨아이, 2013

미야자키 하야오,『미야자키 하야오 출발점 1979~1996』황의웅 옮김, 대원씨아이, 2013

미야자키 하야오,『바람 계곡의 나우시카 1~7』학산문화사, 2010

미야자키 하야오,『바람 계곡의 나우시카』(지브리 아트북 시리즈), 학산문화사, 2013

미야자키 하야오,『벼랑 위의 포뇨』(지브리 아트북 시리즈), 학산문화사, 2017

미야자키 하야오,『센과 치히로의 행방불명』(지브리 아트북 시리즈), 학산문화사, 2013

미야자키 하야오,『이웃집 토토로』(지브리 아트북 시리즈), 학산문화사, 2013

미야자키 하야오,『책으로 가는 문』서혜영 옮김, 다우, 2023

미야자키 하야오,『천공의 성 라퓨타』(지브리 아트북 시리즈), 학산문화사, 2013

미야자키 하야오,『하울의 움직이는 성』(지브리 아트북 시리즈), 학산문화사, 2013

▶참고 도서

中沢新一·國分功一郎, 『哲學の自然』, 太田出版, 2013

星野道夫, 『魔法のことば』, 文藝春秋, 2010

도쿠마 서점 어린이책 편집부 엮음, 『스튜디오 지브리의 생물이 잔뜩』, 대원씨아이, 2023

도쿠마 서점 어린이책 편집부 엮음, 『스튜디오 지브리의 음식이 잔뜩』, 대원씨아이, 2023

도쿠마 서점 어린이책 편집부 엮음, 『스튜디오 지브리의 탈것이 잔뜩』, 대원씨아이, 2023

루이스 멈포드, 『기술과 문명』, 문종만 옮김, 책세상, 2013

마이클 리더·제이크 커닝햄, 『지브리 스튜디오에선 무슨 일이?』, 송보라 옮김, 애플트리태일즈, 2022

메리 더글러스, 『순수와 위험』, 유제분·이훈상 옮김, 현대미학사, 1997

미야자와 겐지, 『미야자와 겐지 전집 1』, 박정임 옮김, 너머, 2018

블라디미르 프로프, 『민담 형태론』, 어건주 옮김, 지만지, 2013

세라 블래퍼 허디, 『어머니, 그리고 다른 사람들』, 유지현 옮김, 에이도스, 2021

수전 네이피어, 『미야자키 하야오의 어둠과 빛 미야자키 월드』, 하인해 옮김, 비잉, 2021

스즈키 도시오, 『지브리의 천재들』, 이선희 옮김, 포레스트북스, 2021

스즈키 도시오, 『지브리의 철학』, 황의웅 옮김, 대원씨아이, 2024

알폰소 링기스, 『낯선 육체』, 김성균 옮김, 새움, 2006

앙투안 드 생텍쥐페리, 『인간의 대지』, 허희정 옮김, 펭귄클래식코리아, 2009

에두아르도 콘, 『숲은 생각한다』, 차은정 옮김, 사월의책, 2018

에두아르두 비베이루스 지 카스트루, 『인디오의 변덕스러운 혼』, 존재론의 자루 옮김, 포도밭출판사, 2022

오쓰카 에이지, 『이야기론으로 읽는 무라카미 하루키와 미야자키 하야오』, 선정우 옮김, 북바이북, 2017

오쓰카 에이지, 『캐릭터 메이커』, 선정우 옮김, 북바이북, 2014

오카다 도시오, 『지브리 스튜디오의 비하인드 스토리』, 일본콘텐츠전문번역팀 옮김, 크루, 2023

요시노 겐자부로, 『그대들, 어떻게 살 것인가』, 김욱 옮김, 양철북, 2012

우노 쓰네히로, 『모성의 디스토피아』, 주재명·김현아 옮김, 워크라이프, 2022

유기쁨, 『애니미즘과 현대 세계』, 눌민, 2023
조지프 캠벨, 『신의 가면 1: 원시 신화』, 이진구 옮김, 까치, 2003
클로드 레비-스트로스, 『레비 스트로스의 말』 류재화 옮김, 마음산책, 2016
클로드 레비-스트로스, 『신화학 3: 식사 예절의 기원』, 임봉길 옮김, 한길사, 2021
피에르 클라스트르, 『폭력의 고고학』, 변지현·이종영 옮김, 울력, 2021
황의웅, 『미야자키 하야오는 이렇게 창작한다!』 시공사, 2000
후지하라 다쓰시, 『분해의 철학: 부패와 발효를 생각한다』, 박성관 옮김, 사월의책,
2022

▶미야자키 하야오를 다룬 다큐멘터리

〈10 Years with Miyazaki〉(2019)
〈Hayao Miyazaki: The Life Of A Hardworking Tyrant〉(2023)
〈Never Ending Man〉(2016)
〈The Kingdom of Dreams and Madness〉(2013)

▶참고 영상과 웹페이지

〈그대들은 어떻게 살 것인가?〉 지브리의 수장 스즈키 도시오 인터뷰 : https://www.
youtube.com/watch?v=_vbC9lw1q2Q
〈모노노케 히메〉 성우 연기에 대만족하는 미야자키감독 : https://www.youtube.
com/shorts/D_a41pwTfuE
미야자키 하야오와 생텍쥐페리 : https://www.youtube.com/watch?v=1REFashZkr8
〈방구석 1열〉의 〈하울의 움직이는 성〉 : https://www.youtube.com/watch?v=
UQgVt8EQfkY
〈벼랑 위의 포뇨〉 메이킹 : https://www.youtube.com/watch?v=0ZwpDJIRKnY&t=
1760s
히사이시 조 인터뷰 : https://www.youtube.com/watch?v=4S6c_4uuUJA